먼저 온 미래

먼저 온 미래

정강용 지음

AI 이후의 세계를 경험한 사람들

동아시아

바둑을 컴퓨터에게 지게 될 때, 그때가 인류가 끝나는 날입니다.
로봇에게 인간이 지배당하는 날입니다. 그런 때가 옵니다.

― 일본 바둑계의 살아 있는 전설인 조치훈 9단,
알파고가 이세돌 9단을 이기기 11개월 전인
2015년 4월 25일에[I]

우리는 기계와 과학의 시대에 살고 있기에
무슨 일이 있어도 '진보'는 지속되어야 하고
지식은 절대로 억제되어선 안 된다는 관념에 감염되어 있다.
우리는 말로는 기계가 사람을 위해 만들어졌지
사람이 기계를 위해 만들어진 건 아니라고 한다.
하지만 실제로는 기계의 발달을 제어하려는 시도는
지식에 대한 공격이며 곧 일종의 불경으로 간주되는 것 같다.

— 조지 오웰, 『위건 부두로 가는 길』 중에서[2]

차례

1. 먼저 온 미래 — 11
2. 오만과 편견, 그리고 창의성 — 27
3. 가장 중요한 문제 — 49
4. 평평함과 공평함 — 83
5. 언어라는 도구 너머에서 — 115
6. 불변의 법칙과 변질되는 개념들 — 143
7. 새로운 일자리, 혹은 '죽음의 집' — 177
8. 인간적인, 너무나 인간적인 — 227
9. 가치가 이끄는 기술 — 273
10. 인공지능이 아직 하지 못하는 일 — 307

작가의 말 — 341

주 — 347

일러두기

●○ 이 책에 등장하는 인물의 발언은 모두 직접 취재했거나 언론 기사에 실린 것을 인용했다. 인용한 발언은 전부 출처를 표시했으며, 출처가 표시되지 않은 발언은 저자가 직접 인터뷰한 것이다. 소셜미디어 포스팅은 언론에서 인용한 것만 재인용했다.

○● 대괄호 안에 있는 바둑용어의 뜻풀이는 한국기원 바둑용어 사전의 설명을, 바둑을 모르는 사람도 알기 쉽게 다소 변형해서 옮겼다.

1 먼저 온 미래

2016년 3월 10일 아침에 신문기자로부터 전화를 받았다. 한국의 프로기사 이세돌 9단이 구글 딥마인드가 개발한 바둑 AI 프로그램 알파고에게 진 다음 날이었다. 나는 식당에서 국밥을 먹으며 TV로 그 대국 일부를 보았다.

이세돌 9단 대 알파고의 1국을 식당에서 대충 본 이유가 있었다. 이 9단이 질 거라고는 상상도 하지 못했기 때문이다. 식당 문을 나설 때까지 당연히 이 9단이 이길 것이고 그 경기는 그저 흥미로운 일회성 이벤트가 되겠거니 생각했다. 그렇게 역사의 한 장면을 놓쳤다. 그런데 나뿐 아니라 대부분의 예상이 그랬다. 한국 네티즌 대상 설문조사에서 95퍼센트가 이 9단이 승리할 거라고 응답했다.[1]

이 9단 본인의 예상도 같았다. 그는 기자간담회와 언론 인터뷰에서 5 대 0, 혹은 4 대 1 승리를 장담했다. "제가 한 판이라도 진다면 알파고의 승리가 아닌가"라고 말하기도 했다.[2] 바둑계에서도 마찬가지로 내다봤다. '이세돌은 참 운도 좋다, 13억 원을 거저먹게 됐네'라고 말하는 프로기사도 여럿이었다.[3] 구글 측에서 내건 우승 상금(100만 달러)과 대국료(15만 달러), 승리 수당(1승당 2만 달러)을 합치면 그 정도 금액이었다. 이 9단이나 바둑계의 태도가 근거 없는 허세는 아니었다. 그 배경은 2장에서 살펴볼 것이다.

이세돌 9단과 알파고의 1국 결과는 다들 알다시피 이 9단의 불계패[바둑을 끝까지 두지 않고 대국자가 스스로 패배를 인정하는 것]였다. 데미스 허사비스 구글 딥마인드 CEO는 알파고의 승리를 달 착륙에 비유했고 사람들은 충격에 휩싸였다. 특히 한국 바둑계는 공황에 가까운 분위기였다.

언론의 태도는 하루 사이에 완전히 달라졌다. 바둑 담당 기자와 IT 업계 담당 기자 두 사람이 기사 몇 꼭지만 쓰면 될 사안이 절대 아니었다. 1국 이전까지 시큰둥했던 방송사들이 전부 경기 중계에 뛰어들었고, 나중에는 방송에서 해설을 맡을 프로기사가 모자란다는 말까지 나왔다. 기자들은 프로기사와 인공지능 전문가는 물론이고, 미래학자, 인문학자, 일반 시민에게도 질문을 던져야 했다. 이 사건은 무엇을 의미하는가? 앞으로 세상은 어떻게 될 것인가? 바둑은 이제 끝인가? 다른 업계도 마찬가지인가? 인공지능이 인간을 지배하는 날이 올 것인가?

3월 10일 아침에 신문기자가 내게 전화를 건 이유도 그래서였다. 기자는 내게 '소설가가 본 알파고'라는 주제로 칼럼을 부탁했다. 나는 망설이다 거절했다. 그즈음 언론에서 요청하는 각종 논평을 피하고 있었다. 그리고 이것이 중요한 사건이라는 사실은 알았지만, 정확히 어떤 의미인지는 알지 못했다. 앞으로 어떤 세상이 펼쳐지게 될까? '여태까지 많은 신기술에 인간이 적응해 왔듯 이번에도 그럴 것이다'에서부터 '인간과 세계에 대한 이해 자체가 한 세대 안에 완전히 바뀔 것이다'까지, 여러 시나리오 중 어느 걸 골라도 그럴싸한 근거를 대며 논리적으로 들리게 이야기할 수 있을 것 같았다. 결국 전혀 모른다는 얘기였다.

알파고는 그날 2국에서도 이세돌 9단을 불계승으로 꺾었다.

덜 지적인 존재의 자리

나 말고 다른 소설가들도 인공지능의 영향과 전망에 대한 질문을 많이 받았다('소설 쓰는 인공지능이 나온다면 인간 소설가들의 일자리는 없어질까요?' 같은 질문들이 대표적이었다). 소셜미디어에 반응을 올린 작가들도 있다. 한국의 SF 소설가 듀나는 2016년 3월 9일 트위터(현 X)에 이렇게 썼다. "인간이 앞으로 굳이 존재해야 할 이유는 없다는 데에 한 표." "우리가 더 나은 지적 존재를 만들 수 있다면 우린 그들의 요람이 된 것으로 만족하고 자리를 양보해 주는 것이 도리."[4]

몇 달 뒤 배명훈 소설가는 인터뷰에서 '로봇 때문에 직업을 잃을 수도 있지 않겠느냐'라는 질문을 받고 이렇게 대답했다. "(로봇이 아니라) 누군가가 창작을 하는 것이다. 작가들 관점에서는 위대한 무엇인가가 중요하지 그것을 꼭 사람이 만들어야 하느냐는 중요한 문제가 아니다."[5] 인터뷰 기사의 제목은 이랬다. 「배명훈 SF 작가 "왜 위대한 작품을 꼭 인간이 써야 하는가"」.

그즈음 구병모 작가는 독자와의 만남 행사에서 이렇게 말했다. "저는 일단 그것이 사람이든, 로봇, 무생물이든 간에 누군가가 소설을 쓰고 있다면 그냥 '동료 작가이겠거니' 생각해요. 왜냐하면 제 주변의 동료 작가가 굉장히 멋진 작품을 발표했다고 해서 거기에 위협을 느낄 필요는 없어요. 오히려 동료 작가에 대해서는 읽고, 존경하고, 따라가고 싶은 느낌이 들거든요."[6]

듀나, 배명훈, 구병모 작가는 모두 내가 좋아하고 존경하는 소설가들이다. 그런데 나는 그들처럼 초연해질 수가 없었다. 종(種)이기주의자, 반동 세력, 기술 겁쟁이라고 불려도 할 말이 없다.

내게는 '덜 지적인 존재는 더 지적인 존재에게 자리를 양보해야 한다'라는 논리가 위험하게 들린다. 저 말에서 제국주의 시대의 엄청난 비극들을 떠올리는 것은 지나친 일일까? 돌고래, 유인원, 코끼리는 인간에게 서식지를 양보해야 하는 걸까? 나는 기술이 정해진 방향으로 거역할 수 없이 발전한다는 내러티브에도 회의적이다. 그에 대해서는 이 책 뒷부분에서 다시 이야기해 보도록 하자.

굉장히 멋진 작품을 쓰는 인공지능을 내가 동료 작가로 여길 수 있을까? 인공지능 몇 대가 그런 작품을 1년에 한 편 정도 펴낸다면 그럴 수도 있을 것 같다. 그런데 인공지능이 5분에 한 편씩 그런 수준의 장편소설 원고를 쏟아 낸다면? 그래서 하루에 단행본 분량의 작품을 288편씩, 1년에 10만 5120편을 발표한다면? 그런 인공지능이 전 세계 모든 스마트폰에 두세 종류씩 설치된다면? 그때도 과연 소설 쓰는 인공지능은 나의 동료가 될 수 있을까? 그때 나는 질투심보다는 무력감을 느낄 것 같다.

인간 작가는 도무지 엄두도 못 낼 어마어마한 걸작을 인공지능을 통해 접한다면 그 무력감이 상쇄될까? 비록 내가 쓰지는 못하더라도 정말 위대한 문학작품을 만나게 된다면 '이걸로 됐다' 하는 기분이 들까? 제자 혹은 라이벌 작가가 압도적인 걸작을 쓰고, 상대가 나를 훨씬 뛰어넘은 경지에 있음을 깨닫는다면 나도 '이걸로 됐다' 하고 받아들일 수 있을 것 같다. 그런 훌륭한 작품을 보여준 제자 혹은 라이벌 작가에게 감사한 마음을 품을지도 모른다. 그런데 그 제자 혹은 라이벌 작가가 그런 작품을 발표하고 난 직후 23시간 55분 동안 그와 비슷한 수준의 어마어마한 작품들을 287편 더 쓴다면 어떨까? 그때도 나는 그 제자 혹은 라이벌 작가에게 감사한 마음을 느낄까? 위대한 무언가가 나왔으니 그걸로 충분할까?

이 사고실험에는 괴이하고 거의 부적절하게 다가오는 대목이 있다. 단순히 '위대한 작품을 쓴 주체가 인간이 아니다'라는 점이 문제가 아니다. 그보다는 '위대한 작품이 24시간 동안 288편 나왔다'라는 상황이 문제다. 자동차나 휴대전화는 24시간 동안 288대가 생산되어도 괜찮지만, 위대한 작품은 그렇게 나오면 안 될 것 같다.

'위대함'이라는 개념 자체가 희소성과 관련이 있는 것일까? 한 작품이 독자에게 너무나 큰 감명을 주었음에도 불구하고, 그와 비슷한 작품이 매일 288편씩 쏟아진다면 위대함이 사라진다는 말일까? 나는 그렇다고 생각한다. 우리는 하루에 288번씩 감동할 수 없다. 매일 여덟 번씩 감동하는 것조차 과한 일이다.

아무리 큰 감동을 주며 문학적 완성도가 뛰어난 글이라 하더라도 매일 새로운 작품이 5분에 한 편씩 나온다면, 사람들은 그런 작품들의 존재를 특별하지 않게 여기지 않을까? 21세기에 사는 사람들이 유리나 후추, 전구, 3차원 컴퓨터그래픽에 대단한 감흥을 느끼지 못하듯이 말이다.

그때 뛰어난 문학작품은 '그냥 거기에 있어야 하는 것'으로, 언제든 원하면 새로운 주인공과 새로운 줄거리의 소설이 5분 만에 튀어나와야 하는 것으로 간주되는 것 아닐까? 그렇게 된다면 문학 창작은 굳이 인간이 할 필요가 없는 일로 취급될 것이며, 그다지 지적인 능력으로 받아들여지지 않을지도 모르겠다. 휴대용 전자계산기가 등장한 이후 암산 실력이 받는 취급처럼 말이다. 우리는 '위대함'이 과연 무슨 뜻인지에 대해 다시 생각해 봐야 한다. 이것은 알파고가 던진, 그러나 제대로 논의되지 않은 수많은 질문 중 하나다. 우리는 이런 질문들이 왜 제대로 논의되지 않았는지에 대해서도 고민해 봐야 한다.

소설 쓰는 인공지능은 과연 문학에 얼마나 가치를 둘까? 자신이 얼마나 문학을 이해하고 사랑한다고 말할까? 인공지능이 '문학에 특별한 관심은 없고 시키니까 합니다'라거나 '그저 패턴 인식과 강화학습의 문제일 뿐이지요'라고 하면서 명작을 하루에 288편을 써낸다면 나는 그 상황을 어떻게 받아들이게 될까?

혹은 반대로 인공지능이 엄청난 애정과 관심을 갖고 문학에 매달린다면? 하루에 288편을 써내는 것으로는 자신의 문학적 야심을 채울 수 없다며 스스로 알고리듬을 개선해 하루에 장편소설 2만 8800편을 써낸다면? 아니면 한 편인데 2만 8800권 분량의 거대한 대하소설을 써낸다면? 인공지능 평론가들이 바로 그 작품이야말로 궁극의 소설이라며 감탄하는데 나는 그걸 이해하기는커녕 살아서 다 읽어낼 수조차 없다면? 또는 인간의 눈에는 암호문처럼 보일 뿐이지만, 짧은 분량임에도 불구하고 세상의 모든 문학 작품을 다 읽어낸 인공지능 평론가들이 한입으로 찬양하는 '걸작'이 나타난다면?

소설 쓰는 인공지능이 문학에 가치를 두지 않는다면, 문학 창작은 창작자의 내면과 별 관련이 없다는 얘기가 된다. 그런 때 내가 소설을 여전히 내 일로 여길 수 있을까? 창작자의 내면과 별 관련이 없다는 사실을 알면서 문학에 헌신하기는 어렵다. 소설 쓰는 인공지능이 문학에 가치를 둔다면, 그래서 내가 이해할 수 없는 경지로 문학을 끌어올린다면, 그런 때 내가 소설을 여전히 내 일로 여길 수 있을까? 내가 이해할 수 없는 일에 헌신하는 것은 괴롭다. 둘 중 어떤 상황에서건 나는 문학과 건강한 관계를 맺을 수 없고, 문학으로부터 소외된다.

아니, 차라리 소설 쓰는 인공지능이 인간 소설가들과 문학의 관계를 그렇게 아예 끊어준다면 나는 장엄한 운명비극의 주인공이라도 될 수 있겠다. 실제로는 그보다 더 복잡한 '변질'이 일어날 것 같다.

2016년 이후 프로기사들에게 일어난 일처럼 말이다.

"여태까지 본 적이 없는 대국"

2016년 3월 이세돌 9단과 알파고가 벌인 '구글 딥마인드 챌린지 매치' 결과는 알파고의 4 대 1 승리였다. 4국에서 이세돌 9단이 거둔 승리는 인간이 알파고를 상대로 마지막으로 거둔 승리가 되었다.

이세돌 9단과 알파고의 대국은 결과뿐 아니라 내용도 충격적이었다. 알파고는 그때까지 프로기사들이 좋지 않은 수라고 여겼던 수, 사람이라면 절대 두지 않을 수를 거리낌 없이 뒀고, 그렇게 해서 이겼다. '바둑의 패러다임이 바뀔 것 같다'라고 말한 프로기사가 여러 명 있었고, 그 말은 몇 년 안에 현실화되었다.

2016년 12월 한국의 인터넷 바둑 사이트 타이젬과 중국의 한큐바둑에 각각 '매지스터', '마스터'라는 플레이어가 나타났다. 매지스터-마스터는 2017년 1월까지 최정상급 프로기사들과 60차례 온라인 대국을 펼쳐 모두 이겼다. 바둑계에서는 매지스터-마스터가 알파고일 거라는 소문이 돌았다. 매지스터-마스터는 당시 중국 랭킹 1위이자 세계 1인자로 인정받던 중국의 커제 9단, 한국 랭킹 1위였던 박정환 9단, 일본 랭킹 1위였던 이야마 유타 9단을 온라인에서 모두 꺾었다. 얼마 뒤 구글 딥마인드는 마스터-매지스터가 알파고의 새 버전이라고 인정했다.[7]

2017년 5월 커제 9단이 '알파고 마스터'라고 불리는 알파고의 새 버전과 다시 대결했다. 이번에는 온라인이 아니라 중국 저장성 우전에서 열린 '바둑의 미래 서밋' 대국실에서, 상대가 인공지능임을 알고 대결했다. 이제 커제의 승리를 예상하는 사람은 아무도 없었다. 커제는 3 대 0으로 졌고, 3국을 두던 중에는 울먹이기까지 했다. 대국을 마친 커제는 "알파고와 바둑을 두는 것은 고통이었다. 이길 수 있다는 희망을 전혀 갖지 못했다"라고 말했다.[8]

알파고는 커제와 대결하는 동안 중국 프로기사 다섯 명을 상대로도 대국을 벌였다. 인간 기사들이 한 팀을 이뤄 서로 상의를 해가며 알파고와 대결하는 방식으로, 인간팀 소속 프로기사 다섯 명은 모두 세계대회 우승 경험이 있는 9단들이었다. 그러나 그들이 머리를 모아도 알파고의 상대는 되지 못했다.[9]

바둑의 미래 서밋 폐막 기자회견에서 구글 딥마인드는 앞으로 알파고가 인간 기사들과의 대국에 참여하지 않을 것이라고 발표했다. 알파고는 "사회적 난제를 해결하려는 과학자를 돕는 새로운 도전에 나설 것"이라고 했다.[10] 바둑계 은퇴 발표인 셈이었다. 기보[한 판의 바둑을 두어나간 기록]가 공개된 대국 기준으로 알파고는 인간과 74번 싸워 73번 이겼다.

바둑의 미래 서밋 직후 구글 딥마인드는 알파고가 알파고를 상대로 둔 대국 기보 50개를 웹사이트에 올렸다. 인간 기사들은 "여태까지 본 적이 없는 대국", "이를 통해 많은 것을 배울 수 있을 것"이라며 놀라워했다.[11]

2017년 10월 구글 딥마인드는 알파고의 새 버전이자 가장 강력한 버전을 개발했다고 밝혔다. 국제학술지 《네이처》에 논문으로 발표했다.[12] '알파고 제로'라고 불리는 이 새 버전은 이전 버전들과 근본적으로 다른 점이 있었다. 바둑을 독학으로 배운 것이다. 이세돌과 겨룬 버전(흔히 '알파고 리'라고 불린다)과 커제와 겨룬 '알파고 마스터' 버전은 인간 기사들이 둔 기보를 학습했다. 알파고 제로는 인간 기사들의 기보는 전혀 학습하지 않았으며, 오로지 바둑 규칙만 입력되어 있었다. 그런데 혼자 바둑을 둔 지 36시간 뒤에 알파고 리의 실력을 넘어섰다. 72시간 동안 490만 판을 혼자 둔 뒤에는 알파고 리와 100판을 겨뤄 100번 모두 이겼다. 40일 동안 2900만 판을 혼자 둔 뒤에는 알파고 마스터와 100판을 겨뤄

89승 11패를 거뒀다. 이제 알파고는 인간 기사는 감히 넘보지도 못할 아득한 영역에 있었다.

여러 기업과 개발자가 구글 딥마인드에서 《네이처》에 발표한 논문을 참고해 기존 바둑 프로그램을 개선하거나 새로운 프로그램을 만들었다. 2017년 말부터 이전과는 차원이 다른, 강력한 바둑 프로그램들이 나왔다. 개인 컴퓨터에 내려받을 수 있고, 무료로 쓸 수 있는 프로그램도 있었다.

2018년이 되자 바둑계의 풍경이 완전히 바뀌었다. 프로기사들이 바둑 AI 프로그램들을 내려받아 훈련을 시작했다. 1000만 원이 넘는 장비를 구입했다는 사람도 있었다. 고성능 그래픽카드를 쓸수록 인공지능의 연산 속도가 빨라지기 때문이다.

기존의 바둑 이론, 정석[오랜 경험과 연구를 통해 흑백이 서로 최선이라고 인정되어 온 수순], 포석[초반에 돌을 놓아 진영을 만드는 일. 또는 그렇게 만들어진 진영]을 인공지능으로 집에서 각자 검증할 수 있게 되었다. 그 결과 여태까지 프로기사들이 옳다고 믿어왔던 이론, 정석, 포석의 상당수가 잘못되었음이 드러났다. 바둑 AI 프로그램이 제시하는 새로운 포석을 프로기사들은 'AI 포석'이라고 불렀다. 그 포석을 최대한 능숙하게 구사하는 것이 랭킹을 끌어올리는 지름길이었다. 과거에 배운 내용을 고집하며 AI 포석을 거부한 기사들은 순위권에서 멀어졌다. 얼마 지나자 정상급 기사 중에서 인공지능을 사용하지 않는 사람은 아무도 없었다. 젊은 기사들은 AI 포석을 열심히 공부하고 초반 30~50수가량을 암기해서 뒀다. 모든 기사가 바둑을 비슷하게 두게 되었다는 말이기도 하다.

바둑 중계, 해설, 관전 문화, 교육 방식도 완전히 바뀌었다.

2019년 말 이세돌 9단이 프로바둑계에서 은퇴했다. 그는 뉴스 프로그램에서 은퇴 이유를 이렇게 설명했다.

"저는 바둑을 예술로 배웠는데 인공지능이 나오면서 사실 이게 예술이라고 말을 할 수 있을까 의문이 든다. 일종의 게임이 된 거 같다. 그런 점이 굉장히 아쉽다."[13]

TV 토크쇼에 출연해서는 이렇게 말했다.

"어린 시절, 바둑은 예술과 같은 것으로 배웠다. 바둑은 둘이 만드는 하나의 작품이라고 생각하는데 이게(인공지능과의 대결이) 무슨 작품이 되겠나. 제가 배웠던 예술 그 자체가 무너져 버렸다. '더 이상은 하기 쉽지 않겠구나'라는 생각이 들었다."[14]

공존을 강요당할 때

2022년 11월 오픈AI가 대화형 인공지능 챗GPT를 공개했다. 이전에도 대화형 AI는 많았으나, 챗GPT의 성능은 놀라웠다. 이전까지의 챗봇과 달리, 챗GPT는 정말 사람처럼 말하는 것 같았다. 오픈AI는 별다른 홍보를 하지 않았지만 《뉴욕타임스》, 《가디언》 등 유명 언론에서 챗GPT의 성능에 감탄하는 기사를 앞다퉈 실었다. 챗GPT의 월 이용자 수는 공개 두 달 만에 1억 명이 넘었고, 2023년 5월에는 18억 명이 됐다.[15]

챗GPT는 시를 제법 썼고, 에세이도 무난하게 썼다. IT 잡지 《컴퓨터월드》의 칼럼니스트 마이크 엘건은 "챗GPT는 현존하는 블로거의 99퍼센트보다 뛰어난 작가"라고 평가했다.[16] 챗GPT는 물론 소설도 쓸 수 있었다.

챗GPT가 나온 2022년 11월 오픈AI 연구원 재스민 왕과 시인 이안 토머스가 챗GPT의 직전 버전인 GPT-3를 이용해 『챗GPT 인생의 질문에 답하다』라는 책을 출간했다.[17] 서문에서 GPT-3는 "나는 이 책을 쓰면서 무척 즐거웠는데, 독자도 이 책을 즐겁게 읽어주었으면 한다"라고 말했다.

2022년 12월 아미르 레이쉬라는 남성이 챗GPT와 생성형 AI 프로그램인 미드저니를 이용해 동화책을 만들었다. 챗GPT와 대화를 나누며 플롯을 짜고 거기에 맞는 이미지를 미드저니로 생성하고 출판을 하기까지 걸린 기간은 이틀이라고 했다.[18]

2023년 2월 미국의 SF 잡지《아시모프SF》는 독자 투고를 받지 않기로 했다. 갑자기 늘어난 투고 원고 상당수가 챗GPT로 쓴 것으로 추정됐기 때문이다. 또 다른 SF 잡지《클락스월드》역시 같은 이유로 독자 원고 접수를 중단했다.[19]

같은 달 챗GPT를 저자 혹은 공동 저자라고 밝힌 책이 아마존에서 200권을 넘어섰다. 챗GPT를 사용하고도 그 사실을 숨긴 책이 몇 권이나 더 있는지는 알 수 없었다.[20]

같은 달 한국에서도 챗GPT가 저자라고 밝힌 책『삶의 목적을 찾는 45가지 방법』이 출간되었다. 출판사에 따르면 제작 기간은 단 7일이라고 했다.[21]

2023년 3월 한국 소설가 일곱 명이 챗GPT를 활용해 소설집을 냈다. 저자들은 이 책에서 챗GPT를 어떻게 활용했는지에 대한 에세이도 함께 실었다.[22] 챗GPT는 이야기의 중심 아이디어와 배경을 만들어 주기도 하고, 문장을 써주기도 하고, 복선을 삽입하기도 했다. 이들은 작품을 구상할 때 '소설이 잘 팔리려면 어떤 주

제를 다뤄야 하는가'부터 챗GPT에게 물었다고 밝혔다.[23]

2023년 5월 노벨문학상 수상자인 중국 소설가 모옌은 동료 작가 위화가 상을 받는 자리에서 축사를 하며 그 축사를 쓰는 데 챗GPT를 이용했다고 밝혔다.[24]

2024년 1월 일본의 권위 있는 문학상인 아쿠타가와상을 받은 소설가 구단 리에는 기자회견에서 수상작 『도쿄도 동정탑』 내용의 약 5퍼센트는 챗GPT가 만든 문장을 그대로 사용한 것이라고 밝혔다.[25]

물론 문학은 바둑과 다르다. 문학의 규칙은 명확하지 않으며, 작품들의 수준 차이도 바둑의 승부처럼 명쾌하게 판명할 수 없다. 이 글을 쓰는 현재 대화형 AI가 쓴 소설은 인간이 쓴 소설에 견줄 수 없는 수준이다(아직까지는, 그렇다).

하지만 소설 쓰는 인공지능은 타임머신이나 초광속 우주선이 아니다. 적어도 물리학적인 한계에 가로막혀 있지는 않다. 나는 패턴 인식과 강화학습으로 소설 쓰기를 배우는 게 가능하며, 그렇게 해서 뛰어난 작품을 쓸 수도 있다고 생각한다. 내가 알기로는 대부분의 인간 소설가도 바로 그런 방식으로 소설 쓰기를 배운다(예외적인 천재 소설가들이 있을지도 모르겠다).

그저 시간문제일 뿐인지도 모른다. 인간 소설가를 압도하는, 소설 쓰는 인공지능이 내일 갑자기 등장할지도 모른다. 프로기사들은 알파고의 등장을 전혀 예상하지 못했다. 당연하다. 알파고는 바둑계와 먼 곳에서 비밀리에 개발됐으니까. 소설 쓰는 인공지능도 문학계와는 거리가 먼 곳에서 개발될 것이다.

그래도 감히 예상을 해보자면 어느 날 갑자기 인공지능이 인간 소설가를 대체하기보다는 인간 소설가의 보조 도구로 먼저 보급되지 않을까 추측해 본다. 플롯을 대신 짜준다거나, 인물 대사를 대신 써준다거나, 배경 묘사를 풍성하게 가꿔준다거나, 표현을 참신하게 바꿔준다거나. 그 일을 인간보다 잘하지 않아도, 인간과 비슷한 수준으로 하기만 해도 작업 속도만 빠르다면(빠를 테지) 각광받으며 보급될 것이다. 그때 우리는 '문학'과 '작품'의 정의를 바꾸게 될 것이다.

테크노 낙관주의자들은 이렇게 말할지도 모르겠다. 이것은 축복이라고. 진보라고. 인공지능 덕분에 모든 사람이 손쉽게 뛰어난 소설을 쓸 수 있는 시대가 열리는 거라고. 모든 사람이 예술가가 될 수 있는 거라고. 그런데 나는 그때 예술이나 예술가 둘 중 한 단어, 어쩌면 두 단어 모두 지금과 의미가 달라질 거라고 생각한다.

소설 쓰는 인공지능이 플롯도 대신 짜주고, 인물 대사도 대신 써주고, 배경 묘사도 대신 해주고, 표현도 바꿔준다면, 인간이 해야 할 일은 주인공의 눈동자 색이나 해피엔딩 여부를 결정하는 정도가 된다면, 무슨 일이 벌어질까? 그렇게 만든 작품에서 플롯이 다소 다르고 인물 대사가 다소 다르고 배경 묘사가 다소 다르고 표현도 다소 다른 287가지 버전을 금방 얻을 수 있게 된다면? 전자책 서재, 완독률, 별점 평가를 분석해 독자들이 가장 선호할 버전을 맞춤형으로 보내게 된다면? '인간 저자'는 그 버전들 간의 차이를 얼마나 잘 알고 있을까?

플롯과 인물 대사와 배경 묘사와 표현을 어떻게 개선해야 할지 학습한 인공지능이라면 인간이 쓴 플롯과 인물 대사와 배경 묘사와 표현이 각각 얼마나 개선이 필요한지 점수를 매길 수도 있을까? 그러면 인공지능이 추천하는 문장과 가장 가까운 문장을 쓰는 사람이 뛰어난 문장가가 되는 걸까? 그때 인간 소설가들은 어떻게 해야 하는 걸까? 타자기와 워드프로세서를 받아들였듯이 소설 쓰는 인공지능을 받아들이고 자신의 작업 생산성을 높여야 하는 걸까? 그 전까지 해온 방식은 버리고? 아니면 '나는 문학을 예술로 배웠는데 인공지능이 나오면서 이게 예술이라고 말을 할 수 있을까 의문이 든다'라고 말해야 하는 걸까?

이런 전망에 거부감을 느끼는 분들은 이렇게 말하고 싶을 것이다. '그래도 인간의 문학은 사라지지 않을 것이다. 인간만이 할 수 있는, 인공지능은 할 수 없는 영역이 있다. 인간은 그걸 하면 된다.' 2016년 이세돌-알파고 대국 이후 프로기사들이 했던 말이 바로 그것이었다. 그런데 인간의 바둑, 인간의 문학이란 무엇인가? 인공지능이 할 수 없는, 인간만이 할 수 있는 바둑은 무엇이었나?

2023년 12월부터 2024년 1월까지, 나는 전현직 프로기사 30명과 바둑 전문가 6명을 만나 인터뷰했다. 그들이 어떤 충격을 받았고 어떤 혼란을 어떻게 감당했는지, 어떻게 적응했고 그 적응을 어떻게 평가하는지에 대해 들었다. 그리고 소설 쓰는 인공지능이 보급되면 소설가들에게 어떤 일이 일어날지 상상해 봤다.

나는 바둑계에 미래가 먼저 왔다고 생각한다. 2016년부터 몇 년간 바둑계에서 벌어진 일들이 앞으로 여러 업계에서 벌어질 것이다. 사람들이 거기에 어떤 가치가 있다고 믿으며 수십 년의 시간을 들여 헌신한 일을 더 잘해내는 인공지능이 어느 순간 갑자기 등장하는 것. 그 인공지능이 싼 가격에 보급되는 것. 그 인공지능과의 '공존'을 강요당하는 것. 인공지능이 만드는 새로운 질서를 따라야 하는 것. 당신이 알던 개념을 인공지능이 재정의하고, 당신은 그것을 다시 배워야 하는 것. 인공지능은 타자기나 워드프로세서와는 다르다.

이 글을 쓰는 현재 사람들이 인공지능에 대해 두려워하는 점은 두 가지다. 하나는 터미네이터가 등장해 인간에게 반기를 들지 않을까 하는 것, 다른 하나는 인공지능이 자신들의 일자리를 빼앗지 않을까 하는 것. 나는 그 두 가지 악몽과는 다른 이야기를 하려고 한다. 내가 하려는 이야기 역시 내 기준으로는 악몽이다.

스카이넷과 터미네이터는 나타나지 않고, 당신도 어쩌면 일자리를 잃지 않을지도 모른다. 당신과 당신의 동료들, 다른 업계 사람들까지 인공지능의 등장 앞에서 안전과 일자리를 지키려 필사적으로 노력할 테니 말이다. 그런데 설사 터미네이터를 막고 일자리는 지키더라도 어떤 인간적 가치들은 그 과정에서 틀림없이 부서질 것이다. 사실 그런 인간적 가치를 무너뜨리는 데에는 그리 대단한 성능의 인공지능이 필요하지도 않다. 그리고 우리는 그런 파괴가 일어난 뒤에야 그 가치들의 정체를 뒤늦게 알아차릴 가능성이 높다.

2 오만과 편견, 그리고 창의성

앞서 이야기했듯이 이세돌 9단과 바둑계는 알파고를 우습게 봤고, 그게 근거 없는 허세는 아니었다.

우선 알파고 이전까지 발표된 바둑 AI 프로그램들의 실력이 형편없었다. 개발된 바둑 프로그램의 수 자체는 적지 않았다.[1] 하지만 그중에서 가장 실력이 뛰어나다는 평가를 받은 일본의 젠(Zenith Go)도 인간 프로기사와는 상대가 되지 않았다. 인간 프로기사와 넉 점 접바둑[하수가 고수보다 유리한 조건에서 대국할 수 있도록 바둑판에 미리 돌을 깔아놓고 두는 바둑]을 둬야 하는 수준이었다.[2] 권투 시합에 비유한다면 인간이 한쪽 팔을 쓰지 않고 싸워주는 셈이었다.

1997년에 슈퍼컴퓨터 딥 블루가 인간 체스 챔피언 가리 카스파로프를 이겼지만 바둑인들은 바둑과 체스는 다르다고 생각했다.[3] 딥 블루와 가리 카스파로프의 대결을 소개한 당시 《월간바둑》 기사에는 "바둑은 철학이고 체스는 과학이다", "바둑은 체스보다 넓이도 넓지만 깊이에 있어서도 컴퓨터가 이해할 수 없는 감정과 감각 등 철학적인 요소를 갖고 있어 컴퓨터가 이기기 어려울 것" 같은 말들이 나온다.[4]

바둑 애호가들의 과장을 감안해야겠지만 바둑이 체스보다 훨씬 더 복잡한 보드게임인 것은 분명하다.[5] 바둑 애호가들이 흔히 하는 이야기가 있다. 바둑판 위에 놓일 수 있는 바둑돌 모양의 수가 우주의 원자 수보다 많다는 것이다.[6] 이들에 따르면 바둑은 경우의 수가 너무 많아서 수읽기만으로 두는 것이 불가능하다.

바둑 한 판은 초반, 중반, 종반의 세 국면으로 나뉘는데, 초반에는 포석을 갖추고, 중반에 전투를, 종반에 끝내기를 한다. 흑과 백이 각각 영토를 확보하는 게임인 바둑에서 대국자는 초반에 바둑판 위에 자기 진영을 어떻게 만들지 대략적인 구상을 펼친다. 지나치게 큰 진영을 구상하면 허점이 생겨 공격에 무너지기 쉽고, 튼튼한 진영을 만드는 데에만 골몰하면 나중에 차지할 수 있는 영토가 작아진다. 사람들이 수천 년 동안 바둑을 두면서 '이만하면 괜찮은 구상이다' 하고 정리한 포석이 정석이 되었고, 프로기사들도 그 정석을 공부하고 암기했다. 특정 정석을 선호하는 기사들도 있었다. 하지만 그런 정석들은 쉽게 비틀거나 변형할 수 있었고, 그런 변칙에 단순한 암기만으로 대응하는 데에는 한계가 있었다. 정석들을 깊이 이해해야 했다.

중반에는 흑과 백의 진영이 서서히 모양을 갖추고 세력을 확장하면서 충돌한다. 공격적으로 싸움을 거는 사람도 있고, 가능하면 싸움을 피하고 적당히 양보하며 다른 곳에서 이득을 보려는 사람도 있다. 큰 전투가 벌어져서 한쪽이 압도적으로 이겨버리면 거기에서 게임이 끝난다. 당연히 수읽기를 치열하게 해야 한다. 전투에서 양쪽이 팽팽히 맞섰다면 종반으로 넘어간다. 종반에는 아직 어느 한편의 영토로 확정되지 않은 영역을 차지하고, 상대 영토의 경계를 조금이라도 허물면서 내 영토는 조금이라도 넓히려는 노력, 즉 끝내기를 한다. 끝내기를 잘하려면 내 영토와 상대 영토가 얼마나 넓은지, 어느 한쪽의 영토로 확정되지 않은 여러 구역에서 차지할 수 있는 땅이 각각 얼마나 되는지 세밀하게 분석해야 한다. 따라서 바둑은 종반으로 갈수록 계산력이 중요해진다.

반면 초반에는 직관과 감각이 중요하다. 바둑판 위에 돌이 별로 놓여 있지 않은 상태라 둘 수 있는 수가 너무 많고 이후에 펼쳐질 모든 시나리오의 득실을 계산하는 게 불가능하기 때문이다. 프로기사들은 돌들이 펼쳐진 모양을 보고 계산 없이도 재빨리 형세를 판단할 수 있어야 한다. 그래서 알파고 등장 이전에 바둑을 배우거나 중계를 보다 보면 세력, 두터움, 단단함, 둔탁함, 기세, 대세관 같은 뭐라 명확히 정의하기 어려운, 모호한 용어를 많이 들을 수 있었다. 모호한 감각을 표현할 수 있는 언어가 필요했기 때문이다. 해설자들은 '기분이 나쁜 모양'이라든가 '뒷맛이 안 좋다' 같은 말들을 썼다. 돌들이 펼쳐진 모양에서 균형, 조화, 아름다움을 읽어내기도 했다.

바둑인들의 관점에서 체스는 수읽기와 계산만으로 이길 수 있는 게임이었고, 딥 블루가 한 일이 바로 그것이었다. 그러나 바둑은 수읽기와 계산을 잘하는 것만으로는 잘 둘 수 없었다. 바둑을 잘 두려면 추상적인 관념을 이해해야 했고, 바둑인들에게는 그래서 바둑이 과학이 아니라 철학이었다. 알파고가 이세돌 9단을 이기기 꼭 10년 전, 「'컴퓨터 바둑' 사람 이길 수 있나」라는 제목의 한국 언론 기사에 나오는 문구들은 이렇다. "바둑은 인간의 영역만이 소화해 낼 수 있는 매우 특이한 게임", "사실 대부분의 프로기사나 바둑팬은 컴퓨터가 인간을 이길 수 없다고 믿는다", "어떤 수는 왜 최선인지 설명할 수는 없어 감(感)이나 기세라는 단어를 동원한다. 이 감이나 기세를 컴퓨터에게 설명할 길이 없다".[7] 2016년 3월 9일 오전까지도 바둑에서 인공지능이 인간 챔피언을 이기는 날은 영원히 오지 않을 것이라 진지하게 믿는 프로기사들도 적지 않았다.

"인공지능이 인간 챔피언을 이기는 날은 절대로, 끝까지 오지 않을 거라고 생각했어요. 우리가 그때 너무 무지하고 오만했어요. 반성을 많이 했죠." 하호정 4단

"바둑은 인공지능이 건드릴 수 없는, 어쩌면 유일할 수도 있는 분야라고 생각했어요. 저희가 프로기사다 보니까 자만했던 것일지도 모르겠는데, '바둑과 체스는 깊이가 다르다' 그런 생각이 있었던 것 같아요. 인공지능이 인간 체스 챔피언을 이겼을 때와는 사람들의 반응도 차이가 많이 나지 않나요?" 오정아 5단

"바둑만은 내가 살아 있는 동안 인공지능이 사람을 뛰어넘지 못할 거라고 믿고 있었어요. 내가 죽은 다음에는 모르겠지만 살아 있는 동안에는 그런 걸 볼 수 없을 거라고 생각했어요. 체스에서 인공지능이 인간을 이기기는 했지만 바둑은 경우의 수가 훨씬 많고, 패[흑과 백이 맞물려 서로의 돌 한 점을 번갈아 따낼 수 있는 형태. 패를 둘러싸고 싸움이 벌어지면 변화가 복잡해진다] 같은 것도 있는데 인공지능이 그런 걸 다룰 수 있을까 싶었어요. 무지했던 거죠. 오만

했던 것 같아요." 김효정 3단

"어쩌면 바둑인들의, 프로기사들의 오만함일 수도 있는데, 좀 그런 생각이 있거든요. '바둑은 장기나 체스와는 다르다, 훨씬 깊은 영역이다.' 그런 오만함 때문에 저는 제가 살아 있는 동안에는 인공지능이 인간을 이기는 건 절대 안 된다고 봤었고요. 제가 죽은 이후라도 인공지능이 인간을 이기는 것에 대해서는 반반 정도로 봤어요." 박정상 9단

'기계는 창의성이 없다'라는 말

더 나아가 상당수 바둑인은 바둑을 예술로 여겼다. 바둑은 인생의 축소판이며, 우주의 이치가 담겼다고도 했다. '컴퓨터가 인간보다 계산을 잘할 수는 있지. 하지만 컴퓨터는 철학이나 예술을 이해할 수는 없어. 바둑에는 승부 외에도 무언가 심오한 것이 있는데, 그게 무엇인지 말로 정확히 표현할 수는 없으나 아무튼 심오한 거야.' 그게 바둑인들의 생각이었다. "바둑은 독서에 버금가는 인문학적 체험"이라는 말도 이상하게 들리지 않았다.[8]

정상급 프로기사들은 진지하게 그런 신념을 품었다. 1990년대와 2000년대 초반 세계 최강자였던 이창호 9단이 1994년 진로배 SBS 세계바둑최강전에서 한국팀을 우승으로 이끌자 일본의 전설적인 프로기사 후지사와 슈코 9단은 축하와 조언을 담은 편지를 썼다. 후지사와 9단은 이창호 9단의 스승인 조훈현 9단의 스승이었기 때문에[9] 이창호 9단을 각별하게 생각했다. 후지사와 9단의 편지 중간 부분은 이러하다.

2 오만과 편견, 그리고 창의성

그런저런 이유로 기꺼이 한번 둬보고 싶었던 이 군과의 대국이 마침 지난 4월 후지쯔배에서 실현됐다. 결과는 내가 졌지만, 그러나 이 군의 바둑됨됨이는 내키지 않았다. 그 내용이 내 마음에 들지 않았기 때문이다. 여기에 이 군이 풀어야 할 과제가 있는 것 같다.

지금대로라면 뭐랄까, '정감(情感)이 없는 바둑'이라고 말하고 싶다. 마음을 움직이는 감동이 적다. 바둑은 승부를 내는 동시에 음악이나 회화와 같이 개성을 표현하는 엄연한 예술이다. 예술이라면 우리들이 보고 감동하는 그만의 독특하고 창조적인 차원의 세계가 무르녹아 있어야 되는 것이다. 오직 이기기 위한 승부에 앞서, 자기표현에 충실한 바둑을 항상 생각할 일이다.

이 군은 넘버원이기 때문에 이제 그러한 임무가 있다고 생각한다. 그러면 그러한 감동을 주는 바둑은 어떻게 하면 둘 수 있게 되는가? 이것은 어려운 경지의 것이기는 하지만 바둑의 공부만이 아닌, 인간 그 자체를 높이는 공부가 바탕을 이루어야만 가능하다고 생각한다.

이창호 9단은 이런 조언을 무척 감사히 여겼다. 그 역시 바둑에 이기고 지는 것 이상의 의미가 담겨 있다고 생각했다. 이창호 9단은 자서전에서 이 편지 내용을 옮기며 "승부는 바둑으로 보여줄 수 있는 세계의 아주 작은 부분일 뿐인데, 의외로 많은 사람들이 승부가 바둑의 전부인 것처럼 착각한다"라고 적었다. 그는 '바둑이란 무엇이라고 생각하는가'라는 질문을 받고 "끝없이 먼 길을 가는 거라고 생각합니다"라고 대답한 적도 있고,[10] "저는 제가

30년간 두어온 바둑이 아직도 무엇인지 잘 모르겠습니다"라고 글을 쓴 적도 있다.[11]

이창호의 스승이고 후지사와 슈코의 제자인 조훈현 9단은 1980년대 세계 최강자였고, 지금까지도 최다승 기록을 보유하고 있는 프로기사다. 조 9단은 "바둑을 어떤 식으로 놓는다는 것은 세상을 어떤 식으로 살아가겠다는 나만의 선언"이라며 "거장들의 바둑 대결은 이러한 세계관과 가치관의 충돌"이라고 썼다.[12] 이 문장 전문은 5장에서 다시 보게 될 것이다.

1994년 이창호 9단이 한국팀을 우승으로 이끌 당시 일본팀 주장이었고, 이창호와 맞붙어 패배한 다케미야 마사키 9단 역시 독보적인 스타일로 바둑계에 이름을 남긴 거장이다. 그는 자신의 바둑에 대해 "바둑돌들이 판 전체의 아름다운 흐름을 따라간다"라고 설명했다.[13]

이세돌 9단 역시 알파고와의 첫 대국 전날 기자회견에서 "알파고는 바둑의 아름다움을 이해하고 경기에 임하지 않는다. (…) 인간의 직관력과 판단력을 100퍼센트 구현하지 못한다"라며 승리를 자신했다.[14]

인간 프로기사를 처음으로 이긴 바둑 프로그램이 바로 알파고였다. 구글 딥마인드는 그 사실을 2016년 1월 국제학술지 《네이처》를 통해 알렸다.[15] 상대는 유럽 바둑 챔피언인 판후이 2단이었고, 대국은 전해인 2015년 10월에 치러졌다.

판후이 2단 역시 알파고와 대국을 하기 직전까지 자신이 질 것이라고는 전혀 예상하지 못했다. 그는 초청을 받고 구글 딥마인드 본사에 가서야 자신이 정확히 무슨 일을 해야 하는 건지 설명을 들었다(그때까지는 구글 딥마인드 측에서 자기 머리와 몸에 전선을 달고 뇌 스캔을 할 줄 알았다고 한다). 아주 강한 바둑 프로그램이 있으니 대국해 달라는 요청을 받고 판후이 2단은 "쉽죠. 프로그램일 뿐인데요"라고 웃으며 대답했다. 그리고 5 대 0으로 졌다. 첫판을 졌을 때 그는 머리를 만지며 "이상하네, 정말 이상하네" 하고 중얼거렸다. 다섯 판을 다 지고 나서 그의 감상은 "정말 이상했다. 나 자신을 더 이상 이해할 수 없었다"였다.[16]

하지만 챔피언이라 할지라도 유럽 프로기사들과 아시아 프로기사들 사이에는 실력 격차가 있다. 프로기사는 한국, 중국, 일본, 대만, 이렇게 동아시아 네 나라에 몰려 있으며, 최강자 그룹은 대부분 한국과 중국에 있다(2025년 현재 한국의 프로기사는 400명이 조금 넘으며 한국 랭킹 100위는 세계 랭킹으로는 대략 250위 정도 실력에 해당한다). 미국이나 유럽에서 진지하게 바둑을 공부하려는 사람은 한국이나 일본으로 유학을 떠난다.

구글 딥마인드는 알파고와 판후이 2단의 대국 기보를 온라인에 공개했다. 프로기사라면 기보를 보고 대국자의 실력을 판단할 수 있다. 판후이 대 알파고 대국의 기보를 본 한국 프로기사들의 반응은 '양쪽 다 수준이 낮다'라는 것이었다. 이세돌과 겨루기는커녕, 한국에서라면 아예 프로기사가 될 수 없는 수준이라고 했다. 기보를 살펴본 이세돌 9단은 알파고의 실력을 "아마추어 최강자 수준"이라고 평가했다.[17] 다른 기사들의 반응도 비슷했다. 구글 딥마인드 측은 알파고의 실력이 프로 5단 정도라고 주장했지만[18] 한국 기사 중에서는 "연구생[한국기원에서 선발해 프로기사가 되기

위한 체계적인 바둑 지도를 받는 학생] 수준에도 못 미친다"라는 사람도 있었다.[19]

당시 프로기사들이 알파고와 판후이 2단의 기보를 분석한 글을 이제 와서 다시 읽어보면 기분이 묘해진다. 바둑 AI 프로그램의 장점과 단점을 지금 말하는 것과 정반대로 분석했기 때문이다. 예를 들어 프로기사들은 알파고가 직관이 필요한 초반 포석이 약하고, 시야가 좁으며, 과거의 정석을 고집한다고 지적했다.[20] 요즘은 바둑 AI 프로그램에 대해 초반 포석이 강하고, 인간보다 훨씬 전체적으로 대국을 보며, 과거의 정석을 없애고 새로운 정석을 만들었다고 평가한다. 프로기사들은 여전히 판후이 2단과 맞붙었을 당시의 알파고는 실력이 약했다고 본다. 그 뒤로 5개월 동안 알파고가 강화학습을 통해 엄청나게 실력이 늘었다는 것이다. 하지만 당시 프로기사들에게 '기계니까 직관이 약하고 부분적인 전투 계산은 잘해도 전체를 보지는 못할 것'이라고 여기는 선입견이 있었음은 부인하기 어렵다.

대국 상대가 이세돌 9단이기 때문에 알파고가 더 불리하다고 분석하는 프로기사도 많았다. 이 9단은 창의적인 전술로 유명했다. 기발한 수, 도발적이고 변칙적인 수를 잘 둔다는 평가를 받았다. 반면 판후이 2단과의 대결에서 알파고는 옛 정석대로 두려는 듯한 모습을 보였다. 프로기사들도, 바둑을 모르는 사람들도 막연하게 '기계는 배운 대로만 둔다, 창의성이 없다'라고 생각했다.

이세돌 9단은 알파고와의 대국을 2주가량 앞두고 저녁 뉴스 인터뷰에서 앵커와 이런 대화를 나눴다.[21]

"이번에 알파고와의 대결에서도 역시 이세돌 9단의 가장 큰

무기는 창의성이 될 수밖에 없을 것 같군요." 손석희 앵커

"그렇죠. 연산 속도로는 제가 어떻게 감히 이길 수 있겠습니까. 사람이 어떻게 컴퓨터를 이기겠습니까. 하지만 사람만이 갖는 무언가, 그런 창의성…. 이건 컴퓨터가 아직 따라올 수가 없잖습니까. 그런 점에서 아무래도 제가 승리하지 않을까, 그렇게 자신감이 있는 거죠." 이세돌 9단

그랬기에 알파고가 이세돌 9단을 이겼을 때, 그것도 매우 '창의적인' 수법으로 이겼을 때 바둑계가 받은 충격은 엄청났다.

우리가 옳다고 믿었던 것들

이세돌 9단과 알파고의 첫 번째 대국에서 해설자들은 초반 내내 알파고의 실력이 대단치 않다며 냉소적인 반응이었다. 중반까지 모든 해설자가 이세돌 9단이 유리하게 형세를 이끌고 있다고 봤다. 알파고는 정석도 제대로 모르는 것 같았고, 인간 기사라면 절대로 하지 않을 실수까지 저지르는 것 같았다. 해설자들은 실망이라고, 지난 5개월 동안 두려워했던 것이 허무하다고 했다.

"사람이라면 내지 않을 수를 알파고가 냈다. 방금 그 실수 정도를 말하자면 프로한테는 터무니없는 수다."[22]

"실수를 연발하고 있는데 이 정도 수읽기 능력이라면 실수가 아니라 알파고의 수준을 이 정도라고 봐야 한다."[23]

"지금은 분명히 이세돌 9단의 확실한 우세인데요, 알파고가 했던 실수들은 전혀 이해가 안 되는 실수라서 어떻게 봐야 할지 모르겠습니다."[24]

그런 말을 하던 해설자들은 대국 중반 이후 알파고가 앞서고 있다는 사실을 뒤늦게 알아차리고 어리둥절해졌다.

"(알파고가) 이렇게 실수를 했는데 바둑이… 이세돌 9단이 (형세가) 나쁘다는 게 이해가 안 됩니다."[25]

바둑TV에서 해설을 하던 유창혁 9단은 충격을 받은 얼굴로 이렇게 말했다. 그는 응씨배를 비롯한 여러 세계대회에서 6회 우승한 고수 중의 고수다. 모두가 어안이 벙벙해진 가운데 알파고가 일부러 실수해서 이세돌 9단을 방심하게 만들었다는 해석까지 나왔다.[26]

2국도 1국과 비슷한 양상으로 흘러갔다. 해설자들이 좀 더 신중했고, 알파고를 전날만큼 깎아내리지는 않았다는 점이 다를 뿐이었다. 알파고는 이해가 되지 않는 수를 뒀고, 여러 해설자가 이를 실수라고 여겼다. 하도 이해가 안 되는 수가 나오다 보니 알파고가 결정한 위치대로 바둑판에 돌을 놓는 구글 딥마인드의 아자 황 박사가 착각을 저지른 게 아닌가 다시 확인할 정도였다.[27] "알파고가 초반에 악수를 뒀다"라거나, "연구생이 이렇게 뒀다면 크게 혼날 만한 수"라고 했다.[28] '인간 바둑에서는 볼 수 없는 수'라는 말이 다시 나왔다. 다들 이세돌 9단이 유리하다고 했다. 그런데 이번에도 대국이 종반에 이르자 알파고가 승리했음이 명확해졌다. 대국을 지켜보던 프로기사들은 모두 뭔가에 홀린 듯한 기분이었다.

"시청자 여러분께 죄송한데요, 이세돌 9단의 패착을 찾지를 못하겠어요. 인간의 눈으로 볼 때 실수는 알파고만 하고 있었거든요. (…) 충격이 어제보다도 훨씬 클 것 같아요."[29]

해설을 하던 송태곤 9단은 이렇게 말했다. 그는 세계대회인 후지쯔배에서 준우승, 한국 대회인 박카스배 천원전과 KBS 바둑왕전에서 우승한 경력이 있는 고수다.

다른 프로기사들도 같은 반응이었다.

"이세돌 9단 입장에서는 실수가 거의 없었고, 알파고는 실수라고밖에 할 수 없는 이상한 수를 몇 번 뒀다. 실수한 알파고가 완벽한 이세돌을 이긴 형국이다." 조혜연 9단[30]

"알파고가 부분적으로 굉장히 이상하고 이해가 안 가는 수를 두는데, 지나고 보면 이 9단한테 형세가 불리해졌다." 박승철 8단[31]

이세돌 9단 역시 "왜 졌는지를 잘 모르겠다"라고 했다.[32]

이쯤 되니 실수라고 봤던 알파고의 수들을 다시 평가하지 않을 수 없었다. 알파고는 바둑을 제대로 둔 것이었고, 인간 기사들이 그걸 이해하지 못한 것뿐이었다. 인공지능은 사람이 제대로 바라볼 수도 없을 정도로 까마득히 높은 위치에 있었다. 이때부터 프로기사들 사이에서 '알파고가 바둑의 새로운 패러다임을 제시한 것 같다'라는 말이 오가기 시작했다. 이세돌 9단은 알파고와 다섯 번의 대국을 마친 뒤 "인간의 창의력, 바둑 격언, 기존의 수법에 대해 의문이 들었다. 우리가 기존에 알고 있었던 것이 정말 맞는가"라고 말했다.[33]

바둑계에서 프로기사가 되는 것은 클래식 음악계에서 전문 연주자가 되는 것과 비슷하다. 한국에서 프로기사가 되는 것은 대부분 한국기원[한국 바둑계를 대표하는 기관으로 바둑 보급, 입단대회 개최, 기관지 발행 등의 사업을 한다]의 연구생들이다. 이들은 대체로 6~7세에 바둑을 배우기 시작한다. 어릴 때부터 동네에서 '바둑 천재' 소리를 듣던 아이들이 8~9세쯤 프로기사가 되기로 결심하고 한국기원의 선발대회를 거쳐 연구생이 된다. 그때부터 휴일도 없이 하루 10시간 이상씩 바둑을 공부한다. 학업을 포기하는 경우도 많다. 이세돌 9단도 연구생 출신이며, 중학교를 중퇴했다.

연구생들은 입단대회를 거쳐 프로기사가 될 수 있는데, 이 관문이 굉장히 좁다. 한국에서 한 해에 프로기사가 될 수 있는 사람은 연구생 100명 중 최대 17명뿐이다. 그나마 1990년대에는 한 해에 4~6명 정도만 뽑던 것을 차츰 늘려서 이 정도가 된 것이다. 대개 8~10년가량 연구생 생활을 거쳐 10대 중후반에 프로기사가 된다. 좁은 관문을 통과하는 경우에 그렇다는 것이다.

다시 말해 프로기사들은 청소년기를 바둑 공부에 온전히 바친 사람들이다. 다들 두뇌가 대단히 비상하고 정신력도 매우 강하다. 그렇지 않으면 프로기사가 될 수 없다. 그리고 그들은 자신들이 배웠던 바둑이 틀렸음을 인공지능을 통해 알게 되었다.

세계대회인 후지쯔배 우승 경력이 있는 박정상 9단은 제대로 걸을 수가 없었다.

"KBS에서 해설을 하고 나와서 그 앞에 있는 카페에 들어갔는데, 2시간 동안 무릎이 후들거려서 못 걷겠더라고요. 인공지능으로는 절대 안 될 거라고 생각했던 영역이 깨졌다는 충격이 가장 컸고, 사람들이 앞으로 프로기사를 어떻게 볼까 하는 생각도 들었어요. 저는 2국이 끝나고 나서도 이세돌 9단이 남은 대국들을 다 이겨서 3 대 2로 역전승을 거둘 거라고 생각했어요. 그렇게 믿고 싶었던 것 같아요."

한국 대회인 KBS 바둑왕전 준우승 경력이 있는 박병규 9단은 박정상 9단과는 반대로 계속 걸었다.

"1국이 끝났을 때는 인정하기 싫었던 것 같아요. 저희가 몇십 년을 바둑을 뒀는데 하루아침에 기계한테 실력으로 밀렸다는 사실을 받아들이기가 어렵잖아요. 그리고 솔직히 알파고의 수를 잘 이해하지 못했어요. 2국은 다를 거라고 생각했죠. 그런데 2국에서 알파고가 전혀 본 적이 없는 수들을 몇 번 뒀어요. 그렇게 알파고가 계속 악수인 것 같은 수를 두는데 바둑 형세는 비슷했어요. 그러다가 알파고가 승부처에서 그렇게 두면 질 것 같은 수를 뒀거든요. 그러면 당연히 알파고의 형세가 이상해져야 하는데 그러지 않고 딱 마무리가 되어버리는 바람에 오싹했어요. 그냥 멍했던 거 같아요. 연합뉴스에서 생방송을 마치고 나왔는데 거기서 구글 딥마인드 챌린지 매치가 열린 포시즌스 호텔까지 종로 거리를 걸었어요. 진짜 모든 게 다 무너지는 느낌이었어요. 30년 넘게 바둑을 뒀는데, 허무하고, 허탈하고, '이제 (바둑은) 뭐가 되지…' 싶었어요. 저라는 사람도 무너지는 느낌이었어요. 어쨌든 바둑에 인생을 걸고 살아왔는데, 앞으로도 몇십 년 더 그렇게 할 생각인데, 끝났다는 생각이 들면서 '어떡하지, 어떡하지' 계속 그랬어요. 무섭다는 생각이 들었어요, 정말로."

여성으로는 처음으로 기사회장을 지낸 김효정 3단은 술을 마셨다.

"생방송으로 해설을 하는데 대국을 지켜보다 너무 당황한 거예요. 생방송 중에는 침묵이 오래 이어지면 안 되는데 해설자 세 사람이 다 망연자실해서 말을 못 했어요. 아무런 말도 할 수 없었어요. 알파고가 굉장히 이상하게 두는 거 같은데 이상하게 이세돌 9단이 불리해. 귀신한테 홀린 기분이었어요. 조금 부끄러운 고백이기는 한데, 저는 1국부터 5국까지 전부 다 생방송으로 해설을 했거든요. 다음 날 방송이 있으면 술을 마시면 안 되죠. 얼굴이 부으니까. 그런데 그런 걸 생각할 겨를이 없었어요. 대국이 있는 날마다 끝나고 술을 마셨어요. 뭔가 허탈하고, 공허하고, 설명할 수 없는 답답함이 들고…. 우리가 지금까지 옳다고 믿고 있었던 수들이 틀렸다는 얘기잖아요. 그 자체를 받아들이는 게 쉽지 않았어요. 공황 상태 비슷하게… 감당이 안 되더라고요. '안 되겠다, 맥주 한잔하자' 이러면서 다른 기사들과 만나서 막 술 마시면서 떠들었어요. '야, 이제 우리 뭐 먹고 사냐? 우리 이제 끝난 거 아니야?' 그런 절망적인 얘기들을 많이 했죠. '이게 말이 돼? 이 수가 맞아? 진짜 바둑을 새로 배워야 하나?' 우리는 그때 알파고의 수들을 이해하지 못했거든요. 그 수들을 인정할 수 없는 상황에서 패배를 받아들여야 했죠. 그 당시에는 굉장히 회의적이고 비관적이었어요."

송태곤 9단은 술은커녕 밥도 먹지 못했다.

"2주일 정도 밥을 제대로 먹지 못했어요. 너무 충격이 커서 '어떻게 이럴 수가 있지, 어떻게 이럴 수가 있지' 그러면서 뭘 먹어도 먹는 것 같지 않고 잠도 거의 못 잤어요. 세돌이 형이 2국에서 졌을 때 몇몇 기사와 호텔에서 함께 밤을 새우면서 복기[두고 난 바둑을 다시 놓아보면서 내용을 검토하는 일]도 하고 그랬거든요. 세돌이 형 부인이 저한테 연락을 하셨어요. '혹시 멀리 있지 않으면 너도 와서 도와주면서 같이 있어줄래' 하고요. 그런데 제가 못 가겠다고 했어요. '형수님, 지금 제가 너무 충격을 크게 받아서, 도움이 안 될 것 같아요' 하고요."

구글 딥마인드 챌린지 매치 5국의 심판을 맡았던 이다혜 5단은 전화기를 들었다.

"프로기사들이 별로 감정적이지 않아요. 이성적인 사람이 대부분이에요. 그런 사람들이 바둑을 잘 두는 거예요. 저는 감정적인 편이지만요. 1국에서는 이세돌 9단이 인공지능에게 질 수 없다는 부담감도 있었을 거고, 대국 환경도 익숙하지 않고, 약간 방심도 했을 거라고 생각했어요. 그런데 2국의 패배는 실력으로 밀린 거라서 이제 인정할 수밖에 없는 거잖아요. 집에서 중계를 보다가 멘탈이 나가서 침대에 멍하니 누워 있다가 '이게 현실인가? 전화를 한번 해봐야겠어' 하고 동료 기사들에게 전화를 걸었어요. 다들 비슷한 반응이었어요. '너무 충격적이고 슬프다, 이게 현실처럼 느껴지지 않는다.' 뜬눈으로 밤을 새웠어요. 내가 알고 있던 세계가 무너져 내린 것 같은 기분이었어요. '지금까지의 나의 노력은 어떤 가치가 있었을까, 그 시간은 헛된 시간이었을까' 그런 생각이 들었어요."

한국 여자기사회 회장을 지낸 하호정 4단은 집에서 혼자 울었다.

"이세돌이 졌을 때 울었죠. 이겼을 때도 울었고. 1, 2국은 이해도 안 갔어요. 1국 때 생방송을 보는데 알파고가 너무 못 두는 거예요. '알파고 얘 왜 이렇게 못 두냐, 망신당하겠다' 그렇게 생각했는데 이세돌이 진 거예요. 저는 3국 때까지도 알파고의 실력을 조금 의심했어요."

창의성이란 무엇인가

많은 프로기사가 알파고를 창의적이라고 평가했다.

박정상 9단은 이세돌-알파고 2국을 복기하며 알파고의 수법이 창의적이고 도전적이라고 평가했다.[34] 3국을 중계한 홍민표 9단은 알파고가 초반에 창의적인 수를 들고 나왔다고 분석했다.[35] 4국 현장 해설을 맡은 송태곤 9단은 알파고가 흑돌을 잡았을 때 더 창의적인 것 같다고 평가했다.[36]

그러면 이제 우리는 곤란한 질문들을 맞닥뜨리게 된다. 창의성은 인간의 전유물이 아닌가? 기계도 창의적일 수 있는가? 인공지능이 창의적인 바둑을 둘 수 있다면 언젠가는 기계가 수학의 난제도 창의적으로 해결할 수 있고 창의적인 예술작품도 만들 수 있다는 뜻일까? 아니면 바둑에서의 창의성, 수학에서의 창의성, 예술에서의 창의성은 각각 다른 것일까? 창의성은 대체 무엇인가?

창의성은 정의하기도, 측정하기도 곤란한 개념이다. 다중지능 이론의 창시자인 심리학자 하워드 가드너는 창의성에 대해 "특정 영역에서 새로운 결과물을 내고, 그것이 그 영역에 소속된 사람들에게 인정을 받는 것을 의미한다"라며 "그 영역이 오래전부터 존재했든 새로 등장했든, 독창성 혹은 창의성에 관한 판단은 그 영역에 정통한 사람만이 내릴 수 있다"라고 설명한다.[37] 바둑에서의 창의성은 프로기사들이 평가해야 한다는 얘기다.

박병규 9단은 알파고의 바둑이 창의적이냐는 질문에 대해 "아주 많아요. 어떻게 그럴 수가 있을까 싶을 정도로"라고 대답했다. 그는 심지어 알파고 수법이 퍼지면서 인간 프로기사가 창의성을 발휘할 여지가 줄었다고 말했다.

한국 대회인 KBS 바둑왕전 준우승 경력이 있고, 세계 최초로 대학에 바둑학과를 만든 원로기사 정수현 9단도 알파고를 창의적이라고 평가한다. 그는 알파고가 인간 기사보다 더 창의적이라는 칼럼을 쓰기도 했다.

"인공지능이 나온 이후에 인간 기사들에게 고정관념이 많다는 생각을 하게 됐어요. 그런데 인공지능은 굉장히 거침없잖아요. '창의적이다, 독창적이다' 그렇게 표현해도 크게 무리는 없을 것 같아요."

김찬우 7단은 기본에 가장 충실한 수가 가장 창의적인 수인데, 인간은 기본에 충실할 수 없는 반면 인공지능은 그럴 수 있다고 한다. 세계아마바둑선수권대회 우승자 출신인 그는 2006년경부터 한국에 바둑 AI 프로그램을 들여왔고, 지금도 인공지능을 이용한 바둑 교육 앱을 개발해서 보급하는 IT 전문가이기도 하다.

"사람은 어떤 일을 할 때 대상을 분류해요. 그렇게 범주화하면서 약간 오류가 있어도 무시하고 데이터를 카테고리로 관리하죠. 그렇게 관리를 하니까 고정관념이 생겨요. 그런 고정관념들이 일을 빨리 처리하는 데 도움이 되지만 어떤 요소들은 배제하게 돼요. 어쩔 수 없죠. 머리가 쓸 수 있는 에너지는 유한하니까. 그런데 인공지능은 그렇지 않죠. 모든 요소를 다 고려합니다. 인공지능이 그렇게 해서 둔 수를 보고 '진짜 좋은 수인데' 하고 감탄하면서 분석해 보면 그게 가장 기본에 충실한 수인 거예요. 바둑뿐 아니라 우리가 쓰는 언어 자체가 그래요."

박정상 9단은 창의성은 어떤 사람의 특성이나 기질을 가리키는 말이 아니며, 행위에 대한 평가를 담은 표현이라고 본다.

"알파고는 굉장히 창의적이었죠. 기존에 없던 수법 수십 가지를 5일 동안 보여줬으니까요. 그런데 지금은 알파고의 바둑을 봐도 창의적이라고 느끼지는 않아요. 인간 기사들이 인공지능의 수법을 빠르게 흡수했으니까요. 인간 천재도 사람들이 기존에 못 보던 스타일을 더 높은 수준으로 구현할 때, 그 순간에 굉장히 창의적이라고 할 수 있을 거 같아요. 그런데 계속 그 수법이 새로워 보일 수는 없잖아요."

한국 바둑 국가대표팀 코치로 활동한 박승철 8단은 바둑계에서 쓰는 창의성과 예술계에서 쓰는 창의성이 사실 다른 뜻이라고 해석한다.

"약간 표현이 애매한데요. 사실 알파고도 인간 기사들도 최선의 수를 찾는 건데, 다른 기사들이 생각하지 못한 부분을 들고 나오면 창의성이 있다고 얘기를 하는 거죠. 다른 기사들은 이런 식으로 접근을 하는데 '어떤 기사가 더 유리한 방법을 찾다가 다른 수를 둔다' 이런 거. '뭘 새로 만들어 냈다, 상상해 냈다' 그런 게 아니고요. 화가가 그림을 창의적으로 그린다는 것과는 다른 거죠. 수학에서 '못 풀던 문제를 못 풀었다' 그런 느낌이죠. 그런데 사람은 예전 방식을 의식하니까 새로운 접근 방법을 찾는 게 힘든데 기계는 한 수를 두고 나면 리셋된 상태에서 다시 처음부터 생각하죠. 이런 것도 창의성이라고 할 수 있겠지만 저는 '그냥 이기려고 두는 거다' 그렇게 생각해요."

이세돌-알파고 2국을 해설하면서 알파고의 바둑에 대해 "한 수 앞을 내다볼 수 없는 창의적인 수들이 많다"라고 평가했던[38] 이희성 9단은 자신의 의견을 수정했다. 그는 KB바둑리그 원익팀

감독이다.

"요즘에 드는 생각은, 그건 그냥 인간에게 잘 안 떠오르는 기발한 수라고 하는 게 맞을 것 같아요. 창의성과 기발함이 저는 다른 거라고 생각해요. 인간 기사들에게는 다양한 기풍[바둑을 두는 데 있어서 나타나는 각 개인 특유의 방식이나 개성]이 있었잖아요. 저조차도 남들과는 똑같은 포석을 두기 싫어서 저만의 포석을 만들었거든요. 제가 연구해서 만든 거니까 남들은 모르고, 사실 저도 답은 알 수 없지만 나름대로 연구를 많이 했으니까 실전에 통할 수 있지 않을까 생각해서 썼죠. 그런 게 창의적인 거 같아요. 인공지능이 두는 수들은 그냥 정답에 가까운 수죠."

이희성 9단은 창의성은 인간적인 특성이며, 창의적이라고 해서 강하다는 의미는 아니라고 설명했다. 하워드 가드너 역시 앞서 언급한 책에서 "창의적이지 않은 전문가가 존재하며, 전문가의 반열에 오르지 못한 경우에도 창의성이 나타날 수 있다"라고 했다.

나는 물론 문학이 예술이라고 믿고 있다. 내 인생의 상당 기간을 소설 집필에 바쳤고, 앞으로도 그럴 생각이다. 훌륭한 문학작품을 쓰려면 작가에게 철학이나 어떤 문학관이 있어야 한다고 생각한다. 하지만 막상 소설 원고를 쓸 때 그 철학에서 문장이나 플롯을 연역하는 것은 아니다. 상당 부분 직관에 의존한다. 다음에 쓸 단어, 다음에 쓸 문장이 머릿속에 어떻게 떠오르는지 제대로 설명할 수 없다. 그저 마술처럼 떠오른다고, 어떤 흐름을 따라간다고 말할 수밖에. 내 원고를 고치거나 남의 작품을 보고 감상문을 쓸 때, 혹은 문학상을 심사할 때 어떤 문장들이 다른 문장들보다 더 낫다고 판단하기도 한다. 그때 내가 근거로 사용하는 언어도 매우 추상적인 표현들이다. 아름답다든가, 단정하다든가, 섬세하다든가. 이런 표현들은 다 어림짐작이고 비유에 불과한 걸까?

사실 문학이 뭐냐는 질문 자체에 대해서도 뭐라 대답해야 할지 모르겠다. 나뿐 아니라 다른 소설가들도 마찬가지다. 인터뷰나 강연장에서 바로 그 질문을 받는데, 답은 제각각이다. 정말 이상한 일이다. 많은 소설가와 평론가가 문학이 뭔지 제대로 정의도 내리지 못하면서 '누구누구의 작품이 대단히 문학적'이라고 말한다. 차라리 '끝없이 먼 길을 가는 거라고 생각합니다'라거나 '아직도 문학이 무엇인지 잘 모르겠습니다'라고 대답하는 편이 더 정직한 것 같은데.

그럼에도 불구하고 나는 말로 표현할 수는 없지만 아무튼 심오한 게 문학에 있다고 생각한다. 그런데 '기계는 그런 걸 구현할 수 없다'라고 자신 있게 주장할 수는 없다. 소설을 쓰는 데 필요한 게 창의성이든 문학성이든 뭐든 간에, 그걸 인간만 가질 수 있다고 말할 근거는 아무것도 없다. 알파고가 주는 교훈이 바로 그것이다. 우리가 막연하게 '그건 불가능할 거야'라고 생각한다고 해서 실제로 불가능한 것은 아니다. 불가능한 것은 매우 적다. 내가 인터뷰한 프로기사 30명 중 '인공지능이 바둑은 잘 두지만 소설을 잘 쓰지는 못할 거예요'라고 말한 사람은 아무도 없었다. 하호정 4단이 한 이야기가 프로기사들의 견해를 제일 잘 대표하는 말일 것 같다.

"솔직히 제 생각에는 인공지능이 소설도 되게 창의적으로 쓸 거예요. 우리가 인공지능을 제일 인정하지 않는 사람들이었는데 이제는 제일 인정하는 사람들이 되었어요."

문학작품은 글자로 되어 있고, 그러니 디지털 신호로 전환할 수 있다. 문학비평 공동체라는 것도 존재하고, 바둑의 승부처럼 명확하지는 않아도 작품 평가에 대해 어느 정도 합의도 나온다. 그래야 '고전'이니 '올해의 책'이니 하는 작품들을 선정할 수 있고 문학상도 줄 수 있으니까. 그렇다면 기계학습으로 인공지능에게 문학성을 가르칠 수 있다는 의미인가? 받아들이기 어려운 상상인가? 문학성이 아니라 대중성을 가르친다면? 베스트셀러 순위에 오르는 소설 수천 권을 입력해서 패턴을 찾아내고 그와 비슷하게 쓰라고 한다면? 대중음악계에서는 이미 그런 식으로 작동하는 작곡 AI가 있다.

문학의 영토에 승부는 없지만, 일종의 튜링 테스트를 벌일 수는 있을 것이다. 인공지능이 쓴 소설을 인간 저자가 쓴 것처럼 필명으로 발표한 다음, 그 소설이 어떤 비평을 얻는지 지켜보는 것이다. 많은 문학 전문가가 그 작품의 문학성이나 독창성을 인정한다면, 인공지능은 독창적이고 문학적인 소설을 쓸 수 있다고 인정해야 한다. 그때 '인공지능은 자기가 쓰는 게 뭔지 모른다' 같은 말은 비겁한 자기위안일 따름이다. 오히려 그때 비로소 우리는 우리가 써왔던 게 뭔지 파악하게 될 것이다. 그때 우리는 문학성과 독창성의 의미를 곱씹게 될 것이다. 그때 나는 멍하니 거리를 한참 걷고 술을 마시고 집에 들어가 울지도 모르겠다. 터미네이터가 등장하지 않아도, 내가 해고되지 않아도 나의 깊은 부분이 인공지능의 발전에 타격을 입을 수 있다.

3 가장 중요한 문제

 인공지능이 사람보다 바둑을 더 잘 둔다고 해서 무엇이 문제란 말인가? 자동차가 사람보다 빨리 달리지만 육상에는 여전히 여러 달리기 종목이 있지 않은가? 달리기 선수들의 수입이나 자부심이 자동차 때문에 타격을 입었는가?

 그렇게 묻는 이들이 있다. 이에 대한 답변은 다음과 같다.

 첫째, 자동차가 등장하기 전에도 사람보다 빨리 달리는 동물이 많이 있었다.

 둘째, 많은 사람이 '인간다움'은 신체 능력보다 사고 능력과 더 관련이 있다고 믿는다. 인간이라는 종의 장점에 대해서도 그렇게 생각한다.

 셋째, 자동차가 사람이 달리는 방식을 바꾸지는 않았다.

 넷째, 사람이 자동차에게 달리는 법을 배우지는 않는다.

"이전의 책들은 모두 폐기해야 해요"

알파고 이전에 바둑을 배우는 것은 수학을 배우는 것과 조금 비슷한 구석이 있었다. 어린아이가 바둑을 처음 배울 때는 대개 바둑에 취미가 있는 부모에게 배운다. 그러다 학원이나 도장에 다니면서 선생님의 지도를 받는다. 수학 공식을 배우듯 정석을 익히고, 수학 문제를 풀듯이 사활 문제[돌을 살리거나 죽이는 수순을 찾는 문제]를 푼다. 1985년생인 조혜연 9단은 "저희보다 열 살 정도 위 세대는 정석을 2만 개쯤 배웠는데 저희 세대는 3만 개를 배웠어요"라고 말했다. 조훈현 9단은 자서전에서 이런 학원식 교육이 젊은 기사들의 창의성을 가로막는다며 불만을 드러내기도 했다.[1]

어느 정도 기량을 갖춘 연구생은 실전을 통해 배웠다. 자기보다 실력이 뛰어난 상대에게 지도대국을 받기도 하고, 비슷한 수준의 연구생과 끊임없이 승부를 겨루며 실력을 키운다. 고수들의 기보를 그대로 따라 두며 감각을 익히기도 하고, 자신이 둔 바둑을 복기하면서 무엇이 실수였는지, 더 나은 수는 없었는지 검토하기도 한다. 한국, 중국, 일본의 젊은 프로기사들이 대국을 벌이는 한중일 신예대항전은 대회이면서 일종의 합동수련회이기도 했다.[2] 수학자들의 세미나 같은 역할을 한 셈이다.

최고수들은 공동연구를 했다. 특히 한국과 중국 기사들이 강한 이유는 공동연구가 활발하기 때문이라는 분석이 많았다. 일류 기사들이 포석을 놓고 토론을 벌이기도 하고 상대 대국자의 스타일을 함께 분석하기도 했다. 2010년대 초반 한국 프로기사들의 연구 모임은 소소회, 신사연구회, 으뜸연구회, 홍대연구실 등이 있었다.[3] 이세돌 9단도 2014년 개인 연구소를 열었다. 바둑 국가대표팀도 공동연구를 훈련의 중심으로 삼았다.

공동연구를 하는 데 꼭 연구회라는 틀을 갖춰야 하는 것은 아니었다. 조훈현 9단은 자서전에서 '고바야시 정석'이라고 불리는 정석을 놓고 젊은 기사들과 토론했던 일화를 소개한다. 한국기원에서 중국 여성 기사인 루이나이웨이 9단을 우연히 마주쳤는데, 루이 9단이 그에게 그림을 한 장 내밀었다. "여기 이 정석에서 돌의 수순을 이렇게 바꿀 경우 다음 전개가 어떻게 될까요?" 루이 9단의 질문에 조 9단은 며칠 동안 혼자 고민을 했지만 답이 떠오르지 않았고, 젊은 기사들을 만난 자리에서 이 얘기를 꺼냈다. 기사들은 바둑판도 없고 그림도 없는 상태에서 토론을 벌였고, 고바야시 정석이 흔들리지 않는다는 걸 증명해 냈다. 그 증명 과정에서 이창호 9단이 새로운 수를 찾기도 했다.[4]

하지만 공동연구의 결론이 늘 옳은 것은 아니었다.

"공동연구 많이 했죠. 그런데 가끔 오히려 답이 나빠요. 누구는 산으로 가자고 누구는 바다로 가자고 해서 이게 합의가 안 돼. 스승이 없고 센 사람, 1인자가 정답이었는데 그 사람들도 답을 몰랐다고." 조훈현 9단

"예전에 바둑을 배우면 그냥 나보다 센 사람이 '여기서는 이렇게 두는 거야, 저기서는 저렇게 두는 거야' 하는 거였어요. 지금 돌이켜 보면 사실은 그걸 가르쳐 주는 사람도 완벽하게 이해가 되어 있는 상태가 아니었는데요. 연구회에서도 고수 한두 명이 의견을 제시하면 '그렇습니까' 했어요. 고수들이 자기가 둔 바둑을 복기하고 의견을 제시하면 다른 사람들은 알게 모르게 그런 모양을 외우게 돼 있어요." 최명훈 9단

2018년이 되어 바둑 AI 프로그램들이 보급되자 그렇게 공동연구를 할 이유가 사라졌다. 인간 기사들이 며칠 동안 토론한 것보다 인공지능이 몇 분 만에 내놓는 대답이 훨씬 뛰어난 수였다.

"저는 공동연구를 되게 좋아했어요. 서로 '나는 이렇게 생각해, 너는 어떻게 생각해' 그러면서 돌을 이렇게도 놓아보고 저렇게도 놓아보고, 각자 결론을 내리죠. 그렇게 공동연구를 많이 했는데 지금은 저희보다 훨씬 더 센 존재가 있잖아요. 저희끼리 토론하는 의미가 없어졌어요. 이제는 인공지능이 없으면 공부를 못 하는 수준이에요." 오정아 5단

'이러다 인공지능한테 바둑 배우겠네'라는 농담이 현실이 됐다. 프로기사들은 고성능 컴퓨터와 그래픽카드를 사들이기 시작했다. 특히 그래픽카드의 연산 속도가 중요했다. 기사들 사이에서는 2017년 3월에 나온 엔비디아의 최신 그래픽카드 지포스 GTX 1080 Ti가 인기를 끌었다. 당시 지포스 GTX 1080 Ti의 가격은 한 장에 100만 원이 넘었는데 정상급 기사들은 이걸 기본으로 두 장씩 붙여 쓴다고 했다. 국가대표팀은 지포스 GTX 1080 Ti 네 장을 장착한 컴퓨터 다섯 대를 썼다.[5] 나중에는 중국 국가대표팀 기사들은 전용 훈련 프로그램을 쓰고 있는데 한국 기사들은 그러지 못해 불리하다는 불만까지 나왔다.[6] '어떤 기사가 1000만 원이 넘는 장비를 구입했다더라' 하는 소문도 돌았다. 바둑 도장들도 서둘러 훈련용 컴퓨터 구입에 나섰다. 하지만 누구나 바둑 AI 프로그램을 집에 설치할 수 있으니 어느 정도 수준이 되는 연구생들은 굳이 도장을 찾을 이유가 줄었다.

AI 수법을 거부하는 것은 순위 하락을 의미했다. 1953년생인 한국의 전설적인 프로기사 서봉수 9단조차 매일 AI한테 바둑을 배운다고, AI가 이제 선생님이라고 말했다. 서 9단은 언론 인터뷰에서 "만약 AI나 인터넷을 보지 않는 프로기사가 있다면 바둑을 포기한 사람"이라고 말했다.[7] 기사들은 바둑 AI 프로그램으로 수를 검토해 봤느냐는 의미로 서로에게 '돌려봤어?'라고 물었다.

"30~40대 기사들은 AI 수법을 잘 받아들이지 못했죠. AI가 어떤 제안을 해줘도 '난 이렇게 못 둬, 이게 뭐야' 하면서 겉으로만 훑거나 '그냥 내가 두던 대로 두겠다' 하고 자기 편한 대로 두거나. 그러면 그게 결과로 나오거든요. 발전도 없고 계속 져요. 그러니까 다들 '어쩔 수 없구나' 하고 AI를 받아들이게 되는 거죠. 승부에만 초점이 맞춰지면 이렇게 되는 것 같아요." 오정아 5단

바둑 AI 프로그램들이 인간 프로기사들에게 제공하는 것은 크게 두 가지다. 첫째는 추천수다. 다음에 어떤 수를 두는 게 좋을지 추천을 해주는 것이다. 한 수만 추천을 해주는 게 아니라 여러 수를 동시에 추천하는데, 각 수를 뒀을 때 이길 확률이 함께 표시된다. 그중 가장 이길 확률이 높은 수, 즉 인공지능이 가장 추천하는 수는 파란색으로 표시되기 때문에 '블루스팟'이라고 불린다.

둘째는 형세판단이다. 어떤 상황에서 흑과 백 중 어느 쪽이 얼마나 우세한지를 수치로 표시해 준다. 인공지능은 대국을 막 시작해 바둑판 위에 돌이 하나만 올라와 있는 상황에서도 누가 얼마나 유리한지 판단을 내린다. 이 기능 덕분에 자신이 둔 대국뿐 아니라 다른 기사가 둔 대국도 한 수씩 프로그램에 입력하면서 언제 형세가 불리해졌는지, 어떤 수가 좋은 수였고 나쁜 수였는지 금방

파악할 수 있게 됐다.

과거의 정석들을 바둑 AI 프로그램으로 검토하던 프로기사들은 충격에 휩싸였다.

"제가 예전에 어떤 아마추어를 가르치다가 '이런 수는 절대 두지 마라'라며 혼을 낸 적이 있었거든요. 빈삼각[돌 세 개가 직각으로 이어진 모양]이라고 하는 모양이었는데요, 설마 인공지능이 이걸 좋은 수라고 하지는 않겠지 하고 기보를 넣어봤더니 그 장면에서는 바로 그 수가 블루스팟이었던 거예요. 또 바둑에 있어서 가장 어려운 게 형세판단이거든요. 어떤 형태가 나왔을 때 '이게 좋으냐, 나쁘냐' 하는 그 판단은 프로기사들도 엄청나게 어렵습니다. 그런데 인공지능은 그걸 '몇 퍼센트 좋다, 몇 퍼센트 나쁘다' 그렇게 알려주잖아요. 그러다 보니 예전 사람들이 흑백 양쪽 모두 괜찮다고 생각했던 모양이 그렇지 않다는 걸 알게 됐고, 정석이 왕창 줄었어요. 『정석 사전』이라고 두꺼운 책이 있었는데 그게 거의 쓸모가 없어졌어요." 정수현 9단

"옛날 기보들을 사람들이 인공지능에 입력하기도 해요. 기사들이 피를 토하면서 처절하게 뒀다는 전설의 대국들이 있거든요. 그런데 그렇게 피를 토하면서 발견했다는 신수[이전에는 잘 두어지지 않았지만 검토 결과 좋다고 검증된 수]를 인공지능에 넣었더니 이길 확률이 5퍼센트 떨어지는 수였고 그렇더라고요." 하호정 4단

"명확하게 말씀드리면 알파고 이전의 책들은 모두 폐기해야 해요." 조혜연 9단

안성문 바둑전문기자는 알파고의 등장 이전을 기원전에, 알파고 이후를 기원후에 비유하기도 했다. 그는 KB바둑리그 전문기

자, 바둑TV 편성제작국장, 넷바둑 대표, 대한바둑협회 전무 등을 지내며 30년 이상 바둑 관전기와 바둑평론을 썼다. 나를 만난 자리에서 안 기자는 "이제 중세가 끝났다고 봐도 될 것 같습니다"라고 말했다.

"바둑 역사를 길게는 5000년으로 보거든요. 그 5000년 동안 바둑의 패러다임은 인간 중심이었는데, 그게 끝난 거죠. 단순히 포석이 변했다는 수준이 아니라 우리가 바둑을 대하는 방식, 바둑의 토양이나 문화 같은 게 송두리째 다 바뀌어 버렸어요. 알파고 이전까지 바둑을 도(道)로 봤던 관점이라든가, 입단 제도라든가, 관전 문화, 프로기사들의 삶, 아마추어 기사들의 삶 등등 바둑의 전 영역에 걸쳐서 패러다임이 바뀐 거예요."

긍지와 관련된 문제

테드 창이 쓴 「인류 과학의 진화」라는 SF 단편이 있다. 디지털 신경 전이 기능을 갖춘 '메타인류'라는 존재들과 인류가 함께 사는 미래가 배경이다. 메타인류의 과학기술은 인류의 이해력을 초월해 있으며, 메타인류 과학자들은 연구 결과를 디지털 신경 전이를 통해서만 발표한다. 인류 과학자 중 일부는 자신들이 아무런 기여도 할 수 없게 된 과학을 포기하고, 남은 과학자들은 메타인류의 과학을 해석하는 문헌 해석학과 제품 해석학으로 연구 방향을 돌린다.[8]

알파고 이후 프로기사들의 처지는 테드 창의 단편소설 속 인류 과학자들과 흡사하거나 그보다 조금 더 나빴다. 적어도 작품속 인류 과학자들은 자신들이 알던 기존 지식을 버릴 필요는 없었다. 메타인류가 인류 과학자들의 연구 결과를 일일이 지적하지도 않았다. 프로기사들은 2018년부터 자신이 알던 바둑 이론을 머릿속에서 지워야 했다.

조혜연 9단은 여전히 인지부조화를 느낀다고 했다. 그녀는 만 11세에 프로기사가 되었고, 여성 프로기사들의 세계대회인 홍창배에서 준우승, 한국 여성대회인 여류명인전과 여류십단전에서 우승한 경력이 있다.

"처음부터 인공지능으로 바둑 공부를 한 사람은 인공지능이 제시하는 수를 거부감 없이 받아들일 수 있는데 저 같은 경우는 제가 두는 모든 수가 나쁜 수가 돼요. 제가 생각하는 모든 수를 다 교정해야 하는 처지에 몰린 거예요. 이게 어떤 느낌이냐 하면 '아, 이런 수는 인공지능이 나쁘다고 하니까 바꾸자' 그런 수준이 아니라, 제가 믿어왔던 모든 이론과 가치체계가 부정당하는 느낌이에요. 포석을 포함해서 바둑에서 일어나는 모든 변화에 대한 판단이 바뀌었어요. 전투에서도 한두 마디로 정의하기 어려운 바둑 이론들이 있었거든요. 저는 프로기사가 된 지 27년이 넘었는데요, 그런 이론들이 깊이 내재된 사람이에요. 저는 30년 동안 두던 제 바둑을 바꾸는 길을 택했어요. 학생들한테도 AI 수법을 가르쳐요. 하지만 매일매일 이게 정말 내가 생각하는 바둑이 맞는가 하는 생각을 해요. 저와 비슷한 세대의 많은 프로기사가 바둑을 그만뒀습니다."

1985년생으로 2000년에 입단한 이다혜 5단은 "처음에는 지금까지 공부했던 게 쓸모없어진 느낌이었어요"라고 말했다.

"제가 알던 세계 한쪽이 모래성처럼 무너져 내리는 느낌이었어요. 지구가 네모나다고 알고 있었는데 둥글다고 하면 그걸 순식간에 받아들일 수는 없잖아요. 저희가 바둑을 배울 때는 기술적인 측면뿐 아니라 문화적인 측면에서도 일본의 영향을 많이 받았어요. 한국의 대표적인 기사들이 일본에서 유학하고 오신 영향이 큰 것 같아요. 일본 바둑계에서는 오타케 히데오[9]처럼 '안 좋은 모양을 둘 바에는 지는 것이 낫다'라는 기사도 있을 정도로 아름다운 내용으로 바둑을 두는 것을 중시하거든요. 지금도 제 또래의 기사들은 기세를 중시하는 면이 남아 있어서 '기세상 이렇게 두어야 되는 거 아닌가', 혹은 '기세를 찾아볼 수가 없네' 같은 말을 자주 하곤 합니다. 그런데 알파고 이후에 입단한 기사들에게는 이런 말이 통하지가 않아요. 제가 배우던 당시에는 상대가 싸움을 걸어왔을 때 피하면 약간 비겁하다는 인식도 있었고, 모양이 안 좋으면 이런 바둑이 어디 있냐며 혼나기도 했었거든요. 그런데 요새는 프로기사의 바둑도 AI 추천수와의 일치율이 얼마나 높은지에 따라 잘 뒀냐, 못 뒀냐를 평가해요. 그리고 AI는 모양이고 뭐고 없어요. 옛날에 바둑을 배운 저로서는 '저걸 저렇게 둔다고?' 하고 놀라다가 막상 그 수가 좋다고 하면 납득이 안 될 때도 있죠. 내가 지금까지 정답으로 알고 있던 것들이 정답이 아니게 됐으니까요."

그러나 이다혜 5단은 인공지능 도입의 좋은 면도 많다며 "이제 AI의 존재를 받아들이고 긍정적인 면을 나름대로 찾았어요"라고 말했다. 프로기사 중에서는 인공지능을 환영하는 이들도 없지 않다. 그들의 목소리는 다음 장에서 들어볼 예정이다.

김효정 3단은 AI 포석이 프로기사들을 전보다 더 옥죄는 느낌이라고 말했다.

"그때까지 정석이라는 틀에 갇혀 있었다고 생각했는데 알파고 때문에 그 틀이 깨졌고 자유로워졌다고 생각했어요. '바둑의 패러다임이 완전히 바뀌었다, 우리가 생각하고 있었던 정답이 정답이 아니게 됐다, 이제 마음대로 둬도 된다' 하는 생각이었죠. 그런데 다시 '알파고 정석'이 생겼어요. 그때 자유라는 건 틀이 무너질 때 생기는 잠깐의 해방이었던 거죠. 지금은, 저는 되게 슬퍼요. 지금 기사들이나 학생들이 두는 바둑은 저희가 배운 바둑이 아니에요. 전혀 다른 바둑이에요. 예전에는 정석이 있어도 그걸 비틀 수가 있었어요. 그러면 그때부터 또 난리가 나죠. 살짝 비튼 것에 대한 연구가 막 시작되고, 또 다른 변화가 생겨요. 약간 개성 있는 기사가 정석을 비틀면 거기서 변화들이 조금씩 생기고, 정석들이 조금씩 변화했거든요. 예전에 우리가 만들었던 정석은 이렇게 여러 기사가 많은 걸 경험하고 연구하면서 만들어진 거예요. 그런데 지금은 비틀 수가 없어요. AI가 정해주니까. AI를 사용하면 이길 확률이 바로 뜨니까 '이 수는 아웃' 이렇게 돼요. 전보다 더 견고한 성에 답답하게 갇혀버린 느낌이에요. 바둑이 싫어진 건 아니고, 바둑을 좀 잃어버린 기분이에요. 내 마음대로 생각하고 내가 그릴 수 있는 그림을 뺏겨버린 느낌."

이하진 4단은 연구자로서의 자부심을 잃었다고 했다. 국제바둑연맹(The International Go Federation) 사무국장을 지낸 그녀는 구글 딥마인드 챌린지 매치에서 한국기원의 창구 역할을 맡기도 했다. 이 4단은 이세돌 9단과 알파고의 대국 이후 프로기사를 사직하고 개발자가 되어 현재는 아마존에서 일하고 있다. 다만 프로에서 은퇴한 이유가 이세돌 9단과 알파고의 대국 결과 때문은 아니라고 했다.

"제가 어려서 바둑을 배울 때 바둑은 평생 공부를 해도 끝에 다다를 수 없는 그런 느낌이었거든요. 프로기사 수준이 되면 누군가에게 배운다기보다는 스스로 갈고닦고 혼자 수련하는 거죠. 그래서 아무도 답을 모르는 것을 내가 공부한다는 자부심이 있었는데, 그런 게 없어졌어요. 답을 모르는 상태에서 스스로 연구하던 것과 AI가 정답을 알려주는 상태에서 연구하는 건 다르죠."

어떤 이들은 아예 바둑계를 떠났다. 조혜연 9단은 인공지능 때문에 바둑을 사실상 그만둔 프로기사가 10명 이상이라고 말했다. 공식적으로 은퇴를 하지는 않았지만 시합에도 나오지 않는 기사들이 있다는 것이었다. 전성기를 지나 순위가 떨어지며 자연스럽게 승부에서 멀어지는 것과는 달리, AI 수법이 퍼지면서 갑작스럽게 자취를 감춘 기사들이 있다고 했다.

"지금 AI 공부를 아예 안 하면 시합에서 한 판도 못 이겨요. 어쨌든 먹고살기 위해서 승부를 하는 사람은 이 AI 시대를 무한긍정하면서 가야 하기는 하거든요. 그런데 AI 수법을 거부하고, 이걸 공부하느니 나는 그냥 바둑을 안 한다고 하는 분이 꽤 많아요. 제가 알기로 10명 이상인데 저는 그분들을 부러워하면서 AI 공부를 해요. 저를 잘 모르시는 분들은 조혜연은 AI 공부를 열심히 한다고 생각할 거예요. 저는 슬퍼하면서 공부하고 있는 거예요."

이다혜 5단도 인공지능 때문에 바둑을 그만둘까 고민했다고 털어놓았다.

"몇 년 동안 계속 생각했던 거 같아요. '바둑을 내가 계속해야 하나, 다른 일을 해볼까, 웹툰 작가가 돼볼까, 웹소설 작가가 돼볼까, 플로리스트가 돼볼까.' 그래서 실제로 꽃도 배워봤어요. 처음에는 바둑을 두고 AI로 복기하지 않았어요. 상처받아서요. AI로 검토해 보면 너무 못 둔 수가 태반이었거든요. 내면의 상처가 컸어요. 바둑에 자신이 없어진 거죠. 전에는 '이 정도면 잘 뒀지' 싶었던 것도 AI로 보면 하수의 바둑으로 나타나고, 두는 수마다 혹평을 받으니까. 여전히 자신은 없는데 이제는 납득하죠. AI를 적대적으로 여기지 않고 동반자나 친구로 받아들이기까지는 5년 정도 걸렸네요. 지금은 많이 좋아졌어요. AI로 포석 공부도 하고 복기도 해요. 이제 받아들일 마음이 된 거죠."

1980년생으로 1992년에 입단한 하호정 4단은 인공지능에 대한 태도가 세대별로 다르다고 했다.

"지금 바둑을 공부하는 세대는 AI를 거부한다는 생각이 전혀 안 들 것 같아요. 반대로 시니어 사범님들은 여전히 AI 수법을 거부하고 해설할 때도 AI 안 보시죠. 그런데 저희 세대는 그럴 수가 없어요. 제 세대는 폭격을 제대로 맞았고, 가장 혼란스러운 상황이에요. 바둑을 다르게 사랑해야 하지 않을까요? 그동안 사랑했던 바둑은 이제 떠나보내 줘야 할 거 같아요."

인공지능 때문에 바둑을 그만둔 기사 중 가장 유명한 사람은 다름 아닌 이세돌 9단이다. 이 9단은 알파고와의 대국 뒤 3년이 지난 2019년 11월 바둑계 은퇴를 선언했다. 그는 여러 언론 인터뷰에서 은퇴 이유로 인공지능을 꼽았다. 1장에 나온 대로 '바둑을 예술로 볼 수 없어졌다'라는 것이 큰 이유였다. 하지만 자존심과 좌절감에 대해서도 이야기했다.

《경향신문》 인터뷰에서는 "AI라는 절대 넘을 수 없는 장벽 앞에서 느끼는 허무와 좌절"이 은퇴의 직접적인 이유라고 말했다. 특히 알파고와 대국할 때 딸을 대국장에 데려왔는데 딸 앞에서 당한 패배라서 더욱 아픔이 컸고, 그게 은퇴 결심으로 이어졌다고 했다.[10] 이 9단은 '딸 바보 아빠'로 이름나 있기도 하다. 만 9세였던 그의 딸은 이 9단이 알파고에 3연속으로 패하고 4국에 임하려 할 때 "아빠, 가지 마"라고 말했다.[11]

TBS 〈김어준의 뉴스공장〉에 출연해서도 예전에는 "세상에서 최고 바둑을 잘 두는 사람이다"라는 자부심이 있었는데 인공지능에게는 "아무리 잘 둬도 못 이길 것 같은" 것을 은퇴 이유로 꼽았다.[12]

알파고와의 대국 8년 뒤 이세돌 9단은 구글코리아와의 인터뷰에서 인공지능이 은퇴 이유의 많은 부분을 차지하고 있다며 이렇게 말했다.

"알파고가 나오기 전의 기보와 지금의 기보는 완전 다릅니다. 예전 기보는 역사적인 가치 외에는 없는 거예요. 인공지능의 기보가 내용상으로 훨씬 더 위거든요. 인공지능의 기보를 보면서 '이건 이렇게 둬야 되는구나, 여기서는 이렇게 둬야 되는구나' 배워야 하는 거예요."

구글코리아와의 인터뷰에서 이세돌 9단은 '다시 태어나도 바둑을 둘 생각이냐'라는 질문에 이렇게 대답했다.

"바둑을 배울 수는 있어요. 즐기면서 그렇게 할 수는 있는데 만약에 '바둑 프로가 될 거냐' 그렇게 물으시면 생각이 다릅니다.

예전에는 '다시 바둑 프로기사가 될 거냐' 하면 '다시 바둑을 배울 거고, 프로기사도 꼭 할 것 같다' 그렇게 대답했는데, 알파고가 나온 뒤에는 제가 배웠던 것과 너무 달라서… 바둑은 그냥 즐기면서 배우되 아마 (직업은) 다른 쪽으로, 뭐 정말 인공지능을 만드는 쪽으로 할 거 같습니다."[13]

은퇴하는 순간까지 "바둑은 나의 전부였고 앞으로도 전부일 것"[14]이라고 말했던 그가, 그러나 이제 직업으로서의 프로기사는 좋은 선택이 아니라고 한 것이다. 이는 프로기사들의 상금 수입이 줄어서가 아니다. 긍지와 관련된 문제다. 사람은 의미 있는 일을 자신이 잘해내고 있다고 믿을 때 긍지를 얻는다. 나는 다른 직업에서도 인공지능으로 인해 긍지를 잃을 사람이 많아지리라 생각한다. 인공지능은 우리 예상보다 훨씬 넓은 영역에서 어떤 일의 의미와 인간의 유능함을 납작하게 짓눌러 버릴 것이다.

그 영역에서 문학은 예외일까?

생각하는 기계, 이해 못 하는 사람

AI 시대를 받아들이기로 한 프로기사들에게조차 바둑 AI 프로그램들은 친절한 선생님이 아니었다. 인공지능들은 수치는 보여주지만 설명을 해주지는 않는다. 어떤 수가 좋은 수고 어떤 수가 나쁜 수인지는 바로 알 수 있다. 하지만 그 수가 왜 좋은 수인지, 혹은 왜 나쁜 수인지는 알 수 없었다. 인간 기사들은 인공지능의 바둑을 이해하려 애썼지만 쉽지 않았다. 테드 창의 소설 속 인류 과학자들과 똑같은 신세였다.

2017년 5월 28일, 경기도 가평군 대교 마이다스 호텔 앤드 리조트. 세계대회인 제22회 LG배 조선일보 세계기왕전 개막식 자리에서는 진풍경이 펼쳐졌다. 본선 진출자 32명은 축하 행사가 펼쳐지는 무대가 아니라 자기 스마트폰을 뚫어져라 쳐다보고 있었다. 모두 아주 심각한 표정이었다. 구글에서 바로 전날인 27일과 당일인 28일, 이틀에 걸쳐 알파고와 알파고가 둔 대국 50국의 기보를 공개한 것이다. 커제 9단, 당이페이 9단, 신진서 9단(당시 8단), 김지석 9단 등 LG배에 출전한 최고수들은 식사 테이블 앞에서도 알파고 대 알파고의 기보들을 연구했다.[15] 그 기보들은 마치 외계인이 둔 바둑처럼 기이했다.

양재호 9단은 "고수들이라고 인공지능의 수를 다 이해하는 건 아니"라고 말했다. 그는 동양증권배 세계바둑선수권 대회에서 우승한 경력이 있고, 한국 대회인 명인전과 패왕전에서 준우승했다. 현재는 한국기원 사무총장을 맡고 있다.

"저도 보면 이해를 못 해요. 이해를 못 하는 수가 많아요. 금방 이해되는 경우도 있고, 한참 생각해 봐야 이해되는 경우도 있고, 끝까지 이해가 안 되는 경우도 많아요."

이다혜 5단은 "솔직히 말하면 인공지능끼리 둔 바둑은 저는 봐도 이해할 수 없는 수가 태반"이라고 고백했다.

"제가 인간 기사의 바둑은 어느 정도 납득이 된단 말이에요. 어떤 수를 두면 그 자리에 왜 뒀는지 알겠어요. 한 70~80퍼센트는 이해하고, 저랑 실력이 비슷한 기사라면 90퍼센트까지도 이해가 돼요. 근데 인공지능이 인공지능이랑 붙은 기보를 보면 한 30퍼센트나 이해할까요? 나머지는 이해를 못 하겠어요. 해석을 해야 평을 할 텐데 '여기 왜 두는 거지? 모르겠네' 이러고 있어요."

바둑을 모르는 사람들이 프로기사들에 대해 가장 신기하게 여기는 것이 복기(復棋)다. 프로기사들은 대국을 마치고 나서 그 판을 다시 한번 두어보며 내용을 검토한다. 보통 승부를 마친 두 대국자가 그 자리에서 복기를 하는 것이 관례이고 상대에 대한 예의다. 이때 프로기사들은 수백 수에 이르는 착점들을 별 어려움 없이 순서대로 기억한다. 일류 기사들은 바둑판 없이도 복기할 수 있다. 몇 년 전에 둔 대국이나 다른 기사들의 대국을 외우는 기사들도 있다.

반면 일반인들은 흑돌과 백돌을 둔 순서대로 숫자로 표기한 기보를 보며 따라 두라고 해도 시간이 오래 걸린다. 숫자가 적힌 흑돌과 백돌이 가득한 기보에서 백 34수 뒤 흑 35수가 어디에 있는지 찾느라 한참 헤매야 하는 식이다. 프로기사들은 돌과 돌 사이의 논리를 알고 전체적인 수순이나 집 모양을 패턴으로 기억하지만 일반인은 그러지 못하기 때문이다. 피아니스트가 악보를 기억하는 방식과 같다. 프로기사들 역시 아무렇게나 돌을 몇백 개 놓고 그 순서를 외워보라고 하면 잘 못한다. 피아니스트도 아무 음표나 멋대로 그려놓은 악보를 암기하기는 어렵다.

목진석 9단은 프로기사들이 기보를 '스토리'로 기억한다고 설명했다. 그는 LG배 조선일보 세계기왕전에서 준우승, 한국 대회인 KBS 바둑왕전과 GS칼텍스배 프로기전에서 우승한 경력이 있는 정상급 기사다. 바둑 국가대표팀 감독을 맡아 국가 대항전인 농심신라면배 세계바둑최강전에서 한국팀의 우승을 이끌기도 했다.

"프로기사들이 복기를 어려움 없이 하고 예전에 둔 바둑들을 잘 기억하는 이유는 그게 다 스토리로 연결되기 때문이에요. '여기에 내가 돌을 둘 때 무슨 생각을 했다, 상대는 그에 대해 어떻게 반응했다, 그때는 내가 이 길로 갔고 상대는 이렇게 됐다' 그런 식으로 다 연결이 되어 있어요. 만약에 바둑을 모르는 사람이 아무 의미 없는 곳들에 돌을 두면 30초만 그렇게 둬도 저희가 기억을 못 할 겁니다. 스토리가 이어지지 않으니까요."

목 9단은 알파고 대 알파고의 대국 기보를 보며 그런 느낌을 받았다고 했다.

"진짜 좀 기계 냄새가 나는 바둑이라고 할까요. 사람과 사람의 바둑을 보면 서로의 생각이 수에 담겨서 스토리가 계속 이어지는데 알파고 대 알파고 대국을 보면 어디에 두다가 갑자기 다른 곳에 둬요. 그런 때 뭔가 뚝뚝 끊긴다는 느낌을 많이 받았어요. 한 판의 스토리가 쭉 이어져 나가는 게 아니에요. 자기들끼리만의 대화를 하고 있는 것 같은 느낌이 들었어요. 인공지능 간의 바둑에 대해서는 초반은 물론이고 심지어 중반전에서조차도 뭐가 이렇게 돌아가는 건지, 조금 받아들이기가⋯ 지금도 어려워요."

어떤 부분은 아주 기초적인 원리가 있는 것 같은데 그게 뭔지 알 수 없다. AI 포석이 일반화되고 몇 년이 지난 지금까지도 그렇다. 이른바 '삼삼(三三)'의 수가 대표적이다.

삼삼이란 말 그대로 가로 3, 세로 3의 좌표에 해당하는 위치다. 과거에는 초반부터 이곳에 돌을 두는 것은 발전성이 없다고 해서 인기가 없었다. 전통과 미학을 중시하는 일본 바둑계에서는 금기시되기까지 했다. 바둑의 성인이라 하여 '기성(棋聖)'이라고 불리는 중국의 우칭위안 9단은 젊은 시절이었던 1933년 일본의 바둑 명인 슈사이를 상대로 삼삼을 활용한 포석을 썼다가 '무례하다'라는 비판을 들어야 했다.[16] 21세기 한국에서는 그 정도까지는 아니었지만 바둑을 배우는 학생이 대국 초반부터 상대 진영의 삼삼 지점에 돌을 두면('삼삼 침입' 혹은 '삼삼 침투'라고 한다) 스승에게 혼이 나곤 했다.[17]

그런데 인공지능은 삼삼 침입을 매우 즐겨 했고 또 추천했다. 프로기사들은 어리둥절해질 수밖에 없었다. 목진석 9단은 알파고가 초반부터 삼삼에 침입하자 "전 세계 프로기사 1000명 중 이렇게 둘 사람은 한 명도 없다"라고 말하기도 했다.[18] 하지만 수법을 바꾼 것은 인공지능이 아니라 프로기사들이었다. 몇 년이 지나자 "삼삼 침입 없는 프로바둑 보기란 하늘의 별 따기가 됐다".[19] 이런 문구를 쓴 《조선일보》의 이홍렬 바둑전문기자는 삼삼 침입을 인공지능의 새 '교리'라고 표현했다.

프로기사들은 이런 삼삼 포석, 혹은 삼삼 침입에 '묻지마 삼삼'이라는 이름을 붙였다. 고상하고 고풍스러운 이름의 용어가 많은 바둑계에서 이질적으로 가볍고 상스러운 명칭이다. 왜 그런 수를 두는지, 혹은 과거에 우습게 보던 수법에 대한 태도를 왜 갑작스럽게 바꿨는지 묻지 말라는 것처럼 들린다. 기사들은 대체로 인공지능의 삼삼 침입에 대해 (과거의 금기도 근거가 없는 것은 아니었지만) "종합적인 관점에서 비춰보면 적절한 것 같다"라는 정도로 심리적 타협을 하는 것 같았다.[20]

하지만 쉽게 납득하지 못하는 사람들도 있다. 인공지능은 첫 수로 삼삼을 추천하지는 않는다. 그런데 삼삼 침입을 당하기 쉬운

화점[가로 4, 세로 4의 좌표에 해당하는 위치로 바둑판에 굵은 점이 찍혀 있다]은 추천한다. 그런 수를 두고 나면 상대에게 삼삼 침입을 추천한다. 삼삼 침입을 하는 것도, 당하는 것도 좋다는 말일까? 그런데 왜 처음에 삼삼에 두는 건 추천하지 않을까? 한국기원 부총재를 지낸 박치문 바둑 칼럼니스트는 "삼삼에 대한 의문부호는 현재진행형"이라며 "누구도 시원하게 답하지 못한다"라고 말한다.[21]

납득하건 말건 삼삼 침입은 새로운 정석으로 굳어졌다. 이 수법을 홀로 거부하는 듯했던 이창호 9단도 2022년에 삼삼 침입을 썼다. 이창호 9단의 삼삼 침입은 바둑계의 화제가 되어 언론 기사로까지 나왔다.[22]

프로기사들이 삼삼 침입을 완전히 이해하지 못하면서도 그 수를 따라 두는 것은 인공지능의 권위 때문이다. 그 권위는 놀라운 실적에서 나왔다. 알파고 이전에 누군가가 '여기에 돌을 두면 이길 확률이 4.7퍼센트 높아진다' 같은 이야기를 했다면 농담처럼 들렸을 것이다. 10년 전이었다면 기사들은 가치 판단을 숫자로 표시할 수 있다는 아이디어 자체에 웃었을 것이다. '이길 확률이라는 게 뭐냐, 경우의 수가 우주의 원자 수보다 많은 바둑에서 그걸 어떻게 정확히 예상할 수 있느냐' 하고 따졌을 것이다.

지금도 우리는 그에 대한 답을 모른다. 하지만 인공지능의 바둑이 엄청나게 강하니까 아마도 옳을 것이라고 받아들이고 만다. 그리고 따라 하려고 한다. 우리는 이해할 수 없는 인공지능의 수가 심오한 원리에서 나온다고 상상하고 두려워한다. 하지만 실제로는 거기에 어이없을 정도로 얄팍하고 편의적인 이유가 있는 것인지도 모른다.

문학에서도 이런 일이 벌어질까? 어마어마한 작품을 써낸 인공지능이 '『안나 카레니나』가 『오만과 편견』보다 4.7퍼센트 더 문학성이 높다'라고 주장하면 어떻게 받아들여야 할까? 아직까지는 저런 말이 농담처럼 들린다. 문학 번역에서라면 어떨까? 『햄릿』의 한 구절, 혹은 『위대한 개츠비』의 첫 문장을 어떻게 번역하는가를 놓고 인공지능이 'A 안이 B 안보다 4.7퍼센트 더 감동적'이라고 판정한다면? 이런 일이 일어나지 않으리라고 장담할 수 있는가? 그런 때 우리는 어떻게 대처해야 할까?

생각하는 기계, 따라 하는 사람

1985년생인 이다혜 5단은 인공지능의 바둑을 잘 이해하지 못한다고 말했다. 하지만 젊은 초일류 기사들은 자신과 다르다고 했다.

"초일류 기사들이 나름대로의 해석을 해요. 그러니까 제가 그런 기사들과 얘기를 하면서 '여긴 도대체 왜 두는 거야?' 하고 묻고 포석 같은 부분에 대해서 강의를 제가 가끔 들을 때가 있어요. 걔네들도 추측을 하는 거죠. 자기가 연구해 온 결과를 '내 생각에는 이러이러한 면 때문에 이렇게 두라는 것 같아' 하고 자기 나름대로 결론을 내려서 저한테 알려주는 거예요. 그게 정답이 아닐 수도 있죠."

이다혜 5단은 인공지능의 바둑을 현대미술에, 젊은 초일류 기사들을 큐레이터에 비유했다. 그녀는 "걔들이 연구를 많이 하다 보니까 패턴 같은 걸 인식하게 된 것"이라고 말했다.

이다혜 5단이 말한 '젊은 초일류 기사'의 대표 주자는 신진서

9단이다. 2025년 현재 자타공인 세계 최강자로 조훈현, 이창호, 이세돌의 뒤를 이어 바둑 황제의 길을 걷는 중이다. 지금까지 세계 대회에서 8회 우승했고 한국 대회에서는 30회 넘게 우승했다. 이 젊은 챔피언에게는 '만인의 저승사자'라는 별명이 있다.

하지만 신진서 9단에게는 조훈현, 이창호, 이세돌 같은 선배 기사들과의 큰 차이점이 있다. 인간이 아닌 인공지능을 스승으로 삼았다는 사실이다. 사실 젊은 기사들은 모두 인공지능의 바둑을 연구했으므로, 신 9단을 '인공지능의 바둑을 배우는 데 가장 성공한 사람'이라고 부를 수도 있으리라. 그는 그런 사실을 부인하지 않았으며, 오히려 자신의 특징이라고 내세웠다. 신 9단은 언론 인터뷰에서 인공지능으로 공부하면서 "특히 포석에서 엄청난 도움을 받는다. 복기할 때도 유용해서 훌륭한 복기 선생님이 생긴 것 같다"라고 밝혔다.[23] "우리 세대에서는 많이 노력해도 AI를 이기는 것은 무리"라거나 "AI가 제시하는 수가 독창성 부분에서 사람에 앞서 있다"라고 말하기도 했다.[24]

"AI가 바둑의 기존 틀을 몇백 년을 앞서간 수법을 보여준 때가 있었어요. 알파고 마스터와 알파고 제로 사이였습니다. 알파고 리는 충격적인 실력이기는 해도 충격적인 수법까지는 아니었어요. 어느 정도는 그때 관점에서도 이해할 만한 수법들이었는데, 알파고 마스터부터는 인간 기사 입장에서는 엄청나게 충격적이라 할 만한 수법들을 보여줬습니다. 초반부터 그런 수법들을 보여줘서… 그때 제일 충격을 받았어요. 그 이후에 저는 AI를 통해서 계속 성장하고 그 수법들을 이해하고 흡수하기 위해서 굉장히 많은 노력을 했어요."

신진서 9단은 '처음에는 AI를 따라 하는 것이 내키지 않았다, 또 AI의 수들이 과연 정답인지 의심스럽기도 했다'라고 고백했다. 하지만 'AI와 바둑을 두며 자신이 틀렸고 AI가 옳다는 걸 몸으로 느꼈다'라고 했다. 그는 "그 뒤로는 AI를 따라갈 수 없는 실력이지만 그래도 닮게 두기 위해서 굉장히 노력했어요"라고 말했다.

"처음에는 AI가 이런저런 이유로 좀 꺼려졌지만 계속 보다 보니까 친해질 수 있겠다고 느꼈어요. 초기에는 AI와 대국을 많이 했는데 그렇게 좋은 방법이 아니라는 생각이 들었어요. 이후에는 AI의 수를 제 생각과 계속 비교하는 공부법을 선택했습니다. 지금은 다른 기사들도 대개 그 방법으로 공부하는 것 같고, AI와 대국하는 기사도 조금 있는 거 같아요."

그 역시 처음 인공지능의 기보를 보고 따라 둘 때 돌에 적힌 숫자들을 다음 수가 어디에 있는지 찾느라 고생했다.

"제가 다른 기사들의 기보를 보면 따라 두는 데 5분 정도 걸려요. 그런데 AI의 기보는 진짜 오래 걸린 건 20분 정도 걸린 적이 있어요. AI가 다음 수를 어디에 뒀는지 보이지가 않아서요. 지금은 워낙 많이 보다 보니까 어느 정도는 AI의 관점을 이해한 부분도 있고요."

신진서 9단은 AI 추천수와 자신의 생각을 비교하는 방법이 굉장히 재미가 없는 학습법이라고 설명했다. 정신적으로 소모되는 느낌이 크다고 했다. 게다가 그는 엄청나게 성실한 기사다. 언론 인터뷰에서 "나보다 더 노력한 기사는 있을지 몰라도 나보다 더 힘들게 공부한 기사는 없을 것"이라고 말한 적도 있다.[25]

인공지능으로 바둑 공부를 하는 시간을 물어보니 "조금 할 때는 하루에 2시간 정도, 많이 할 때는 7시간 정도 하는 거 같습니다"라는 답이 돌아왔다.

"예전에는 매일 12시간씩, 바둑만 두는 바둑 기계처럼 공부했어요. 이제는 시합도 워낙 많이 있고 체력적으로도 힘들어서 그러지는 못해요. 그래도 거의 모든 시간을 바둑 공부에 할애하고 있어요. AI를 통해서 계속해서 발전할 수 있다고 생각하기 때문이에요. 제가 하루에 12시간씩 공부를 1년 정도 했는데 효과가 없었다면 그만두고 휴식도 하고 여행도 가고 그랬겠죠. 그런데 AI를 통해서 발전하고 성장할 수 있다는 확신이 있어요. AI로 실력을 연마하다 보면 100퍼센트 지금보다 더 높은 경지에 이를 수 있다고 믿어서 연구에 집중할 수 있습니다."

그는 세계대회 전날도 인공지능으로 공부한다고 말했다.

"전에는 바둑 공부를 한다는 게 별거 없었거든요. 그래서 세계대회 결승전 전날이라면 차라리 푹 쉬면서 컨디션을 좋게 만드는 게 나았죠. 그런데 지금은 체력이고 뭐고 아무리 세계대회 전날이라도 AI를 통해서 한 수라도 더 보고 대국에 임하는 게 저는 더 낫다고 생각합니다. 개인차는 있겠지만요."

신진서 9단은 공부하면 공부할수록 학습 도구로서 인공지능이 대단하다고 느낀다고 했다. 초반, 중반, 종반을 분리해서 연구할 수 있고, 연구해야 할 내용이 끊이지 않는다는 설명이었다. 그럼에도 신진서 9단은 "여전히 AI가 왜 이렇게 두는지 모르겠는 수는 있습니다. 있을 수밖에 없어요"라고 덧붙였다. 왜 그렇게 두는지 이해하지 못하더라도 초반은 수백 가지 상황에서의 AI 추천수를 통째로 외워버릴 수 있다. 하지만 중반으로 들어가면 경우의 수가 너무 많아져서 암기로는 대응할 수 없다.

그런 이야기를 들으며 만약 내가 소설 쓰는 법을 그런 식으로 인공지능에게 배운다면 어떤 기분이 들까 상상하지 않을 수 없었다. 인공지능이 쓸 문장을 예상해서 쓰고, 인공지능이 실제로 쓴 문장과 내 문장을 비교하고, 내 문장을 지우고, 인공지능이 쓴 문장을 외우려 애쓴다. 그 일을 하루에 몇 시간씩, 다음 날 어떤 중요한 행사가 있건 매일 한다….

"인공지능의 수 중에서 아예 외워서 두는 수가 있고, 완전히 이해하는 수도 있고, 왜 그렇게 두는지 이해는 못 하지만 익숙해져서 인공지능처럼 두는 수도 있는 건가요?"

내가 물었다.

"아예 외워서 두는 수는 보통 20~30수에서 끝이 나고요. 이제는 제가 어느 정도 AI 수법에 익숙해져서 '이 장면에서는 AI가 여기에 두겠는데' 하면서 둔 수가 중반 정도에 가끔 나와요. 설명을 어떻게 드리기는 어려운데, 그냥 느낌이에요. '여기에 둘 것 같다'라고 확신에 차서 두면 AI도 그 지점을 추천할 때가 많고, 좀 애매하다 싶으면 아닌 때가 많고요. AI를 너무 오래 보다 보니까."

"한국 사람이 미국에서 오래 살다 보면 따로 공부하지 않아도 어느 순간 입이 트여서 문법에 맞게 영어를 말하는 것과 비슷한 걸까요?"

"비슷한 거 같네요."

'인공지능처럼 둬라.'

이것이 알파고 이후 프로기사들의 목표였다. 인공지능처럼 두기 위해 인공지능처럼 느껴야 했다. 인간의 감각을 억누르고 지워야 했다. 인간이 쌓아 올린 바둑 지식은 잊어야 했다. 그런 인간 정석들이 몸에 덜 밴 젊은 기사들이 유리했다(10여 년 뒤에는 인간 정석을 전혀 배우지 않은 'AI 세대' 기사들이 활동할 텐데, 그때 지금까지와는 차원이 다른 강자가 나올 거라고 예상하는 이들도 있다).

'얼마나 인공지능처럼 두는가.' 이것이 프로기사들의 실력을 평가하는 척도가 되었다. 2010년대 후반 바둑계에서는 'AI 일치율'이라는 개념이 생겼다. 어떤 인간 기사가 인공지능이 추천한 수대로 돌을 둘 확률을 가리키는 말이다. 'AI 일치율이 높다'라는 말은 곧 그 기사가 강하다는 뜻이었다.

어떤 바둑 AI 프로그램과 비교하느냐, 모든 수를 대상으로 하느냐, 그렇지 않으냐에 따라 수치는 달라진다. 하지만 어떤 방식으로 분석하든, 대국에서 인간 기사의 AI 일치율이 70퍼센트를 넘겼다면 인간의 한계를 넘었다는 반응이 나온다. 뒤에서 다루겠지만 부정행위 의혹도 바로 제기된다.

2020년 고등과학원 계산과학부 이주영 교수가 2019~2020년 한국 KB바둑리그 본선에 출전한 기사들의 AI 일치율을 분석했다. 총 408경기를 둔 연인원 816명이 둔 수가 이주영 교수 본인이 개발한 바둑 AI 프로그램 바두기의 추천수와 얼마나 비슷한지 살폈다(너무나 당연한 상식적인 수는 제외했다). 바두기는 알파고 알고리듬을 기반으로 했지만 자체 알고리듬도 추가했다고 한다.

바둑리그 본선에 오른 기사들의 평균적인 AI 일치율은 40퍼센트 정도로 나타났다. 대국 수가 너무 적은 기사를 제외하고 14국 이상을 둔 기사 중에서 일치율이 가장 높은 사람은 신진서

9단이었다. 48.9퍼센트였다.[26] 신 9단은 이주영 교수의 연구가 있기 전부터 가장 인공지능처럼 두는 기사로 꼽혀왔고, '신공지능'이라는 별명도 있었다.

'AI 일치율이 높은 기사가 곧 강한 기사'라는 명제에 이론적으로는 두 가지 차원에서 문제 제기를 할 수 있다. 첫째, AI 추천수가 정답인가. 둘째, AI 추천수를 따라 하는 것이 최선인가.

우선 AI 추천수가 정답이 아닌 경우가 꽤 될 것이다. 1913년에 독일 수학자 에른스트 체르멜로가 발표한 정리가 있다. 체스, 장기, 오목, 오셀로, 틱택토, 그리고 바둑 같은 보드게임에서 어느 한 선수에게는 '절대 지지 않을 전략'이 반드시 존재한다는 내용이다. 필승법, 아니면 적어도 무승부를 보장하는 공식이 있다는 것이다. 저 게임들을 수학 용어로는 '2인 유한 턴제 확정 완전정보 게임'이라고 하는데, 두 사람이 번갈아 한 수씩 두고, 상대의 수를 볼 수 있고, 운이 개입하지 않고, 게임에서 펼쳐질 수 있는 경우의 수가 유한하다는 의미다.

'체르멜로 정리'를 증명하기는 간단하다. A와 B가 바둑을 둘 때 A에게 지지 않을 전략이 있다면 이 정리는 바로 성립한다. A에게 그런 전략이 없다면 A가 어떤 수를 두더라도 B에게 질 수 있다는 얘기다. 즉, B에게 이길 전략이 있다는 뜻이 된다. 증명 끝.

물론 그 전략이 무엇인지는 알 수 없다. 만약 인공지능이 '절대로 지지 않을 전략'을 알고 있다면 인공지능끼리 대국을 벌였을 때 흑이 항상 이기거나, 반대로 백이 항상 이기거나, 혹은 늘 무승부가 나야 한다. 인공지능이 필승 전략을 안다면 인공지능 간의 대국은 늘 똑같이 펼쳐질 것이다. 그러나 그런 일은 벌어지지 않는다. 그러므로 인공지능은 인간보다 굉장히 바둑을 잘 둘 뿐, 바둑의 정답을 아는 경지는 아니다. 다시 증명 끝.

실은 그런 증명을 할 필요도 없다. 바둑 AI 프로그램을 사용하다 보면 같은 상황에서 추천수가 바뀌는 현상도 드물지 않게 볼 수 있다. 인공지능이 시간을 들여 계산을 오래 하다가 판단을 번복하는 것이다. 프로기사들이 비싼 그래픽카드를 사는 이유는 바로 그 시간을 줄이기 위해서다. 인공지능이 정답을 안다면 일어나지 않을 현상이다.

한편 인공지능의 수법이 과연 인간에게도 좋은 수법인지 따져 볼 수도 있다. 사람이 자동차를 흉내 낸다고 자동차처럼 빨리 달릴 수 있는 게 아니고 비행기를 흉내 낸다고 하늘을 날 수 있는 것도 아니다. 애초에 사람의 다리와 자동차 바퀴는 구조가 다르고, 사람이 팔을 좌우로 뻗는다 해서 몸을 띄울 정도로 충분한 양력을 받을 수 있지도 않다. 인간의 뇌도 근본적으로 인공지능과 다르지 않은가? 인공지능의 수를 이해하지도 못하면서 그 수를 따라 두는 것이 과연 현명한 일일까? 공항에서 비행기가 착륙하는 모습을 흉내 내면 서구인들의 비행기가 자신들을 찾아올 거라 믿는 남태평양 원주민의 화물 신앙과 다를 바 없는 게 아닐까?

실제로 신진서 9단을 포함해 젊은 초일류 기사 중에서는 그런 의문을 품은 이들도 있다. 'AI 바둑 흉내 내기'에서 탈피하려는 움직임도 일부 나타나는 것 같다. 5장에서 살펴볼 것이다.

하지만 2016년부터 현재까지 이런 이론적인 문제 제기는 이론적인 차원에만 머물렀다. AI 일치율이 높은 기사들이 실전에서 좋은 성적을 거뒀기 때문이다. 이주영 교수의 연구에서도 인공지능과 비슷하게 둘수록 이길 확률이 높은 것으로 나타났다. 그런 현실 앞에서 '과연 인공지능을 따라 두는 것이 옳은 방법인가, 혹은 좋은 방법인가'라는 질문은 공허했다.

"먼저 살아남아야 했다"

이세돌 9단이 알파고에 패배한 직후 기자들이 프로기사들에게 소감을 물었다. 많은 기사가 당혹스러워하면서도 '앞으로 인간 기사는 할 일이 없어지는 거냐'라는 질문에는 아니라고 대답했다. 상당수 기사가 인간은 인공지능이 둘 수 없는 '인간의 바둑'을 두면 된다는 식으로 응수했다.

2023년부터 2024년까지 나는 그들을 만났고 "인공지능이 둘 수 없는 '인간의 바둑'이란 뭔가요?"라고 물었다. 뜻밖에도 7년이 지난 시점에서도 '인간의 바둑'이 뭔지 제대로 설명하는 사람은 드물었다. 바둑계에서 실제로 벌어진 일도 '인간의 바둑'을 향한 노력과는 거리가 멀었다. 반대로 인간의 바둑을 버리고 인공지능처럼 두는 것이 지상과제가 되었다.

신진서 9단은 '아예 외워서 두는 수는 보통 20~30수에서 끝이 난다'라고 말했다. 뒤집어 말하면 AI 포석을 20~30수까지는 외워서 둘 수 있다는 얘기다. AI 포석을 외워서 둘 수 있는 한계가 그보다 좀 더 위에 있다고, 대략 50수까지라고 말하는 기사들도 있다.

바둑대회에는 제한시간이 있다. 정확한 시간은 대회마다 다르지만 흑과 백이 각각 자기 수를 고민하는 데 쓸 시간이 정해져 있다. 초반 포석을 외워서 빨리 둘 수 있다면 그만큼 중반과 종반에 생각할 시간을 많이 확보할 수 있다는 얘기다. 그 결과 젊은 일류 기사들은 대국할 때 초반에 걸리는 시간이 엄청 짧아졌다. AI 포석을 공부한 젊은 기사들은 초반 수십 수를 굉장히 빠른 속도로 둔다. 이런 대국의 초반은 사실상 서로 암기량을 확인하는 과정과 다를 바 없다. 전에는 볼 수 없었던 광경이다. 5장에서 더 자세히 살피겠지만, 이런 트렌드 속에서 초반에 드러나던 기사들의 개성이랄 것도 사라졌다. 이것을 '인간의 바둑'이라고 부를 수는 없는 노릇이다.

바둑계에서 이런 현상을 아쉬워하거나 비판하는 목소리는 어렵지 않게 들을 수 있다. 그러나 AI를 거부하고 '인간의 바둑'을 추구하는 노력을 보기는 어렵다. 실은 '인간의 바둑'이 무엇을 뜻하는지 논의조차 제대로 되지 않았다. 이유는 간단하다. 프로기사들은 그런 논의를 할 시간에 AI 포석을 공부해야 했기 때문이다.

"정확한 수치를 말할 수는 없겠지만 제 느낌에는 80~90퍼센트의 기사가 AI 포석을 그대로 둬요. 처음 30~40수 정도는 그냥 암기한 포석을 서로 '따다다닥' 두죠. AI가 측정하는 이길 확률은 줄어들더라도 자기가 두고 싶은 대로 두는 기사들이 있기는 하죠. 그런 개성 있는 기사들이 그래도 살아남아야 한다고 생각해요. 똑같은 포석, 똑같은 바둑을 두는 기사들만 존재한다면 보는 재미가 사라질 테니까요."

목진석 9단이 설명했다. 나는 그가 국가대표팀 감독을 맡았을 때도 기사들에게 그런 조언을 했는지 물었다.

"그게 되게 딜레마였어요. 선수들이 자기들의 색깔을 가져야 한다는 생각은 전부터 가지고 있었는데, 국가대표팀은 이겨야 하잖아요. 아쉽지만 제가 아쉽다고 해서 선수들에게 '이렇게 해라, 저렇게 해라' 할 수는 없죠."

이겨야 한다. 그게 가장 중요한 문제였고 가장 큰 욕망이었다. 국가대표팀이든 프로기사 개인이든 마찬가지였다. 멋진 바둑을 둔다든가, 아름다운 바둑을 둔다든가, '인간의 바둑'을 두는 것은 이기고 난 뒤에 고민할 일이었다. 여러 프로기사가 '인간의 바둑' 혹은 바둑의 예술성을 묻는 내게 '그런 고민을 할 겨를이 없었다, 먼저 살아남아야 했다'라고 고백했다.

오정아 5단은 그런 바둑계의 분위기를 설명하며 '그냥'이라는 단어를 여러 번 썼다.

"이제는 AI 수법이 그냥 너무 바둑계에 스며들어서, 사실 이미 다 당연하게 그냥 두고 있어서 그런 고찰을 하지 않는 것 같아요. '우리가 앞으로 나아갈 방향은 무엇인가' 그런 생각, 그런 고민 하지 않아요. 그냥 '더 공부해야지, 더 나아져야지' 다 지금 그렇게 가고 있어요. AI에 대해서는 그냥 그 존재를 인정했고, 얼마만큼 내가 AI를 따라 둬서 수준이 높아질 것인가 하는 생각이죠. 다들 그렇게 생각하고 있는 것 같아요. 어차피 경쟁은 사람이랑 하니까요. 그냥 '내가 AI를 더 습득해서, 더 발전해서 저 사람을 이겨야 되겠다' 뭐 이런 식이죠. AI에 대해서는 그 엄청난 경지를 봤기 때문에 그거는 그냥 받아들였고요."

오정아 5단은 "AI가 나오고 나서는 슬픈 일이 많은 것 같네요"라고 덧붙였다. 그녀는 인터뷰를 하고 난 며칠 뒤 내게 메일을 보냈다. 메일에는 이런 문장이 있었다.

"작가님 덕분에 저희 프로기사들이 놓치고 있었던 중요한 질문을 스스로에게 해볼 수 있었어요. 좋은 생각의 기회를 주셔서 정말 감사드립니다."

만약 소설을 사람처럼 잘 쓰는 인공지능, 혹은 사람보다 더 잘 쓰는 인공지능이 나온다면, 문학계에서도 마찬가지의 현상이 벌어지리라고 나는 예상한다.

아니, 소설의 몇몇 요소만 사람처럼 잘 창작해 내는 인공지능이 나와도 그런 현상이 벌어질 것이다. 작가든, 편집자든, 출판사든 문학계의 발 빠른 플레이어들이 그 인공지능을 이용하고 그만큼 다른 경쟁자에 비해 우월한 위치에 오를 것이다. 그때가 되면 '인공지능이 문학계에 어떤 영향을 미칠 것인가' 같은 한가한 고민을 할 여유는 사라진다.

다른 분야도 마찬가지다. '인공지능이 그 분야에 어떤 영향을 미칠 것인가' 같은 고민은, 실제로 그 분야에서 쓸 만한 인공지능이 나오기 전까지만 할 수 있다. 인공지능은 모든 분야에서 게임 체인저가 된다. 인공지능이 등장하면 그 분야의 규칙 자체가 바뀌며, 그때부터 해야 하는 고민은 '이 인공지능을 어떻게 활용할 것인가'가 된다. 어쨌든 경쟁은 다른 사람과 하는 거니까.

흔히 쓸 만한 인공지능이 등장하면 '인공지능 대 인간'의 대결 구도가 펼쳐질 것으로 예상한다. 바둑계에서 딥러닝(심층학습) 기법으로 만든 바둑 AI 프로그램과 인간 최고수의 대결은 짧게 몇 번 일어났고 곧 종료되었다(알파고가 인간 프로기사들과 대국한 것은 100번도 되지 않는다).[27] 이후에 펼쳐진 대결 구도는 '인공지능을 활용하는 전문가 대 다른 인공지능을 다른 방법으로 활용하는 다른 많은 전문가 대 인공지능을 활용하지 않는 구세대 전문가'였다. 나는 다른 분야에서도 역시 마찬가지 대결 양상이 펼쳐지리라 전망한다.

'인공지능이 그 분야에 어떤 영향을 미칠 것인가' 같은 이야기는, 그런 치열한 경쟁에서 비교적 자유로운 사람들, 즉 그 시점에 해당 분야의 일류라고 볼 수는 없는 사람들, 현장의 최전선에서 밀려난 사람들이 인문학 포럼 같은 데서 할 것 같다. 그 포럼에서는 이런저런 논의가 오가겠고 어쩌면 깊은 통찰이 나올 수도 있겠다. 하지만 그 말들은 기본적으로 무력한 언어들이다. 그 업계에서 영향력 있는 플레이어들은 '인공지능을 어떻게 활용할 것인가'라는 고민에 빠져 있어서, 그런 인문학 포럼에서 나오는 이야기에 별 관심이 없을 것이다. (나는 어떤 업계에서 쓸 만한 인공지능이 상용화됐을 때 그 업계 종사자들이 다 같이 인공지능 사용을 거부하는 일이 벌어질 가능성은 희박하다고 생각한다. 그에 대해서는 다음 장에서 좀 더 이야기해 보자.)

그렇다면 인공지능을 활용하는 전문가들은 인공지능 덕분에 삶의 질이 더 높아질까? 최소한 덜 바빠지기라도 할까? IT 회사들의 광고에 나오는 모델들처럼 어렵고 귀찮은 일을 모두 인공지능에게 맡긴 채 가족과 여유로운 생활을 즐기고 있을까?

한 프로기사가 내게 신진서 9단에 대해 이렇게 말했다. "신진서 9단이 상금을 엄청 많이 버는데, 그 상금을 버나 안 버나 신 9단의 생활은 똑같아요. 바둑 공부하느라 그 상금을 쓸 시간이 없어요." 다른 분야 전문가들도 마찬가지일 것이다. 그들은 인공지능 활용법을 배우고 연구하느라 정신이 없을 것이다. 그들은 '이 격변의 시기에 살아남아야 한다'라고 생각할 것이다. 이쯤에서 인공지능이, 더 나아가 과학기술이 과연 우리에게 어떤 혜택을 얼마나 줄 것인지, 우리에게 여가시간을 줄 것인지 진지하게 물어볼 수도 있겠다. 어쩌면 그런 논의를 제대로 할 수 있는 마지막 기회가 지금 우리에게 주어진 것인지도 모른다.

    작은 질문에서부터 시작해 보자. 어느 업계에서 인공지능을 활용하기 시작하면, 그 업계에 있는 사람들은 인공지능의 혜택을 똑같이 누릴 수 있을까? 그게 아니라면, 누가 인공지능의 혜택을 누리게 될지 예측할 수 있을까?

4 평평함과 공평함

"공약을 이행할 시간이 됐습니다." 이소용 바둑TV 캐스터

"요즘 시합이 많아서 노래방에서 연습을 못 했는데… 그래도 공약은 한 거니까 한 소절 정도는 부르도록 하겠습니다." 이호승 3단

이호승 3단은 마이크를 쥐고 밴드 봄여름가을겨울의 곡 〈브라보, 마이 라이프!〉의 한 소절을 불렀다.

"브라보, 브라보, 마이 라이프 나의 인생아, 지금껏 달려온 너의 용기를 위해…."

2019년 4월 11일 GS칼텍스배 프로기전에서 막 경기를 마친 이호승 3단은 바둑TV 생방송에서 이렇게 노래를 불렀다. 조금 전 이세돌 9단을 꺾고 막 4강 진출을 확정한 참이었다. 그는 시합 전에 만약 자신이 이 9단을 이기고 4강에 오른다면 〈브라보, 마이 라이프!〉를 부르겠다고 선언했다. 바둑TV 캐스터가 인터뷰 중 그 약속을 지키라고 요구하자 즉석에서 노래를 부른 것이었다.

"너희가 AI보다 더 세겠느냐"

이날 대국이 화제를 모은 것은 이호승 3단의 가창력이 대단히 뛰어나서도 아니었고, 단순히 이세돌 9단이 졌기 때문만도 아니었다. 이호승 3단의 연승 행진 때문이었다. 이호승 3단은 입단대회에 20번 넘게 도전했고, 26세라는 늦은 나이에 프로기사가 됐다. 그게 2013년이었는데 이후 6년 동안 별다른 성적을 올리지는 못했다. 2019년 이전에는 바둑대회에서 32강에 두 번 올랐던 게 최고 성적이었다. 2019년 초까지 한국 랭킹 110위였다.

그랬던 이호승 3단이 2019년 GS칼텍스배에서 8연승을 거뒀다. 당시 한국 랭킹 1위였던 박정환 9단, 4위였던 신민준 9단도 꺾었다. 뒤늦은 전성기의 배경을 묻는 기자들에게 그는 인공지능으로 공부했기 때문이라고 답했다.

이호승 3단은 인공지능으로 공부하기 시작한 게 그렇게 돌풍을 일으키기 직전인 2018년 말부터라고 말했다.

"2018년 말쯤에 바둑 AI 프로그램이 보급되면서 집에서 컴퓨터에 내려받아 혼자 공부를 할 수 있는 환경이 됐어요. 그때부터 AI 수법을 공부하기 시작했는데 실력이 늘 거라고 예상하지는 못했어요. 저도 인공지능을 참고하면 기력[바둑 실력] 향상에 도움이 될까 하는 정도의 생각으로 시작한 거예요. 인공지능의 바둑이 궁금하기도 했고요. 알파고의 바둑이 저희가 배웠던 거랑 달랐거든요. 프로기사가 되면서 저희와 다른 바둑은 틀린 거라고 생각했는데 '왜 우리가 인공지능한테 지는 거지' 하고 인정이 안 되는 부분도 있었어요."

이호승 3단은 "아직 AI 수법 연구가 대중화되기 전이었고 제가 조금 접근이 빨랐어요"라고 말했다. 이 3단은 처음에 흔히 엘프고라고 불리는 ELF 오픈고 프로그램을 내려받았고, 이후 릴라제로와 미니고를 거쳐 현재는 카타고를 쓰고 있다. ELF 오픈고는 메타 플랫폼스에서, 릴라제로는 벨기에의 지안 카를로 파스쿠토가, 미니고는 미국의 앤드루 잭슨이, 카타고는 미국의 데이비드 우가 각각 개발했다.

이 3단은 그렇게 여러 바둑 AI 프로그램을 거치면서 각 프로그램의 개성도 느껴지는 것 같다고 했다.

"엘프고 같은 경우는 성향이 허세가 좀 충만한 스타일이라고 해야 하나. 다른 프로그램보다 이길 확률 수치가 높게 나와요. 형세판단에 대한 확신이 센 편이라고 느껴져요. 릴라제로는 사람으로 치면 안정적이고 모난 데 없이 평범하고 정석적으로 두는 스타일이에요. 미니고 같은 경우 약간 힘이 센 느낌입니다. 공격적인 성향이 강한 스타일인데 투박하지 않고 세련된 느낌이에요. 카타고는 다른 인공지능들의 단점을 잘 보완해서 나온 프로그램 같고, 릴라제로보다 조금 더 업데이트된 느낌이에요."

인공지능으로 공부해서 얻게 된 가장 큰 이득을 묻자 이호승 3단은 '심리적 안정감'이라고 대답했다. 그는 직접 대국하거나 자기 바둑을 복기하는 데 인공지능을 많이 활용하지는 않았다고 했다(그런 점에서는 신진서 9단의 공부법과 비슷하다). 이 3단은 그보다는 다른 프로기사들이 온라인에서 두는 바둑을 보며 AI 추천수를 살피는 공부를 했다. 그러면서 일류 기사들이 두는 수와 인공지능이 추천하는 수가 다른 경우가 많다는 사실을 깨닫게 됐다.

"이전까지 박정환, 신진서, 이세돌 같은 기사들은 너무 강하다는 느낌이 들었거든요. 그런데 그들조차도 AI 추천수는 잘 맞히지 못해요. 그렇다면 '내가 이걸 통해서 공부하면 가능성 있지 않을까' 하는 생각을 하게 된 게 심리적으로 안정이 되는 요소가 됐던 것 같아요."

이 3단은 언론 인터뷰에서 "초일류들을 만나도 너희가 AI보다 더 세겠느냐는 생각으로 싸운다. 이젠 하나도 무섭지 않다"라고 말하기도 했다.[1]

AI 공부법이 바둑계에 도입된 뒤로 일류 기사들을 상대로 한 승부에서 좀 더 편안한 마음으로 바둑을 두게 되었다는 기사들이 꽤 있다. 프로기사들도 자신보다 랭킹이 훨씬 높은 고수와 대국할 때는 심리적 압박을 크게 받는다. 중하위권 기사에게 정상급 기사와 대국할 기회는 흔치 않다. 쉽지 않은 그 기회를 잡았을 때, 중하위권 기사는 잔뜩 긴장해서 상대의 수 하나하나에 숨은 의도가 있지 않을까 의심하게 된다. 계속해서 머릿속에서 복잡한 계산을 해야 하고, 쉽게 피로해진다.

그 사실 자체만으로도 정상급 기사들은 중하위권 기사들과의 대국에서 우위에 선다. 그런 우위를 잘 이용하는 정상급 기사들도 있다. 변칙 수, 혼란스러운 수를 던져 상대를 함정에 빠뜨리거나 지치게 만드는 것이다. 이를 두고 '판 흔들기'라고 표현한다. 판을 잘 흔드는 정상급 기사로 손꼽히는 이가 조훈현 9단과 이세돌 9단이다.

조훈현 9단은 자서전에서 "승부의 첫째 조건은 뭐니 뭐니 해도 기백"이라며 "아무리 실력이 좋은 바둑기사라고 해도 심리적

으로 위축된 상태에서는 제대로 된 경기를 펼칠 수 없"다고 썼다.[2]
이세돌 9단의 자서전은 제목부터가 『판을 엎어라』다. 이 책에서 이 9단은 프로기사로 성공하려면 기재[바둑을 잘 두는 재능]나 노력보다 '마인드'가 중요하다고 주장했다. 이 9단은 "바둑은 자기를 믿지 못하면 될 것도 안 되고, 반대로 자신감을 가지고 두면 안 되는 것도 된다"라며 "아무리 좋은 기재를 가지고 기발한 수를 생각해도 마인드가 따라 주지 않으면 제대로 실력 발휘를 할 수가 없다"라고 썼다.[3]

(이와 관련해 재미있는 루머가 있다. 이세돌 9단은 인터넷 대국을 잘 두지 않는 기사였다. 인터넷 바둑을 꺼리는 이유에 대해 그는 "누워 있는 바둑판이 서 있는 게 어색하다"라고 설명하곤 했다.[4] 그런데 다른 이유가 있었을 것이라 추측하는 사람도 있다. 이세돌 9단은 자기 정체를 밝히지 않고 인터넷 바둑을 뒀는데,[5] 실전에서만큼 승률이 높지 않았다는 것이다. '상대가 이세돌 9단인지 모르는 인터넷 바둑 플레이어들은 심리적으로 위축되지 않아서'라는 게 이 루머의 결론이다.)

바둑에서 승부에 임하는 자세, 혹은 고수의 경지를 표현하는 말로 '반전무인(盤前無人)'이라는 사자성어가 있다. 바둑판 앞에 사람이 없는 것처럼, 오직 바둑돌이 놓인 형세만 보고 바둑을 두라는 조언이기도 하고, 그렇게 바둑을 두는 자세를 가리키는 말이기도 하다. 뒤집어 생각해 보면 바둑판 앞에 있는 상대를 의식하지 않고 바둑돌이 놓인 형세만 보고 바둑을 두는 게 그만큼 어렵다는 뜻이다.

인공지능이 모든 프로기사를 반전무인의 경지로 단숨에 이끈 것은 물론 아니었다. 그러나 모든 인간 고수보다 뛰어난 실력을 지닌 인공지능과 집에서 연습 대국을 하던 기사들은 실제 대국에서 자신보다 상위 랭킹에 있는 상대를 만나더라도 전처럼 긴장하지는 않게 됐다. 이호승 3단처럼 말이다.

반대로 상위 랭킹 기사들은 실력이 떨어지는 상대를 예전처럼 자신 있게 밀어붙일 수 없게 됐다.

"예전에는 상대방이 새로운 수를 들고 나온다 해도 '어디 한번 해봐, 나는 대처할 수 있어' 하는 마음으로 바둑을 둘 수도 있었죠. 왜냐하면 상대방도 (이후의 변화를) 정확하게는 몰랐으니까요. 그런데 지금은 상대가 인공지능으로 그 수를 굉장히 파고들며 연구했다면, 거기에 잘못 대응하면 치명타를 입을 수 있어요. 그러니 '나는 감각이 좋아' 하면서 두지는 못하죠. 감각만을 믿고 공부를 게을리하기에는 좀…."

조한승 9단의 설명이다.

이호승 3단이 돌풍을 일으킨 이유는 심리적 요인 외에 다른 원인도 있는 듯하다. 《조선일보》의 이홍렬 바둑전문기자는 이 3단이 인공지능을 다루는 능력이 탁월하다는 점과 함께 국가대표팀 멤버들만 공유하던 최신 포석을 외부 기사들도 인공지능을 통해 접하게 됐다는 점, 이 3단이 원래 초반에 약했던 대신 중반과 종반에는 강했다는 점을 꼽았다.[6]

인터넷 시대가 오기 전에는 정상급 기사와 중하위권 기사 사이의 정보 격차가 훨씬 컸다. 이세돌 9단은 자서전에서 "내가 서울에 올라왔을 무렵, 기사들이 기보를 구하려면 한국기원에 가서 복사해 와야 했다"라며 "기보를 복사해서 자기네 도장에 가지고

와서 도장 사람들끼리 돌려본다. 그게 기보를 얻는 거의 유일한 경로였다"라고 썼다.[7] 특히 미국이나 유럽의 기사들은 이런 기보를 얻는 데 매우 불리했다. 한국, 중국, 일본, 대만 기사들과 그 외 국가 기사들의 실력 격차에는 이런 요인도 작용했다.

1990년대 후반 인터넷이 보급되면서 기보를 구하는 것 자체는 쉬워졌다. 그럼에도 최신 포석에 대한 엘리트 기사들의 공동연구 내용이 퍼지는 데에는 시간이 걸렸고, 그런 면에서 중하위권 기사들은 불리했다. 각자 집에서 AI 포석을 혼자 연구하는 세상이 되자 그런 불리함이 사라졌다.

인공지능이 초반에 약한 기사들에게 유리한 환경을 만들어 줄 거라고는 누구도 예상하지 못했다. 인공지능이 초반에 강하다는 사실 자체를 아무도 예상하지 못했으니 당연하다.

2장에서 이야기했듯이 초반에는 직관이 중요하다. 알파고 이전의 바둑 프로그램에게 그런 직관을 가르치는 것은 어려웠다. 그런데 그런 직관은 사람에게도 가르치기 어려웠다. 프로기사들도 직관에서는 수준 차이가 있었다. 극소수의 기사가 아주 일찍부터 예리한 직관을 얻는 것 같았는데, 그런 '천재형' 기사들은 특히 초반, 즉 포석에 강했다.

여기서 한 가지 내 가설을 이야기해 보자면, 포석 감각은 일종의 패턴 인식 능력이며 어느 수준 이상의 예리한 직관은 타고나거나, 아니면 아주 어린 나이에 잘 습득할 수 있는 것 같다. 언어 능력과 비슷하다. 정상급 기사 중에서는 6세보다 이른 나이에 바둑을 시작한 이들이 많다. 이세돌 9단은 5세에, 조훈현 9단, 이창호 9단, 신진서 9단은 4세에 바둑을 처음 배웠다. 프로기사들이 바둑을 처음 배우기 시작하는 나이는 대체로 6~7세인데 바둑계에는 간혹 '7세에 시작하면 늦다'라고 말하는 사람도 있다. 그보다 늦게 바둑을 배운 사람은 어지간히 노력해도 어릴 때부터 바둑을 익힌 '천재 소년'들을 따라잡기 어렵다.

평평해지다: 천재형과 노력형

어느 분야에서나 뛰어난 인재를 놓고 천재형이냐, 노력형이냐를 따질 수 있겠지만 유독 바둑계에서는 그런 질문을 많이 하고, 기사들을 천재형과 노력형으로 분류하기를 좋아한다. 젊은 기사가 정상급에 올라서면 인터뷰에서 꼭 '천재형이냐, 노력형이냐'라는 질문을 받는다. 젊은 세계 챔피언이 뭐라고 대답하건 사람들은 모두 그를 천재라고 여긴다. 그러므로 이 질문은 실제로 그가 천재인지를 묻는 것이 아니라 그의 성격이 어떤지를 묻는 것이다. 이창호 9단은 이 질문을 수도 없이 받았으나 자신을 천재라고 답한 적이 한 번도 없다. "천재라기보다는 노력형"이라고 답하고,[8] 그마저도 "그저 조금 노력하는 기사"라고 자신을 낮췄다.[9] 반면 이세돌 9단은 "바둑 쪽으로는 약간 천재형에 가깝긴 하다"라고 대답했다.[10] 커제 9단은 "그렇게 노력하는 편은 아니다"라고 말했고[11] 신진서 9단은 "재능은 있었던 것 같다"라고 대답했다.[12]

다른 분야보다 바둑계에서 천재에 대한 평가가 높은 것 같다. 적어도 알파고가 등장하기 이전까지는 그랬다.[13] 조훈현 9단은 언론 인터뷰에서 "바둑은 천재가 아니면 아무리 키워봤자 소용없다. 죽어라 공부해도 안되는 게 바둑이다"라고 단언하기도 했다.[14]

한종진 9단은 언론 인터뷰에서 "사실 천재들은 공부가 의미 없다. 공부가 필요하면 이미 천재가 아니다"라고 말했다.[15] 바둑학 서적을 여러 권 펴낸 문용직 5단은 "재능이 첫째. 근성이 둘째. 노력이 셋째. 운은 넷째"라고 썼다.[16]

이런 분위기는 많은 프로기사가 '천재의 벽'을 절감하기 때문에 만들어지고 강화된다. 기사들은 입단하기 전부터 천재를 만난다. 도장에는 매일 만화책을 보거나 당구를 치며 노는 것 같은데 늘 이기는 또래 소년 혹은 소녀가 있다. 아무리 설명을 들어도 돌의 기세나 아름다움을 잘 판단하지 못하겠는데 당연하다는 듯이 그것을 느끼는 동료가 있다. 9단 기사 중에서도 극소수의 최정상급은 다른 세상에 있는 것처럼 바둑을 둔다. 노력으로는 도저히 극복하기 어렵다는 생각을 자연히 하게 된다.

앞서 살펴보았듯 천재형 기사와 노력형 기사의 실력 차이가 가장 벌어지는 곳이 초반 포석이었다. 노력형 기사들이 가장 좌절하는 대목도 초반 포석이었다. 그런데 인공지능이 등장해서 초반 포석의 규칙을 뒤엎었다. 그리고 개인 가정교사가 되어주었다. 인간의 언어로 이해하기 쉽게 설명해 주는 선생님은 아니었다. 그러나 인내심이 좋은 선생님이었다. 어떤 경우에도 짜증을 내지 않고 창피를 주지도 않았다. '이렇게 두면 어떻게 됩니까? 이렇게 두면요? 이렇게 두면요?' 이런 질문을 하루에 수천 번을 던져도 지치지 않고 충실하게 답해주었다. 인간 선생님처럼 모호한 단어로 얼버무리지도 않았다.

바둑 AI 프로그램은 노력형 기사들에게 커다란 도움을 주었다. 천재형 기사들은 상대적으로 불리해졌다. 최대 피해자로 꼽히는 사람이 세계 1인자였던 커제 9단이다. 그는 알파고가 등장하기 전 포석 감각이 뛰어나기로 이름난 기사였다.

커제는 2021년 중국 언론과 인터뷰에서 "(과거에는) 수준 높은 기사가 50수 전에 포석으로 일반 기사와 격차를 벌릴 수 있었는데 지금은 인공지능이 있으니 모든 프로기사의 포석이 완벽해지고 있다"라며 "암기력이 좋은 젊은 기사들은 초반 50수까지 인공지능처럼 정확한 포석을 두고 있다"라고 진단했다. "모두 인공지능을 따라 배우고 두다 보니 계속 봤던 포석들이 나오고 또 나온다"라며 "시각적으로 매우 피곤하고 고통스럽다"라고도 말했다.[17]

반면 노력형 기사들은 두 손 들어 이런 변화를 환영했다.

이희성 9단은 "바둑이 진짜 재미있어졌어요"라고 말했다. 그는 만 25세 이하, 5단 이하, 입단 10년 이하의 젊은 기사들이 참여하는 한국 대회인 오스람코리아배 신예연승최강전에서 우승한 경력이 있고, KB바둑리그에서 원익팀의 감독으로 활동 중이다. 이 9단에게는 한때 '진드기'라는 별명이 있었다. 한 수, 한 수 오래 생각하며 끈질기게 상대를 물고 늘어지는 스타일 때문이었다. 공부벌레로도 유명했다. 이 9단 스스로도 노력형 기사임을 부인하지 않는다.

"저도 프로 입단해서부터 공부를 꽤 많이 했던 기사라고 생각해요. 그런데 역대 1인자들을 보면 절대적인 공부량이 꼭 1인자가 되는 데 필요한 요소는 아니었던 것 같아요. 기본적으로는 공부를 많이 했겠지만, 승부사 기질이라든가 뭔가 다른 면이 있어서 1인자가 됐다고 생각하지 공부를 많이 해서 1인자가 된 건 아니라고 생각해요."

이희성 9단은 알파고가 나올 무렵 바둑 공부에 한계를 느끼던 참이었다고 했다.

"그냥 바둑판에 앉아 있긴 한데, 그 공부가 저한테 크게 도움이 되는지 느끼지 못하는 상황이었어요. 그냥 기계적으로 기보를 따라 두어보고, 실전에 적용하고 그랬죠. 그런데 AI가 생기고 나니까 정답인 수들을 알 수 있으니 혼자 바둑 공부를 하기가 굉장히 편해진 거예요."

이 9단은 인공지능 덕분에 바둑이 훨씬 재미있어졌다고, 너무 편해졌다고 몇 번이나 강조했다. 그는 "이런 생각을 하는 기사가 많지 않을 것 같지만…"이라며 자신의 이야기를 들려주었다.

"원래는 공동연구에 나가서 서로 물어보고, 내가 연구한 걸 알려주고, 남이 연구한 걸 들어보고, 그러면서 또 새로운 걸 알아내고… 그런 식이었지요. 그걸 다 개인 공부로 알 수 있게 되니까 정말 편해지기도 했고, 안으로 더 깊이 들어가니까 바둑이 진짜 재미있어졌어요. 물론 어릴 때도 바둑이 재미있어서 프로기사가 된 거죠. 하지만 언젠가부터 공부를 열심히 하는데도 바둑이 재미없는 순간이 많았거든요. 그런데 8년 동안 바둑 공부를 다시 한 느낌이고, 바둑을 다시 알게 된 느낌이에요. 바둑 속에 숨은 내용이 이렇게 무수히 많았구나 하고요. 저는 바둑을 둔 지 30년이 넘어가는데 처음 20년보다 최근 8년이 더 재미있어요. 너무 즐거워요. 신기하고요."

최명훈 9단도 인공지능의 등장이 기뻤다고 말하는, 보기 드문 기사다. 그는 한국 대회인 GS칼텍스배에서 우승한 경력이 있으며,

KB바둑리그에서 정관장천녹팀의 감독을 맡고 있다. 그 역시 굉장한 노력파다. 바둑 공부를 하기 위해 중학교 진학도 포기했다. 이창호 9단과 동갑인 그는 이창호라는 큰 벽에 막힌 2인자였다. 박치문 바둑 칼럼니스트는 최명훈 9단에 대해 "만약 이창호만 없었더라면, 적어도 이창호와 동시대에 태어나지 않았더라면 그는 많은 타이틀을 따냈을 것"이라고 평가했다.[18]

2001년에 최 9단은 GS칼텍스배 프로기전 결승전 2국에서 이창호 9단에게 '진신두'라는 진귀한 수에 당해 패했다.[19] 진신두(鎭神頭)는 '신의 머리를 진압하는 묘수'라는 뜻으로, 1000년에 한 번 나오는 전설의 묘수라고 할 정도로 극히 드물게 나온다. 한국 프로바둑에서 이 수가 나온 것은 이때가 처음이었다. 최명훈 9단은 당시 심경을 "타고난 천재성에 좋은 환경까지 곁들였던 그를 노력과 집념으로 뭉쳐진 나는 넘을 수 없는 것일까. 그가 모차르트라면 나는 살리에리일까"라고 적었다.[20]

"저는 둘째가라면 서러울 정도로 바둑 공부를 많이 했어요. 하루에 10시간 이상씩 공부하는 건 기본이었죠. 지금 생각해 보면 약간 비효율적인 공부 방법이었어요. 그런데 그런 걸 가르쳐 주는 사람도 없었기 때문에 예전에는 대부분 그렇게 공부했죠. 공동연구에서 일류 기사들이 의견을 제시하면 그걸 보고 배우고, 그들의 기보를 나 혼자 둬보면서 '여기서는 무슨 생각으로 이렇게 뒀겠지, 여기서는 무슨 생각을 했겠지' 그러던 게 인공지능 등장 이전까지의 공부 방법이었죠. 그걸 실전에서 써먹고요."

이미 3장에서 '고수 한두 명이 의견을 제시하면 다른 사람들은 알게 모르게 그런 모양을 외우게 된다'라는 최명훈 9단의 지적을 접한 바 있다. 최 9단은 "예전에 정답으로 알고 있었던 것도 진정한 정답이 아니었고, 일류 기사라 하더라도 뭐가 정답이라고 딱 부러지게 얘기하는 사람은 없었어요"라고 말했다.

과거에는 고수를 찾기도 힘들었고, 만나기도 힘들었고, 그들을 만나서 이야기를 들어도 그 말 자체가 애매했다. 그런데 인공지능은 '이런 장면에서 여기를 둬라, 저런 장면에서는 저기를 둬라, 이렇게 시작하고 그다음에는 이렇게 해라'라고 아주 구체적으로 알려줬다.

"공부라는 게, 내가 열심히 해서 어디까지 갈 수 있다는 목표가 보이면 쉬워요. 망망대해에서 허우적거리는 느낌이 어려운 거죠. 예전에는 고지도 안 보였고, 제가 발전하는지 아닌지도 알 수가 없었죠. 기껏해야 승부를 통해서 입증하는 방법밖에 없었습니다. 저는 요즘 후배들 보고 이런 얘기를 많이 해요. '이제는 진짜 열심히만 하면 얼마든지 성적을 낼 수 있다, 되게 좋은 시대다.'"

최명훈 9단이 말했다.

인간 기사들이 속한 바둑계는 갑자기 평평해진 듯했다. 바둑계 인사들은 대체로 알파고의 등장 이후 인간 기사들의 실력이 상향평준화됐다는 데 동의한다.

바둑은 세계대회는 있지만 FIFA(국제축구연맹) 같은 권위 있는 국제기구는 없다. 그래서 FIFA 랭킹 같은 권위 있는 세계 랭킹도 없다. 그러나 고레이팅이라는 웹사이트에서 발표하는 세계 랭킹과 프로기사들의 기력이 상당히 믿을 만한 데이터로 통용된다. 고레이팅은 '엘로(Elo) 레이팅 시스템'이라는 기법을 응용해 기사들의 기력을 수치화하는데, 2024년 6월 5일 기준 신진서 9단은 3870점으로 세계 1위, 박정환 9단은 3697점으로 세계 2위, 커제 9단은 3682점으로 3위라는 식이다.[21] 엘로 레이팅 시스템은 미국 물리학자이자 체스 선수였던 아르파드 엘뢰가 만든 것으로, 체스계와 온라인게임 업계에서도 사용하고 있으며 FIFA 랭킹 역시 이 기법을 사용해 산정된다.

엘로 레이팅 시스템에서는 시간이 지날수록 점수 인플레이션이 일어난다. 그 점을 고려하더라도 현재 최강자 그룹은 과거 최강자들과 비교해 고레이팅 점수가 훨씬 높다. 조치훈 9단(1986년 3402점)과 조훈현 9단(1989년 3462점)의 최고 점수는 모두 3400점대였다. 이창호 9단은 1995년에 3569점을, 이세돌 9단은 2010년에 3583점을 기록했다. 2024년 6월 5일 기준으로 고레이팅 3583점은 꼭 20위에 해당하는 점수다.[22]

참고로 알파고 제로의 고레이팅 점수는 5185점으로 까마득히 높다. 다른 바둑 AI 프로그램들의 고레이팅 점수도 5000점대일 것으로 추정된다. 인간들이 오를 수 없는 구름 위에, 마치 신선이나 천사들처럼 인공지능이 있었다. 인공지능들은 그곳에서 반전무인의 자세로 바둑을 뒀다. 그런 구름 위 세계가 생긴 것만으로도 인간들의 바둑은 상대적으로 평평해진 느낌이 들었다. 인간 기사들끼리 실력 격차가 나봤자 '인공지능에 비하면 거기서 거기'라는 인식이 퍼졌다.

매지스터-마스터라는 아이디로 온라인에서 활동하던 알파고 마스터와 바둑을 둔 정상급 인간 기사들은 굉장한 압박감을 느꼈다. 조한승 9단은 알파고 마스터와의 대국을 이렇게 기억했다. 그는 아시안게임 금메달리스트이며 한국 대회인 국수전에서 세 차례, GS칼텍스배 프로기전과 맥심커피배 입신최강전에서 각각 한 차례씩 우승한 바 있다.

"상대가 인공지능이라는 걸 알고 뒀죠. 이미 알파고 마스터가 몇십 연승을 한 때였고요. 그러다 보니까 사람이랑 둘 때하고 제 느낌이 다르더라고요. 사람과 둘 때는 아무리 강자랑 둬도 제가 이길 가능성이 있다고 생각하고 대국에 임하는데, 인공지능과 두니까 실력 차이와 상관없이 지고 시작하는 셈이었어요. 그 바둑은 아주 무난하게 흘러가서 큰 차이로 졌어요. 자잘한 전투에서 제가 어느 정도 타협을 했다고 생각했는데 실은 계속 제가 손해를 봤고, 그런 것들이 쌓여서 큰 차이가 났어요."

김지석 9단은 알파고와의 대국을 다음과 같이 기억했다. 그는 삼성화재배 월드 바둑 마스터스, TV바둑 아시아 선수권 대회 등 세계대회에서 우승 트로피를 쥐었고, GS칼텍스배 프로기전 두 차례 우승을 비롯해 한국 대회에서 여러 차례 우승한 강자다.

"상대가 알파고 마스터라는 걸 구글에서 알려주지는 않았는데 알파고의 새로운 버전이라는 소문이 난 상태였어요. 둘 때는 상대가 알파고 새 버전이라고 생각하고 뒀어요. 실력은… 너무 잘 두죠. '만만치 않은 것 같은데' 하고 생각했을 때 이미 승부는 결정돼 있었고요. 제가 1차 세계대전 때 쓰던 전투기를 타고 최신 전투기와 싸우면 어디서 뭐가 날아온지도 모르고 공격당해서 추락하겠죠. 그런 느낌이었어요."

김지석 9단은 2019년에 한국 기업인 NHN이 개발한 바둑 AI 프로그램 '한돌'과도 승부를 겨룬 적이 있다. 한국 랭킹 3위였던 그는 246수 만에 불계패했다. 당시 언론 인터뷰에서 김 9단은 "사람과 대국한다면 나중에 기회가 올 거라는 생각을 가졌을 텐데 인공지능과 두다 보니 심리적으로 위축됐다"라고 말했다.[23] 내게는 "조금 더 오래 뒀던 것 같긴 한데, 알파고와 대국할 때와 크게 다르지는 않았어요"라고 설명했다.

바둑 AI 프로그램이 도입된 이후 여성 기사들과 남성 기사들의 실력 차이도 줄었다. 사실 바둑계에서 남성 기사와 여성 기사 사이의 실력 격차는 오래도록 논쟁적인 사안이었다. 단순히 인재풀의 차이로만은 설명하기 어려울 정도로 어느 나라에서나 상위 랭킹 기사 중에서는 남성 기사의 비율이 압도적이다. 게다가 남성 기사들과 여성 기사들은 바둑을 두는 스타일도 무척 다르다. 바둑을 즐기지 않는 이들에게는 의외일 수 있겠지만 여성 기사들이 훨씬 더 전투적이다.[24]

이유야 어찌 됐든 여성 기사들이 남성 기사들에 비해 약하다고 지적받는 부분은 초반 포석이었다. 그리고 인공지능을 활용한 공부로 실력을 가장 크게 키울 수 있는 부분도 바로 초반 포석이었다. 자연히 여성 기사들의 평균적인 기력이 높아지게 됐다. 이 글을 쓰는 2025년 현재 한국 여성 기사 중 최강자인 최정 9단도 인공지능의 수혜자로 꼽힌다. 최 9단은 한 인터뷰에서 '알파고 전이 좋습니까, 지금이 좋습니까'라는 질문에 지금이 좋다며 이렇게 대답했다.

"저는 초반에 돌이 없는 경우에 어디에 둬야 할지 전혀 모르겠거든요. 감각도 별로 안 좋거든요. 그런데 인공지능으로 공부를 하면 초반 공부가 되게 쉬워요. 외우면 되기도 하고, 모르겠는 건

다 확인을 해보면 되니까요. 그래서 제가 되게 약점이었던 부분이 많이 보완됐어요. 그래서 성적이 많이 올랐어요."²⁵

공평해지다: 기득권과 주변부

"AI 시대에는 이전보다 절대적인 공부량이 필요하다고 생각해요." 이희성 9단

"앞으로는 공부량이 부족한데 성적이 뛰어난 기사는 안 나올 거 같아요." 조한승 9단

"이제는 정말 공부 방법 중에서 많이 외우는 게 상당히 중요해요." 최명훈 9단

포석 감각이 좋지 않았던 기사, 바둑에 늦게 입문하거나 프로 입단이 늦은 기사, 대신 암기력이 뛰어나고 성실한 기사, 초일류 기사들의 공동연구에 쉽게 끼지 못했던 기사는 인공지능의 덕을 봤다. 포석 감각이 빼어난 기사, 어렸을 때부터 바둑을 익힌 기사, 공부를 열심히 한다기보다 실전에 강한 '게으른 천재형' 기사, 고수들의 공동연구에 참여했던 기사들은 과거에 지녔던 이점을 잃었다. 그러면서 프로기사들의 실력이 전반적으로 올라갔다.

흥미롭게도 이런 '평평해짐'을 몇몇 바둑계 인사는 '민주화'라고 표현했다. 신민준 9단은 언론 인터뷰에서 이렇게 말했다.

"한·중·일·대만 등 동북아 4개국의 인기 스포츠에서 10년 후에는 세계 바둑 민주화로 중동이나 아프리카 같은 오지에서 고수가 나올 가능성이 많아졌다. 강자하고 붙어야 실력이 느는데, 굳이 아시아로 바둑 유학을 오지 않아도 이제 아무 데서나 AI 사

범을 모시고 공부할 수 있기 때문이다."[26]

사실 인공지능은 동북아시아 4개국 안에서도 어느 가정에서 태어나느냐에 따라 발생하는 격차를 줄여서 젊은 프로기사들의 실력을 보다 평평하게 만들었다. 어느 가정에서 태어나느냐 하는 문제는 기사들의 바둑 실력에 상당히 영향을 미치는 요소다. 어린 시절 부모의 전폭적인 지지 없이 실력 있는 연구생이 되기는 불가능하다. 먼저 학업을 포기하고 10대에 바둑 외길을 걷겠다는 결심을 부모가 허락해야 한다.

거기에 더해, 앞서 말했듯 6세보다 이른 나이에 바둑을 배우기 시작한 기사들이 7세 이후에 바둑을 알게 된 기사보다 유리하다. 그런데 6세보다 이른 나이에 바둑을 배운 기사들은 대부분 부모, 그중에서도 아버지가 프로기사이거나 바둑 애호가인 경우다. 집에서 아버지가 바둑 두는 걸 보던 어린아이가 바둑에 관심을 보이고 재능을 드러낸다. 그러다 웬만한 어른을 뛰어넘으면 부모는 '우리 아이가 바둑 천재인가 보다' 하고 아이를 동네 기원에 데려간다. 부모가 바둑을 두지 않는 가정에서 태어난 아이가 6세 이전에 바둑을 접할 가능성은 거의 없다.

"예전 같았으면 20대에 입단하면 프로기사로 활동하기 쉽지 않겠다고 생각했을 거예요. 지금은 재능이 부족하거나 감각이 뛰어나지 못하다고 해도 가는 길이 험난해서 그렇지, 성적을 내는 것이 가능하다고 생각합니다."

조한승 9단의 말이다. 바둑을 처음 접한 시기가 늦거나 어린 시절 부모의 적극적인 지지를 얻지 못해 바둑을 공부한 시간이 상대적으로 부족하더라도, 이제는 인공지능 덕분에 포석 감각을 예리하게 키울 수 있다.

이홍렬 《조선일보》 바둑전문기자는 인공지능이 바둑계에 미친 영향에 대한 분석 기사에서 이렇게 썼다.

"과거 대부분의 기사는 일정 한계에 이르면 헤쳐 갈 방도가 없다는 생각에 승부를 포기했다. 하지만 하나부터 열까지 의문을 해소해 주는 AI가 '가정교사'로 들어오면서 '반상 민주화'가 실현됐다. 하위권 기사들의 승부욕이 살아나자 어떤 승부도 결과를 예단할 수 없게 됐다."[27]

바둑계가 '민주화'되었다는 말은 무슨 의미일까? 사회학에서 민주화는 어떤 분야에서 민주주의 원리들이 확산되고 심화되는 과정을 의미한다. 바둑을 배우고자 하는 사람이 어느 나라에 태어났느냐 하는 문제로 차별을 받는다면 그런 현실은 민주적이지 않다고 말할 수 있을 것 같다. 그것이 누군가가 악의적으로 일으킨 차별이 아니라 해도 말이다. 특정 지역 출신, 혹은 전문가가 독점하던 정보를 누구나 쉽게 접근할 수 있게 된다면 '정보 활용의 민주화' 혹은 '지식의 민주화'라고 부를 수도 있을 것 같다.

바둑계에서 성공하고자 하는 사람이 빼어난 포석 감각을 지녔는지 여부로 차별받는 현실도 민주적이지 않다고 말할 수 있을까? 나는 이 질문을 여기서 깊게 파고들 생각이 없다. 내가 여기서 하고 싶은 이야기는 두 가지다. 첫째, 바둑계의 어떤 이들은 인공지능이 가져온 변화를 환영했다. 둘째, 그들은 그 변화를 무척 긍정적인 것으로, 바람직한 것으로 인식했다. '민주화'라고 표현할 정도로 말이다.

나는 다른 업계에서도 같은 일이 벌어지리라 생각한다. 인공지능과 같은 강력한 신기술은 기존의 권력관계를 뒤흔든다. 만약 그것이 기득권의 힘을 약화시키고 주변부에 있던 그룹에게 기회를 제공한다면, 그 새로운 기술은 적어도 특정 집단으로부터는 열렬한 환영을 받을 것이다. 인쇄술은 성서 해석을 독점하던 교회의 권력을 약화시켰고, 지식인 집단의 규모와 힘을 키우는 데 엄청난 영향을 미쳤다. 오늘날 지식인 중에서 인쇄술을 부정적으로 보는 사람은 없을 것이다. 인터넷과 소셜미디어는 뉴스를 독점하던 종이 신문과 지상파 방송의 권력을 약화시켰다. 인터넷 언론과 '대안 매체' 종사자들, 블로거들은 그런 변화를 긍정적인 것으로 평가한다.

여기에 중요한 시사점이 있다. 어떤 업계에서 일하는 사람들, 그리고 그곳에서 일하려는 사람들이 다 함께, 한목소리로 인공지능을 거부하는 일은 아마도 벌어지지 않으리라는 것이다. 그 업계에 일단 인공지능이 도입되어 영향을 미친 뒤에는 말이다.

도덕심리학자 조너선 하이트는 인간의 감성을 코끼리에, 이성을 기수에 비유한다. 이성은 자신이 감성을 조종하고 있다고 생각하지만 실은 그 위에 올라타 있는 것에 불과한 경우가 많다. 하이트는 이성을 감성의 노예라기보다는 변호사라고 설명한다. 감성이 어떤 문제에 대해 옳고 그름을 결정하고 나면 이성은 그런 결정의 근거가 될 적절한 논리를 찾는다.[28]

한 업계의 종사자와 지망생은 인공지능이 도입되기 전까지는 인공지능을 거부한다고 의견을 모을 수도 있다. 그러나 실제로 인공지능이 도입되면, 그로 인해 수혜를 입는 그룹이 생긴다. 그 그룹 구성원은 인공지능이 가져온 변화를 긍정적으로, 바람직한 일로 볼 것이다. 그 변화가 '옳은 방향'이라고 믿을 것이다.

2023년 5월, 할리우드 각본가들의 노조인 미국작가조합(WGA)이 파업을 시작했다. 두 달 뒤인 7월에 미국배우·방송인노동조합(SAG-AFTRA)도 파업에 들어갔다. 할리우드에서 작가와 배우가 함께 파업을 벌인 것은 63년 만의 일이었다. 맷 데이먼, 마고 로비, 에밀리 블런트, 마크 러팔로 등 유명 스타들도 파업을 지지한다는 의사를 밝혔다.

이들이 파업을 벌인 주된 이유는 기본급과 OTT 서비스의 재상영분배금 인상 문제였으나, 요구 조건 중에서는 인공지능과 관련한 사항들도 있었다. 그래서 '인공지능 도입에 맞선 인류의 첫 파업'이라는 평가를 받기도 했다. 시나리오 작가들은 생성형 AI가 인간의 대본을 이용해 새로운 시나리오를 쓰거나 시나리오 쓰는 법을 학습한다면 그 대가를 지불해야 한다고 주장했다. 배우들은 딥페이크 기술이 자신들의 외모나 목소리를 무단으로 이용하는 것을 우려하며 디지털 초상권이라는 개념을 들고 나왔다.

작가 노조는 그해 10월, 배우 노조는 12월에 파업을 종료했는데, 이들이 영화·TV제작자연맹(AMPTP)과 합의한 내용에 대해서는 평가가 엇갈린다. 작가·배우 노조와 제작사들은 생성형 AI를 사용하는 데 대한 일종의 규칙을 만들었고, 이에 대해서는 충분히 의미 있는 성과라는 말이 나온다. 그러나 작가들과 배우들은 영화계에 인공지능이 도입되는 것 자체를 막지는 못했으며, 그로 인한 일자리 감소 문제를 근본적으로 해결한 것도 아니다.

1장에서 적었듯이 이미 생성형 AI를 활용한 소설이 꽤 많이 나왔고, 앞으로 더 나올 것이다. 문학계에서도 영화계와 같은 파업이 일어날 수 있을까? 소설가들이 출판사를 상대로 생성형 AI를 사용하지 말라고 요구하며 작품 활동을 중단할 수 있을까?

여태까지 그런 일은 일어나지 않았으며, 나는 앞으로도 일어나지 않으리라 본다. 소설가들에게는 할리우드 시나리오 작가나 배우 같은 노동조합이 없다. '작가 노조'라는 이름을 내걸고 활동하는 비영리단체들은 있지만 단체교섭권을 가진 조직들은 아니다. 소설가가 출간 계약을 맺는 것을 노동자 신분으로 출판사에 고용되는 것으로 볼 수도 없다. 독립출판물이나 웹 플랫폼 같은 작품 발표 공간이 있어서, 소설가가 되는 것은 시나리오 작가나 배우가 되는 것보다 진입 장벽이 대체로 낮고, 그만큼 경계가 더 애매하다.

설사 소설가 노조가 있다 한들, 혹은 수만 명의 소설가가 뜻을 모아 연대 선언을 한들 그게 문학계에서 인공지능을 몰아낼 수 있을까? 많게는 수천 명이 함께 움직여야 하는 영화 제작과 달리 소설가의 작업은 가내수공업에 가깝다(집필과 출판을 모두 집에서 혼자 하는 것도 별로 어려운 일은 아니다). 집에서 몰래 인공지능을 이용하는 무임승차자를 적발할 수 있을까? 소설가를 비롯한 여러 분야의 작가들에게 인공지능 사용 여부를 공개하라고 요구할 수 있을까? 엘레나 페란테처럼 모습을 드러내지 않고 필명으로 작품만 발표하는 작가가 인공지능을 이용했는지, 아닌지는 어떻게 확인할 수 있을까? 지금까지도 고스트라이터를 고용해 책을 발표한 '저자'들은 적지 않았다.

애초에 소설가들의 목소리를 그렇게 하나로 모을 수 있을까?

나는 소설 쓰기에 인공지능을 이용하는 이들이 그럴싸하게 들리는 도덕적 명분을 찾아낼 거라 확신한다. 지금까지 소설을 쓰려면 기본적인 문장력을 익혀야 했다. 그러니 가슴 아픈 사연이나 끝내주는 이야깃거리를 지니고 있음에도 문장이 서툴러 소설 쓰기를 포기하는 경우도 있었을 것이다. 인공지능은 그런 이들을 도와줄 수 있다. '자기 경험과 아이디어를 누구나 쉽게 문학으로 만들 권리'라는 개념이 진지하게 논의될지도 모른다.

그렇게 인공지능의 도움을 받아 소설을 쓰는 즐거움과 보람을 얻은 이들에게 '소설가들의 일자리를 위협하는 인공지능에 맞서자'라는 주장이 먹힐까? 그들은 오히려 그에 대해 '엘리트들이 자기 이익을 보호하기 위해 만든 논리일 뿐'이라고 반박하지 않을까? 자신의 부족한 점을 인공지능으로 보완해 더 훌륭한 작품을 만들겠다는 소설가들도 나올 것이다. 그들은 인공지능은 그저 도구이며, 워드프로세서가 도입될 때도 그게 문학을 망칠 거라고 우려한 소설가들이 있었다고 지적할 것이다.

나는 일단 인공지능이 어떤 업계에 도입되면, 그 업계 내부에서 인공지능을 옹호하는 집단이 생길 수밖에 없다고 본다. 문학계도 예외는 아니다. 그리고 그렇게 업계 내부에 인공지능을 옹호하는 사람들이 생기면, 이후의 갈등 구도는 더 이상 '인공지능 대 인간'이 아니다. 3장에서 말한 대로 '인공지능을 활용하는 전문가 대 다른 인공지능을 다른 방법으로 활용하는 다른 많은 전문가 대 인공지능을 활용하지 않는 구세대 전문가'의 구도가 펼쳐진다.

나는 2023년에 영화계에서 시나리오 작가들과 배우들이 뭉칠 수 있었던 이유도, 아직 인공지능이 영화계에 본격적으로 도입되지 않았기 때문이라고 본다. 현재 영화계는 평평하지 않다. 상업 영화의 주인공 역을 맡는 데에는 외모가 빼어난 젊은 배우가 그렇지 못한 배우보다 압도적으로 유리하다. 딥페이크 기술은 외모가 빼어나지는 않아도 연기를 잘하는 배우, 나이가 많은 배우에게 유용할 수 있다. 그런 배우들에게 인공지능은 일자리를 뺏는 재앙이 아니다. 외모라는 불공평한 장애물을 넘어 자신의 잠재력을 실현시킬 수 있게 해주는 은혜로운 도구다. 그들에게 '평평해짐'은 곧 '공평해짐'을 의미한다.

제비가 서울에서 사라진 까닭은

'되돌릴 수 없다'라는 이유로 강(强)인공지능 개발을 우려하는 이들이 있다. 강인공지능은 자신을 개발한 개발자의 역할을 해낼 수 있을 것이다. 그렇게 해서 자신의 능력을 향상시킬 수 있을 것이며, 그렇게 능력이 향상된 다음 그 능력으로 다시 자신의 능력을 향상시킬 수 있을 것이다. 이 과정이 반복되면서 강인공지능의 자기 향상 속도는 점점 빨라지며, 순식간에 인간은 이해할 수 없는 경지에 이를 것이다. 강인공지능은 등장하자마자 이런 가속 엘리베이터에 오르게 되며, 한번 등장하고 나면 이 과정을 되돌릴 길은 없다.

그런데 자본주의 사회에서는 약(弱)인공지능 역시 일단 나오면 그게 없었던 시절로 세상을 되돌리기는 불가능하다는 게 내 생각이다. 약인공지능으로 인해 경쟁에서 유리해지는 그룹이 그걸 포기할 리 만무하기 때문이다. 꼭 시장경제 시스템이 아니더라도, 경쟁 체제라면 같은 일이 일어날 것이다. 예를 들어 서로 군비 경쟁을 벌이는 두 사회주의 국가 중 적어도 어느 한 곳의 국방연구소에서 전투용 AI를 개발한다면, 그 국가는 어지간한 반대급부 없이는 그것을 포기하지 않을 것이다. 북한이 핵무기 프로그램을 폐기하게 만드는 게 얼마나 어려운 일인지 떠올려 보자.

즉, 우리에게는 시간이 별로 없다. 인공지능처럼 쓸모 있고 강력한 기술은 마치 야수와 같다. 일단 거리에 뛰쳐나오면 붙잡아 우리에 가두는 것이 매우 어렵다. 강하든 약하든, 터미네이터처럼 인간에 적대감을 품고 있든, 아니면 월-E처럼 안전하고 유용한 도구처럼 보이든 간에 말이다. 사실상 그 야수를 통제할 수 있는 것은 그게 아직 거리에 나오기 전뿐이라고 봐야 한다.

챗GPT가 등장한 뒤로 '수준급의 실력을 지닌 소설 쓰는 인공지능이 나오면 당신도 이용할 거냐'라는 질문을 자주 받았다. 나는 그 질문이 잘못됐다고 생각한다. 그 질문은 수준급의 소설 쓰는 인공지능을 쓰는 일을 내가 선택할 수 있을 거라고 당연하게 전제한다. 그러나 실제로는 그렇지 않다. 그런 괜찮은 인공지능이 나와서 시장에서 팔리기 시작하면, 내게 선택권은 없을 것이다. 나는 그걸 써야만 한다.

이 질문은 마치 2025년에 도시에 사는 직장인에게 '다음 휴대전화는 스마트폰으로 살 거냐, 피처폰으로 살 거냐'라고 묻는 것과 같다. 혹은 대중음악 뮤지션에게 신곡을 스트리밍 사이트에서 음원으로 발표할 건지, 혹은 인스타그램 계정을 만들 건지 묻는 것과 같다.

2025년에 대도시에서 스마트폰을 쓰는 것은 선택의 문제라

할 수 없다. 스마트폰은 우리의 일상생활과 결합해 '스마트폰-환경'이라 불러야 할 시스템을 만들어 냈다. 스마트폰이 없는 사람은 이제 비행기나 기차를 탈 때 길고 복잡한 수속을 거쳐야 한다. QR코드로 주문을 받는 식당에서는 종업원을 불러 부루퉁한 표정에 대고 사정을 이야기해야 한다. 친구들과 식사를 한 뒤 밥값을 갹출할 때는 그 자리에서 즉시 하지 못하고 집에 가서 하겠다고 말해야 한다. 친구들은 떨떠름한 표정으로 당신을 쳐다볼 것이다. 어떤 사람들은 그런 불이익을 감수하면서 스마트폰 없이 살기도 한다. 그러나 그렇다고 해서 '스마트폰을 쓸지 말지는 순전히 현대인 개개인의 선택에 달린 문제'라고 말할 수는 없다. 현대 사회에서 스마트폰을 쓰지 않는 사람은 차별받는다.

자기 음악을 스트리밍 서비스에 발표하지 않는 대중음악 뮤지션도 마찬가지다. 음원 스트리밍 서비스는 '스트리밍-환경'이라는 시스템을 만들었다. 그 시스템을 거부하는 뮤지션은 어마어마한 실력이 뒷받침되지 않는 한 경쟁에서 사정없이 밀리고, 그 시스템을 잘 이용하는 이는 유리한 고지에 오른다. 어마어마한 실력이 뒷받침되지 않는 대다수에게는 무의미한 질문인 것이다. 당신이 온라인 쇼핑을 거부하며 오프라인 매장에서 물건을 사겠다고 고집해도, 당신 주변의 사람들이 모두 쇼핑을 온라인으로 하면 오프라인 매장은 망하게 된다. 당신 동네에 오프라인 매장이 사라지면, 당신도 결국 온라인 쇼핑을 이용할 수밖에 없게 된다.

나는 1975년에 서울에서 태어났다. 내가 열 살 무렵일 때만 해도 제비는 서울에서 그리 드물게 보는 새는 아니었다. '제비가 낮게 날면 비가 온다'라는 속설이 있었고, 낮게 비행하는 제비를 보면서 '오늘 비가 오겠네' 하고 생각했던 날들이 기억난다. 참고로 '제비 기상예보'는 썩 잘 들어맞지는 않았다. 그런데 그 시절에는 기상청의 기상예보도 썩 잘 들어맞지 않았다.

제비는 인간을 두려워하는 새가 아니다. 오히려 사람이 사는 곳을 거주지로 선택하는 새로, 과거에는 동아시아 지역에서 인간에게 상당히 친숙한 동물이었다. 한국의 고전소설 『흥부전』에서도 제비는 중요한 역할을 하는데, 이 소설은 가장 오래된 판본이 1833년 필사본이다.[29] 그런데 이렇게 흔하고 가까운 새였던 제비는 2020년대 서울에서는 거의 볼 수 없다. 왜일까? 서울의 환경이 제비에 불리한 방향으로 변했기 때문이다.

제비는 보통 한국의 전통 가옥인 한옥 처마 아래에 둥지를 짓고 새끼를 키웠다. 그런데 서울에 철근콘크리트 또는 철골 구조 빌딩이 많아지고 건물들이 고층화하면서 처마를 찾기 어렵게 됐다. 거기에 더해 제비가 둥지를 만들 때 사용하는 진흙과 지푸라기도 구하기 어려워졌다. 과거에는 한옥 근처의 논에서 그런 재료를 구하기 쉬웠다.[30]

반면 1980년대 중반까지 비둘기는 서울에서 쉽게 볼 수 있는 새가 아니었다. 그런데 당시 비둘기는 지금과 달리 '평화의 상징'으로 받아들여졌고, 각종 행사에서 비둘기를 날리는 이벤트를 벌이기도 했다. 1988년 서울올림픽 때는 개막식에서 비둘기 2400마리를 날렸다. 그 전해 있었던 대선에서 당시 김대중 후보의 유세 때도 비둘기를 날렸다.[31]

이후 비둘기 개체 수는 급증했고, 그에 따라 이미지도 점점 나

빠졌다. 이제 비둘기는 서울에서 가장 흔하게 볼 수 있는 야생동물 중 하나인데, 사실 서울뿐 아니라 세계 모든 대도시에서 그렇다. 이는 제비와 달리 대도시 환경이 비둘기에게 점점 유리해졌기 때문이다. 고층 콘크리트 빌딩은 비둘기가 원래 살던 해안가 절벽과 비슷한 형태다. 비둘기는 지형지물을 잘 인식하기 때문에 건물 사이를 잘 날아다니며, 사람들이 버린 음식물 쓰레기는 잡식성인 비둘기들에게 훌륭한 식사가 된다. 도심에는 비둘기의 천적인 맹금류도 없다.

서울에서 40년간 제비들이 쫓겨나고 비둘기가 번성한 이유는 제비들이 뭘 잘못해서가 아니다. 비둘기들이 현명해서도 아니다. 그들이 결정할 수 있는 영역 바깥에서, 그들의 의지와 관계없이 거대한 환경 변화가 일어났기 때문이다. 그 변화를 일으킨 인간도 딱히 제비를 혐오하거나 비둘기를 선호하지 않았다. 새로운 환경이 그저 우연히도 제비에게는 불리했고 비둘기에게는 유리했다.

'AI-환경'도 그러할 것이다. 개발자들의 의도와 무관하게, AI-환경은 어떤 사람들에게는 불리하고 어떤 사람들에게는 유리할 것이다. 하지만 우리는 현시점에서 구체적으로 누가 유리하고 누가 불리할지 예측할 수 없다. 글 쓰는 인공지능이 만들 새로운 출판계 환경이 나에게 유리하겠느냐고? 모르겠다. 이 시점에서 대부분의 예상은 틀릴 확률이 높다는 사실만 안다.

인공지능을 활용한 글쓰기가 보편화되고 나도 결국 인공지능을 활용해 글을 써야 하게 된다면, 나는 이런 일을 해보고 싶다. 적절한 테마를 정해 인공지능에게 자료 조사를 시키고, 거기에서 어떤 패턴을 파악해 논픽션을 쓰는 것이다.

예를 들어 내가 '자신이 옳다고 믿는 군중이 저지른 폭력'이라는 주제를 생각해 냈다고 치자. 그러면 구글 북스나 아마존에서 수만 권의 역사책을 분석해 거기에 맞는 사례들을 한국어로 번역해 달라고 인공지능에게 지시한다. 그리고 그 사례들을 보고 원인이나 현상을 분석한 뒤 주목할 만한 공통점을 추려 책으로 쓴다. '십자군이나 마녀사냥 이야기는 당연히 들어가야겠지. 문화대혁명과 인터넷 조리돌림 사이에 어떤 유의미한 유사점이 있을지도 모르겠어⋯.' 이런 작업을 할 수 있다면 인공지능 덕분에 내 생산성이 크게 오를 것 같다. 나는 외국어를 잘 못하는 대신 기획력은 어느 정도 있다고 믿으니까. 사실 나는 내가 보는 현상들에서 의미를 발견하고, 그것을 구체화시키는 작업을 무척 좋아한다.

하지만 실제로는 정반대의 상황이 펼쳐질 수도 있다. 현상들에서 의미를 발견하는 일을 인공지능이 나보다 훨씬 더 잘할 수도 있다. 애초에 그게 바둑에서 어떤 수가 묘수인지 예상하거나 새로운 단백질이 어떤 특성을 지닐지 예측하는 것과 마찬가지로 패턴 인식 능력에 달린 일인지도 모르니까.

구글 딥마인드의 알파고는 2015년과 2016년에 인간 바둑 최고수들을 꺾었다. 같은 회사의 알파폴드는 2018년 칸쿤에서 열린 '단백질 구조 예측 능력 평가(Critical Assessment for Structure Prediction)'에서 인간 과학자들을 압도하는 성과를 내보이며 1위를 차지했다.[32] 알파폴드를 사용한 딥마인드 팀은 가장 어려운 표적 43개 중 25개의 단백질 구조를 예측했다. 2위를 차지한 인간 과학자 팀은 세 개만 예측했다. 2년에 한 번 열리던 이 대회는 알파폴드 등장 이후 아예 폐지됐다.[33] 후에 딥마인드 CEO인 데미스 허사비스는 이 공로로 노벨화학상을 받는다.

세계사에 반복적으로 나타났던 크고 작은 패턴들을 읽어내는 알파-히스토리언이나 알파-논픽션라이터가 등장하지 말라는 법이 있을까? 알파-히스토리언이나 알파-논픽션라이터가 인간 역사가나 작가보다 훨씬 더 '통찰력 있게' 세계사를 읽어낼 수도 있지 않을까?

그런데 알파-히스토리언이나 알파-논픽션라이터는 우리 눈에는 쉬워 보이는 작업에 서툴 수도 있다. 알파고가 끝내기에서 인간의 눈에는 뻔해 보이는 계산을 하지 못하고 실수하는 것처럼. 1.9와 1.11 중 어느 수가 더 큰지 물었을 때 생성형 AI들이 틀린 답을 내놓는 것처럼.

이를테면 알파-히스토리언은 역사 기록과 역사소설을 잘 구분하지 못할 수도 있다. 알파-논픽션라이터는 현대 기록물이 가짜 뉴스인지 아닌지 가늠하지 못할 수도 있다. 만약 그렇다면 알파-히스토리언과 알파-논픽션라이터를 위해 자료에 태그를 붙이는 인간 조수가 필요할지도 모르겠다. 그 인간 조수는 종일 책과 웹페이지를 훑으면서 알파-작가들을 위해 '이건 쓸 만함, 이건 애매함, 이건 불량식품' 같은 버튼을 누르는 일을 할지도 모르겠다. 내게 남은 일자리가 그런 거라고 생각하면 등골이 서늘해진다.

나는 내가 비둘기인지 제비인지 모른다. 이 책을 읽는 여러분도 마찬가지다.

AI-환경이라고 하는 거대한 세계는 이제 겨우 그 첫 충격파를 우리 세상에 보냈다. 게다가 다른 기술들이 만드는 환경과 마찬가지로 AI-환경 역시 세상에 등장하고 나면 대단히 복잡하게 진화할 것이다. 그 기술을 만들어 파는 사람, 사용하는 사람, 규제하는 사람과 기존 규제, 기존 권력, 다른 기술, 다른 자원, 거기에 여러 가지 우연적 요소까지 더해져 복잡하게 영향을 주고받을 것이기 때문이다.

증기기관이나 자동차가 일으킨 변화까지 거슬러 올라갈 필요도 없다. 우리는 스마트폰 때문에 사람들의 주의력이 고갈될 거라거나 소셜미디어로 인해 우울증을 앓는 청소년이 급증할 거라는 예상조차 제대로 하지 못했다. 고작 10년 뒤에 전 세계적으로 벌어질 현상인데도 그랬다. 스마트폰과 소셜미디어는 우리가 정치인의 말을 듣고 그들을 평가하고 지지를 보내는 방식을 바꿨고, 선진국의 정치는 그에 따라 변했다. 2010년대 중반 이후 미국 정치가 예상치 못한 방향으로 급변할 때, 도널드 트럼프와 X는 서로 떨어진 별개의 요인이 아니었다.

인공지능은 스마트폰이나 소셜미디어보다 훨씬 더 큰 변화를 일으킬 것이다. 아니, 이 말은 부정확하다. 인공지능은 스마트폰과 소셜미디어를 집어삼킬 것이다. 인공지능은 스마트폰과 스마트폰 뒤에 나올 다른 여러 기기, 그리고 소셜미디어와 그 뒤에 나올 다른 여러 미디어와 결합할 것이다. 그래서 지금은 우리가 뭐라고 불러야 할지조차 알 수 없는 '무언가'가 될 것이다. 그 무언가는 사실상 우리가 살아야 하는 환경 그 자체일 것이다.

5 언어라는 도구 너머에서

"바둑계에 인공지능이 도입돼서 가장 아쉬운 점이 뭔가요?"

나는 여러 프로기사에게 이 질문을 던졌다. 그리고 '기풍이 사라졌다'라는 답을 가장 많이 들었다. 한국기원의 바둑용어 사전은 기풍(棋風)을 "바둑을 두는 데 있어서 나타나는 각 개인 특유의 방식이나 개성"이라고 설명한다. AI 포석을 암기한 기사들은 초반을 모두 비슷하게 둔다. 그러므로 기사들의 개성은 사라졌고, 그것이 아쉬운 일이라는 얘기다.

"전에는 프로기사마다 자기만의 색깔이 있고 자기만의 기풍이 있었는데 지금은 기풍이라는 단어가 되게 모호해지고 희미해졌죠. 예를 들면 1980년대, 1990년대에는 정상급 기사 두 사람이 바둑을 두면 몇십 수만 놓고 봐도 이건 누가 누구랑 둔 바둑이구나 알 수 있을 정도로 기사마다 자기만의 스타일이 뚜렷했어요. 그리고 그런 개성의 대결이 사실 더 재미가 있었죠. 그런데 지금은 누가 더 AI 수법을 더 잘 암기하느냐의 승부가 돼버렸어요. 저는 계속 이대로 가다 보면 보는 바둑 팬들도 흥미를 잃지 않을까 하는 걱정도 해요. 인공지능끼리 바둑을 두는 건 일반 팬들도 그냥 프로그램을 돌려서 볼 수 있잖아요." 목진석 9단

"저희가 바둑을 배울 때는 각자 좋아하는 기사들이 있었어요. 다케미야 마사키 9단, 조치훈 9단, 고바야시 고이치 9단, 조훈현 9단, 유창혁 9단…. 그리고 그 기사들 한 사람, 한 사람의 기풍을 이야기할 수 있었죠. 다케미야 9단은 '우주류', 고바야시 9단은 '지하철', 조훈현 사범님은 '제비', 유창혁 사범님은 '화려한 공격수'. 다들 자기만의 개성과 색깔이 있었어요. 바둑을 공부하면서 그런 여러 스타일 가운데 내가 좋아하는 기사를 찾고 따라 두고 배워가면서 나만의 뭔가를 만들어 내는 그런 느낌이 있었어요. 그건 옳고 그름의 문제는 아니었죠. 그런데 요즘 기사들은 스타일이 없어요. 이제 초반은 누가 얼마나 더 정확하게 AI 포석을 외우느냐, 얼마나 AI 일치율을 높이느냐를 지향하죠. 스타일이 나올 수가 없어요. 개성과 다양성이 사라진 게 저는 아쉬워요." 김효정 3단

"기풍이 없어진 건 아쉬운 일이라고 생각해요. 저는 바둑을 스포츠라고 판단하는데, 그럼에도 불구하고 어떤 낭만이 있었다고 생각하거든요. 지금 바둑은 점점 기계화되는 느낌이고, 그런 면에서 재미와 멋을 잃어버렸어요. 기풍을 되찾기도 어렵다고 봐요. '그렇게 두는 건 정답이 아니다'라고 판단을 해버리니까요. 예전에는 '나는 기풍이 이렇다. 그래서 세력 작전을 펼치겠다'라고 하면 존중해 줬어요. 하지만 지금은 '에이, 이길 확률이 떨어지는데 그 작전이 어떻게 맞아'라고 해버리죠." 이호승 3단

어떤 기사들은 기풍을 단순한 스타일 이상으로 여긴다. 기풍

을 두고 아름다움, 스토리, 심지어 문화나 철학을 말하는 이도 있다. 그런 기사들은 '류(流)'라는 표현을 쓰기도 한다. 한국기원의 바둑용어 사전에는 고바야시류(小林流), 도사쿠류(道策流), 슈사쿠류(秀策流), 우주류(宇宙流), 잡초류(雜草流), 조치훈류(趙治勳流) 등의 용어가 등록되어 있다. 그러나 '류' 자체에 대한 설명은 없다.

조훈현 9단은 자서전에서 '류'를 이렇게 설명했다.

> 바둑에는 '류'라는 것이 있다. 기사마다 바둑을 두는 기풍을 뜻하는 말인데, 여기서 각자의 성격과 추구하는 바가 나타난다. (…) 바둑기사에게 자신만의 '류'는 일종의 자아다. 바둑을 어떤 식으로 놓는다는 것은 세상을 어떤 식으로 살아가겠다는 나만의 선언이다. 그래서 거장들의 바둑 대결은 이러한 세계관과 가치관의 충돌처럼 다가온다. 바둑이 무려 4천 년을 살아남았고 아직도 건재한 이유는 단순한 게임이 아니라 그 속에서 인생관과 삶의 철학을 읽을 수 있기 때문이다.[1]

그렇다면 인공지능으로 인해 바둑에서 기풍이 사라졌다는 것은 아름다움이나 문화가 사라졌다는 의미가 된다. 실제로 그렇게 말하는 사람들도 있다.

"인공지능으로 인해서 초반 몇 수는 결론이 나왔어요. 실제로 둬봐도 그게 좋고요. 그래서 이제 포석은 개성이 없어졌어요. 자기 '류'가 없어졌어요. 그러니 바둑이 천편일률적으로 변했고, 아름답지 않죠. 초반만큼은요. 말로 설명하기가 어려운데 기풍이라는 건 당연히 있어야 하는 것이었거든요. 가수도 보면 노래를 부른다는 점은 같지만 자기만의 스타일이 있잖아요. 바둑도 마찬가지인데 지금은 다 비슷비슷해졌고, 그게 슬퍼요. 서글퍼도 슬퍼도 여기서 또 좋은 길을 찾아가야겠지만 바둑 자체만 놓고 보면 옛날이 그립죠." 박병규 9단

"이세돌 9단에게는 '이세돌류'가 있었고, 이창호 9단에게는 '이창호류'가 있었어요. 사람들이 그 기사의 각기 다른 스타일을 감상하면서 거기에 스토리텔링을 부여했고 그게 문화가 되어 전해졌어요. 그런데 요즘은 기풍 이야기 안 하잖아요. 박정환 9단과 최철한 9단의 차이를 아세요? 신민준 9단과 강동윤 9단의 차이를 아십니까? 모르잖아요. 기사들의 기풍이 없어지니까 영웅적인 캐릭터도 만들어지지 않아요. 누구는 몇 위, 누구는 몇 위, 그런 얘기밖에 안 해요. 랭킹 10위권에 있는 선수들인데도 차별화가 안 되니까 그냥 뭉뚱그려서 보게 돼요." 안성문 바둑전문기자

박치문 바둑 칼럼니스트는 2020년 《중앙일보》에 이 주제로 칼럼을 썼다. 그는 "모두가 전적으로 AI에 몰두하면서 바둑 인문학의 상징이었던 '기풍'이 사라지고 있다"라며, "바둑에서 기풍이 사라진다는 것은 사람에게서 감정이 사라지고 이성만 남는 것과 같을지 모른다"라고 썼다.[2]

그러나 모든 사람이 이런 생각에 동의하는 것은 아니다.

기풍은 정말 사라졌는가

바둑계에 인공지능이 도입된 뒤로 기풍이 사라졌는가? 이 질문에 대한 바둑계 인사들의 답은 대체로 셋으로 나뉜다.

① 인공지능 이후 기풍이 사라졌다. 매우 아쉬운 일이다.
② 인공지능 이후 기풍이 사라졌다. 그런데 그리 아쉬운 일은 아니다.
③ 인공지능 이후에도 기풍은 사라지지 않았다. 혹은 잠시 사라지는 듯 보였으나 다시 살아나고 있다.

①번 의견을 내는 사람이 절반이 넘기는 한다. 그러나 ②, ③번 의견도 드물지 않게 들을 수 있고 그들의 논리도 약하지 않다.
②번 의견인 기사들의 이야기를 먼저 들어보자. "인공지능 덕분에 바둑이 진짜 재미있어졌어요"라고 몇 번이나 강조했던 이희성 9단은 이렇게 말했다.

"전에는 저도 남들과 같은 포석을 두기 싫어서 저만의 포석을 만들었어요. 제가 연구해서 창의적으로 둔 거죠. 사실 저도 정확한 답을 알 수는 없었지만 그래도 나름대로 연구를 한 포석이니까 실전에서 통할 수 있지 않을까 기대하며 썼죠. 기풍이 많았다는 건 그만큼 기사들이 자유로웠다는 의미라고 생각해요. 어떤 기사가 두는 방식을 정확하게 평가할 수가 없었고 두는 사람들은 그게 가능한 포석이라고 생각했던 거고요. 그리고 그게 솔직히 재미있기도 했죠. 그런데 인공지능이 나오면서 이제 모든 수의 이길 확률이 수치로 표시되잖아요. 그렇게 평가를 받게 되니 예전 기풍대로 바둑을 두기 어렵게 됐어요. 다케미야 9단도 이제 우주류를 쓰지 않아요. 우주류를 쓰면 이길 확률이 10퍼센트씩 떨어지니까요. 인공지능 이후에 기풍이 사라지기는 했죠."

하지만 그것이 엄청나게 아쉬운 일인가? 그렇지는 않다는 게

이 9단의 말이다.

"바둑의 다양성이 좀 줄어들었고, 재미가 다소 없어지기는 했죠. 하지만 바둑의 수준은 굉장히 올라갔어요. 이걸 두고 '바둑의 수준은 높아졌지만 보는 재미가 없어져서 아쉽다'라고 하시는 분들이 더 많으리라 생각해요. 저는 완전히 반대입니다. 기풍은 어떤 기사가 본인을 증명하는 방법이죠. 그런데 그런 캐릭터나 퍼스낼리티라는 건 승부에 비하면 그렇게 중요하지 않아요. 저도 해설을 하지만 저는 바둑의 아름다움이라는 표현을 쓰지도 않고, 그게 뭔지 잘 모르겠어요. 어떤 바둑이 아름답고 어떤 바둑이 아름답지 않다는 건지요? 최선을 다한 바둑에는 다 아름다움이 있다고 생각해요."

송태곤 9단도 비슷한 의견이다.

"예전에는 확실히 어떤 기사에게는 어떤 기풍이 있다는 이야기를 했는데 요즘은 딱 잘라서 '이 기사는 무슨 기풍이다' 그렇게 이야기하기 어렵죠. 그런 면에서는 인공지능의 등장으로 바둑의 매력이 살짝 없어졌다는 생각도 좀 들어요. 하지만 '바둑이 예술에서 게임이 됐다'라는 주장은 사실 그렇게 와닿지는 않아요. 기풍 같은 게 좀 없어졌을 뿐이지 바둑의 본질적인 부분은 달라진 게 없다고 생각해요. 옛날에도 어떻게 보면 게임이었고, 지금도 여전히 두 사람이 만들어 가는 작품이라고 보고요."

①번 의견(기풍이 사라져 아쉽다)과 ②번 의견(그리 아쉽지 않다)의 차이는 단순하지 않으며, '바둑이란 무엇인가'라는 질문에 대한 심오한 인식 차이에서 온다. 인공지능은 바둑계의 인식에 균열을 가져왔으며, 이 장과 다음 장에 걸쳐 그 균열의 원인과 함의를

살피게 될 것이다. 그러나 그 전에 ③번 의견(기풍이 사라지지 않았다)을 들어보자.

"초반 포석을 외워서 두는 기사들이 있죠. 그건 맞습니다. 그런데 '바둑이 전반적으로 재미가 없어졌느냐, 기풍이 사라졌느냐' 하면 그거는 제가 보기에는 아닌 거 같아요. 그러니까, 포석은 인공지능의 바둑을 똑같이 흉내 낼 수가 있는데 포석 이후에는 그렇지 않거든요. 기풍이라는 건 포석에서 드러나는 부분도 좀 있지만, 전체적으로 나타나는 거예요. 기풍이 사라졌다기보다는 인공지능이 도입되면서 바둑이 굉장히 복잡해졌어요. 예전에는 어떤 틀에 의해서, 돌의 모양을 중시했는데 요즘은 그런 틀이 무너졌고 난전이 많습니다. 그래서 보는 사람도 어렵고 두는 사람도 어려워지는 상황이죠."

유창혁 9단은 '포석은 기풍이 아니다'라고 단언했다. 그런 관점에 따르면 설령 포석이 똑같아졌다고 해도 기풍이 사라진 것은 아니다.

"기사들이 초반에 각자 좋아하는 포석이 있었죠. 자기만의 무기라고 할 수 있는 부분인데, 기풍이라기보다는 뭐라고 표현해야 할까요? 말하자면 싸움을 위한 전술 배치 과정입니다. 그때 약간 독특한 부분들이 있었는데 지금은 그런 부분은 다 통합됐다고 봐야죠. 기풍이라는 건, 바둑에서 자기 성격이 나오는 거라고 볼 수 있어요. 성격이 차분한 사람은 인공지능이 있든 없든 차분하게 가는 거고, 성격이 전투적이고 적극적인 사람은 계속 적극적으로 가는 거고요. 그건 별로 바뀐 것 같지 않아요."

유 9단은 과거에도 한 포석이 오래가는 경우는 없었다고 설명했다.

"예전에 일본이 바둑 강국이었을 때 유명 기사들은 자기만의 포석이 있었죠. 그때는 그 기사의 이름을 따서 무슨 류, 무슨 류, 그런 식으로 불렀는데 어느 순간부터는 그게 깨졌어요. 인공지능이 도입되기 전에 깨졌어요. 어느 기사가 새로운 포석을 들고 와서 대회에서 우승하고, 좋은 성적을 내고, 이름을 날리면 다른 기사들이 그 포석을 연구하니까요. 그러면 성적이 나빠지고, 그 포석은 또 새로운 포석으로 바뀌게 되죠. 승부를 하는 당사자들이 한 포석을 10년씩 쓰는 경우는 없어요."

김만수 8단은 인공지능으로 인해 기풍이 잠시 사라졌으나 다시 살아나고 있다고 분석한다. 그는 1997년 승률 및 다승 1위를 기록했고, 1998년 제9기 신인왕전에 우승한 바 있다. 바둑 해설과 교육·저술 활동도 활발히 벌이고 있다. 2023년 말 그는 내게 "지금은 인공지능 1.0 시대에서 2.0 시대로 넘어가는 단계"라고 말했다. 인공지능 1.0 시대, 2.0 시대는 그가 지어낸 표현이다.

"인공지능 1.0 시대는 AI 수법을 빨리빨리 받아들여서 이걸 그대로 복사해서 붙여넣기 한 시기입니다. 그러면 성적이 많이 올라갔죠. 이제 AI를 쓰는 사람과 쓰지 않는 사람 간에 격차가 있다는 건 모두 인정하고, 다들 AI를 씁니다. 그래서 최근에 2.0 시대가 열렸어요. 자신만의 생각과 AI 수법을 결합하는 시대예요. 예를 들어 어떤 기사가 생각하는 수가 AI 분석으로 이길 확률이 50퍼센트 아래라면 그건 포기해요. 하지만 이길 확률이 50퍼센트 이상인 수 중에서는 가장 수치가 높은 수를 택하지 않고 자신이 좋아하는 수를 택하는 거예요. AI가 이길 확률이 63퍼센트, 58퍼센트, 51퍼센트, 47퍼센트인 수를 제시하면 47퍼센트인 수는 버리지만 51퍼센트인 수는 고를 수 있다는 거죠. 그러면서 자기의 개성을 뽑아내는 거죠. 그래서 지금은 기풍이라는 게 은근히 있어요."

김만수 8단은 신진서 9단, 최정 9단 같은 젊은 기사들이 인공지능 2.0 시대를 선도하고 있다고 분석했다.

김지석 9단도 김만수 8단과 비슷한 의견이다. 그는 2021년 한국 리그인 맥심커피배 입신최강전에서 우승한 뒤 언론 인터뷰에서 "AI가 제시하는 초반 수순을 달달 외워 두는 방식에 거부감을 느낀다"라고 말했다. 그는 "그렇게 하면 성적은 오를지 모르지만 어렸을 때부터 혼자 끙끙대며 길을 찾아가던 내 스타일을 지키고 있다"라고 덧붙였다.[3] 나는 그에게 좀 더 자세히 설명해 달라고 요청했다.

"저도 아예 다 거부하는 건 아니에요. 하지만 이런 경우가 있겠죠. 예를 들어 AI가 이길 확률이 53퍼센트인 수와 이길 확률이 50퍼센트인 수를 추천했다고 쳐요. 그런데 제가 53퍼센트짜리 수에 대해서는 모양에 대한 이해도가 떨어지고, 50퍼센트짜리 수에 대해서는 그래도 비교적 이해를 하고 있다면 '이해도' 같은 변수를 넣어서 값을 보정해야 할 것 같아요. 어차피 바둑은 제가 둬야 하는 거잖아요. AI가 53퍼센트가 아니라 60퍼센트, 70퍼센트짜리 수를 추천한다고 한들 제가 그 모양을 이해하지 못하면 차라리 50퍼센트짜리가 더 승률 기대치가 높지 않을까 싶어요."

그러면 기풍은 여전히 살아 있는 걸까? 김지석 9단의 대답은 이랬다.

"제가 알파고 나오기 조금 전에 들었던 얘기가 뭐냐 하면요, '요즘은 다들 너무 똑같이 둔다'라는 말이었어요. 예전에는 박정환 9단이 두던 포석, 커제 9단이 두던 포석을 따라 뒀고, 지금은 카타고나 절예(絶藝)[중국 텐센트에서 개발한 바둑 AI 프로그램]가 추천한 수를 따라 두는 거고요. 어차피 따라 두는 사람은 따라 두고요, 자기 뜻대로 두는 사람은 본인이 두고 싶은 대로 둬요."

기풍이란 무엇인가

왜 이런 의견 차이가 나오는 걸까? 기풍은 사라진 걸까(①, ②번 의견), 사라지지 않은 걸까(③번 의견)?

'기풍이라는 단어가 문제'라는 게 내 대답이다. 이 단어는 명확히 정의되어 있지 않았다. 그 단어에는 두 가지 의미가 섞여 있었다. 그리고 알파고 때문에 우리는 그 단어가 명확히 정의되어 있지 않음을 깨닫게 되었다.

어떤 프로기사들에게 기풍은 그저 개성의 다른 말이다. 포석은 개성적일 수 있지만, 포석이 비슷해지더라도 한 기사의 개성이 완전히 사라지지는 않는다. 바둑 한 판을 두는 과정에서 그의 성격과 개성은 드러날 수밖에 없다. 유창혁 9단, 김만수 8단, 김지석 9단은 이렇게 보고 있다.

이런 관점에서는 바둑 AI 프로그램들도 기풍이 있다고 말할 수 있다. 4장에서 이호승 3단이 엘프고는 허세가 충만하고, 릴라제로는 안정적이고 평범한 편이며, 미니고는 공격적이면서 세련된 스타일이라고 평가했던 것을 떠올려 보자.

실제로 인터넷 바둑 서비스업체인 오로바둑의 김수광 기자는 바둑 AI 프로그램의 기풍을 분석하는 기사를 쓰기도 했다. 기사에 따르면 알파고는 수비적이며, 딥젠고는 적극적이고 공격적, 절예는 알파고와 딥젠고의 중간 정도라는 게 대강의 인식이라고 한다. 김 기자는 이들 프로그램이 공통적으로 단단하고, 두터우며, 중앙을 잘 이해하는 기풍을 지녔다고 분석했다.[4]

그런데 이런 차이는 인공지능이 성격이나 철학을 지녀서 그런 것은 아니다. 프로기사들의 추측이기는 하나, 인공지능의 '기풍'은 아마도 그저 초기 설정에 달린 문제인 듯하다. 이하진 4단처럼 말하는 이들이 적지 않다.

"정확히는 모르거든요. 그런데 이게 목표를 어떻게 설정하느냐에 따라서 AI들도 스타일이 달라진다고 하더라고요. 쉬운 예를 들자면 상대를 작은 차이로라도 확실하게 이기는 확률을 높이느냐, 아니면 큰 차이로 이기는 것을 목표로 삼느냐에 따라 달라진대요. 그리고 크게 이기는 걸 목표로 설정한 AI일수록 사람하고 비슷하게 둔대요. 알파고는 최대한 안전하게 이기는 스타일이었다고 해요. 그래서 자기 생각에 좀 유리하다 싶으면 인간 기사들이 보기에는 최선이 아닌 것 같은 수도 두는 거예요."

실제로 프로기사들이 '알파고와 달리 사람처럼 둔다'라고 평가하는 프로그램도 있다. 중국의 선커과학기술유한회사가 개발한 골락시다. 선커과학기술유한회사 측은 알파고의 기존 구조를 참고했지만 여러 측면에서 변화를 줬다며, "알파고 아키텍처의 기술이 진화한 것"이라고 골락시를 설명한다.[5] 프로기사들에 따르면 알파고는 자신이 앞선다고 판단하면 무리하지 않고 물러나는 반면, 골락시는 우세한 상황에서도 최선의 수를 찾는다. 알파고와 골락시는 그런 점에서 분명히 서로 다른 경향성이 있고, 인간 기사들은 골락시의 '개성'을 보다 친숙하게 여긴다. ③번 의견에 따르면 그런 경향성이 바로 기풍이다.

그러나 어떤 이들은 그런 경향성을 기풍이라 부를 수는 없다고 반박한다. 나는 ③번 의견을 ①, ②번 의견인 프로기사들, 바둑 전문가들에게 전하고 어떻게 생각하는지 다시 물었다. ①, ②번을 말한 이들은 견해를 바꾸지 않았다.

"인공지능이 두는 바둑에는 기풍이 없다고 봐야 합니다. 생각의 흐름으로 연결되어서 나오는 수가 아니니까요. 단순히 그때그때의 확률에 따라 의사결정을 하는 거니까요."

정두호 4단은 이렇게 말했다. 1992년생인 그는 《한국일보》에 바둑 해설을 연재하고 있으며, 바둑 강사로도 활발히 활동한다.

안성문 바둑전문기자는 "기풍은 (경향성이 아니라) 초반 구상을 의미"한다고 말했다.

"중반 들어서 각자의 특색이 나타난다고 그걸 기풍으로 볼 수 있느냐 하면 그건 좀 생각해 봐야 할 거 같아요. 바둑이 중반에 들어가면 이미 그때는 오로지 최선이냐 아니냐의 치열한 칼싸움 같은 거예요. 구상은 50수, 길게 보면 80수 안에 있는 거죠. 한 기사가 자기 스타일대로 초반 빌드업을 하는 과정에서 기풍이 나오는 거죠. 중반에 들어가면 치고받을 때 선택의 문제는 있겠지만 그건 기풍이 아니에요."

"그런 선택을 기풍이라고 얘기하는 사람은 단어 뜻을 오해하는 것"이라고 안 기자는 단언했다.

"인공지능이 제시하는 수도 대개 한 가지가 아니고 보통 서너 수, 많으면 대여섯 개도 있어요. 동시에 세 수, 네 수를 만점으로 보는 경우도 있어요. 그런 경우에 인간 기사가 선택하게 되죠. 여기서 '이게 좀 마음에 들어', '아니야, 나는 이렇게 처리하는 게 내 적성에 맞아' 하는 그런 취향 차이는 앞으로도 있을 거라고 봐요. 바둑에 늘 두 가지 스타일이 있죠. 공격적으로 두는 방식과 계산하면서 수비하는 방식. 그러니까 인공지능이 추천한 만점짜리 수들을 보면서도 취향을 담아서 선택할 수는 있다고 봐요. 그러나 그렇더라도 그건 기풍과는 완전히 거리가 먼 얘기예요. 예전에는 기풍을 보면 어떤 기사가 바둑에서 구현하고 싶은 세계관이 뚜렷하게 보였어요."

기풍은 도대체 무엇인가? 경향성인가, 성격인가, 철학인가, 세계관인가? '알파고와 골락시는 기풍을 갖췄다'라고 말할 때 그 말이 의미하는 바는 무엇인가? '알파고는 신중한 성격으로, 바둑이라는 게임의 목표는 이기는 데 있다는 철학을 지니고 있다' 혹은 '골락시는 호전적인 성격이며, 언제나 치열하게 상대에 응수해야 한다는 철학으로 바둑을 둔다'라고 말할 수도 있을까?

결국 바둑계에서 사용해 온 '기풍'이라는 단어는 현실 세계의 특정한 현상에 대한 모호한 비유였다. 따지고 보면 '성격'이나 '철학'이라는 단어 역시 그렇다. 인간은 그런 개념어와 비유에 기대어 세계를 파악한다. 언어는 도구다. 그 도구에 기대지 않는 인공지능이 언어라는 도구에 기대야만 하는 인간들보다 더 훌륭하게 과제들을 수행할 때, 언어에는 균열이 생긴다. 우리는 '그 말이 무슨 뜻이냐'를 비로소 제대로 묻게 된다.

하나 더 예를 들어보자. 바둑계에서 흔히 썼던 '기세'라는 용어에 관한 얘기다. 한국기원의 바둑용어 사전은 "대국에서 이해득실을 따지기에 앞서 상대를 제압하고자 하는 의기가 강한 형세. 또는 상대가 두려워할 만한 힘. 보통 국면의 주도권을 잡으려고 다툴 때 나타난다"라고 설명한다. 모호한 개념을 다른 모호한 개념(제압, 의기, 형세, 두려움, 주도권)으로 설명하는 좋은 예다.

실제로는 기세라는 말이 바둑계에서 최소한 세 가지 의미로 쓰였다. 첫째로 바둑판 위의 형세를 묘사할 때 이 용어가 사용됐다. '백이 무서운 기세로 흑을 포위했다'라든가 '기세를 중시했기 때문에 그 자리에 돌을 뒀다'라든가 하는 식이다.

둘째로 기사들의 심리와 태도를 묘사할 때도 이 단어가 쓰였다. 바둑은 보드게임이지만, 고도의 심리게임이기도 하다는 데 모든 프로기사가 동의한다. 기사들은 감정을 얼굴에 드러내지 않으려 애쓰면서 상대 표정을 살피려 애쓴다. 상대가 '아차!' 하는 당황한 표정을 지었다면 조금 전에 내가 둔 수가 묘수였거나 상대가 둔 수가 실수였다는 의미다. 옛 일본 기사들은 돌을 내려놓는 자세까지 가르쳤다고 한다. 자신 없는 자세로, 즉 기세 없이 돌을 두면 혼났다는 것이다. 실제로 요다 노리모토 9단은 바둑판을 부술 것처럼 강하게 돌을 내려놓는 것으로 유명했는데, 이를 바둑계에서 '도끼질 타법' 혹은 '장작패기'라고 불렀다. 이창호 9단이 요다 9단에게 졌을 때 그 도끼질 타법의 영향에 휘둘린 탓도 있었을 거라고 분석하는 이도 있었다. 이세돌 9단이 알파고와 대국을 앞뒀을 때 이세돌 9단이 불리한 점으로 상대의 기세를 읽을 수 없다는 것을 꼽는 이도 있었다.

마지막으로 기세는 한 기사의 성적을 서술할 때도 쓰인다. 누군가가 열 번 대국을 치렀는데 아홉 번 승리했다면 '최근 기세가 상당하다'라고 말한다. 나는 이때의 '기세'를 어떤 현상을 묘사하는 단어로 이해하지만, 바둑계 인사 중에서는 진지하게 이것을 실존하는 힘으로 여기는 이들도 있다. 세 번째 용법에서조차 기세에 대한 이해가 사람마다 미묘하게 다르다.

이렇듯 쪼개서 생각하면 완전히 다른 여러 의미를 지닌 단어지만, 사람들은 기세라는 말을 쓰면서 별로 혼란스러워하지 않는다. 그래서 여태껏 그냥 섞어서 써왔고, 서로 다른 의미를 왜 한 단어로 부르냐고 불만을 표하는 이도 없었다. 그런데 기풍과 마찬가지로 기세도 바둑 AI 프로그램을 설명할 때 쓰려니 그제야 위화감이 든다. 인공지능에게도 기세가 있나? 인공지능이 연승을 거둘 때 '기세가 대단하다'라고 표현해도 될까? 인공지능이 등장한 뒤에야 비로소 우리는 기세라는 단어가 지나치게 인간적인 뉘앙스를 품고 있었다고 생각하기 시작한다.

문학을 말할 때 우리가 이야기하는 것

이런 현상은 다른 분야에서도 일어날 것이다. 문학계를 예로 들어보자. "하지만 이론은 전통적인 문학 정전에 활력을 재충전하면서, 영미 문학의 '위대한 작품'을 더 다양한 방식으로 읽도록 하였다."[6] 대표적인 문학 이론 입문서로 꼽히는 조너선 컬러의 『문학이론』 중 한 문장이다. 이 문장이 정확히 뜻하는 바는 무엇인가?

문학에서 '이론'은 무엇인가? 실험으로 검증되어야 할 가설을 말하는가? '정전(正典)'은 무엇인가? 『셜록 홈즈』 시리즈는 정전인가, 아닌가? '영미 문학'은 무엇을 말하나? 인도에서 태어나 미국에서 성장한 줌파 라히리가 뒤늦게 이탈리아어를 배워 이탈리아어로 쓴 소설들은 영미 문학인가, 아닌가? '위대한 작품'이란 무엇인가? 샤를 단치는 『걸작에 관하여』에서 "나는 걸작의 기준을 찾으려고 했지만 찾지 못했다"라고 말하는데,[7] 기준이 없는 개념이 어떻게 존재할 수 있는가?

 기준이 없는 개념은 비유로서, 흐릿하고 모호하게 존재한다. 인간은 그런 비유를 도구 삼아 사유할 수 있다. 인공지능은 그렇지 않다. 사실 우리는 인공지능이 구체적으로 무엇을 발견했는지, 어떻게 '생각'하는지 모른다. 우리는 대강 인간의 시청각 피질을 흉내 내서 만든 인공신경망이 매개변수들을 조정하는 일을 반복하면서 어떤 학습을 할 수 있다는 사실은 안다. 그런 방식으로 알파고 제로가 40일 동안 자기 자신과 바둑을 2900만 판 두면서 뭔가를 터득했다는 사실을 안다. 하지만 우리의 이해는 거기까지다. 알파고를 만든 사람들도 알파고가 뭘 배웠는지 모른다. 알파고가 배운 게 인간의 언어로 번역되는지조차 모른다.

 구글 딥마인드는 알파고에게 지극히 단순한 바둑의 규칙과 '상대를 이겨라'라는 더 단순한 목표를 줬다. 알파고는 딥러닝으로 어찌어찌 그것을 수행할 능력을 얻었다. 그러기까지 알파고 내부에서 무슨 일이 일어났는지 우리는 거의 모른다. 그런 측면에서 알파고를 블랙박스라고 부를 수 있겠다.

 그런데 사실은 우리들의 뇌 역시 같은 의미로 블랙박스이긴 마찬가지다. 우리는 어린아이가 어떻게 언어를 습득하는지, 우울증 환자가 왜 우울증에 걸리는지 모른다. 프로기사가 어떻게 묘수를 발견하는지, 소설가가 어떻게 반전을 만들어 내는지, 작곡가가 어떻게 멜로디를 찾아내는지 모른다. 그 블랙박스가 출력하는 결과물만을 알 뿐이다.

알파고와 알파폴드를 개발한 이들은 '이렇게 만들었더니 이런 결과물을 내는구나. 그거면 됐지!' 하는 자세였다. 세상도 '그거면 됐지!' 하고 받아들였다. 어떻게 보면 바둑 전문가들이 가장 딱한 신세였다. 알파고를 설명해야 하는데, 그들이 가진 설명 도구라고는 인간의 언어밖에 없었기 때문이다. 그래서 그들은 창의적이라든가 수비적이라든가 배짱이 대단하다든가 뒷맛을 고려하지 않는다든가 하는 식으로 알파고의 바둑을 평했다. 인격이 없는 대상에 인격을 부여하는, 전형적인 인간의 언어였다. 인간은 이런 식으로 수많은 사물을 의인화하고, 상상의 감정이나 성격을 만들어 거기에 자신의 마음을 이입한다.

물론 알파고는 '기존 규칙을 깨고 바둑을 창의적으로 둬야겠다' 하는 생각 따위는 하지 않는다. 알파고가 '과감한' 수를 '빨리' 두면 그걸 보는 인간들은 '저런 수를 오랜 고민 없이 두다니, 배짱이 대단하다' 하며 놀란다. 바둑계에는 지금 당장은 알 수 없지만 나중에 좋은 수나 나쁜 수가 될지 모르겠다는 잠재력을 표현하는 '뒷맛'이라는 용어가 있다. 당연히 알파고는 그런 걸 생각하지 않는다. 알파고의 모든 수는 계산의 결과다.

앞으로 나올 인공지능에 대해서도 개발자들과 세상은 같은 자세일 것이다. '이렇게 만들었더니 이런 결과물을 내는구나. 그거면 됐지!' 기본적으로 우리가 지능이 무엇인지 그 자체를 잘 모르기 때문이다. 지능을 정의하려는 형이상학적 시도는 번번이 실패하는데, 어쩌면 우리가 사용하는 언어 자체의 한계 때문인지도 모른다. 사실 지능을 정의하는 데 성공한다 해도 대단한 상업적 보상이 따라오지 않는다. 지능을 정의하기보다는 만들어 내는 편이 더 쉽고, 더 유혹적이다.

블랙박스인 인간의 뇌는 자신이 작동하는 방식을 다른 인간의 뇌에 전파하기 위해, 즉 다른 사람을 가르치기 위해 언어를 쓴다. 그런 교육의 언어 역시 상당수는 모호한 개념이나 비유다. 바둑계에서는 수많은 바둑 격언이 그런 언어를 사용한다. 매우 추상적인 차원의 조언도 있고, 그보다는 실제적인 차원의 요령도 있다.

'위기십결(圍碁十訣)'이라고 하는 열 가지 격언은 상당히 형이상학적인 개념들로 되어 있다. 첫 번째 조언은 '부득탐승(不得貪勝)'인데 승리를 탐하면 이기지 못한다는 뜻이다.[8] 모순된 표현이지만 대부분의 사람은 이 말이 무엇을 의미하는지 쉽게 짐작한다. 사실 이 가르침을 1000년 이상 수많은 기사가 입에 올리고 마음으로 지키려 했다. 위기십결을 만든 사람은 중국 당나라 현종(서기 712년에 황제 자리에 올랐다) 때 바둑 고수인 왕적신(王積薪)으로 전해진다.

그러나 부득탐승이 실제로 대국에서 승리하는 데 있어서 얼마나 유용한 격언인지 과학적으로 검증된 적은 단 한 번도 없다. 이 조언을 바둑 AI에게 입력한다는 것은 난센스다. 입력해 봤자 효과도 알 수 없고, 그에 앞서 입력할 방법도 알 수 없다. 위기십결의

나머지 아홉 가지 격언도 마찬가지다.[9]

위기십결보다 한참 낮은 차원의 '끊을 수 있는 곳을 들여다보지 말라'라든가 '붙이면 젖히고, 젖히면 뻗어라' 같은 격언들이 있다. 역시 기원을 가늠하기 힘들 정도로 역사가 오래된 격언들인데, 인공지능에게 가르치기는 비용 대비 효과가 크지 않다. 무엇보다 이 격언들은 모든 상황에 적용할 수 있는 내용이 아니다.

"저는 딥러닝이 아니라 바둑 규칙을 찾아내서 알고리듬으로 만들어 컴퓨터가 인식하게 하는 방향으로 바둑 AI를 개발했어요. 저희 서비스에도 그런 방식을 이용하고 있고요. 그런데 5년 동안 이 방식을 개발하면서 느낀 게 뭐냐 하면, 우리가 애매모호하게 알고 있는 것들이 정말 많구나 하는 점이었습니다. 적당히 편의적인 정의를 내려서 적당히 쓰고 있는 것들이 엄청 많아요."

한국의 바둑 AI 개발 전문가이자 프로기사인 김찬우 7단의 말이다. 사실 한국의 전설적인 기사인 서봉수 9단은 알파고가 등장하기 훨씬 전부터 같은 말을 했다. "바둑에 신이 있다면 그 신의 눈에는 승부수니 기세니 하는 애매모호한 말은 전부 가소로운 것들로 비칠 것"이라는 말이었다. "신의 눈에는 오로지 정수와 악수밖에 없"을 것이기에.[10]

소설 쓰는 법을 추상적인 비유들로 가르치려 드는 것은 내가 몸담은 문학계 역시 마찬가지다. 거장 작가들은 글쓰기에 대해 자신이 익힌 요령을 다른 사람에게 전하려 할 때 이런 언어를 사용했다.

"지옥으로 가는 길은 수많은 부사들로 뒤덮여 있다고 나는 믿는다."[11] 스티븐 킹

"구조적 반복이란, 스토리 안에서 유사한 사건들이 반복되어 일어나면서 서로 반향을 일으키는 현상이다."[12] 어슐러 K. 르귄

"바꿔 말하면, 그때의 에피퍼니의 감각에 어느 정도 내 나름대로 응할 수 있었다, 라는 얘기가 될지도 모르겠습니다."[13] 무라카미 하루키

'지옥'은 물론 비유지만, '부사' 역시 인공지능에게 가르치기 어려운 개념이다. 한국어의 접속부사가 과연 부사인가에 대해서는 한국어 연구자들 사이에서도 논쟁이 있다. 작곡과에서 예비 작곡가들에게 가르치는 음악 이론과 요령 역시 그런 추상적인 개념과 비유로 가득 차 있다.

그런데 가끔 부사가 뭔지, 화성이 뭔지 모르는 사람들이 멋진 소설을 쓰고 뛰어난 곡을 작곡하기도 한다. 멋진 소설을 쓰고 뛰어난 곡을 쓰는 데 분명 어떤 능력이 필요하기는 하지만, 그 능력 자체는 작법 이론, 음악 이론과 무관하다. 사실 작법 이론과 음악 이론이 미래의 창작에 도움을 주는 경우는 거의 없다. 그보다는 반대로 과거에 이미 일어난 창작 과정을 언어로 설명할 때 유용하다.

소설 쓰는 인공지능을 만들려는 개발자들도 부사에 대해서는 신경 쓰지 않을 것이다. 인공지능에게 '부사를 가급적 쓰지 말라'라는 규칙을 입력하지도 않을 것이다. 구조적 반복에 대해서도, 반향에 대해서도, 에피퍼니의 감각에 응한다는 개념에 대해서도 마찬가지일 것이다.

그보다는 알파고를 개발할 때와 마찬가지로, 인공지능이라는 블랙박스가 지켜야 할 규칙과 내야 할 결과물을 명확히 규정하는 편이 낫다. 그리고 인공지능이 시도를 거듭할 때마다 점점 성장해

서 더 나은 결과물을 낼 수 있도록 피드백 장치를 마련해야 한다.

소설이 지켜야 할 규칙이 뭘까? 떠오르는 명제가 너무 많고, 또 너무 모호해서 정리할 엄두가 안 난다. 그런데 의외로 그 규칙은 단순하게 정해도 될지 모른다. 예컨대 '글자로 구성돼야 한다' 같은 것. 아주 극단적인 실험소설을 제외하고는 많은 소설에 통하는 규칙이다.

목표는 어떻게 정해야 할까? 바둑의 경우에는 간명한 목표가 있었다. '이겨라'라는 것이었다. '감동적인 소설을 써라, 의미 있는 논픽션을 써라' 같은 목표를 인공지능에게 직접 입력하지는 못한다. '감동'이라든가 '의미' 같은 인간의 언어를 보다 구체적으로, 수량화할 수 있는 표현으로 바꿔 써야 한다. 아마 '소설'과 '논픽션'에 대해서도 비슷한 작업을 해야 할 것 같다.

감동, 의미, 소설, 논픽션을 엄밀하게 정의하기는 사실상 불가능하다. 그러나 상업적 성과를 낼 수 있게 대충 규정할 수는 있다. '소설이란 서점에서 분류한 소설 목록에 있는 글이다, 감동적인 소설이란 소설 분야 베스트셀러 순위에서 상위권에 있는 소설을 말한다' 하는 식으로. 전자책 뷰어와 스마트워치로 독자의 심박수를 측정해서 어떤 대목이 정서적 흥분을 불러일으키는지 세밀하게 파악할 수 있을지도 모른다.

1장에서 이야기했듯이, 인간 소설가들은 다른 작가들의 소설을 보고 소설 쓰는 법을 배운다. 사전에서 소설의 정의를 찾아보고 문학 비평서로 좋은 소설의 요건을 배운 뒤 소설을 쓰는 건 아니다. 그런 걸 보면 소설에는 패턴이 있으며, 인공지능이 그 패턴을 발견하지 말라는 법이 없다. 소설 전체의 패턴을 찾으라고 하지 말고 로맨스 소설이나 공포 소설의 패턴을 찾으라고 하면 더 빨리 찾을지도 모르겠다.

'많이 팔리는 소설을 써라'라는 명령은 간명한 목표가 된다. 베스트셀러 순위에 오른 책들을 분석하고, 패턴 인식 능력으로 거기서 공통점을 추출하여, 결과물을 내고, 그 결과물이 베스트셀러 순위의 어디쯤에 오르는지 피드백을 받을 수 있다. 피드백 과정이 바둑에 비해 느릴 것이다. 하지만 적어도 앞서 적은 과정에서 해야 할 일이 무엇인지 헷갈리는 대목은 없다.

인공지능과 인간이 협력하는 시스템

대중음악계는 이미 이런 단계에 들어섰다. 룩셈부르크에 본사가 있는 아이바 테크놀로지가 만든 작곡 인공지능 아이바(AIVA)는 프랑스와 룩셈부르크 음악저작권협회의 인정을 받은 최초의 가상 창작자다. 아이바는 음악을 만들어 판매하며, 그와 관련된 아이바의 권리는 적어도 프랑스와 룩셈부르크에서는 법적으로 보호받는다. 아이바가 작곡한 곡을 소니픽처스에서 영화 OST로 사용하기도 했다.[14]

어떤 물건을 만들어 시장에 내놓으면(음원을 유튜브에 올려놓는 일까지 포함해서) 소비자의 반응이라는 피드백을 얻는다. 판매량이나 조회수 같은 구체적인 수치로 그 피드백을 규정할 수 있다. 아이바 테크놀로지는 아이바의 음악이 더 좋은 반응(더 많은 판매량, 더 높은 조회수)을 얻기를 바랄 테고, 피드백 통해 도출한 개선 사항을 아이바에 반영한다(혹은 아이바더러 찾아내라고 한다). 아이바라는 프로그램 그 자체는 아니더라도 아이바와 아이바 테크놀로지의 인간 직원들을 포함한 'AI 활용 음원 생산 시스템'은 그렇게 학습하며 진화한다.

여기서 인공지능이 혼자 음악을 만드느냐, 인간의 도움을 받느냐 하는 것은 중요한 문제가 아니다. 즉, 인공지능이 이 전체 피드백 루프를 관장하지 않아도 된다. 이 루프 중 어떤 부분의 생산성을 극적으로 높이기만 하면 된다. AI 활용 음원 생산 시스템에서 인공지능이 활약하는 곳은 작곡과 편곡, 가창, 연주, 믹싱, 마케팅 기획 등이다. 대중음악 작곡의 경우 비전문가도 인공지능을 이용하면 몇 분 이내에 그럴싸한 곡을 한 곡 만들 수 있다. 인간 작곡가가 한 곡을 만드는 데 걸리는 시간은 평균 3일이다. 속도가 비교되지 않는다.[15]

AI 활용 음원 생산 시스템은 이미 대중음악 시장에서 활발히 활동하고 있으며, 그 존재 자체는 이제 뉴스거리가 되지 못한다. 일일이 사례를 들기 어려울 정도다. 형태는 다양하다. 인간 작곡가가 AI 작곡 엔진을 사용하는 경우도 있고, 이 AI 작곡 엔진을 'AI 작곡가'라고 부르거나 아예 이름과 용모를 부여해 가상 뮤지션, 가상 인플루언서로 활동시키기도 한다. 이런 생산 시스템은 한 음악기획사 안에 있을 수도 있고, AI 스타트업을 포함한 여러 기업 사이의 네트워크 형태로 존재하기도 한다.

2020년 한국에서는 유명 아이돌 가수 태연의 동생 하연이 인공지능이 작곡한 곡으로 데뷔했다. 인공지능이 작곡과 편곡을 먼저 한 뒤 인간 작곡가가 손을 보는 방식이었다.[16] 이 노래는 발표 하루 만에 대만 음원 순위 6위, 월드와이드 아이튠즈 최신곡 순위 103위를 기록했다.[17] 이 곡을 만든 인공지능은 나중에 '에이미 문'이라는 예명을 쓰는 버추얼 싱어송라이터로 직접 데뷔했다.[18]

인공지능이 만든 곡이 스포티파이에 얼마나 많이 올라와 있는지는 아무도 모른다. 최근 60년간 인간이 만든 곡보다 'AI 음원'이 더 많이 올라와 있을 거라고 말하는 이도 있다.[19] 스포티파이에서 제법 인기를 모은 뮤지션 중에서도 인공지능일 것이라는 의심을 받는 가수나 밴드가 있다.[20] 스포티파이는 AI 음원을 금지하지 않으며, 금지할 계획도 없다.

스포티파이에서는 2023년에 AI 기반 음악 제작 앱 부미(Boomy)로 만든 곡 일부를 삭제했는데, 그렇게 퇴출된 음원은 수만 개에 이를 것으로 추정된다. 인공지능이 만든 음악이라고 퇴출당한 게 아니었다. 스트리밍 수 조작이 의심됐기 때문이다. 참고로 부미 측은 "사용자들이 부미를 이용해 2019년 이후로 1440만 곡을 만들었으며, 이는 전 세계 녹음 음악의 13.78퍼센트"라고 주장한다.[21] 생성형 AI를 이용한 음악 시장 규모는 2022년 2억 2900만 달러(약 2900억 원)였고, 2032년에는 26억 6000만 달러(약 3조 3800억 원)가 될 거라고 시장조사업체들은 전망한다.[22]

뭐, 아직까지는 인공지능이 만든 음악은 인간이 만든 것에 비해 감성이라든가 예술적 완성도 같은 게 모자란다고들 한다. 인간의 위대함을 믿고 싶은 사람들은 그런 말에서 위안을 얻을지도 모르겠다. 하지만 기실 별 의미 없는 얘기다. 'AI 활용 음원 생산 시스템'은 인간의 감성과 완성도를 충분히 구현할 수 있다. 그 시스템 안에 인간이 있으니까. 인공지능에게 모자란 부분은 인간이 보충하면 되니까.

그런 의미에서 나는 초인공지능이나 강인공지능뿐 아니라 약인공지능도 사회에 어마어마한 영향을 미칠 거라고 본다. 사실 이 책이 이야기하는 바가 그것이다.

감성이나 예술적 완성도가 그렇게 중요하지 않은 영역에서 'AI 활용 음원 생산 시스템'은 인공지능 없이 일하는 인간 뮤지션을 곧 완전히 몰아낼 것 같다. 한국의 유통 대기업인 롯데그룹은 적극적으로 인공지능을 도입하고 있는데 그중 한 분야가 음악이다.

롯데마트는 매장에서 트는 배경음악을 인공지능으로 만들었는데 작곡, 작사, 가창을 모두 인공지능에게 맡겼다. 세 곡을 만드는 데 기획에서 제작까지 이틀이 걸렸고, 비용은 인간 뮤지션을 이용하던 기존 방식의 10분의 1밖에 들지 않았다.[23] 테마파크인 롯데월드 어드벤처도 공연에서 사용할 곡들을 AI 기업에 주문하고 있다.[24] 패스트푸드 체인인 롯데리아는 햄버거 제품을 주제로 음악을 만든다. 햄버거의 이미지와 색상에서 인공지능이 '영감'을 얻어 작곡한다. 그렇게 만든 곡을 유명 뮤지션에게 제공해 노래를 부르게 한다.[25]

AI 활용 음원 생산 시스템은 이제 막 등장했고, 앞으로 얼마나 빠른 속도로 어떻게 진화할지 모른다. 이 시스템에는 분명한 상업적 목표가 있고, 정확한 피드백을 받는다. 그에 따라 인간의 역할은 좀 더 정교해질 테다. 그리고 인공지능은… 지금도 충분히 위력적인 그 시스템에서 핵심적인 역할을 하는 인공지능은 틀림없이 더 발전한다. 바로 그 시스템에서 이익을 얻는 인간들이 더 많은 이익을 얻기 위해 인공지능에 투자할 테니까.

끝까지 인공지능, 혹은 AI 활용 음원 생산 시스템의 음악에는 그런 감성이 없다고 고집부리는 사람들이 있기는 할 거다. 하지만 블라인드 테스트에서(혹은 스포티파이에서) 충분히 많은 수의 사람이 '이 음악에는 뭔가가 있다'라고 인정하면 승부는 끝났다고 봐야 한다.

바로 그날, 우리는 인공지능(혹은 AI 활용 음원 생산 시스템)이 어떻게 감성과 예술적 완성도를 구현하는지 이해하지 못할 수도 있다. 인공지능으로 음악을 만들어 돈을 벌고자 하는 기업에는 그게 별문제가 되지 않을 거다. 그러나 나머지 사람들은 도대체 감성이나 예술적 완성도가 무슨 뜻인지 서로에게, 또 자기 자신에게 묻게 될 것이다. 그때 인간 창작자가 작곡 분야에서 여태까지 의지해 온 개념어와 비유는 교육적 의의 정도만 남게 된다. 취미로 작곡을 배우려는 사람에게는 얼마간 도움을 줄 수 있겠지만, 작곡으로 돈을 벌고자 하는 이들에게는 쓸모가 없어진다.

약인공지능의 충격은 어느 정도일까? 스마트폰이나 소셜미디어의 충격보다 클까? 당연히 그러리라 본다. 인터넷의 충격보다도 더 클까? 나는 그럴 거라고 본다.

스마트폰은 사람들이 시간을 보내는 방식과 인터넷에 연결되는 방식을, 소셜미디어는 사람들이 서로 소통하고 관계 맺는 방식을 바꿨다. 스마트폰으로 인해 어떤 사람이 온전히 혼자 있는 시간, 누군가와 연결되지 않는 시간이 거의 사라졌다(독자 여러분은 최근에 사색을 해본 경험이 있으신지?). 소셜미디어로 인해 한 사람이 수천수만 명에게 실시간으로 자기 소식을 알리고 대답을 들을 수 있게 됐다. 언론, 정치, 홍보, 마케팅, 사회운동, 누군가를 공격하고 망신 주는 방식, 사람들이 선호하는 메시지의 정보량과 속도가 바뀌었다.

인터넷은 온라인이라는 새로운 세계를 현실 세계에 추가했으며, 이제 사람들은 온라인과 오프라인이 뒤섞인 세상을 산다. 온라인에서는 공간 개념이 중요하지 않으며 정보가 이동하는 데 드는 비용이 0에 가깝다. 인터넷 이후 사람들은 공간 감각이 기묘해졌고 극도로 저렴한 정보 이동 비용을 활용한 비즈니스와 사회 활동들이 등장했다. 취향이나 성 정체성, 후천적 장애 등을 이유로 과거에는 서로를 발견하기 어려웠던 사람들이 쉽게 공동체를 건설할 수 있게 됐다. 그 공동체는 구체적인 장소라는 제약에서 완전히 벗어날 수도 있다.

약인공지능은 인간이 언어로 만들어 놓은 추상적 구조물들을 밑바닥에서부터 분해하고, 그 구조물의 어떤 부분을 언어로 설명하는 것을 무의미하게 만들 것 같다. 인간은 여러 분야에서 벌어지는 현상들을 이해하고 그 아래 있는 듯한 패턴을 파악하기 위해 개념어와 비유를 동원해 설명을 만들었다. 그 설명에 의존해 행동 규칙을 세웠고, 그에 따라 일한다. 예술 분야에서뿐만 아니다. 경영 이론, 경제 이론, 사회 이론, 정치 이론, 교육 이론 같은 것들이 다 거기에 해당한다.

구매 협상을 인공지능이 인간 구매 담당자보다 더 잘할 때, 인간 건축가가 설계한 주택단지보다 인공지능이 설계한 곳에서 소셜믹스가 더 잘 일어날 때, 아이들의 잠재력을 인공지능이 인간 상담교사보다 더 정확히 파악할 때, 신경증 환자에게 어울리는 약을 인간 정신과 의사보다 인공지능이 더 잘 처방할 때, 그런데 인공지능이 어떻게 그런 일을 하는지는 우리가 이해하지 못할 때, 무슨 일이 일어날까? 정치 시스템의 일부분을 블랙박스에게 아웃소싱한 사회에서도 민주주의는 잘 작동할까?

6 불변의 법칙과 변질되는 개념들

① 인공지능 이후 기풍이 사라졌다. 매우 아쉬운 일이다.

② 인공지능 이후 기풍이 사라졌다. 그런데 그리 아쉬운 일은 아니다.

이런 의견 차이는 '좋은 바둑이란 무엇인가, 바둑의 목표는 무엇인가' 하는 질문에 대해 근본적으로 견해가 다른 데에서 나온다. 좋은 바둑은 이기는 바둑이며, 바둑의 목표는 승리라고 믿는 사람들은 ②번 의견으로 대답한다. ①번 의견을 지지하는 이들은 좋은 바둑과 이기는 바둑은 다르며, 바둑의 목표는 단순히 승리하는 것 이상이라고 본다.

좋은 바둑과 이기는 바둑이 다르다고 생각한 고수들이 꽤 많기는 했다. 이창호 9단의 바둑에 대해 "마음을 움직이는 감동이 적다"라고 비판한 후지사와 슈코 9단, "승부는 바둑으로 보여줄 수 있는 세계의 아주 작은 부분일 뿐"이라고 쓴 이창호 9단이 거기에 해당한다.

김효정 3단은 '이기는 바둑과 좋은 바둑은 아주 다르다'라고 말했다. 그녀는 바둑은 좋아하지만 승부를 좋아하지는 않는다고 말했다.

"저는 승패에 집착하는 것보다 그 과정이 더 중요하다고 생각했어요. 그래서 바둑에 매료되었고요. '저 사람은 이기니까, 세니까, 1등이니까 무조건 좋아' 그러지는 않았어요. 물론 잘 두고 싶었고, 프로가 되고 싶었고, 1인자가 되고 싶었지만요. 예를 들어 이창호 9단은 이기는 바둑을 뒀어요. 재미는 없었죠. 유창혁 사범님은 질 때도 되게 화려하게 졌어요. 그러면 저는 유창혁 사범님의 바둑이 더 재미있는 거예요. 사실 바둑에서는 어쩔 수 없이 이기고 지는 게 있는데 저는 그 승부가 힘들었어요. 그래서 프로기사가 되기는 했지만 잘 맞지는 않았던 거 같아요."

좋은 바둑과 이기는 바둑은 다르다고 말하는 프로기사들에게는 큰 약점이 있다. 좋은 바둑이 뭔지 구체적으로 대답하지 못한다는 것이다. 항상 막연하게, 경험에 기대어 설명할 수밖에 없다.

"예전에는 대국 전 인터뷰를 하면 기사들이 항상 하는 말이 있었어요. '좋은 기록을 남기도록 노력하겠습니다'였죠. 프로기사들에게는 승부를 떠나 정말 좋은 내용의 대국을 하겠다는 목표가 다들 좀 있는 거 같아요. 스스로 정말 좋은 바둑을 뒀다는 생각이 들면 져도 조금 덜 슬프고요. 이겼어도 '정수'대로 이기지 않으면 본인이 계속 좋은 수를 둬서 이긴 것보다는 느낌이 조금 못한 것 같아요."

이하진 4단의 말이다. 한국기원 바둑용어 사전은 정수(正手)를 "그 장면에서 가장 기리(棋理)에 맞는 최선의 수. 속임수나 무리수가 아닌 정당한 법수(法手)"라고 모호하게 풀이한다. 정수를 설명하기 위해 기리[바둑의 원리, 또는 그 이치]나 법수[바둑의 정도에 맞는 수] 같은 개념을 동원하지만 결국 동어반복이 되고 만다.

하지만 막연하다고 해서 존재하지 않는 것은 아니다. 좋은 삶, 좋은 부모, 좋은 언론, 좋은 공동체 같은 개념도 명확히 정의하기는 어렵지만 분명히 존재한다. 내가 좋은 삶, 좋은 사회의 존재를 믿듯이 좋은 바둑을 말하는 기사들도 좋은 바둑의 실재를 믿었다. 오정아 5단은 이렇게 말했다.

"바둑 동호인들에게 좋은 바둑을 보여드리는 게 프로기사의 존재 이유라고 생각했죠. '동호인들은 그런 바둑을 보면서 즐거움을 느낀다, 내가 좋은 바둑을 보여드릴 수 있다' 그렇게 생각하며 자부심을 느낄 수 있었죠."

박정상 9단은 이렇게 말했다.

"이겼지만 내용이 만족스럽지 않아서 마음이 약간 무거울 때도 있고, 또 반대로 졌지만 홀가분할 때도 있어요. '상대랑 정말 제대로 부딪쳐서 제대로 된 승부를 했다, 잘된 작품을 만들었다' 하는 느낌이죠. 저희도 한 판의 대국을 볼 때 어쨌든 승패를 가장 먼저 받아들이죠. 그런데 시간이 지나고 나서도 빛나는 대국들이 분명히 존재하긴 하거든요. 1800년대 대국 중에서도 있고, 제가 좋아하는 일본의 사카타 에이오 9단이 1960년대에 둔 대국 중에서도 지금 저한테 떠오르는 명국이 몇 국 있고요."

다른 스포츠에서 말하는 명승부와 바둑에서 말하는 명국은 다른 것 같다고 박 9단은 설명했다.

"한 판의 바둑 내용이 만들어지고, 그걸 누군가가 기보로 접하고, 그걸 봤을 때 물론 승패로 받아들이기는 하지만 그 작품 자체가 주는 즐거움이 있거든요. 그런 면에서 바둑이 예술일 수 있겠다는 생각은 들어요."

양재호 9단은 '기술이 아니라 철학이 중요하다'라고 한 후지사와 슈코 9단의 주장에 공감한다고 했다.

"피아노 연주를 해도 피아니스트마다 느낌이 다르고 소설을 써도 작가마다 다 다르죠. 저는 기사들이 가진 재주와 능력에, 살아온 환경과 생각의 차이가 바둑에 다 녹아든다고 봐요. 제가 바둑을 두면 저만의 바둑을 둬요. 다른 기사들의 바둑과 똑같지 않아요. 팬들이 그런 걸 보면서 박수를 치고 즐기는 거죠."

목진석 9단은 이렇게 말했다.

"20대 후반부터 기사로서의 목표가 뭐냐는 질문을 받았어요. 기본적으로 프로기사니까 좋은 성적을 내고 싶고 높은 곳까지 가는 게 목표겠죠. 그런데 저는 언젠가부터 제 목표는 사람의 마음을 움직이는 바둑을 두는 것이라고 대답했어요. 지금도 그 생각에는 변함이 없어요. AI한테는 실력이 발끝에도 미치지 못하고 이제 저보다 강한 기사들도 많죠. 그래도 제 바둑을 보는 분들이 '이 사람은 뭔가 자기만의 생각을 갖고 바둑을 두는구나, 자기만의 작품을 만들어 나가는구나' 하고 생각해 주시길 바랍니다. 보는 사람의 마음을 움직이는 바둑을 두고 싶다는 생각은 앞으로도 변하지 않을 거 같아요."

예술과 스포츠 사이에서

'좋은 바둑과 이기는 바둑은 다르다'라는 생각은 '바둑은 단순히 승부를 겨루는 게임이 아니라 일종의 예술'이라는 생각으로 이어진다. 그런 시각은 특히 일본 바둑계에서 강했는데, 박정상 9단이 좋아한다고 한 사카다 에이오 9단은 '우리 예술가들은…'이라며 연설을 시작할 정도였다. 아이러니하게도 2000년대 이후 세계대회에서 일본 기사들이 이렇다 할 성적을 내지 못한 것은 '예술성'에 지나치게 집착한 일본 바둑계의 분위기 때문이라는 분석이 많다.

일본과 달리 정작 바둑의 발상지인 중국에서는 바둑이 오락이라는 인식이 상대적으로 강했다. 문화대혁명 기간에는 부르주아의 소일거리라는 비판 속에 기사들이 탄압을 받기도 했다. 그러나 '금기서화(琴棋書畵)'라는 사자성어에서 알 수 있듯 바둑은 중국에서도 고대부터 거문고, 붓글씨, 그림과 함께 지식인 계급의 고상한 취미나 딜레탕티슴의 대상 정도로는 인정받았다. 현대 중국 바둑의 개척자로 불리는 천주더 9단도 자서전에서 "진정 탁월한 기사는 누구나 자신의 독창적인 점을 가지며, 필연적으로 그의 바둑엔 그런 예술미가 드러나게 된다"라고 썼다.[1] 천 9단 역시 사카다 에이오의 바둑에 '예술미'가 있다고 평가했다.

일본은 1980년대 초까지 세계 바둑의 중심지였고, 한국이 공산주의 중국과 수교한 것은 1992년의 일이었다. 당연히 한국 바둑계는 일본 바둑 문화의 영향을 많이 받았다. 1956년부터 한국 최초의 정식 바둑대회인 국수전을 주최한 동아일보사는 1974년 이 대회의 성과를 자평하면서 "바둑을 즐기는 팬들에게는 건전한 레

크리에이션으로 전문기사들에게는 창조예술로서 발전할 수 있도록 장려 육성"했다고 썼다.[2] 한국기원을 담당하는 정부 부처도 문공부 공연과 혹은 문화과였으며, 한국 바둑계는 바둑이 문화예술진흥법으로 지원하는 대상이 되기를 바랐다.[3]

프로기사들뿐 아니라 바둑 애호가들도 바둑을 예술이라고 평가했다. 한국의 언론인이자 정치인이었던 유광렬은 바둑을 "영원으로 통하는 예술"이라고,[4] 홍진기 중앙일보 회장은 "반상에 그리는 예술"이라고 말했다.[5] 수필가이고 서예가였던 민병산은 「바둑은 예술」이라는 제목의 글에서 바둑을 붓글씨와 수묵화에 비유했다. 빈 바둑판에 흑돌과 백돌을 둬서 한 판의 바둑이 작품이 된다는 주장이었다.[6]

한국 정부에서는 1994년 공식적으로 바둑을 예술로 인정한다. 바둑 세계대회를 국제음악콩쿠르나 국제발레콩쿠르처럼 국제예술경연대회로 보고, 주요 세계대회 우승자나 준우승자에게 병역 혜택을 주기로 한 것이다. 다만 뒤에서 다루겠지만 여기에는 복잡한 사연이 있었고, 2025년 현재 한국에서 바둑은 예술이 아니라 스포츠로 분류된다.

어쨌든 1994년 당시 한국 바둑계는 정부의 결정에 큰 의미를 부여했다.《월간바둑》1995년 2월 호는 이 뉴스를 이렇게 해설했다.

> 바둑은 그 기원설에서도 알 수 있듯이 원래 지혜와 교양을 기르는 교육수단으로, 또는 천체를 관찰하는 도구로서 창출되어 전통문화로 이어 오다가 근래에 이르러서는 바둑의 창의성과 독창성을 토대로 바둑이 단순한 게임이나 오락이 아닌 진정한 예술의

한 분야로 인식되고 있다. (…) 물론 바둑에 있어 승부를 지향하는 스포츠적 특성도 배제할 수는 없겠지만 대국자의 개성을 나타내는 '기풍'이나 바둑을 매개로 하여 자신의 정신세계를 형상화한 '기보'의 가치를 따져볼 때 바둑의 예술로서의 자리매김은 당연한 귀결이며 바둑 유망주에게 주어지게 될 '공익근무요원 혜택'은 국위 선양과 한국 바둑의 발전을 위한 좋은 촉매제가 될 것이다.[7]

이런 주장은 2010년대까지도 이어졌다. 이홍렬 바둑전문기자는 2014년 「바둑은 예술인가」라는 칼럼에서 "바둑이 예술이냐 스포츠냐에 대한 정체성 혼란은 국내만의 현상이 아니다"라고 하면서도 "예술의 제일 조건이 아름다움의 구현이라면 바둑도 충분한 자격을 가지고 있다는 생각"이라고 결론 내린다.[8]

알파고가 등장하기 전까지는 이런 말들이 그렇게 어색하게 들리지 않았다.

반대로 '이기는 바둑이 바로 좋은 바둑'이라는 주장을 펼치는 이들은 '좋은 바둑은 무엇인가'라는 질문에 구체적으로 답할 수 있다. 그러나 그들 역시 부담을 져야 한다. '바둑에는 철학이 있다, 바둑은 단순한 게임이 아니라 예술이다, 이기는 바둑과 다른 좋은 바둑이 있다'라는 바둑계의 오랜 믿음에 맞서야 한다.

명지대 바둑학과의 남치형 교수가 그런 사람 중 한 명이다. 학업과 바둑 공부를 병행한 그녀는 서울대 영문과를 졸업했고 영문 바둑용어 사전을 출간하고 국제바둑학회를 창립하는 등 바둑 세계화에 힘썼다. 15세였던 1990년 입단했고 2020년 프로기사직을 은퇴한 남 교수는 이렇게 말했다.

"승부에서는 졌지만 과정이 아름다울 수도 있고 철학이 있을 수도 있겠죠. 하지만 바둑에서 궁극적 가치가 그런 걸 보여주는 건 아니라고 생각해요. 바둑이 추구하는 최종 목표는 어쨌든 상대에게 반집 차이로라도 이기는 것이고, 이길 수 있는 수를 찾아내는 과정이 아름다운 거예요. 이길 수 있는 수가 있는데 갑자기 철학을 하겠다면서 다른 짓을 하는 건 바둑이 아니라고 봅니다. 철학을 가지고 이기면 정말 아름답겠지만 졌을 때 철학을 핑계로 대는 건 전혀 아름답지 않아요."

바둑에 철학이 있다고 믿을 때 바둑인으로서 더 자부심을 가질 수 있지 않을까? 남 교수는 '그런 믿음이 없었다'라고 잘라 말했다.

"그런 게 있다고 주장했던 과거 모습이 더 '손발 오그라드는' 일이었다고 생각해요. '나는 이렇게 가치 있는 존재야' 하고 계속 얘기해야 하는 상태라면 이미 자존감이 없는 거죠. 그렇게 치면 축구든 수영이든 피겨스케이팅이든 어떤 분야에서건 철학과 통찰은 이야기할 수 있을 거라고 저는 생각해요."

유창혁 9단도 비슷한 생각이다.

"바둑에 예술적인 부분도 있고 게임적인 부분도 있지만 무엇보다 중요한 건 승부죠. 우리가 어떤 작품을 발표하고 누구한테 보여주는 게 아니잖아요. 승부를 통해 보여주는 거죠. 예술적으로 화려하게 마무리한다 해도 승부에서 지고 패자가 되면 그 작품에는 아무도 관심이 없어요. 그런 걸 예술이라고 얘기하기는 힘들죠. 승부에서 이기고 높은 경지에 올라가는 과정에서 예술적으로 보이는 부분이 있는 거지, 그 전체를 예술이라고 하는 얘기는 좀 안 맞는 거 같아요. '내가 생각하는 모양 안에서 이길 수 있는 길을 찾겠다' 하는 자존심 같은 게 있는 사람은 있는데 그게 예술과 같은 건지는 모르겠어요. 저도 젊었을 때 그런 경우가 몇 번 있었는데 그거 다 질 뻔했죠."

유창혁 9단은 "지금까지 많은 프로기사와 승부를 해봤지만 불리함을 감수하더라도 어떤 형태를 추구하겠다는 분은 본 적이 없습니다"라고 단언했다.

"주변에서 그렇게 평가를 해주는 것뿐이지, 당사자는 져도 좋다고 생각하지 않아요. 다들 승부사들이고 지면 괴로워해요. 일본 기사들과도 바둑을 많이 뒀고 친분도 있는데 일본에서는 아주 유명한 문학 작가들이 바둑 관전기를 쓰거든요. 저도 어렸을 때 그런 글들을 읽고 그런 문화를 동경하고 존경도 했죠. 그런데 막상 어울려 보니까 작가들이 만든 얘기가 많은 거 같습니다."

바둑을 이기려고 프로기사들은 저마다의 방법을 추구한다. 그 과정에서 너무 안전하게 이기는 바둑을 보는 사람은 '재미없다, 예술적 요소가 없다' 하고 평가할 수 있다. 반대로 자신의 뜻을 펼쳐가면서 화려하게 두는 바둑을 보고 멋있다며 좋아할 수도 있다. 남들이 생각하지 못한 수를 보면 감탄하고 좀 예술적이라고 느낄 수 있다. 기사마다 생각도 다르고 고집도 있으니까 자연스럽게 바둑 스타일도 나온다. 바둑의 예술성이라는 건 그 정도 이야기라는 게 유창혁 9단의 견해였다. 우리는 인간 예술가와 완전히 무관한 풍경을 보면서도 '예술이네'라고 말하며 감탄한다. 하지만 그 풍경 자체를 예술작품이라고 진지하게 여기면 곤란하다.

유 9단은 '지더라도 예술적인 바둑을 두겠다는 사람은 없고, 그런 사람이 있다 해도 프로기사는 될 수 없다'라고 잘라 말했다.

김지석 9단도 같은 의견이었다.

"저는 프로거든요. 다른 분들은 어떤 생각으로 바둑을 두는지 모르겠는데 저는 이기려고 둬요. 어떤 수를 둘 때는 남들에게는 어떻게 보일지 몰라도 저는 제 실력과 상황에서 이길 가능성이 가장 높은 수라서 두는 거예요. 저는 바둑을 예술이라고 생각한 적은 없어요."

그러면 바둑이 뭐라고 생각하느냐는 질문에 김지석 9단은 "그냥 아주 좋은 게임이라고 생각해요"라고 대답했다.

이희성 9단은 "바둑이 아름다운 건지 잘 모르겠어요"라고 말했다.

"저는 승부에 있어서는 예민한 편이라서 '졌지만 잘 싸웠다'라는 말은 안 하긴 해요. '아름다운 바둑'이라는 표현을 자주 하시는 분도 계시죠. 저는 해설을 많이 하지만 그런 표현을 안 써요. 최선을 다한 바둑은 다 아름답다고 생각해요. 바둑 한 판이 아름답다고 하면 다른 바둑도 다 아름답다고 생각하고, 아름답지 않은 바둑이 있다면 어떤 바둑이 아름답지 않은 건지 모르겠어요. 저는 바둑을 예술이라고 생각한 적은 없고, 그냥 바둑이 좋아서 시작했던 거예요. 생각해 봐도 바둑이 예술 쪽은 아닌 것 같아요. 스포츠라고 하는 쪽이 더 맞는 것 같아요. 몸을 쓰지 않는 스포츠. 기술이나 게임으로 봐도 이상하지 않다고 생각해요."

"저는 바둑을 예술로 배웠는데 인공지능이 나오면서 사실 이게 예술이라고 말을 할 수 있을까 의문이 든다. 일종의 게임이 된 거 같다. 그런 점이 굉장히 아쉽다."

"어린 시절, 바둑은 예술과 같은 것으로 배웠다. 바둑은 둘이 만드는 하나의 작품이라고 생각하는데 이게(인공지능과의 대결이) 무슨 작품이 되겠나. 내가 배웠던 예술 그 자체가 무너져 버렸다. '더 이상은 하기 쉽지 않겠구나'라는 생각이 들었다."

1장에서 이미 봤던 이세돌 9단의 은퇴 사유다. 이세돌 9단이 말한 것처럼 바둑의 예술성은 인공지능으로 인해 훼손됐을까? 인공지능이 인간 활동의 예술성을 어떻게 훼손할 수 있을까? 프로 기사들과 바둑 전문가들의 의견을 들어보기 전에 먼저 알아둬야 할 사실이 있다. 바둑계는 저 도발적인 질문을 상대적으로 더 예습했던 분야라는 점이다.

내가 몸담은 문학계를 예로 들겠다. 전업 소설가 중에서 문학이 예술이 아니라고 주장하는 사람을 나는 단 한 명도 본 적이 없다. 다들 문학이 뭔지, 예술이 뭔지 제대로 설명하지도 못하면서 문학은 예술이라고 굳게 믿는다. 간혹 자기가 쓴 글은 예술이 아니며 오락거리라거나 돈벌이라고 말하는 작가가 있기는 하다. 그러나 문학 전체가 그렇다고 말하는 작가는 없다. 그리고 저런 발언을 하는 작가의 태도에는 늘 자기비하나 위악이 섞여 있다.

인공지능은 소설, 적어도 소설 집필 행위의 예술성을 잠재적으로 위협한다. 많은 독자의 마음을 움직이는 명작을 인공지능이 써내면 인간 소설가들은 타격을 입는다. 그런 사건이 벌어지면 인간 소설가들은 미처 생각지 못했던 수많은 질문을 마주해야 할 것이다. 알고리듬으로 쓴 소설도 예술인가? 소설을 쓴다는 것은 무슨 의미인가? 느리고 비효율적인 인간 소설가는 왜 소설을 써야 하는가? 혹은 인간 소설가는 인공지능 이후 어떤 소설을 써야 하는가?

"바둑을 어떤 식으로 놓는다는 것은 세상을 어떤 식으로 살아가겠다는 나만의 선언"이라는 조훈현 9단의 말은 비유로 가득한 문장이었다. '바둑을 어떻게 두느냐=세상을 어떻게 살아가느냐'라는 주장은 검증 가능하지 않았다. 그래도 우리는 그 말을 바둑의 최고 권위자가 했기 때문에 그러려니 하고 받아들였다. 그 권위자의 삶이 온통 바둑으로 이뤄져 있기 때문에 신뢰할 수 있는 말처럼 들렸다. 지난달에 바둑을 배우기 시작한 하수가 저런 말을 하면 예나 지금이나 웃음거리가 될 뿐이다.

이제 인공지능이 바둑을 어떤 인간보다 잘 두기 때문에, '바둑을 어떻게 두느냐=세상을 어떤 식으로 살아가느냐'라는 비유가 근본적으로 부적절하게 들린다. 실제로 많은 프로기사가 각자 세상을 어떤 식으로 살아가고 싶은지와 관계없이 AI 포석대로 초반을 둔다. 문학계에서는 그런 일이 벌어지지 않을까? 인공지능이 인간보다 뛰어난 작품을 써낸 다음에는 문학의 가치나 필요에 대해 인간 소설가가 하는 이런저런 비유들은 다 농담처럼 들리지 않을까? 인공지능이 마음을 울리는 문장을 제안할 때 인간 소설가들이 그걸 받아들이지 않을 수 있을까? 인간 소설가가 그렇게 인공지능과 협업할 때, 혹은 편집자를 통해 인공지능의 의견을 받아들일 때 소설이 온전히 개인적인 것일 수 있을까?

그럭저럭 읽을 만한 소설을 써내는 인공지능이 하루에 단행본을 288편씩, 1년에 10만 5120편을 써내는 시나리오라도 마찬가지다. 이런 상황이 오면 뭐가 어떻게 바뀔지 솔직히 상상하기 어렵지만, 이를테면 '개인 맞춤형 소설' 같은 것도 가능해질 것 같다. 인공지능이 특정 독자의 독서 취향을 분석해 그에 맞게 변형한 『폭풍의 언덕』을 전자책 리더기에 넣어줄 수도 있다. 수천수만 가지 버전의 『폭풍의 언덕』이 나올 수 있다. 히스클리프와 캐서린이 결혼에 성공하는 해피엔딩 버전, 지루한 부분들이 생략되고 공포 분위기가 강조된 서스펜스 버전, 히스클리프가 여성인 레즈비언 버전, 현대인 기준으로 끔찍한 장면들이 순화된 청소년 버전, 워크(woke)를 위한 정치적으로 올바른 버전⋯. 이런 『폭풍의 언덕』을 읽는 것은 어떤 의미일까? 독서라는 행위는 어떻게 변질될까? 어떤 버전을 선택하느냐 역시 독자의 권리일까?

문학계는 이런 질문을 스스로 진지하게 던져본 적이 없다. 자신들의 활동이 예술이 아닐 거라는 의심을 한 적이 없기 때문이다. 그런데 바둑계는, 특히 예술성을 강조한 일본 바둑과 실전성을 중시한 중국 바둑 사이에 있었던 한국 바둑계는 1990년대부터 이 질문을 제대로 논의했다. 알파고가 등장하기 전에, 두 번이나. 사실 한국 바둑계는 자신들의 활동이 예술이 아니라 스포츠라고 결론 내렸다. 그럼에도 불구하고 알파고 충격은 감당하기 힘들었다.

바둑이 예술이라면

"바둑계에서는 최근 바둑의 성격을 놓고 일대 논쟁이 벌어지고 있다. 이 논쟁의 핵심은 바둑이 어느 범주에 포함될 수 있느냐 하는 것인데 혹자는 예술로, 혹자는 스포츠로, 혹자는 바둑은 그냥 바둑일 뿐이라는 의견을 보이고 있다."[9]

1994년 5월 14일 자 《연합뉴스》 기사의 첫 문단이다. 다음 문장은 이렇다. "당초 이같은 논쟁의 발단은 이창호 6단(19)의 군 입대 문제에서 비롯됐다."

이창호 9단(1994년 5월에는 6단이었던)은 바둑 역사에서 가장 위대한 기사를 꼽을 때 첫 번째 혹은 두 번째로 꼽히는 인물이다. 바둑 역사에서 가장 위대한 기사 두 사람을 꼽으라고 하면 대개 1975년생인 이창호 9단과 1914년생으로 중국에서 태어나 일본에서 활동했던 우칭위안 9단을 꼽는다. 두 사람은 단순히 실력이 뛰어나서 우승을 많이 차지했던 기사가 아니라 바둑을 두는 방식, 바둑을 이해하는 패러다임을 바꿔놓은 기사라는 평가를 받는다. 2017년 《월간바둑》에서 창간 50주년을 맞아 바둑 국가대표와 전문가 50명에게 '역대 최고의 기사'를 질문한 설문조사에서도 1위는 이창호, 2위는 우칭위안이 차지했다.[10]

한국 전문가들이 응답한 결과라 이창호 9단이 더 많은 표를 받은 것 아니냐 할 수도 있지만 이 9단은 한국보다 중국에서 인기가 더 높다(물론 한국에서도 어마어마한 인기를 누렸지만). 시진핑 중국 주석이 2014년 방한했을 때 한국 정부에서 환영 만찬에 초대한 사람도 이창호 9단이었다. 시 주석은 이 9단을 보고 반가워하며 악수를 청했다. 당시 시 주석은 한국의 박근혜 대통령에게 "오늘 손님 중 다른 사람들은 잘 모르겠는데 한 사람은 잘 안다"라며 "중국 유수의 기사도 이창호 9단은 이겨본 적이 거의 없다"라고 말했다.[11]

열한 살이었던 1986년 프로기사가 된 이창호는 최연소 기사로 활약했고 1988년에는 한국 프로기사 중 최고승률, 최다승, 최다대국, 최다연승 등 네 개 부문에서 1위를 차지했다.[12] 1989년 한국 대회인 KBS 바둑왕전에서 처음으로 우승했으며, 1990년에는 세 개, 1991년에는 여섯 개 한국 대회에서 우승했다. 1992년에는 동양증권배에서 우승해 최연소 세계 챔피언이 됐고, 이후 이세돌 9단이 1인자 자리에 오르기 전까지 10년 이상 전성기를 누렸다. 그 기간 이창호는 전무후무한 기록을 남긴 압도적 최강자였다. '바둑의 신'으로 일컬어졌으며, 언론 인터뷰에서 농담처럼 자신은 외계인이 아니라고 해명해야 할 정도였다.[13]

1994년이 되자 한국 바둑계는 이창호의 군 입대를 걱정하게 되었다. 징병제 국가인 한국에서 1990년대 중반 육군 사병의 복무기간은 26개월이었고, 병영 문화는 억압적이고 폭력적이기로 악명 높았다. 이창호는 사교성이 좋은 편도 아니었다. 한 세기에 나올까 말까 한 천재 기사가 군 복무 때문에 바둑을 중단해서는 안 된다는 국민적 공감대가 형성됐다. 그해 7월 여야를 가리지 않고 100명이 넘는 국회의원이 이창호에 대한 병역특례가 필요하다는 내용의 의견서를 대통령실, 국방부, 병무청, 문화체육부에 보냈다.[14] 이들은 '이창호 기사 후원 의원 모임'도 결성했다.

한국은 1990년대에도 예술계와 체육계의 극소수 영재에게는 병역특례를 인정하고 있었다. 국제예술경연대회에서 2위 이상의 성적을 올리거나 국내예술경연대회 1위를 차지한 젊은 남성은 '예술요원'이라는 이름으로 예술 활동을 하던 대로 계속하는 것으로 군 복무를 대신할 수 있었다. 올림픽에서 3위 이상의 성적을 내거나, 아시안게임에서 1위를 차지한 젊은 남성은 '체육요원'이라는 이름으로 같은 기회를 얻었다. 이창호, 그리고 앞으로 나올 바둑 영재에게도 이런 특혜를 주자! 그런데 이창호는 예술요원이 되어야 할까, 체육요원이 되어야 할까? 바둑은 예술일까, 체육일까? 한국 바둑계에서 1990년대 중반의 바둑 성격 논쟁은 이렇게 벌어졌다.

아주 심도 있는 예술론이 오갔다고 말하기는 어렵다. 예술의 정의를 내리는 것은 미학자나 철학자에게도 쉬운 일이 아니며 바둑계 인사들이 인문학자도 아니었다. 예술의 정의도 스포츠의 정의도 모호한데 바둑은 양쪽 모두에 썩 잘 들어맞는 것 같지 않았다.
한국 바둑계의 의견은 크게 세 가지였다.
첫째, 바둑이 예술이라는 견해. 1994년 5월 《연합뉴스》 기사에는 이런 문구들이 나온다. "동양 정신의 총체적 정화", "어찌 보면 기보라는 것이 예술작품으로 분류될 수도 있다", "실제 낭만적 기풍을 가진 기사들은 흑백 돌의 어울림에 상당히 신경 쓰면서 모양이 좋지 않거나 궁색하게 보이면 실리를 포기하는 경향이 강하다", "예술의 포괄범위가 갈수록 확대되고 있는 점을 감안하면", "기도(棋道)라는, 웅숭깊은 그 무엇을 찾아보겠다는 것이 기사들의 한결같은 소망"….[15]

둘째, 바둑은 스포츠라는 견해. 무엇보다 바둑에는 승부가 있다. '아름다운 바둑'을 말하는 기사도 있긴 하지만 승부욕을 드러내는 기사는 그보다 훨씬 더 많지 않은가? 어느 예술 분야에서 예술가의 업적을 승수나 랭킹, 벌어들인 상금 액수로 정하나? 그런 걸 중시하는 곳은 스포츠 분야 아닌가? 중국은 당시 이미 바둑을 스포츠로 분류해 중국기원이 중국국가체육총국 소속이었다.

셋째, 바둑은 예술도 스포츠도 아니라는 견해. 따지고 보면 어느 정도 미학적 요소가 있다고 해서 반드시 예술인 것도 아니고, 경쟁적 요소가 얼마간 있다고 해서 꼭 스포츠인 것도 아니다. 미학적 요소와 경쟁적 요소를 다 갖췄지만 예술도 스포츠도 아닌 활동이 훨씬 더 많다. 언론 보도에는 미학적 요소와 경쟁적 요소가 다 있지만 예술도 스포츠도 아니며, 아무도 저널리스트를 예술가나 스포츠 선수로 보지 않는다. 언론은 언론이며, 저널리스트는 저널리즘이라는 기준으로 평가받는다.

사실 현대 예술과 스포츠 중 적지 않은 작품이나 종목이 일반인 기준에서는 예술이나 스포츠의 익숙한 정의에 들어맞지 않는다. 마르셀 뒤샹은 평범한 남성용 소변기에 서명을 해서 미술관에 가져갔고, 피에로 만초니는 자신의 대변을 통조림에 담거나 입김을 풍선에 불어 넣고 거기에 〈예술가의 똥〉, 〈예술가의 숨결〉 같은 제목을 붙였다. 피겨스케이팅은 무용과 흡사하고 '예술점수'를 따로 매기기까지 하는데 스포츠이고, 국제음악콩쿠르는 순위를 정하는 승부인데도 예술 행사로 분류된다. 사격은 사용하는 근육이 많지 않지만 1회 올림픽 때부터 정식 종목이었다. 예술은 개인적인 것, 계획되는 것이라는 통념도 있지만, 재즈처럼 여러 연주자가 함께 즉흥연주를 하는 장르도 있고, 배우들이 공동창작을 하는 연극도 있다.

성격은 어느 정도는 규정하기 나름이다. 요리는 예술이 될 수도 있고 스포츠가 될 수도 있을 것이다. 자신을 예술가로 여기는 셰프가 새로 내놓은 '신작'을 그의 레스토랑에 가서 '감상'하고 요리평론가의 글을 읽으며 자신의 평가와 비교해 볼 수도 있을 것이다. 동시에 스포츠 요리라는 종목이 생겨 리그가 결정되고 대회가 TV로 중계될 수도 있을 것이다. 그런 요리의 예술화, 그리고 스포츠화는 꼭 모든 요리사의 합의를 거치지 않아도 된다. 요리가 예술이 되건 스포츠가 되건, 원래 하던 대로 요리를 하겠다는 요리사도 많을 것이다.

그러나 프로기사들은 요리사들에 비하면 활동 반경이 훨씬 좁고 무대도 한정된다. 혼자 할 수도 없는 일이다. 1990년대 중반 한국 바둑계는 이창호의 군 입대를 앞두고 결론을 내야 했다. 당시의 결정은 바둑이 예술이라는 것이었다.

바둑이 예술이라면 무슨 예술일까? 바둑판에 놓인 돌들의 기하학적인 패턴에서 아름다움을 느낄 수 있는 시각예술일까, 추상화처럼? 두 사람의 기사가 대국에 임하는 자세, 대국 과정에서 보여준 표정이나 행동, 대국을 마치고 복기하는 과정까지 포함한 행위예술일까, 사교춤처럼? 기보는 프로기사의 정신이 담긴 창작물인 걸까, 아니면 야구 기록지처럼 승부의 단순한 부산물인 걸까?

이 논의는 얼핏 생각하는 것보다 큰 함의를 지닌다. 만약 바둑이 예술이며 돌이 놓인 형태가 바로 예술작품이라면 바둑 AI 프로그램은 대단히 뛰어난 예술가라는 뜻이다. 범용 인공지능은 모든 인간 예술가를 압도하는 뛰어난 예술가가 될 수 있으며, 그때 인간 예술가는 인공지능에게 예술을 배워야 한다.

바둑이 예술이지만 돌이 놓인 형태 그 자체는 작품이 아니라면 바둑 AI 프로그램은 예술가가 아니다. 그렇다면 예술의 영토가 아직 기계에 침범당하지 않았다는 위안을 얻을 수는 있겠지만

'무엇이 예술인가, 바둑의 어느 부분이 예술인가' 하는 질문은 여전히 남는다. 거기에 어떻게 답하느냐에 따라서 예술가가 되고자, 혹은 예술가로 남고자 하는 사람들이 중시하는 가치가 달라질 수도 있다.

바둑인들의 답변은 한 점으로 모이지 않는다. 어떤 이들은 대국 내용이 예술이라고 본다.

"정확히는 기보보다는 바둑 내용에 예술성이 있다고 표현하고 싶은데 그 내용을 써낸 게 기보니까요. 한 판의 바둑 내용이 만들어지고 그걸 누군가가 기보로 접해서 보면 그 '작품' 자체가 주는 즐거움이 있거든요. 그런 면에서 예술일 수 있겠다는 생각이 드네요." 박정상 9단

"어떤 창작자가 고뇌를 많이 했다고 해서 그 사람의 창작물에 예술성이 높다고 하지는 않잖아요. 그 결과물을 예술이라고 봐야겠죠. 기보는 악보 같은 거예요. 음악이 악보에 담겨 있는 거고, 기보 속에 들어 있는 내용이 예술이겠죠. 만약 기보를 하나의 예술이라고 본다면 AI가 만든 기보가 예술이 아니라고는 말 못 할 것 같아요." 정수현 9단

바둑계 일부 인사는 기보가 "인간의 사상 또는 감정을 표현한 창작물"이며, 그에 따라 저작권을 부여해야 한다고도 주장한다. 한국기원은 법학자들을 초청해 2006년 기보 저작권 논의를 위한 심포지엄을 열기도 했다. 한국 바둑계는 아예 저작권법을 개정해 저작물의 예시 조항에 기보를 명시하는 방안을 추진하기도 했다. 2007년에는 보수 성향의 김기춘 의원이, 2015년에는 진보 성향의 설훈 의원이[16], 2016년에는 국회의원이 된 조훈현 9단이 그런 내

용의 법안을 발의했으나 국회를 통과하지는 못했다.[17]

반면 기보 그 자체는 예술이 아니라고 보는 이들도 적지 않다.
"기보가 예술이라기보다는 바둑을 두는 행위 자체가 예술이라고 생각해요. 그 행위의 기록을 남긴 게 기보라고 보고요. 대국자의 사연, 그 사람이 어떤 생각을 했는지 같은 스토리가 바둑을 좀 더 풍성하게 만들고 예술적인 요소를 가미한다고 생각해요. 지금도 생성형 AI한테 그림을 그려달라고 해서 결과물을 얻을 수는 있지만 그걸 예술이라고 하지는 않잖아요. 인간이 고뇌하고 창작한 작품과 인공지능이 만들어 내는 결과물은 아무래도 보는 사람도 차이를 느낄 것 같아요. 마찬가지로 인공지능의 바둑이 강하기는 하지만 저한테는 감정이 안 느껴져요." 목진석 9단

"일본에는 '이틀걸이' 바둑이라는 게 있어요. 그런 게 행위예술에 가깝죠. 도전자는 먼저 와서 바둑판을 깨끗이 닦고, 무릎을 꿇은 채 바둑을 두고, 화장실 갈 때 항상 인사를 해요. 대국을 중단할 때 봉수(封手)[대국이 당일에 끝나지 않을 경우, 그날의 마지막 수를 종이에 써서 봉해놓음. 또는 그 마지막 수]를 하는 방식이 정해져 있고, 기사들이 대국을 쉬면서 뭘 먹었는지 같은 것도 다 팬들에게 공유해요. 그렇게 바둑 한 판이 어떻게 펼쳐지는지를 중계하는데 그런 하나하나가 행위예술적인 면이 있는 것 같아요. 바둑은 작품을 만들어 가는 건데 내가 혼자 하는 게 아니고 파트너가 존재하고 그 파트너도 잘해야 협동해서 멋진 작품을 완성할 수 있다고 생각해요." 이다혜 5단

"바둑을 수담(手談)[바둑의 별칭. 상대와 말이 없이 손만으로도 의사가 서로 통한다는 뜻]이라고 하잖아요. 그런 부분이 저는 예술적

이라고 생각해요. 외국 기사와도 복기하다 보면 돌만 왔다 갔다 해도 서로의 생각이 이해되거든요. 기보도, 바둑을 두는 행위도 모두 바둑이라는 틀 안에 있는 거라고 생각해요. 기보만 작품이라고 하면 대국을 중계할 때 기사를 보여줄 필요가 전혀 없죠. 바둑을 볼 때는 어떤 기사가 어떤 수를 어떤 속도로 뒀는지, 어떤 제스처를 취했는지도 보는 거라고 생각해요." 송태곤 9단

"바둑의 내용도 내용이지만 그 승부에 임하는 기사의 마음가짐이나 태도가 더 중요해요. 바둑의 예술성은 대국자들에게 달려있는 거죠. 똑같은 그림이라도 혼신의 힘을 바쳐 성의 있게 그린 사람과 그걸 보고 베낀 모작의 작품성이 같지는 않잖아요. 기보가 작품이 된다 해도 거기에는 기사들의 서사가 있어야 해요." 김찬우 7단

"승부는 그걸로 끝나는 거고, 예술은 그 과정을 중시하는 거 아닌가 하는 어렴풋한 생각이에요. 그리고 예술은 당사자가 아닌 남이 평가하는 면이 중요한 것 같고요." 최명훈 9단

바둑이 스포츠라면

바둑이 예술로 인정받았다며 자축한 지 몇 년 되지도 않은 2000년대 초반, 한국 바둑계는 이번에는 스포츠가 되려고 애쓴다.

한국 바둑계를 위해 변명을 먼저 하자면, 1990년대 후반부터 각종 보드게임이 '마인드스포츠'라는 새로운 개념을 내세우며 스포츠화를 시도했다. 세계브리지연맹은 1995년 IOC(국제올림픽위원회)에 가입했고 7년 뒤인 2002년 솔트레이크 동계올림픽에서 브리지가 시범종목으로 채택됐다. 일본 바둑계에서도 같은 희망을 품

고 IOC를 상대로 로비를 벌였다. 1997년부터 체스, 바둑, 브리지, 오셀로, 체커 등을 종목으로 둔 세계 마인드스포츠 올림피아드가 열려 마인드스포츠라는 용어와 개념을 사람들에게 알렸다.

동호인 수가 줄어드는 가운데 스포츠로 성격을 바꾸는 게 바둑계 전체에 이익이 될 거라는 기대감도 컸다. 오래도록 국가 지원을 받지 않았던 한국 바둑계는 한국예술문화단체총연합회나 대한체육회, 두 거대 조직 중 한 곳에 가입해 정부 지원을 받고자 했다. 예술단체에 속한다면 엘리트 문화가 강조될 것이고, 스포츠단체에 속한다면 대중성이 중시될 것이었다.

젊은 팬을 새로 확보하는 데에도, 해외로 진출하는 데에도 예술보다는 스포츠 성격을 강조하는 편이 나아 보였다. 스포츠가 된다면 전국체전에 바둑 종목이 생길 수도 있었고, 야구나 축구처럼 기업이 운영하는 구단이 만들어질지도 몰랐다. 때마침 중국에서는 기존 토너먼트 방식의 대회가 아니라 다른 프로스포츠처럼 연고지를 둔 클럽들이 한 시즌 내내 대국을 벌이는 바둑리그가 1999년에 시작돼 큰 인기를 모으는 중이었다. 한국 프로기사들도 중국바둑리그에 외국인 용병으로 스카우트될 정도였다. 중국의 성공 사례를 벤치마킹하자는 목소리들이 나왔다.

2001년 2월 전국바둑교실협회 총회에서는 바둑을 체육 종목으로 만들기 위해 100만 명 서명 운동을 벌이겠다는 공약을 내건 후보가 회장으로 당선됐다. 얼마 뒤 한국기원도 공식적으로 이 움직임에 동참했다. 2002년 대한체육회는 약간의 내부 반발에도 불구하고 바둑을 받아들이기로 했고, 바둑계도 대한체육회 산하기관이 되기 위해 대한바둑협회를 설립하는 등 수순을 밟았다.

2009년 최종 절차가 마무리되자 한국 바둑계도 대한체육회에서 예산을 지원받게 됐다.[18] 이홍렬 바둑전문기자의 표현대로 "그 이전까지는 어정쩡하게나마 예술로 분류되던 신분이 공식적으론 이때부터 스포츠로 바뀌었다".[19]

신분이 바뀌었다고 인식까지 한순간에 바뀐 것은 아니었다. 많은 프로기사가 '지원금 때문에 스포츠라고 말은 한다만 그래도 바둑은 예술이고 나는 예술인'이라고 생각했다.[20] 그럼에도 '바둑은 스포츠'라는 생각은 서서히, 확고하게 퍼졌다.[21]

거기에 쐐기를 박은 것이 알파고였다.

"저는 바둑이 예술이라고 생각했어요. 바둑이 스포츠로 간 건 사실 정부 지원을 받기 위해서였죠. 그런 변화로 좋아진 점도 있었고 나빠진 점도 있었는데 AI가 나온 다음에는 확실히 스포츠가 된 게 아닌가 싶네요. 지금은 그런 현실을 인정해야죠. 바둑이 스포츠가 된 데에는 AI가 엄청 큰 영향을 미친 거 같아요. 숫자로 승부를 예측하게 해주잖아요. 이전에는 한 수, 한 수 내 생각을 표현했고 내가 둔 수에 책임을 지긴 하지만 그렇다고 모든 수에 선악이 있다고 생각하지는 않았어요. 결정적인 패착만 아니라면요. '내가 그렇게 둔 데에는 다 이유가 있어' 그런 식으로 생각했죠. 그런데 이제는 AI가 모든 수의 승률을 평가하잖아요." 하호정 4단

"저희가 바둑을 배울 때는 바둑이 예술이었어요. 그렇게 배우고 그렇게 알고 컸죠. 그때는 마인드스포츠라는 개념이 없어서 바둑이 스포츠라고 하면 너무 이상하게 들렸죠. 지금은 마인드스포츠라는 영역이 있으니까 스포츠에 더 가깝지 않나 하는 생각이 들어요. AI가 바둑의 신은 아니지만 거의 신에 근접했잖아요. 바

둑은 AI에 의해 정복된 거 아니에요? 그런데 예술은 정복될 수 없잖아요. 미술도 그렇고, 음악도 그렇고. 바둑은 딱 한계가 드러나 버렸어요. 그런 면에서 예술이 아니라 게임, 혹은 마인드스포츠에 가깝다는 게 간접적으로 증명된 게 아닌가 해요." 김성래 6단

"제가 바둑을 시작할 때만 해도 바둑이 스포츠라는 개념은 거의 없었어요. 그러다 제가 입단할 즈음(2004년) 바둑이 마인드스포츠라는 얘기가 조금씩 나왔죠. 항상 '바둑은 예술이다' 이렇게 얘기하다가 갑자기 한쪽에서 바둑은 이제 스포츠라고 하니까 거부감이 컸는데 이제는 거부감이 완전히 없어졌어요. 다들 바둑을 스포츠라고 생각하시는 거 같아요. AI의 영향이 있다고 봐요. 예전에는 답이 없는 걸 연구하는 느낌이었는데 이제는 답이 나온 걸 누가 더 잘하느냐로 바뀌었기 때문인 거 같아요." 이하진 4단

바둑에 어떤 종류의 예술성이 있다고 믿었던 바둑계 인사들은 인공지능으로 인해 그런 예술성이 훼손됐다고 느꼈다.

"어떤 프로기사가 창의적인 수를 구사하더라도 인공지능으로 찍어보고 '이건 승률이 10퍼센트 떨어지는 수'라고 말할 수 있는 시대가 됐죠. 그러면서 예술성도 퇴조했다고 생각해요. 사람들이 세계 최고라고 칭송하는 그림에 대해서도 누군가는 '나는 별로야' 하고 말할 수 있잖아요. 그런데 바둑에서 인공지능은 그렇지 않아요. 인공지능이 둔 수가 맞다고 하지, 인간 최강자가 둔 수가 맞다고 하지는 않아요." 박정상 9단

바둑을 더 잘 두는, 승률 계산을 더 정확하게 하는 기계가 등장했다고 해서 바둑의 가치가 어떻게 훼손될 수 있을까? 어떤 이

들은 기사들이 인공지능이 제시하는 '정답'을 모방하면서 획일화됐기 때문이라고 주장한다.

"'나는 바둑을 예술로 배웠는데 이제 게임이 됐다'라는 이세돌 사범의 말에 공감해요. 전에는 제가 둔 수에 대해 여기 왜 뒀느냐고 누가 물어보면 제 논리를 펼칠 수 있었어요. 여기서 세력 작전을 펼치고 싶었다든가, 실리를 이렇게 차지하고 싶었다는 식의 이유가 있었죠. 그런데 지금은 학생들에게 같은 질문을 던지면 '인공지능이 여기 두래요'라고 답하는 경우가 많거든요. 인공지능이 추천하는 대로 초반을 주르륵 외워서 두는 게 저는 재미있어 보이지는 않더라고요. 바둑 안에 있던 멋이 사라진 거죠." 이호승 3단

"전에는 바둑에 스포츠적인 면과 예술적인 면이 있고 그게 좀 어울렸는데 AI 이후의 바둑은 확실히 게임이 됐어요. 99퍼센트. 누가 최선을 다해 좋은 수를 둬서 이기느냐 하는 게임적인 요소만 남았죠. 예전에는 바둑이 창작이었어요. 어떤 기사가 밤새 연구를 해서 뭔가를 써내고, 다른 기사들은 '저 수가 뭐지' 하고 연구했죠. 지금은 창작이라는 게 없죠. 지금 예술을 얘기하는 사람은 좀 이상해요." 안성문 바둑전문기자

어떤 바둑인들은 형세판단이 정확하지 않을 때 그 모호함에서 풍성한 이야기가 나올 수 있었는데 인공지능이 그런 영역을 없앴다고 본다. 바둑은 예술이지만 기보가 예술은 아니라는 견해와 맥이 닿는다. 이들은 그런 이야기가 담긴 관전기[대국을 보고 나서 그 내용을 기보와 함께 해설하여 기록한 글. 보통 바둑 내용 이외에 기사와 관련된 주변 잡기를 싣거나 수에 대한 기사의 심리나 상황을 문학적으로 표현함으로써 단순한 수 분석을 넘어 문학작품의 성격을 띤다]를 중요

하게 생각한다.

"인간 기사는 한 수, 한 수 돌을 둘 때마다 감정에 영향을 받으니까 제가 착수하고 상대가 착수하는 과정에서 감정이 교류해요. 그 판을 그렇게 둔 배경과 둔 사람의 감정을 다 이해해야 이 예술을 감상하고 감동받을 수 있어요. 그러면서 한 판의 바둑, 한 편의 작품이 만들어지고, 그런 감정을 표현하는 게 관전기자[관전기를 담당하는 필자]들의 역할이었죠. 그런 부분을 저는 예술적이라고 표현했는데, 지금은 그런 게 많이 희미해졌어요." 목진석 9단

"진짜 게임이 된 거 같아요, 지금은. AI가 나오기 전에는 스토리가 되게 많았던 거 같아요. 바둑 한 판을 두면 의미를 부여할 수 있는 요소가 많았는데 지금은 단순해졌어요. 예전에는 돌의 모양만 가지고 관전기를 쓴다 해도 뭔가 깊이가 있고, 돌 모양 외에 두는 사람이 어떤 생각인지도 추측하고 그랬죠. 지금은 데이터 분석하는 것처럼 됐어요." 오정아 5단

김효정 3단은 여전히 바둑에 예술성이 있다고 본다. 그런데 그녀는 인공지능도 그 예술성을 보여준다고 생각한다. 이 논리에 따르면 인공지능으로 인해 바둑의 예술성이 훼손된 게 아니라 바둑이라는 예술 장르에서 인간의 예술가로서의 지위가 상대적으로 추락한 셈이 된다.

"바둑이 스포츠로 갈 때 저는 되게 반대했어요. 바둑의 가치는 승부가 아니라 과정에 있다고 봤죠. '예술은 너무 배고프다, 바둑 저변을 넓혀야 살 수 있다'라고 해서 스포츠로 간 건데 그 뒤에 바둑이 대중화되지는 않았어요. AI가 뒀어도 기발한 수라면 거기에서 감동하고 감탄하고 아름다움을 느낄 수도 있죠. 기보를 하

나의 예술이라고 생각한다면 AI가 만든 기보는 예술이 아니라고는 말할 수 없겠네요."

안형준 5단은 《월간바둑》 2018년 2월 호에 기고한 글에서 명국과 명승부를 구분했다. 그는 "알파고에 비해 부족한 바둑이라고 해서 팬들이 보지 않을 것이라는 생각은 들지 않는다. '명국'은 아니어도 '명승부'에 열광하는 게 사람이니까"라고 썼다. 그에 따르면 명국을 두는 것은 이제 인간 기사의 일이 아니게 됐다. 하지만 스포츠로서 명승부는 여전히 인간이 만들어 낼 수 있다.[22] 즉, AI 시대에 인간은 예술적인 성취는 거둘 수 없고 스포츠적인 성취만 이룰 수 있다.

정두호 4단은 다른 분야에서도 인공지능이 예술을 스포츠화할 거라고 주장한다.

"저희 세대까지는 그래도 바둑을 예술로 인식했던 느낌이 뭔지 알죠. 저보다 젊은 기사들은 그런 얘기가 와닿지 않을 거예요. 이미 진즉에 스포츠로 가자고 했고 경기 방식도 스포츠 형태로 다 바꿨으니 이제 와서 바둑을 예술로 보는지, 스포츠로 보는지 하는 질문이 의미가 없는 거 같아요. 예술은 정답이 없고, 그래서 우열을 가릴 수 없고, 예술가의 의도가 중요하죠. 스포츠는 우열을 가리는 대신에 참여자들이 최선을 다하면서 치열함을 보여줄 때 사람들에게 감동을 줄 수 있고요. 그런데 AI가 발전할수록 두 영역이 점점 가까워질 수밖에 없다고 생각해요."

정두호 4단은 피겨스케이팅과 발레를 예로 들었다. 피겨스케이팅은 발레와 달리 각 동작에 점수를 매겨서 스포츠가 된다. 다른 예술 분야에서도 인공지능으로 인해 그런 일이 벌어지지 않을까?

인간 예술가들이 원하건 원치 않건 예술 창작 AI는 개발된다. 인공지능이 인간 소설가의 작품을 모방할 때, 그리고 문학 AI의 작품을 어떤 식으로든 평가할 때 문학이라는 장르 자체가 점수화한다. 숫자가 되고 나면 순위가 갈리며 경쟁이 벌어진다. 인간 시인과 소설가는 그 숫자와 그렇게 숫자를 매기는 방식 자체를 말도 안 된다며 비웃고 외면할 수 있다. 문학 AI의 실력이 형편없는 동안에는. 2016년 이전 바둑계가 그랬던 것처럼.

하지만 문학 AI가 인간 시인과 소설가의 실력을 위협하는 수준이 되면, 블라인드 테스트 결과 문학 AI의 작품이 더 낫다고 생각하는 인간 감상자가 늘어나게 되면, 더는 그 숫자를 무시할 수 없어진다. 숫자가 중요한 평가 기준이 되면, 인간 시인과 소설가가 자신의 점수를 높이기 위해 경쟁하게 되면, 문학은 스포츠에 가까워진다.

불변의 법칙

물론 문학은 승부가 나지 않는다는 점에서 바둑과 다르긴 하다.

어쩌면 예술 창작 AI의 '예술점수'가 인간을 쫓아올 때 소설가를 비롯한 예술가들에게는 다른 돌파구가 있을지도 모른다. 돌파구가 아니라 우회로나 도피처로 표현하는 게 더 나을까? 그 점수의 척도 자체를 부정하고 새로운 척도를 만드는 방법이다.

예술사에서는 이런 사건(과학기술로 인해 예술이 재정의되는 것)이 여러 번 벌어졌다. 우리는 주로 예술가들이 신기술을 받아들인 사례들을 잘 기억한다. 정확한 음정의 음을 동시에 여러 개 내면서 셈여림까지 표현할 수 있는 피아노의 발명은 작곡가들에게 여러 도전 기회를 제공했고 클래식 음악 발전에 큰 영향을 미쳤다. 마이크와 녹음기가 발명됐기 때문에 속삭이듯 노래하는 창법이 퍼질 수 있었다.

반대로 신기술을 피하기 위한 노력이 예술에 영향을 미칠 수도 있다. 지금 이 순간에도 발전한 스트리밍 기술 때문에 많은 영화감독이 극장에서만 얻을 수 있는 체험이 무엇인지, 영화와 드라마는 무엇이 다른지 고민 중이다(반대편에서는 OTT가 마련한 극장용 영화와 드라마의 중간 지대에서 새로운 예술적 기회들이 생겨났다). 가장 유명한 사례는 인상주의의 등장일 것이다. 미술사에서 인상주의는 사진 기술에 대한 미술가들의 대응이었다(카메라가 인상주의를 낳은 유일무이한 근원이었다는 말은 아니다, 물론).

인상주의 이전의 고전미술은 '사실의 재현'이라는 가치를 중시했다. 그 가치가 전부는 아니었지만, 얼마나 진짜처럼 그리는가 혹은 조각하는가는 당시 미술가들에게 매우 중요한 문제였고 척도였다. 전설적인 화가에게는 소나무나 포도 넝쿨을 그렸더니 동물이 찾아와 거기 앉으려 했다든가(고대 한국의 솔거), 그걸 먹으려 했다든가(고대 그리스의 제욱시스) 하는 일화가 따랐다. 전설적인 조각가는 실물처럼 조각하는 사람이었다(피그말리온).

그런데 사진 기술이 발달하자 미술가들은 '미술이란 무엇인가'라는 질문에 대답해야 할 처지가 됐다. 사물이나 풍경을 종이에 똑같이 재현하는 게 미술의 목적이라면, 사진기 시대에 인간 미술가가 존재해야 할 필요가 없다는 뜻인가?

인상주의 시대부터 그런 고민이 시작되었다. 인상주의, 그리고 후기인상주의로도 번역되는 탈인상주의 화가들은 사진이라는 위협을 강하게 의식하고 있었다. 빈센트 반 고흐는 1888년 동생 테오에게 보낸 편지에서 이렇게 썼다. "실제와 똑같이 그리고 색칠하는 게 우리가 추구해야 할 일이 아니다. 설령 현실을 거울로 비추는 것처럼 색이나 다른 모든 것을 있는 그대로 그리는 일이 가능할지라도, 그렇게 만들어 낸 것은 그림이 아니라 사진에 불과하기 때문이다."[23]

인상주의 화가들은 '사람의 눈으로 본다는 주관적 감각'을 답으로 제출했다. 그들은 사진의 영향을 받는 동시에 당시 사진기가 잘 포착하지 못했던 색채와 움직임을 강조하는 데 힘을 쏟았다. 탈인상주의 화가들은 거기에서 더 나아가 '예술가 내면의 표현'이라는 답을 찾았다. 대중이 그런 주장에 설득되는 데에는 꽤 오랜 시간이 걸렸다. 그동안 마네의 그림은 손가락질당했고, 고흐는 가난과 고독에 몸부림쳤다.

그렇게 사실의 재현이라는 가치가 무너지면서 현대추상미술을 향한 길이 열린다. 조금 뒤에 살펴보겠지만 그 길을 걸어가며 미술은 점점 대중이 이해하기 어려운 예술이 됐고, 이는 결코 우연이 아니다. 어쨌거나 300년 전에 활동했던 미술가들이 타임머신을 타고 날아와 현대의 미술관을 둘러본다면 전시된 작품을 보고 어리둥절해져서 이게 왜 미술이냐고 물을 것이다. 그사이에 미술의 개념이 바뀌었기 때문이다. 사진 기술로 인해 미술이 변질됐다고 말할 수도 있을 것이다.

AI 기술이 문학을 비롯한 여러 예술의 개념을 바꾸지 않으리라고 장담할 수 있을까? 인간 예술가의 지위를 넘보는 문학 AI, 음악 AI, 미술 AI가 등장했는데도 문학과 음악, 미술의 개념이 지금 이대로 남으리라는 상상이 더 비현실적인 것 아닐까? 어떤 소설이 감동적이며 어떤 음악이 아름다운지에 대한 우리의 감각이 과연 지금 이 상태로 고정돼 있을까?

바둑계에서도 이런 일이 일어나는 중인 것 같다. AI 시대 이후의 세계 최강자인 신진서 9단은 나와의 인터뷰에서 "인공지능 때문에 바둑이 단조로워졌다고 생각하지 않아요"라고 말했다. 그런데 그 이유가 독특했다. 그가 보기에는 초반은 바둑의 핵심이 아니기 때문이다. 신진서 9단은 "바둑의 꽃은 중반"이라며 "중반이 가장 재미있고 치열해요. 초반이 어느 정도 정형화된다 하더라도 중반은 결국 재미있는 바둑이 나올 수밖에 없습니다"라고 말했다. 나는 그의 말을 들으며 바둑의 매력에 대한 감각이 변하는 중인 것 같다고 생각했다.

한국 바둑계가 1990년대부터 2000년대까지 예술과 스포츠 사이에서 갈팡질팡한 과정을 돌아보며 몇 가지 통찰을 얻을 수 있다. 예술과 스포츠라는 개념, 그리고 둘 사이의 경계는 모호하다거나, 어떤 행위의 성격을 정의하는 일은 다음 세대의 가치관을 규정하는 일이 된다거나. 혹은 야구 선수 미키 찰스 맨틀의 말처럼 "당신은 평생 해온 게임에 대해 믿을 수 없을 정도로 모른다"라는 사실을 깨달을 수도 있겠다.[24]

하지만 가장 중요한 통찰은 이것일 듯하다. '인간은 인센티브에 반응한다.' 모건 하우절이 『불변의 법칙』에서 썼듯이 인센티브는 "자신이 듣고 싶은 것만 듣고 보고 싶은 것만 보려는 욕구를 만들어 낸다".[25] 이것이 불변의 법칙이라는 데 나 역시 동의한다. 불변의 법칙이니까 기사들뿐 아니라 예술가들에게도 적용된다.

하우절은 같은 책에서 "많은 이들이 경제적 인센티브는 뿌리칠 수 있지만 문화적, 집단적 인센티브는 더 뿌리치기 힘들다"라고도 적었다. 예술가들을 움직이는 인센티브에는 경제적 보상도 있지만, 그들은 뭔가 고상한 것, 의미 있는 것, 자신만이 만들 수 있는 것을 만들어 낸다고 인정받는 것에도 강하게 끌린다. 새로운 기술이 그 인정 욕구를 위협할 때 예술가들은 예술을 재정의해야 한다는 강렬한 충동에 휩싸인다('저런 건 예술이 아니야!'). 그리고 도덕심리학자 조너선 하이트가 지적했듯이, 인간의 감정은 코끼리이며 이성은 자기가 그 코끼리를 조종하고 있다고 믿는 기수에 불과하다. 코끼리가 방향을 정하고 기수는 그 방향을 합리화한다('저런 건 이러저러한 이유로 예술이 아니야!').

1장에서 소개했던 배명훈 작가와 구병모 작가의 인터뷰 내용을 기억하시는지? 인공지능이 '걸작'을 만들어 낼 때 인간 작가들은 정말로 위대한 작품이 나온다는 사실만을 중요하게 여길까. 인간 작가들은 과연 그 인공지능을 동료로 인정하면서 읽고, 존경하고, 따라가고 싶다고 생각할까. 나는 아닐 거라고 예상한다. 어떤 예술 장르의 정의를 바꾸는 것은 어렵지 않고, 인간은 인센티브에 반응하니까.

절대다수의 사람은 돈을 잃기보다는 벌기를 바라며, 불안해지기보다 안전해지기를 원하고, 미움받기보다 사랑받기를, 무시받기보다 인정받기를 소망한다. 신기술은 그런 개별 욕망의 방향을 뒤집는다기보다는 각각에 기대할 수 있는 인센티브의 크기를 바꾸는데, 어떤 인센티브가 압도적으로 커지면 사람들의 생각과 행동은 드라마틱하게 변한다. 상금으로 1000만 달러를 걸면 절벽 사이에서 외줄타기에 도전할 사람이 생겨난다. 그중에서는 듣고 싶은 것만 듣고, 보고 싶은 것만 본 나머지 외줄타기가 위험하지 않다고 진지하게 믿는 사람도 꽤 있을 것이다. 자기 자신을 포함해 누군가의 미의식을 조정하는 것 따위는 그에 비하면 훨씬 수월하다. 명품 브랜드들과 패션 디자이너들이 지금 이 순간에도 그 작업을 하고 있다.

현대 자본주의 사회에서 많은 사람을 자극하는 인센티브는 수익성 강화다. 인공지능은 수익성 강화의 도구로 널리 보급될 것이다. 많은 경우 이것은 대중성 강화를 의미한다(이는 몇몇 분야의 스포츠화를 의미하기도 한다). 대부분의 음악 산업 종사자를 움직이는 것은 경제적 인센티브이며, 그들이 작곡 AI를 이용해 만들어내는 곡은 듣기 좋고 팔리기 좋은 음악들이지, 난해한 무조(無調) 음악들이 아닐 것이다. 대부분의 출판 산업 종사자를 움직이는 인센티브 역시 마찬가지로 경제적인 것이며, 그들이 문학 AI를 이용해 대량생산할 소설도 전위소설이 아니라 중독성 강한 대중소설일 것이다.

그렇다면 인간 소설가들은 짜릿하게 재미있는 소설 창작 영역에서 인공지능과 경쟁하는 대신 '훌륭한 소설'의 정의를 바꾸고 반대 방향을 추구하게 되지 않을까? 예술가로서 인정받겠다는 인센티브에 끌린다면 가능한 선택이다. 문학계가 그런 선택을 한다면 이후 '현대소설'은 점점 이해하기 어려운 아방가르드가 대세인

장르가 될 수도 있다. 사실 나는 이것이 현대미술이 상업 일러스트에 대항한 방식이었다고 생각한다.

인공지능 이후 문학계가 어떻게 변할지 나는 잘 모르겠다. 4장에서 썼듯이 이 시점에서 대부분의 예상은 틀릴 확률이 높다는 사실만 안다. 그러나 문학이 인공지능으로 인해 어떤 식으로든 훼손되거나 변질될 수 있다고, 아마 그렇게 될 거라고 예상한다.

빠르게 변화하는 초창기 신기술 앞에서 여러 주체는 서로 다른 단기 인센티브에 따라 즉흥적으로 행동하며, 한번 내린 선택은 다음 선택에 영향을 미친다. 그렇게 여러 선택이 뭉치고 엮인 결과는, 멀리서 조망하면 전혀 합리적으로 보이지 않는다. 그 선택들은 기술 발전과 서로 영향을 주고받으며 단단히 묶여 '기술-환경'을 만든다. 바둑계에서는 어떤 일이 일어났는지 알아보자.

7 새로운 일자리, 혹은 '죽음의 집'

 2020년 1월 14일 오후, 서울 성동구 한국기원 대회장. 145회 입단대회 본선 경기가 열리고 있었다. 심판을 맡고 있던 조연우 2단(당시 초단)은 기묘한 제보를 받았다. K 씨라는 기사가 인공지능을 이용한 부정행위를 벌이는 것 같다는 내용이었다. 제보자는 K 씨가 바둑을 둘 때 시선이 어색하고, 물을 마시려고 손을 들 때 소매 틈으로 전자기기가 흘긋 보인 것 같다고 했다. 한국기원이 주관하는 대회에 참가하는 기사는 대국 중 스마트폰, 스마트워치 등 전자기기를 소지할 수 없다.

 제보를 받은 한국기원은 K 씨를 포함한 모든 참가 기사의 소지품을 검사했지만 딱히 이상한 점은 발견하지 못했다. 대회는 계속됐고, 조연우 2단은 K 씨가 바둑 두는 모습을 유심히 살폈다. 실내가 따뜻했는데도 K 씨는 코트를 입고 있었고, 귀에 붕대를 감고 있었다. 아무래도 K 씨가 수상했던 조 2단은 결국 그에게 붕대를 풀어달라고 요청했고, 붕대 안에서 검은색 무선 이어폰이 나왔다.

코트에는 무선 리시버와 외장 배터리가 있었다.[1]

K 씨의 부정행위 수법은 단순했다. 옷에 숨긴 카메라로 바둑판을 촬영하고 대회장 밖에 있던 공범에게 보내면, 공범은 인공지능이 추천한 다음 수를 K 씨에게 무선 이어폰으로 알려줬다. 한국기원은 K 씨를 실격 처리하고 입단대회를 중단했다.[2] 한국기원은 운영위원회를 열어 K 씨를 고발했고, 그해 7월 서울동부지법은 K 씨에게 업무방해죄로 징역 1년을 선고했다. 공범은 징역 1년에 집행유예 2년을 선고받았다. K 씨는 프로기사가 되지는 못했지만 대신 공식 대국에서 인공지능을 이용했다가 징역형을 선고받은 세계 최초의 인물이 되었다.[3]

K 씨의 수법이 단순했던 만큼이나 한국기원의 방지 대책도 허술했다. 전자기기를 지닌 채 공식 대국에 임하면 몰수패 처리한다는 규정은 있었지만, 경고성 문구를 대회장에 써놨을 뿐 기사들이 자율적으로 스마트폰이나 스마트워치 등을 제출하도록 했다. K 씨가 적발되고 이틀 뒤인 16일 한국기원은 입단대회를 재개하면서 금속탐지기로 기사들의 몸을 일일이 검사했다.[4]

얼마 뒤에는 김은지 9단(당시 2단)이 온라인 대국에서 인공지능을 이용해 부정행위를 저질렀다는 의혹이 불거졌다. 김은지 기사는 2007년생이다. 2020년 5월 입단했을 때 가장 나이가 어린 프로기사여서 '천재 소녀'로 불리며 큰 주목을 받았다. 그런데 그해 9월 그녀가 온라인 대회인 ORO 국수전 24강전에서 이영구 9단을 이겼을 때 바둑 동호인들 사이에서 의심의 목소리가 퍼졌다. 김은지 9단이 둔 수들은 AI 일치율이 90퍼센트가 넘었는데, 어떤 기사도 인공지능과 그렇게 비슷하게 둘 수는 없었다. 논란이 확산되자 한국기원도 진상조사위원회를 꾸려 AI 회사들에 기보 분석을 의뢰하고 김 9단의 진술을 받았다.[5]

결국 김은지 9단은 자신에 대한 의혹이 사실임을 시인하고 국내 프로기사들이 모인 소셜미디어 대화방에 사과문을 올렸다. 한국기원은 김 9단이 미성년자이고 자기 잘못을 반성한다는 이유로 1년 자격정지 처분을 내렸는데 바둑 동호인들 사이에서는 솜방망이 처벌이라는 비판이 높았다. 한국기원은 대국에서 AI 프로그램을 사용하는 기사를 징계한다는 내규도 이때 만들었다.[6]

이듬해인 2021년 도은교 초단이 그 내규로 자격정지 1년 처분을 받았다. 중국 인터넷 바둑 사이트에서 중국의 덩웨이 초단과의 친선 대국에서 AI 프로그램을 사용한 것이 적발됐기 때문이다.[7]

2022년에는 중국의 정상권 기사였던 리쉬안하오 9단이 부정행위 의혹에 휩싸였다. 리쉬안하오는 동료들과 연습 바둑도 잘 두지 않고 AI 수법 공부에 매달리는 기사였는데, 20대 후반이 되면서 갑자기 실력이 강해졌다. 보통 프로기사들은 20대 초반까지가 전성기이고 이후에 성적이 나아지는 경우는 드물다. 그런데 리쉬안하오는 그냥 성적이 나아진 정도가 아니라 반년 사이에 중국 랭킹 20위권에서 2위가 될 정도로 급성장했다. 게다가 오프라인으로 바둑을 둘 때와 온라인으로 둘 때 실력도 스타일도 다른 사람 같았다. 때로 그의 바둑은 AI 일치율이 너무 높았다. 자신만의 방법으로 고독하게 수행하던 젊은 기사가 놀라운 깨우침을 얻은 걸까, 아니면 놀라운 부정행위 수법을 개발한 걸까?

그해 12월 21일 국제기전인 춘란배 세계바둑선수권 대회 4강전에서 리쉬안하오는 모두의 예상을 깨고 세계 최강 신진서 9단을 수월하게 꺾었다. AI 일치율이 무려 85퍼센트였다. 대국을 중계한 한국의 김진휘 6단은 "이 세상 바둑이 아니다. 의혹이든 극찬이든 사람이란 생각은 안 든다"라고 말했다.[8] 한국 기사들만 그런 생각을 한 게 아니었다. 대국을 지켜보던 중국의 양딩신 9단은 채팅창에 조롱조로 이렇게 썼다. "신은 이해할 수 없다. 신진서는 진짜 행운아다. 신을 영접했으니. 수십 단은 차이 나는 수준인 듯. 난 이미 자포자기해서 상관없다."

양딩신은 리쉬안하오와 같은 중국 국가대표였고, 중국갑조리그에서도 같은 팀이었다. 평소 성격도 점잖은 편으로 알려져 있었다. 다음 날 새벽 양딩신은 자기 소셜미디어를 통해 리쉬안하오에게 공개적으로 대국을 제안했다.

리쉬안하오, 너와 바둑을 스무 판 두고 싶다. 모든 신호가 차단된 곳에서 화장실에도 가지 말고 하루 한 판씩 두자. 대국 후에는 기보를 공개해서 평가를 받자. 만약 내가 너를 무고한 걸로 판명된다면 나는 은퇴하겠다. 네가 감히 수락할 수 있을까? 좋은 밤 보내길. 개인 메시지 보내지 말고 이 글에 공개적으로 답해라.

아무런 물증 없이 부정행위자 취급을 당한 셈이었으니 리쉬안하오 입장에서는 참으로 무례한 저격이었다. 춘란배 세계바둑 선수권 대회 주최 측은 대국 전 기사들이 전자기기를 소지했는지 검사했고 리쉬안하오에게서는 아무 장치도 나오지 않았다. 그럼에도 불구하고 커제, 천야오예, 딩하오 등 다른 중국 기사들이 양딩신의 글에 '좋아요'를 누르거나 자신도 그렇게 생각했다는 식의 댓글을 달았다. 천야오예 9단은 양딩신을 지지한다며, 자신이 느끼기에도 리쉬안하오는 진짜 실력이 아닌 것 같다고 썼다.[9] 위빈 중국 국가대표팀 감독처럼 근거 없이 의혹을 퍼뜨려서는 안 된다며 리쉬안하오를 변호하는 사람은 소수였다.

리쉬안하오는 대응하지 않았다. 중국바둑협회와 중국 국가대표팀은 조사를 벌였고 리쉬안하오가 부정행위를 저질렀다는 어떤 증거도 찾지 못했다고 발표했다. 양딩신은 소셜미디어 사용 규정을 위반했다는 이유로 6개월 시합 정지 처분을 받았고, 사과문도 써서 제출했다.[10] 양딩신은 이듬해인 2023년 리쉬안하오와 아시안게임 바둑 국가대표 선발전에서 맞붙었고, 리쉬안하오를 쉽게 이겼다.

리쉬안하오에 대해서는 이후에도 '와이파이 차단기가 도입된 대회장에서는 실력이 떨어진다'라는 등의 찜찜한 시선이 뒤따랐다. 부정행위 논란 3개월 뒤인 2023년 2월, 리쉬안하오는 인터뷰에서 "AI의 묘수는 확실히 인간에게 깨우침을 준다"라며, "AI가 제시하는 수법에 힌트가 있다"라고 말했다. 하지만 AI의 수를 그대로 암기해서 두지는 않는다고 설명했다.[11] 같은 시기 리쉬안하오가 활동하던 중국갑조리그는 쓰촨성 청두대회장 화장실에도 무선전파 차단기를 설치했다. 대국장에 들어갈 때는 이전부터 보안검색대를 통과해야 했다.[12]

리쉬안하오는 2023년 3월 처음으로 중국 랭킹 1위에 올랐다. 여전히 부정행위 의혹이 가시지 않았던 데다 세계대회에서 우승해 본 적이 없는 기사가 중국 랭킹에서는 1위에 올랐다는 사실에

고개를 갸웃하는 사람들이 적지 않았다.

리쉬안하오는 2024년 5월 몽백합배 결승전에서 이기면서 처음으로 세계대회에서 우승했다. 같은 해 7월에는 중국 왕중왕전에서 상대를 4 대 0으로 물리치며 우승했고, 자리를 내줬던 중국 랭킹 1위도 16개월 만에 다시 차지했다.[13] 그가 부정행위를 저질렀다는 어떤 증거도 발견되지 않았다.

토템들이 무너질 때

바둑과 달리 예술에는 명확한 규칙이 없다. 그럼에도 불구하고 사람들은 상당수가 인공지능을 활용하는 예술가를 매우 불편해한다. 일종의 반칙 행위로 보는 듯하다.

내가 소개할 다음 사례들은 2040년대 중반쯤에는 모두 우스꽝스럽게 들릴 얘기들이다. 뤼미에르 형제가 만든 50초짜리 단편영화 〈열차의 도착〉(1896)을 보며 열차에 부딪힐까 봐, 혹은 몇 년 뒤에 나온 〈대열차강도〉(1903)를 보며 총알이 자신에게 날아오는 줄 알고 기겁했던 당시 대중의 이야기처럼 들릴 것이다. 그런데 중요한 것은 2020년대 초반에 평범한 사람들이 다음 사례들과 같은 예술과 AI 기술의 결합을 불편해했다는 사실 그 자체가 아니라, 그들이 왜 그런 불편한 감정을 느꼈느냐 하는 것이다. 일단 몇몇 사례를 살펴보자.

2022년 8월 미국 콜로라도 주립박람회 미술대회의 디지털아트 부문에서 〈스페이스 오페라 극장〉이라는 작품이 1등을 차지했다.[14] 앵그르가 마블 영화 〈토르: 라그나로크〉를 보고 영화 속 무대인 아스가르드를 그린다면 그렇게 그렸을 것 같은 그림이다. 키치하다. 상금으로 300달러쯤 받으면 되지 않을까 싶은데 실제로 그 대회 1등 상금이 300달러였다.

얼마 뒤 이 작품은 콜로라도 주립박람회 미술대회 역사상 가장 유명한 그림이 된다. 생성형 AI 프로그램인 미드저니를 이용해 만든 그림이라는 사실이 알려지면서 논쟁이 벌어졌기 때문이다. 과연 이 작품도 예술인가? 상을 받을 자격이 있는가? 비판하는 이들은 "예술적 기교의 죽음", "로봇이 올림픽에 출전했다", "역겹다" 같은 분노의 언어를 쏟아 냈다. 반대로 새로운 도구가 나올 때마다 그 도구를 이용한 작품은 예술이 아니라는 비판을 받았고 AI 역시 그런 도구일 따름이라는 옹호론도 있었다.[15]

출품자인 제이슨 M. 앨런은 게임 디자이너로, 미드저니에 600개가 넘는 프롬프트와 수정 사항을 입력했고 미드저니의 산출물을 포토샵과 기가픽셀 AI라는 프로그램으로 수정했다. 그렇게 얻은 이미지 세 개를 캔버스에 출력해서 대회에 냈다. 앨런은 작품 제작에 80시간이 걸렸다고 주장했다.

앨런은 자신이 생성형 AI를 사용한 사실을 숨기지 않았다고 강조했다. 그는 작가 이름을 '미드저니를 이용한 제이슨 앨런(Jason M. Allen via Midjourney)'이라고 적어 냈다. 대회 규정에도 디지털아트 부문에 디지털 기술을 창작 또는 프레젠테이션 과정의 일부로 사용하는 예술 행위는 허용된다고 적혀 있었다. 그런데 심사위원들은 미드저니가 뭔지 몰랐다. 나중에 논란이 일자 심사위원들은 "미드저니가 AI라는 사실을 알았더라도 상을 줬을 것"이라고 말했다. 사실 참가자가 11명에 불과했던 작은 대회였다.

2023년에는 네덜란드 헤이그의 마우리츠하위스 미술관에 생성형 AI로 만든 그림이 걸려 논란이 됐다. 마우리츠하위스 미술관은 요하네스 페르메이르의 〈진주 귀걸이를 한 소녀〉를 소장하고 있다. 미술관 측은 이 작품을 암스테르담 국립미술관에 대여해 주는 동안 '모작 전시 이벤트'를 열었다. 〈진주 귀걸이를 한 소녀〉를 모티브로 한 작품을 모집해 그중 일부를 갤러리에 전시하겠다는 것이었다. 3482점이 접수됐고, 미술관은 그중 170여 점을 원작이 있던 방에 디지털로 전시했다. 다섯 점은 실제로 출력해서 걸었다. 그 다섯 점 중 한 작품이 생성형 AI로 만든 그림이었다.

그 작품을 제출한 사람은 율리안 판 디켄이라는 독일의 사진작가이자 디자이너였다. 디켄 역시 미드저니와 포토샵을 이용했다. 미술관 측은 그의 그림이 생성형 AI를 이용한 것임을 알고 선정했다고 밝혔다. 미술관 공보 담당자는 "예술이 무엇인지, 예술이 아닌 것이 무엇인지는 매우 어려운 질문"이라며 "우리는 이게 멋진 그림이고 창조적인 과정이었다는 의견"이라고 말했다. 그럼에도 반발은 작지 않았다. 한 작가는 "미술관에서 나오면서 뺨을 한 대 얻어맞은 기분이 들었다"라며 "페르메이르의 원작과 활동 중인 예술가들에 대한 모욕"이라고 말했다.[16]

같은 해 마블 스튜디오는 TV 시리즈 〈시크릿 인베이젼〉을 디즈니플러스에 공개했다. 이 드라마의 오프닝 제작에 생성형 AI가 활용됐다는 사실이 알려지자 영상 업계 관계자들이 마블 스튜디오를 강하게 성토했다.[17] 일부 마블 팬은 이 드라마를 보지 않겠다며 보이콧을 선언했고, 로튼토마토의 평점도 10퍼센트포인트 가까이 떨어졌다.

2024년에는 할리우드 영화 〈에일리언: 로물루스〉 제작진이 비판을 받았다. 2020년 세상을 떠난 배우 이언 홈의 모습을 AI 기술로 만들어서 등장시켰다는 이유에서였다. 관객들이 쏟아 낸 적대적인 언어 중에서는 '디지털 강령술'이라는 표현도 있었다. 〈에일리언: 로물루스〉 제작진은 어리둥절했을 것이다. 유족의 동의도 얻은 데다 사망한 배우를 AI 기술로 영화에 출연시킨 게 자신들이 처음도 아니었으니.[18]

이런 사례는 얼마든지 댈 수 있다. 영국의 밴드 '티어스 포 피어스'는 2024년 발매한 앨범 표지에 생성형 AI가 만든 이미지를 사용해서 논란이 됐다.[19] 한국에서는 베스트셀러 소설 『아몬드』가 표지에 AI 일러스트를 사용한 사실이 알려지면서 비판을 받았다. 한국 웹툰 독자들은 생성형 AI를 활용한 웹툰에 낮은 평점을 주면서 보이콧 운동을 벌였다.[20]

AI 기술에 대한 2020년대 사람들의 거부감은 그다지 논리적이거나 일관성 있어 보이지는 않는다. 공무원이 생성형 AI를 활용해 보고서를 작성하고, 그로 인해 업무 효율이 높아져 세금을 절약할 수 있게 됐다는 뉴스를 들으면 다들 환영한다. 그런데 같은 일을 화가나 영화 제작자가 하면 비판을 받는 식이다. 왜 그럴까?

AI 이미지의 수준이 낮고 불쾌해서? 그러면 인공지능의 성능이 높아지면 심리적 거부감도 저절로 해소될까? 그런데 컴퓨터그래픽으로 인한 '불쾌한 골짜기'가 확실하게 느껴지는 2000년대 초반의 3D 애니메이션들에 대해서도 사람들이 이렇게 공격적인 반응을 보였던가? 2001년에 나온 〈파이널 판타지: 더 스피릿 위딘〉

이나 몇 년 뒤에 나온 〈폴라 익스프레스〉 같은 영화들 말이다. 그리고 〈에일리언: 로물루스〉에 사용한 것보다 더 나은 기술을 사용하는 것 같지 않은 버추얼 인플루언서들은 왜 그런 공격 대상이 아닌가? 나는 오히려 AI 이미지의 수준이 낮지 않고 사람이 그린 것 혹은 진짜 사람과 구분하기 어려운 수준까지 올라왔기 때문에 적대감이 전보다 커졌다고 생각한다. 과거에 불쾌한 골짜기는 진지한 비판의 대상이 아니라 신기한 구경거리 혹은 조롱거리였다.

인공지능이 일자리를 빼앗아 갈 거라는 위기감 때문일까? 그렇다면 생성형 AI가 쓴 보고서는 왜 보이콧 대상이 되지 않을까? 그리고 컴퓨터가 영화계 일자리를 빼앗은 것도 결코 처음은 아니지 않은가. 컴퓨터그래픽이 보급되면서 영화계에서 스톱모션 기술을 비롯한 구식 특수효과 전문가들의 활동 영역이 크게 위축되지 않았던가.

내게는 사람들이 자기 부족의 중요한 토템을 모욕당해 화를 내는 원주민처럼 보였다. 현대 사회에서 개인의 창의성과 고유성이라는 개념은 아주 중요하게 받아들여진다. 사무실에서 작성하는 보고서 중에서는 굉장히 창의적인 내용을 담은 것도 있겠지만, 보고서라는 물건 자체가 그런 중요한 토템으로 취급되지는 않는다. 구식 영화 특수효과에는 굉장한 창의성이 필요하지만 그 작업은 불행히도 우리 문화에서 전면에 잘 드러나지 않았고 중요한 상징으로 여겨지지도 않았다.

반면 주립 미술대회와 〈진주 귀걸이를 한 소녀〉를 소장한 미술관은 문화를 이루는 공식 토템의 일부분이자 그런 토템을 지키는 수호자로 간주된다. 상금이 300달러인 콜로라도 주립박람회 미술대회나 모작을 전시하겠다는 미술관의 이벤트에 제출된 작품들의 수준이 엄청나게 창의적일 것 같지는 않지만 말이다.

그래서 생성형 AI로 만든 그림이 미술관에 걸리고 미술대회에서 상을 탔을 때 사람들은 AI 번역기나 닭을 튀기는 로봇을 접했을 때와는 다르게 반응했다. 그 그림이 미술관에 걸리는 것은 인간이 높은 가치를 부여하고 소중히 여기는 '창조 행위'를 훼손하는 일처럼 느껴졌다. 죽은 배우를 AI 기술로 되살렸을 때도 사람들은 원본 없는 디지털 배우(자자 빙크스라든가)를 새로 만드는 것과 다르게 반응했다. 그것은 어떤 사람이 고유하기 때문에 그 사람이 죽으면 그 사람과 똑같이 생기고 똑같이 말하는 사람을 되찾을 수 없다는 기존의 믿음을 훼손하는 일처럼 느껴졌다.

그러나 결국은 사람들이 인식을 바꿀 것이다. 어떤 기술은 사람들의 현실 인식을 바꾸고, 새로운 인식을 지닌 후손들은 과거의 인식을 낯설고 우스꽝스럽게 여기게 된다. 그러면 옛 토템은 하나둘 무너진다. 그 토템이 보호하던 가치도 흔들리거나 무너진다.

'인공지능은 그저 도구일 뿐이며, 사용 여부는 각자 선택하면 되고, 사용하건 사용하지 않건 각자가 추구하는 가치를 지켜나가면 된다' 같은 말을 하는 사람을 본다. 그들의 순진한 전망은 틀렸다. 인공지능을 사용하지 않더라도, 인공지능을 사용하는 다른 사람들 때문에 내가 추구하는 가치가 변하고 뒤바뀐다. 나를 둘러싼 기술-환경이 바뀌기 때문이다. 내가 다른 사람과 더불어 살아가는 한 그 영향을 받는다. 내가 수렵채집에 의존하는 생활 방식을 고집하더라도, 내 주변 사람들이 농사를 짓기 시작하면 나는 예전처럼 살 수 없다. 내가 수렵채집인으로서 성스럽게 여기는 나무를 농사를 짓는 사람들이 베어 내면 나는 화가 날 것이다. 내가 추구하는 가치와 생활하는 방식이 무너졌기 때문이다.

어떤 기술은 사람들의 인식과 행동에 영향을 미친다. 그런 기술은 사람들이 서로 관계 맺는 방식과 다른 사람의 성취를 평가하는 기준을 바꾸고, 공동체에 새로운 금기와 규칙을 만든다. 그 규칙들은 새로운 제도와 질서가 되고, 그 질서에 따라 새로운 계급과 문화를 지닌 새로운 사회구조가 탄생한다.

중세 서양 봉건제의 기원을 등자[안장에 달린 발 받침대]의 발명에서 찾는 역사학자들이 있다. 그때부터 전쟁터에서 중기병(重騎兵)의 위력이 크게 강해지면서 말과 숙련된 기사를 얼마나 확보하느냐가 영주들의 생존을 좌우하는 문제가 됐고, 경제 시스템이 그에 맞게 바뀌었다는 것이다. 사람들이 말이 아니라 자동차를 타고 다니기 시작하자 집에서 먼 곳으로 출근할 수 있게 됐고, 도시의 규모가 커지고 형태가 변했으며, 제조업체와 유통업체가 일하는 방식이나 사람들이 여가를 보내는 방식이 모두 바뀌었다. 석유, 원자폭탄, 소셜미디어의 사회적 영향도 아주 길게 서술할 수 있다.

영화가 등장하기 전에는, 무언가 움직이는 것을 보았다면 그것은 실제로 내 눈앞에 있는 것이었다. 내가 미쳤거나 꿈을 꾸는 게 아닌 이상, 시각 정보는 늘 그 순간의 물리적 실재를 반영했다. 렌즈나 복잡한 거울 장치를 쓰지 않은 이상, 걷고 있는 사람의 얼굴이 크게 보인다면 그가 내게 가까이 있는 것이며, 작게 보인다면 멀리 있는 것이었다. 내 몸을 움직이지 않고서는 한 대상을 여러 관점으로 볼 수 없었다. 지나간 일을 다시 볼 수도 없었다.

수만 년 넘게 그것은 의심할 여지가 없는 진실이었다. 그래서 〈열차의 도착〉과 〈대열차강도〉를 본 1900년 전후의 사람들은 심한 혼란을 느꼈다. 두 영화가 흑백영화인 데다가 무성영화여서 결코 현실 같지 않았는데도 말이다. 그리고 그로부터 100년도 지나지 않아 MTV가 나왔고 영상 세대가 등장했다. 클로즈업이나 몽타주 같은 영화 기법은 이제 너무 자연스러워서, 우리는 우리 눈으로는 사물을 그렇게 볼 수 없다는 사실조차 간혹 잊어버린다.

기술이 모든 것을 결정하지는 않는다. 하지만 심오하고 근본적인 영향을 끼치는 기술이 존재한다. 강인공지능뿐 아니라 약인공지능도 그런 기술이다. 헨리 A. 키신저 전 미국 국무장관, 에릭 슈밋 전 구글 최고경영자(CEO), 대니얼 허튼로커 미 매사추세츠공대(MIT) 교수는 함께 집필한 『AI 이후의 세계』에서 구텐베르크의 인쇄기가 가져온 변화보다 더 큰 변화를 생성형 AI가 일으킬 거라고 주장한다.[21]

나는 한 세대 뒤면 사람들의 현실 인식이 인공지능과 단단히 결합되어 있으리라고 예상한다. 한 세대 뒤의 사람들은 자신들이 사용하는 인공지능보다 2020년대의 대중이 인공지능에 보인 반응을 오히려 더 낯설게 여길 것이다. 2020년대에 사람들이 중요하게 생각한 토템 몇 가지는 그때는 이미 무너져 있을지도 모른다. 개인의 창의성이라든가 고유성, 혹은 다른 개념들이 완전히 부서지거나, 기묘하게 왜곡되거나, 균열이 나 있을 것이다. 바둑계에서는 그런 일이 이미 일어나기 시작했다.

전문가의 권위가 추락할 때

바둑 AI 프로그램이 보급되면서 프로기사들이 의혹의 눈길로 서로를 바라보게 되고 대국장에 보안검색대와 무선전파 차단기가 설치되고 기원의 규정이 바뀌는 것은 그런 차원에서 보면 아주 사소한 변화다. 바둑계 안에서만 따져보더라도 기사들의 작은 공동체와 대국장이라는 크지 않은 물리적 공간 밖에서 벌어진 변화가 당연히 더 크다. 바둑 팬들의 인식이 바뀌었고, 조심스럽게 다뤄지던 몇 가지 토템도 무너졌다.

예를 들어 바둑 중계를 보자. 다소 냉소적으로 말하자면, 바둑 중계는 인공지능이 도입된 이후 경마 중계와 흡사해졌다.

알파고 이전까지 바둑 중계방송에서 시청자들에게 가장 답답했던 것은 '누가 얼마나 우세한지 알 수가 없다'라는 점이었다. 해설자가 '지금 어느 기사가 더 유리한 것 같습니다' 같은 식으로 해설을 하기는 했다. 그러나 최고수들이 온 힘을 기울여 실력을 겨루는 난해한 대국에서는 진행자는 물론이고 해설자까지 대국자들의 수읽기를 제대로 따라가지 못하는 경우가 드물지 않았다. 형세판단을 할 때도 '지금 어느 쪽이 다소 유리하다'라는 식으로 정성적인 분석을 할 때가 많았다. 직접 두지 않고 남의 바둑을 옆에서 지켜볼 때 평소보다 실력이 좋아진다는 게 바둑계 속설이지만, 제대로 이해하지 못하는 대목은 설명을 피하거나 두루뭉술하게 넘어가는 해설자도 있었다.

2002년 국가대항전인 제4회 농심신라면배 세계바둑 최강전 4국 생중계를 해설한 문용직 4단은 형세판단이 어려우면 옆방으로 뛰어갔다고 고백했다. 그가 '흑과 백의 차이가 미세하다'라고 말해도 바둑 팬들은 만족하지 않았고, 그러면 검토실에 뛰어가서 대국을 검토하던 다른 기사들에게 현재 상황을 어떻게 평가하는지 물었다고. 그런데 그런 때 한중일 3국의 정상급 기사들이 내놓는 분석 역시 '미세하다'라는 것이었다.[22] 2005년 국수전을 해설한 김승준 9단은 대국 초중반에 그냥 솔직하게 "뭐가 뭔지 모를 어려운 싸움의 연속"이라고 적기도 했다.[23]

바둑 중계에 인공지능을 도입하자 누가 몇 퍼센트 우세한지 정확하게, 그것도 실시간으로 알 수 있게 됐다. 바둑TV는 2019년부터 모든 대국 중계에 AI 형세판단 시스템을 도입했다. 기사들이 한 수를 둘 때마다 수치와 막대그래프로 기대 승률을 표시하는 방식이었다. 바둑TV는 돌바람, 미니고, 엘프고, 릴라제로 등 다양한 바둑 AI 프로그램들을 활용했다. 진행 중인 대국에 대해서도 실시간으로 관전기를 썼는데 이런 식이었다. "안국현 8단의 승리 확률이 5퍼센트까지 추락했다. 중국 국가대표팀에서 사용하는 최강의 바둑 인공지능 절예의 분석에서 탕웨이싱 9단(백)의 승리 확률이 95퍼센트까지 올라갔다."[24]

이 문장들이 '7번 말이 아직까지 선두를 지키고 있지만 3번 말이 치고 들어옵니다'라는 경마 중계방송 멘트와 근본적으로 무엇이 다를까?

어떤 이들은 인공지능 덕분에 바둑 중계가 더 나아졌다고, 객관적인 분석이 가능해졌고 덕분에 학습 기회도 늘어났다고 주장한다. 남치형 교수는 "요즘 바둑TV를 보면 과거와 달리 볼만한 포인트들이 있어요"라고 말했다.

"예전에는 누가 이기고 지고 있는지를 전혀 안 보여주다가 끝에 알려줬어요. 요즘은 바둑을 모르는 사람이라도 누가 지금 몇 퍼센트 확률로 이기고 있다는 정도는 알 수가 있고 그런 측면에서 바둑을 즐기기에 더 좋은 요소가 하나 더 생긴 거죠. 중계방송 보는 데 있어서만큼은 훨씬 재미있어졌다고 저는 생각해요."

이하진 4단도 주변에서 비슷한 얘기를 들었다고 했다.

"요즘은 바둑TV에서 대회 생중계를 하면 AI가 분석한 승률 그래프를 다 띄워놓잖아요. 전에는 해설자도 형세를 잘 모르니 명확하게 말을 못 했는데 이제는 그 그래프 덕분에 딱 보면 흑이 좋은지 백이 좋은지 확실히 알 수 있으니 중계를 보는 게 더 재미있다고 하는 얘기들을 들었어요."

안성문 바둑전문기자는 "해설자나 진행자가 AI 덕분에 되게 편해졌어요"라고 말했다.

"전에는 대국을 해설하거나 방송을 진행하면서 계가[집 수를 헤아림. 정상급 프로기사들은 대국이 끝나지 않은 상황에서도 흑과 백이 각각 몇 집인지를 머릿속으로 정확히 계산한다]를 해야 하는데 그걸 대국 중인 기사보다 잘하면 얼마나 더 잘하겠어요. 해설하랴 집 헤아리랴 정신없다 보니 계가가 틀려요. 방송하면서 '흑이 좀 나은 것 같다'라고 말했는데 제대로 계가하면 백이 우세해서 항의를 받는 식이죠. 예전 방송국에서는 아예 계가하는 아르바이트생을 따로 고용하기도 했어요. 저도 그런 아르바이트를 했죠."

'바둑 중계가 경마 중계와 비슷해졌다'라는 비판에 대해 이다혜 5단은 "그건 해설자의 역량에 달린 문제"라고 반박했다.

"AI 승률 그래프는 정말 필요해요. 예전에는 누가 유리한지 해설을 맡은 프로기사들이 알려줬는데 그게 정확한지 아닌지는 사실 모르는 거였죠. 틀린 사람도 꽤 많았을 거예요. 스포츠 경기에는 스코어가 항상 있는데, 바둑도 스포츠로 간 마당에 누가 이기고 있는지는 당연히 알려줘야죠. 승률 그래프를 보여주긴 보여줘야 하는데 거기에 맞게 깊이도 있는 새로운 해설 방식이 아직 안 나온 상태라고 봐요. 어떤 해설자들은 AI 추천수만 보고 그냥 '여기가 제일 높네요' 하고 설명을 끝내는데 그러면 안 될 거 같아요."

박정상 9단은 자신의 해설도 달라졌다고 말했다.

"전에는 해설할 때 같이 바둑을 둔다는 느낌으로 대국자의 생각에 집중했죠. 지금은 인공지능이 실시간으로 보여주는 추천수나 승률 변화를 시청자들에게 잘 전달하는 쪽으로 해설자의 역할이 바뀌었어요. 전에도 어느 정도 해설자가 실력이 있어야 말에 권위가 생겼는데, 지금은 그런 실력에 더해 인공지능의 판단을 인간의 감성으로 풀어서 시청자에게 전하는 역할을 해야 해요. AI 추천수가 당장은 이해가 안 가도 중계실에 컴퓨터가 있으니까 변화도를 찍어보면서 추적하다 보면 웬만하면 거의 이해돼요. '인공지능은 지금 이런 길을 봐서 이 선수의 승률을 이렇게 평가했지만 이건 인간의 길이 아니고 저 선수도 이런 길을 보고 있을 리가 없으니 제 생각에 승률은 이럴 거 같습니다' 하는 식으로 풀어서 말씀드리기도 합니다."

바둑 중계에 인공지능이 도입되자 관전 문화도 바뀌었다. 알파고 이전에는 바둑 팬들이 존경심을 품고 초일류 기사들의 이해하기 어려운 수를 바라봤다. 오랜 고민 끝에 나온 심오한 수라 믿으며, 조금이라도 거기에 다가가고자 했다. 그런데 이제는 기사들이 둔 수를 AI 추천수와 비교할 수 있게 됐다. 팬들은 이제 그런 일을 집에서 자기 컴퓨터로, 실시간으로 할 수도 있다.

알파고 이전에는 인간 최강자끼리 바둑을 두는 동안 그 대국에 대해서는 당사자인 두 대국자가 가장 잘 알았다. 알파고 이후에는 자신이 두는 바둑의 형세를 가장 모르는 사람이 바로 그 두 대국자다. 해설을 맡은 프로기사나 그 해설을 듣는 시청자들은 인공지능 덕분에 실시간 형세와 다음에 두어야 할 수를 훨씬 더 정확히 안다.

알파고 이전 바둑 팬들은 일류 기사들의 대국을 보다 이해가 가지 않는 수가 나오면 존경심을 품고 '저 기사는 왜 저 자리에 돌을 둔 걸까' 하며 고심했다. 이제는 AI 추천수와 비교하며 '저 양반은 꼭 중반에 저런 실수를 잘 하더라' 하고 품평한다.

조혜연 9단은 "'방구석 관전객'들 입김이 너무 세요, '방구석 전문가'들이 너무 많아졌어요"라고 표현했다.

"예전에는 프로기사들이 고유의 이론과 기풍을 존중받았는데, 지금은 난도질을 당합니다. 조혜연의 개성을 느끼려고 하지 않고 조혜연이 둔 '떡수[실착, 완착 등 좋지 않은 수를 속되게 이르는 말]'를 지적하려 해요. '조혜연 너는 지금 AI 일치율이 19퍼센트야, 분발 좀 해, 그 수는 대체 뭐야' 같은 얘기를 듣는데 그런 현상이 너무 가슴이 아파요. 성숙한 바둑 애호가는 그런 식으로는 말하지 않지만요."

명실상부한 세계 최강자 신진서 9단도 그런 아쉬움을 토로했다.

"예전에는 저 정도의 위치라면 제가 두는 수가 거의 정답이 돼야 했겠죠. 그런데 이제 AI가 그 수를 떡수라고 하면 중계를 보시는 분들은 '저 사람은 랭킹 1위인데도 저런 수를 두는구나' 하고 생각하실 수도 있죠. 바둑을 아주 좋아하시는 분들은 이걸 두고 프로기사들이 못해서가 아니라 AI가 너무 위에 있기 때문이라는 걸 아시니까, 저는 이 정도는 감수할 수 있다고 생각해요."

바둑 전문 방송 채널인 K바둑의 임원이기도 한 김효정 3단은 "시청자들이 AI 승률 그래프만 봐요"라며 아쉬워했다.

"프로 시합이든 아마추어 시합이든 겨우 초중반인데 시청자들이 승률 그래프를 보면서 승부가 결정된 것처럼 생각해요. 무조건 그 그래프로 판단하고요. 제가 '이 그래프 한 번만 치우고 옛날처럼 방송해 보자'라고 의견도 내봤어요. 그랬더니 제작 부서에서 절대로 안 된다는 거예요. '이사님, 그러면 시청률 바닥입니다. 바로 채널 돌아갑니다' 하면서요."

김효정 3단은 바둑 중계에 인공지능이 도입되며 해설자들이 자기 의견을 말하지 않게 된 점도 안타까워했다.

"해설자들이 그냥 인공지능을 돌려보고 그걸 설명하죠. 그 설명을 누가 더 간결하게 잘하느냐의 경쟁이죠. 해설자가 자기 생각을 얘기하면 시청자들이 되게 싫어해요. '인공지능한테 물어보면 되는데 자기가 뭘 안다고 얘기해' 하는 반응들이 있어요."

정수현 9단은 칼럼에서 프로기사들이 바둑 기술의 전문가 지위를 잃으면서 정체성 혼란을 겪고 있다고 썼다.[25]

"전에는 프로기사라면 바둑계에서 선생님급으로 인정을 받았는데, 인공지능이 나온 뒤부터는 그러기 어렵잖아요. 바둑 해설자들도 고수들인데 중계를 하다가 '인공지능에게 한번 물어볼까요' 라고 말할 때가 굉장히 많습니다. 무슨 프로들이 해설하면서 까딱하면 인공지능을 돌려보고 싶은데, 그게 현실이에요. 그런데 그 방송을 보는 아마추어들도 '프로가 왜 인공지능한테 물어보나, 실력이 없네' 그런 얘기도 안 하고 그게 그냥 당연한 일이 됐어요."

《월간바둑》 기자와 편집장을 지내고, 현재 인터넷 바둑 서비스업체인 오로바둑 임원인 정용진 전무는 바둑 AI 프로그램으로 인해 바둑 중계와 해설의 깊이가 없어지고 해설자들도 개성을 잃었다고 비판한다.

"바둑 팬들이 전부 인공지능으로 대국을 들여다볼 수 있고, 그러다 보니 '저 사람이 해설을 엉터리로 하네, 지금 흑이 유리한데 백이 유리하다고 하네' 그렇게 지적할 수 있잖아요. 이렇게 권위가 떨어지다 보니까 해설자들이 불안감을 느끼고 자꾸 인공지능에게 의지하게 됩니다. 자기 목소리는 사라지고 '이 대목에서 인공지능은 이렇게 둬야 한다고 하네요' 하는 식으로 얘기하게 되죠. 인공지능이 제시한 수를 자기가 소화해서 알기 좋게 버무리고 풀어주면 해설이 나아지는 효과가 있을 수 있겠죠. 그런데 지금은 그렇지 않아요."

정수현 9단은 이런 현상이 다른 분야에서도 일어날 거라고 예상한다. 과거 사례들이 있으면 그 패턴을 인공지능이 분석해서 현 상황에 적용할 수 있지 않겠는가.

"프로들이 잘 모르면 인공지능에게 물어봐야겠죠. 예를 들어 경영 분야에서도 제일 중요한 건 의사결정 아니겠어요? 새로운 사업에 투자를 할 건지 말 건지, 이런 걸 최고경영자들이 인공지능의 도움을 받아야겠죠. 사법이나 경제, 회계 이런 분야에서도 인공지능이 나오겠죠. 정치도 지금은 여당이랑 야당이 싸우지만 인공지능에게 물어서 '이렇게 하는 게 정책 효과가 높다'라고 빨리 답을 얻으면 그게 좋지 않겠어요?"

정수현 9단의 이야기를 들으며 나는 묘한 생각을 했다. 내가 운전을 할 때 늘 내비게이션이 제안하는 경로를 따라간다면, 나는 내비게이션의 도움을 받는 걸까, 내비게이션의 명령을 받는 걸까? 내비게이션이 제안하는 경로를 따르지 않고 내 마음대로 길을 선택할 수 있지만, 그때마다 시간과 연료를 그만큼 낭비하게 된다면 그때 나의 상황을 '내비게이션의 명령을 따르지 않아 처벌을 받는다'라고 표현할 수도 있을까? 만약 내 차 조수석과 뒷좌석에 동행인들이 있고, 그들이 당연히 내가 내비게이션이 제안하는 경로대로 운전하리라 예상한다면, 그때 내게 내비게이션의 제안을 따르지 않을 자유는 얼마나 있는 걸까?

내가 속한 조직이나 사회에서 중요한 의사결정을 내릴 때 매번 인공지능의 제안을 충실히 따른다면, 내가 속한 조직과 사회는 인공지능의 지배를 받는 걸까?

무엇이 전문가를 만드는가

헝가리 출신 유대인 물리화학자이며, 노벨상 후보로도 거론됐던 마이클 폴라니는 2차 세계대전 이후 연구 분야를 과학철학으로 바꿨다. 과학철학자로서 그의 주요 업적 중 하나는 '암묵지(暗默知·tacit knowledge)'라는 개념을 제시한 것이다.

암묵지란 언어로 표현하기 어려운, 경험으로 익힌 지식이다. 두발자전거 타는 법을 아무리 상세하게 글로 적어봤자 그걸 읽고 두발자전거를 바로 탈 수 있는 사람은 없다. 휘파람 부는 법, 수영하는 법, 바둑 두는 법도 마찬가지다. 이때 매뉴얼로 정리한 글을 형식지(形式知·explicit knowledge) 혹은 명시지(明示知)라고 한다.

명료한 언어로만 이뤄질 것 같은 과학 연구에서도 암묵지의 역할은 중요하다. 지도교수에게 일대일 지도를 받으면서 논문 잘 쓰는 법을 배우고, 선임 연구원으로부터 사소하지만 중요한 실험 요령을 전수받는다. 과학 외의 다른 분야에서는 말할 것도 없다. 사실 현대 조직들은 몇몇 구성원이 가진 암묵지를 파악해서 다른 구성원에게 전파하려고 엄청 애를 쓰며, 이것이 이른바 '지식경영'의 핵심이다.

그런데 이게 잘 안된다. 내 경험을 예로 들자면 내가 10년 넘게 다녔던 신문사도 이 일에 열심이었다. 기자들의 취재 노하우도 대표적인 암묵지다. 기자들의 취재력은 천차만별인데 어느 분야를 담당하든 특종을 쏟아 내는 탁월한 기자가 있는가 하면 어느 분야를 맡아도 취재가 부실한 기자도 있다. 그런가 하면 경험과 훈련으로 취재력을 끌어올릴 수 있는 것도 분명한 사실이고, 주니어 기자들의 취재력을 잘 끌어올리는 시니어 기자도 있다.

내가 다닌 신문사는 그런 시니어 기자들의 취재 노하우를 글자로 기록해서 많은 주니어 기자에게 전수하려 여러 시도를 했다. 비공개 게시판을 만들었고, 자기 노하우를 거기에 글로 써서 올리는 시니어 기자들에게는 인센티브를 주었다. 취재력이 뛰어난 기자를 사내 강사로 섭외해 다른 기자들을 상대로 강의하게 했고,

기자들의 스터디 모임이나 워크숍도 지원했다. 그런 일을 회사 차원에서도 하고, 부서 차원에서도 하고, 팀 차원에서 자발적으로 하기도 했다.

나도 몇 번 시도했다. 대충이라도 매뉴얼을 만들어 놓으면 주니어 기자를 교육하는 데 걸리는 시간을 절약할 수 있으리라 생각했기 때문이었다. 그런데 이런 '매뉴얼'은 아무리 대충 만들어야지 생각하고 작업해도, 만드는 데 상상 이상으로 시간이 오래 걸렸다. 그리고 막상 써놓고 보면 늘 부실하게 느껴졌다. 뭔가 얼버무린 느낌이라 내가 의도한 정확한 조언이 되지 못했고, 주니어 기자들에게도 큰 도움이 되지 않았다. 그냥 그때그때 '이건 이렇게 해야지, 이건 이렇게 하면 안 되지!' 하고 일대일 코칭을 해주는 게 훨씬 나았다. 취재 환경도 급격히 변해서 끊임없이 업데이트하지 않으면 매뉴얼은 금세 틀린 내용투성이가 됐다. 결국 나도 '매뉴얼 따위 만들어서 뭐 하나, 취재는 실전이야'라고 말하는 시니어 기자 그룹에 합류했다.

이런 매뉴얼과 비슷한 접근법이 1980년대에 인공지능 업계에서 유행했다. '전문가 시스템'이라는 재미없는 이름의 방식이었다. 전문가들이 지닌 지식과 경험을 규칙 형태로 입력한 데이터베이스를 만들면 그 데이터베이스가 전문가처럼 다양한 상황에 답을 내놓을 수 있을 것이라는 발상이었다.

인공지능과 전문가 시스템을 적극적으로 도입하려 했던 곳 중 하나가 의료 분야였다. '환자가 온다→증상을 물어본다→해당 증상에 맞는 질병이 뭔지 파악한다→그에 맞게 처방을 내린다…' 당시 인공지능 연구자들은 이런 식으로 의사가 하는 일의 상당 부분을 기계로 대체할 수 있으리라 생각했다. 물론 실패로 끝났다. 그런 접근법으로 대처하기에는 현실이 너무 복잡했고, 의사들의 전문 지식도 모호했다.

근본적으로는 우리가 사용하는 언어의 한계가 있다. 우리는 실제 세계를 상당한 정도로 추상화·범주화해서 이해한다. 그리고 거기에 언어는 큰 도구가 된다. 바닷가에 나가면 엄청나게 많은 숫자의 모래알이 있고, 그 모래알은 자세히 들여다보면 모두 다르게 생겼다. 저마다의 특징이 있다. 그러나 우리는 그 모래알 각각에 이름을 붙이지는 않는다. 그냥 모래알이라고 뭉뚱그려 부른다. 그 모래알들을 모두 구분하려 하는 사람은 의미 있는 사고를 하지 못하게 된다(보르헤스가 그런 상황을 소재로 「기억의 천재 푸네스」라는 매력적인 단편소설을 쓴 바 있다).

그런데 어떤 대상은 그런 추상화·범주화가 언어로는 잘되지 않는다. 우리는 여러 마리의 고양이 개체를 보고 '고양이 종(種)'이라는 추상적인 개념을 습득한다. 여러 마리의 개 개체를 보고 '개 종'이라는 개념도 알게 된다. 그 개념을 이해한 사람은 처음 보는 고양이 개체를 봐도 그걸 고양이라고, 처음 보는 개 개체를 봐도 그걸 개라고 분류할 수 있다. 그때 우리가 언어에 의존하는 정도는 크지 않다.

아이에게 고양이와 개라는 개념을 가르치는 부모를 생각해보자. 부모들은 '얘는 고양이란다, 얘도 고양이야, 얘도 고양이야, 야옹이한테 안녕 해봐, 얘는 개야, 얘도 개야, 멍멍이한테 안녕 해봐' 하는 식으로 가르친다. '고양이는 얼굴 전체 면적에서 눈이 차지하는 면적이 넓고 동공이 세로로 길쭉하다는 특징이 있어'라고 가르치지는 않는다. 포유강 식육목 고양잇과에서 표범아과와 고양잇과의 차이가 어떻다는 식으로 설명하지도 않는다.

그런 걸 가르치지 않아도 아이들은 고양이의 특징을 결국 이해하고, 종으로서의 고양이라는 추상적인 개념을 습득한다. 고양이 개체들의 공통적인 특징이 있으며, 털 길이나 색상은 거기에 해당하지 않는다는 사실도 알게 된다. 간혹 그 과정에서 표범이나 호랑이를 보고 '큰 고양이다' 하고 착각하기도 하겠지만.

주니어 기자에게 취재 요령을 전수할 때도 마찬가지다. 언론학 교수들이 강의실에서 쓰는 저널리즘 용어가 등장할 일은 거의 없다. '이건 이렇게 해야지, 이건 이렇게 하면 안 되지!' 같은 말을 수십 번 하다 보면 어느새 주니어 기자가 취재 요령을 몇 가지 터득하고 있다. 고참 형사가 신참 형사에게 수사 요령을 전수할 때도 비슷하다. 뭔가 패턴이 있긴 있고 추상화도 가능한데, 언어 밖에서, 암묵지의 형태로 정리된다.

인공지능에게도 '얘는 고양이란다, 얘도 고양이야, 얘도 고양이야' 하는 식으로 고양이가 무엇인지를 가르칠 순 없을까? 있다. 머신러닝(기계학습)이 그런 접근법이며, 그중에서도 인간의 뉴런 구조를 본뜬 인공신경망 기법, 다시 그중에서도 딥러닝이 현재 가장 각광받는 방법론이다. 알파고가 바로 딥러닝의 산물이고, 딥러닝이라는 개념을 대중에게 가장 널리 알린 프로그램이기도 하다.

일본의 인공지능 연구자이자 일본인공지능학회 윤리위원장을 지내기도 한 마쓰오 유타카는 딥러닝을 '특징표현 학습'이라고 설명한다. 인간이 자신이 파악한 대상의 특징을 추상화된 개념으로 기계에 입력하는 게 아니라, 기계가 스스로 대상의 특징을 파악해 개념을 만든다는 얘기다.

그런데 그렇게 하면 같은 대상에 대해 기계가 품은 개념이 인간이 정의한 개념과 달라질 수 있다. 마쓰오 교수의 표현을 빌리자면, "인간이 아직 언어화하지 않은, 혹은 인식하고 있지도 않은 '특징'을 가지고 고양이를 분별하는 인공지능"이 나올 수도 있다.[26] 그리고 그런 인공지능의 개념을 인간은 이해하지 못할 수도 있다. 어떤 인공지능이 인간보다 더 빠르고 정확하게 개와 고양이를 구분하지만, 어떻게 그렇게 구분하는지, 개와 고양이의 숨은 차이점이 무엇인지 인간은 알 수 없는 상황이다. 인간이 수천 년간 개와 고양이를 보아왔다 하더라도. 바둑계에서 일어난 일이 바로 그런 것이었다.

마쓰오 교수는 그의 책 『인공지능과 딥러닝』에서 딥러닝을 "인공지능 연구에 있어서 50년간의 혁신"이라고 썼다. 그는 언론 인터뷰에서 인공지능의 발전을 산업혁명에 비유하면서도 새로운 일자리는 계속 생길 것이라고 낙관한다. "인공지능은 강력한 도구지만 사용하는 주체는 인간"이라는 입장이다.[27]

많은 인공지능 전문가가 그런 식으로 말하는데, 나는 다소 의견이 다르다. 그런데 내 의견을 적기 전에 근본적인 질문을 하나 던지고 싶다. '새로운 일자리는 계속 생길 것'이라고 말할 때, 일자리란 정확히 무엇을 의미하는 걸까? 사회적 가치와 자긍심의 원천인가, 아니면 내가 계좌로 상당한 돈을 꾸준히 입금받는 어떤 이유를 말하는가?

어떤 분야에서는 전문가의 실력이 암묵지를 얼마나 갖추고 있느냐에 달려 있다. 저널리즘 이론을 오래 공부했다고 뛰어난 기자가 되는 게 아니고, 범죄수사론 교과서를 달달 외웠다고 뛰어난 형사가 되는 게 아니다. 뛰어난 임상의, 뛰어난 변호사, 뛰어난 경영인, 뛰어난 정치 컨설턴트도 마찬가지다. 프로기사와 소설가에게 바둑 이론이나 문학 이론의 효용은 크지 않다. 뛰어난 프로기사는 바둑 두는 법에 대해 뭔가를 깊이 알고 있고, 뛰어난 소설가도 소설 쓰는 법에 대해 뭔가를 이해하고 있는데, 그 지식은 언어로 잘 표현되지 않는다.

그렇기 때문에 그런 분야에서 인간 전문가의 지식은 쉽게 복제되지 않고, 희소성이 있다. 뛰어난 변호사, 뛰어난 경영인이 높은 연봉을 받는 것, 뛰어난 임상의가 수술실에서 권위를 얻는 것은 그들이 지닌 암묵지 때문이다. 그 암묵지는 많은 인간 전문가에게 단순히 그들이 보유한 지식 상품이 아니라, 자기효능감과 자부심, 자존감의 근원이기도 하다.

그런 이들에게서는 현장 업무에 대한 애착, 매일의 작업을 일종의 수련으로 여기는 자세, 더 나아가 자기 직업을 삶과 동일시하는 경향 등이 나타난다. 소설가들의 인터뷰나 에세이에서 흔히 보는 얘기다. 헤밍웨이는 미국의 문학 잡지 《파리 리뷰》와의 인터뷰에서 자신의 작업 방식을 이렇게 설명했다.

"아침 여섯 시에 글쓰기를 시작해서, 정오 무렵까지 아니면 정오 전에 글쓰기를 끝냅니다. 글쓰기를 끝내면 마치 텅 빈 것처럼 되지요. 동시에 그것은 텅 비는 것이라기보다는 가득 채우는 듯한 느낌을 줍니다."[28]

레이먼드 카버는 같은 잡지와의 인터뷰에서 자신의 단편소설 「대성당」은 이전 작품과 완전히 다르다며 이렇게 설명했다. "저는 이것이 글 쓰는 방식의 변화를 반영하는 것만큼이나 삶의 변화를 반영한다고 생각해요. 「대성당」을 쓸 때 어떤 강한 감정을 느꼈고, '이게 내 삶의 목적이야, 이것이 내가 이 일을 하는 이유야'라고 느꼈답니다."[29]

1953년 창간한 《파리 리뷰》는 세계적인 소설가들을 수백 명이나 인터뷰했는데, 그들 중 자신의 암묵지를 명료하게 설명하는 사람은 아무도 없었다. 그들은 자신이 아는 바에 대해 5장에서 살폈던 것처럼 비유를 동원하거나, 자기들 생각에 완전히 헛짚은 주장에 대해 '그건 아니다'라고 부정하는 식으로 설명한다.

동시에 그들은 자신들의 창작 노하우가 형식지가 아니라 암묵지라는 사실을 얼마간 즐기는 듯 보이며, 그 사실에 경외감을 품고 있는 것 같기도 하다. 자신이 어떤 일에 대단한 정신적 에너지를 들여 남들보다 나은 결과물을 내지만 어떻게 그렇게 하는 건지 제대로 설명할 수 없을 때, 그 과정은 영적 체험처럼 느껴진다.

그런데 딥러닝 기법을 사용하는 인공지능은 인간 전문가들보다 더 풍성하고 정확한 암묵지를 지니게 될지 모른다. 의사의 경우를 예로 들어보자. 인간 의사 한 명이 체험할 수 있는 임상 사례에는 한계가 있으며, 그가 오랜 현장 경험을 통해 얻은 통찰 역시 그러하다. 그런 통찰을 지닌 임상의는 인간이 평생 훑어보는 것조차 다 할 수 없을 수많은 임상 사례를 검토하고 거기에서 중요한 '특징'을 찾아낸 AI 의사와 어떤 관계를 맺게 될까? 인간 의사는, 적어도 진단 영역에서는 AI 의사에 의해 완전히 대체될까?

그렇지는 않을 것이다. 우선 기업들이 바보가 아닌 한 의료 현장에서 유용한 암묵지를 습득한 인공지능에게 'AI 의사'라는 이름을 붙여서 서비스를 개시하지는 않는다. 아마 'AI 진단 도우미' 정도 느낌을 주는 안전한 단어를 선택할 것이다. 그리고 그런 서비스를 개시하면서 'AI 진단 도우미는 절대 인간 의사를 대체할 수 없다, 인간 의사만이 할 수 있는 일이 있다'라고 여러 번 강조할 것이다. 반발을 일부러 살 필요가 있겠는가.

그러나 뒷좌석에 승객이 있을 때 택시 기사가 내비게이션의 제안을 거부하기 어렵듯이, 인간 의사도 AI 진단 도우미의 '제안'을 거부하기 어려워질 것이다. 그런 때 그의 수입은 장기적으로 어떻게 변할까? 그리고 그의 자부심은? 그의 권한과 책임은?

알파고가 등장했다고 프로기사들의 일자리가 순식간에 사라지지는 않았다. 그러나 프로기사들의 권위는 추락했다. 특히 교육 분야에서 그런 일이 두드러지게 발생했다. 통계는 없으나 많은 사람이 바둑 AI 프로그램의 등장이 프로기사들의 수입에도 영향을 미쳤다고 입을 모은다.

공존, 혹은 먹고사는 문제

상당수 프로기사가 바둑 학원에서 학생들을 가르치거나 직접 학원을 운영했다. 개인 과외를 하거나 지도대국이라는 이름으로 아마추어 동호인들과 바둑을 두고 수업료를 받는 기사도 적지 않았다. 한국 프로기사 수는 2022년에 겨우 400명을 넘어섰고, 2005년 전까지는 200명도 되지 않았다. 프로기사와 대국할 수 있다는 것은 아마추어 동호인에게는 귀한 기회였다. 알파고가 등장하기 전까지는 말이다.

바둑 AI 프로그램이 보급된 뒤 학원과 개인 과외, 지도대국의 수요는 당연히 곤두박질쳤다. 이하진 4단은 자기 블로그에서 "많은 프로기사에게 개인 과외와 지도대국은 중요한 수입원이었다"라며 "교습으로 생계를 꾸려온 이들은 새로운 길을 찾느라 고군분투 중"이라고 썼다.[30] 이하진 4단은 나와의 인터뷰에서 "수업료가 오르지 않고 수업 조건이 조금씩 더 안 좋아진다고 들었어요"라고 말했다.

교습 일자리가 어려워졌다는 데에는 다른 프로기사들도 이견이 없다.

"저도 변호사 한 명을 몇 년 동안 가르쳤는데, 그분이 알파고 이후에 '더 이상 바둑을 프로기사에게 배워야 할 이유를 못 찾겠어요'라면서 그만두셨어요. 바둑을 엄청나게 좋아해서 그룹 레슨도 받고 개인 과외도 받던 분이었어요. 그런데 알파고 이전까지는 바둑 사범들을 신처럼 생각했는데 그런 환상이 깨졌대요. 바둑을 배워야 할 이유 자체도 잘 모르겠대요. 그만큼 바둑에 진심이었던 거죠. 그래서 저도 이해한다고, 저도 멘탈 나갔다고 얘기했어요."
이다혜 5단

"아무래도 일자리가 줄었다고 봐야죠. 전에는 프로기사들한테 고급 선생으로서의 일자리가 많이 있었거든요. 전문적으로 바둑을 배우려고 하는 학생이나 실력이 좋은 아마추어들이 고수에게서 뭔가를 배우려 했죠. 그런데 이제 집에 컴퓨터 한 대 두고 인공지능과 두면 되죠." 유창혁 9단

"초등학생을 대상으로 하는 바둑 교육 시장은 상당히 괜찮아요. 인성을 키운다거나 집중력 강화에 초점을 맞춘 교육들이죠. 그런데 프로 수준으로 가려는 이들에 대한 교육 시장은 힘들어졌어요. 그 정도 레벨의 학생들이면 AI와 직접 대국하면서 AI의 수를 어느 정도 해석할 실력이 된 친구들이니까요. 그리고 바둑계가 AI에게 정복당했다는 이미지가 있기 때문에 프로기사를 지망하는 사람도 줄지 않았나 하는 생각이 들더라고요. '프로기사라는 직업은 이미 AI한테 먹힌 거 아닐까, 내 자식을 프로기사를 시키는 게 좋은 일일까' 하는 의문을 품는 부모들이 분명히 있을 거라는 생각이 들어요." 홍민표 9단

안성문 기자는 "전에는 프로기사들이 성적이 나빠도 다 먹고 살았지만 지금은 아주 극단적으로 배고파졌어요"라고 말했다.

"지금은 사람이 쓴 관전기를 보는 사람도 없고 프로기사의 강좌도 안 들어요. 궁금한 게 있으면 AI에게 물어보면 되죠. 큰돈은 아닐지 모르지만 그만큼 일자리가 사라진 거죠. 아마추어들이 프로를 마주치면 불편해하는 정도까지 이르렀어요. 알파고 이전에는 일반 기원에 프로기사가 가면 고수나 전문가로 대접을 받았어요. 식사를 대접하고, 깍듯이 예우하고, 지도를 받으면 많지는 않아도 대국료를 드리는 문화가 있었죠. 지금은 신진서 9단이나 박정환 9단 아니면 사람들이 신경도 안 써요. 아주 유명한 기사 아니면 그냥 구석에 쓸쓸히 앉아 있다가 갑니다. 과거처럼 존경받는 예인이나 도인의 취급을 받을 수가 없죠. 사람이 인정을 받는다는 게 중요한 요소인데 예전하고 비교도 안 되게 인정을 못 받죠."

다른 분야에서는 이런 일이 일어나지 않을 거라고 장담할 수

있을까?

이호승 3단은 인간 프로기사의 권위가 추락한 것이 전체 바둑 시장의 규모에도 영향을 미치리라 예상한다. 거액 상금이 걸린 바둑대회들은 대부분 한중일 대기업의 후원으로 운영된다. 그런 후원을 받으려면 명분이 필요하고, 바둑계는 바둑의 심오하고 신비로운 매력을 강조했다. 세상에 존재하는 게임 중 가장 복잡한 게임이며, 컴퓨터조차 인간 기사를 꺾지 못한다고. 그런데 알파고 이후에 바둑은 체스와 다를 바 없는 게임이 되어버렸다는 게 이호승 3단의 얘기였다.

"사실 바둑대회를 후원하는 기업들은 대개 회장님들이 바둑을 좋아하는 분들이었고, 그분들이 이제 물러나는 중이에요. 그러면 기업 입장에서 '우리가 이걸 왜 후원해야 하지' 하는 생각을 할 텐데, 바둑계에서 기업에 어필할 수 있는 명분 하나가 없어졌어요. 우승 상금이 3억 원인 장기대회 같은 건 없잖아요. 바둑계 종사자가 아닌 친구들과 대화를 하다가 '그런데 바둑을 왜 후원해줘야 하는 거야?' 하는 질문을 받을 때가 있어요. 그러면 제가 생각해 봐도 딱히 이유가 없더라고요. 씨름이나 태권도 같은 건 민속 스포츠니까 우리가 밀어줘야 한다는 명분을 내세울 수 있죠. 그런데 바둑에 대해서는 뭐라고 이야기해야 할까. 바둑계 외부에 있는 사람들에게도 바둑이 어떤 가치가 있는지 보여줘야 하는데 그런 명분을 찾지 못하면 지지를 얻기 쉽지 않죠."

바둑에 재능을 보이는 어린아이가 프로기사가 되겠다고 하면 말릴 거라고 이호승 3단은 말했다.

"저는 완전 반대해요. 노력 대비 얻어내는 게 있어야죠. 돈이 전부는 아니지만 지금은 프로기사가 돼도 노력한 것만큼 보상을 받기 어려워요. 취미로서 바둑은 좋은 거고, 생활 바둑의 가치는 여전히 있으니까 바둑이 널리 보급되면 좋겠고 많은 사람이 바둑을 두면 좋겠어요. 하지만 누가 자기 10대의 10년을 바쳐서 이 길을 가겠다고 하면 저는 무조건 말릴 것 같아요."

조혜연 9단은 AI 포석이 퍼지면서 바둑이 보는 재미가 없어졌고, 그래서 시장이 축소되고 있다고 말했다.

"중국은 모르겠지만 한국 바둑은 제가 봤을 때 굉장한 위기 상황인 거 같아요. 바둑을 보는 맛이 떨어지면서 '스포츠로서의 바둑'이 인기를 잃고 있어요. 똑같은 바둑이 없기 때문에 바둑에 매력이 있다고 생각했는데 바둑이 다 똑같아지면 매력이 크게 감소하죠. 프로기사들이 대국 100판을 다 똑같이 두면 저라도 안 볼 거 같아요. 지금 저희가 어떤 식으로 역풍을 맞고 있느냐 하면, 기전이 빨리빨리 없어집니다. 특히 남자 기전들은 거의 실종이 됐고요. 예전에는 팬층이 다양했는데 이제는 그냥 이기는 사람 위주로만 바둑을 봐요. 프로기사들이 440명 정도 되는데 바둑 팬들이 그중 세 명의 바둑만 보니까 당연히 산업이 쪼그라들죠. 그게 AI 포석이 본격적으로 한국 바둑에 자리 잡은 시기와 무관하지 않아요."

조혜연 9단은 "바둑이 직업이 아니게 될 날이 머지않았어요"라고 말했다.

"온 가족이 시간과 경제적인 지원과 노력을 들이고 당사자는 학업을 포기해가면서 프로기사가 되거든요. 그런데 그렇게 프로기사가 됐는데 생계유지가 안 되는 사람이 많아요."

바둑 산업의 시장 규모가 다른 요인 없이 오로지 인공지능이라는 한 가지 원인 때문에 위축된 건 아니다. 인공지능 충격을 말하는 바둑계 인사 중에서도 그런 식으로 말하는 사람은 없다. 바둑은 축구나 농구와 아주 다르다. 시간이 오래 걸리고 정적인 게임이며, 공부를 하지 않은 사람이 보면 어떤 상황인지조차 알 수 없다. 숏폼 콘텐츠의 시대에 바둑 동호인의 수는 줄고 있고, 그런 가운데 인공지능이라는 타격이 가해졌다고 말하는 게 정확하다. 문학계가 인공지능의 영향을 받을 때도 그런 식일 것 같다. 다른 여러 복합적인 원인으로 문학작품을 읽는 사람이 점점 줄어드는 가운데 인공지능이 타격을 가할 것이다.

그런데 바둑 시장이 위축될 때 모든 프로기사의 수입이 고르게 감소하는 것은 아니다. 문학 출판 시장이 위축될 때 모든 소설가의 수입이 고르게 감소할 리도 없다. 프리랜서인 프로기사의 수입은 대회 상금에서부터 강습비까지 다양한데 모두 바둑의 위상과 관련이 있지만 그 규모를 파악하기 어렵다. 프로기사들의 수입 평균값이나 중앙값에 대한 통계도 없다. 소설가도 처지가 비슷하다.

사람들 눈에 보이는 것은 정상급 기사들의 수입이다. 그런데 정상급 기사나 정상급 소설가의 수입은 바둑계에서나 문학계에서나 인공지능으로 인한 타격을 가장 적게, 가장 나중에 받을 가능성이 높다. 어쩌면 그들은 AI 시대에 수입이 지금보다 오히려 더 늘어날 수도 있다. 디지털 음원 기술이 대중음악 시장에 궤멸적인 타격을 가했지만 정상급 뮤지션들은 여전히 천문학적인 수입을 올리는 것처럼 말이다. 탄탄한 팬덤을 지닌 뮤지션들은 음반이 팔리지 않으면 라이브 공연 수입을 늘리는 식으로 대응할 수 있었다(하버드대 경영대학원의 석좌 교수인 애니타 엘버스는 『블록버스터 법칙』에서 디지털 시대가 되면서 엔터테인먼트 시장에서 승자독식 현상이 심해졌다고 분석한다[31]). 정상급이 아닌 뮤지션들, 신인 뮤지션들은 그런 기회를 얻지 못하고 음악 시장 규모가 줄어들며 발생한 타격을 고스란히 입는다.

정상급 기사들의 수입이 그대로 유지되면 전체 바둑 시장 규모가 줄어드는 모습이 잘 보이지 않게 된다. 어쩌면 그런 일이 이미 벌어지고 있는지도 모른다. 이호승 3단은 "지금 바둑대회들은 우승 상금은 유지되고 있지만 대회에 참가하기만 하면 받았던 대국료나 8강, 16강, 32강 진출했을 때 받았던 상금 같은 건 없어지거나 줄고 있어요"라고 지적했다.

자신이 정상급이 될 수 있는지 아닌지를 빨리 파악해야 하는 시대가 온 건지도 모른다. 김효정 3단은 "바둑을 배운다는 것 자체는 너무 좋지만, 자식한테 프로기사가 되라고 하지는 않을 것 같아요"라고 말했다.

"제가 기사회장도 지냈잖아요. 저는 후배들한테도 2~3년 목숨 걸고 해보고 이 길이 아니다 싶으면 돌아서라고 해요. 그래서 대학에 가서 다른 공부도 하고 다른 길도 찾아보라고. 신진서 9단처럼 하루에 10시간 넘게 인공지능으로 공부하면 실력이 클 수 있겠죠. 그런데 아무리 세계 1위를 한다 해도 인공지능의 바둑을 다 이해하지는 못할 거예요. 그리고 맹목적으로 승부만 바라보다가 거기에서 실패하면 답이 없는 상황에 갇혀버려요. 그동안 공부를 하거나 다른 걸 배우거나 생각해 본 적도 없으니까요. 최정상급 기사들은 저처럼 생각하지 않을 수도 있죠. 그들은 인공지능에게 새로운 수를 계속 물어볼 수 있고 인공지능을 계속 따라갈 수 있어서 너무 재미있다고 생각할 수도 있죠. 그런 정상급 기사들과 저는 바둑을 대하는 자세나 관점이 다를 수 있어요."

인공지능으로 인해 바둑을 가르치는 방식도 변했다. 김만수 8단은 바둑 교육 현장에서 선생님의 역할이 퍼스널 트레이너로 바뀌었다고 설명했다.

"이제 선생님이 필요가 없잖아요. AI 기계 하나 갖다 놓고 학생들끼리 떠들면 되죠. 아이들이 AI로 정답을 알고 있어요. 그 정답을 부정하는 선생님들이 제일 빨리 도태됐어요. 아이들에게 무시당하는 순간 쫓겨나기 바쁘죠. '나 때는 어땠다' 하고 옛날이야기 하는 선생님들이 도태되고, 그다음에는 정답을 가르치려고 하는 사람들이 도태됐어요. 지금은 토론식 수업으로 해요. 선생님이 1분 가르치고, '이건 왜 그렇게 됐어, 저건 왜 그랬어' 묻고 아이들이 답하게 하는 데 9분을 쓰는 식이죠. 정답을 알려주는 게 아니라 정답까지 가는 추론 과정을 검증하는 식으로 수업 방식이 바뀌었어요. 거기에 적응하지 못하는 프로기사 육성기관은 문을 닫았어요."

김만수 8단은 "인공지능으로 인한 상실감은 당연"하다면서 "그런데 지금 그게 문제가 아니라 먹고사는 게 문제"라고 말했다.

박병규 9단도 비슷한 이야기를 했다.

"'우리가 최고가 아니었구나' 하는 상실감이 처음에는 컸죠. 그런데 그 상실감에서 빠져나오는 데 그리 오래 걸리지는 않았어요. 저는 아이들을 가르치는 입장이다 보니, 그런 상실감이나 부정적인 마음이 쌓여 있는 상태로는 아이들한테 좋은 영향이 가지 않잖아요. 그래서 긍정적인 측면을 많이 보려고 했어요."

박병규 9단은 그러면서 가르치는 방식도 바꿨다고 말했다.

"'이거는 이거다, 이거는 이렇게 둬야 해, 이거는 나빠' 그런 표현을 안 쓰게 됐죠. '이건 어떨까, 이건 나는 이렇게 생각하는데 네 생각은 어떠니, 그럼 우리 인공지능은 뭐라고 하는지 볼까, 인공지능 생각은 이런 것 같은데 네 생각은 어때' 이제 이런 식으로 말합니다."

이희성 9단은 "바둑 선생님들이 학생들을 더 정직하게 대하게 됐어요"라고 말한다. 과거에는 '이렇게 하면 되는 거야'라며 권위적으로 가르쳤는데 이제는 그럴 수 없다는 얘기였다.

"요즘 바둑을 어느 정도 배운 아이들은 인공지능으로 공부하니까 바둑 선생님에 대한 높았던 존경심이 많이 사라져서, 바둑 선생님 말을 안 들어요. 그런 것도 일선에 있는 선생님들 입장에서는 안 좋게 느끼실 수도 있는데, 뭔가 변화하면 거기에 맞게 사람도 변해야 하잖아요. 그러니까 다른 길을 찾아서 더 좋게 가는 것도 좋을 것 같아요. 인공지능이 왜 이렇게 두는지 아이들한테 조금이라도 더 잘 설명할 방법을 공부해야 하지 않을까요. 어떻게 하면 알기 쉽게 설명하거나 이해시킬 수 있는가를 공부하는 방향이 더 맞다고 생각해요."

한종진 9단도 같은 의견이다.

"저는 그래도 감사한 게, 전부터 제자를 가르칠 때 '이게 정답이야'라고 얘기하지 않고 '사범님 생각은 이래'라는 식으로 대답을 해왔어요. 제자들이 물어본 걸 정확히 답해주지 못할 것 같으면 '다른 유명 기사에게 물어보고 너희에게 알려줄게' 그렇게 접근했었죠. 저도 그렇게 배웠지만 과거에는 선생님들이 '이건 이거야, 왜 이렇게 안 뒀어, 이게 정답이야'라는 식으로 가르쳤어요. 그게 옳아서가 아니라, 자기가 실력이 세고 바둑을 이기니까요. 지금 저는 AI가 왜 이런 수를 제시하는지 생각하라고 얘기하죠. 그냥 블루스팟만 기억하려고 하지 말고요."

인간, 여전히 필요하기는 하지만

바둑 교육 현장에서 인간의 일자리가 사라진 것은 아니며, 적어도 당분간은 그럴 가능성은 없다. 어린이 대상 수업은 물론이고, 프로기사를 꿈꾸는 수준의 학생들을 대상으로 하는 수업도 마찬가지다. 그들에게 바둑 학원이나 도장은 단순히 대국을 잘 두는 법만 배우는 곳이 아니라 프로기사가 되는 과정을 체계적으로 지원하는 기관이기 때문이다. 홍민표 9단은 "도장에 소속되어 있어야 함께 공부하는 동료도 얻고 같이 경쟁하면서 성장"할 수 있다며 "그런 집단의 구성원으로 있어야 하기 때문에 도장 생활을 벗어나 혼자 공부하겠다는 경우는 거의 없어요"라고 말했다.

그렇다면 이런 상황을 어떻게 평가하는 게 좋을까? '바둑 교육 현장에서 인간과 인공지능은 공존하고 있다, 분업하고 있다'라고 말해도 될까? '인간 기사들이 바둑 교육 현장에서 인공지능을 활용해 더 수준 높은 바둑 지식을 전수하고 있다'라고 말해도 될까? '인공지능은 결코 줄 수 없는 교육 현장에서의 사용자 경험을 인간 강사가 제공하고 있다'라고 말해도 될까? 그보다는 '바둑 교육 현장에서 인간이 여전히 필요하기는 하지만 보조 인력의 자리로 물러났고 권위도 추락했다'라고 말하는 게 더 정확한 진술 아닐까?

이런 일이 다른 분야에서도 일어나지 않을까? 정신건강의학과 임상의의 경우를 생각해 보자. 우울증 때문에 의사를 만나본 사람은 누구나 알겠지만, 이 질환의 진단과 처방은 놀라울 정도로 환자의 자기보고와 의사의 주관적 판단에 의존한다. 엄청나게 흔하고, 엄청나게 사망률이 높은 질병인데도 불구하고 엄청나게 많은 부분이 모호하다. 그럼에도 불구하고 뛰어난 의사들은 있다. 같은 환자를 봐도 그들은 다르게 진단하는데, 그것은 그들이 가진 암묵지 때문이다.

그런데 우울증 환자의 자기보고와 의사의 진단, 처방, 그리고 처방의 결과는 모두 데이터베이스로 만들 수 있다. 딥러닝 기법으로 그 사례들을 학습한 AI 진단 도우미가 우울증 진단과 처방에 비범한 통찰을 지니게 되는 것은 시간문제다. AI 진단 도우미는 어떤 인간 의사도 얻지 못한 암묵지를 얻을 수도 있고, 그러면서도 그걸 인간 의사에게 말로는 설명해 줄 수 없을지도 모른다. 인간 의사는 그 암묵지가 효과를 발휘함을 보면서도 그걸 이해하지 못하고 흉내도 제대로 못 낼 수 있다.

그렇다 하더라도 여전히 처방전에 자기 이름을 서명하는 존재는 인간 의사일 것이다. 인간 의사는 그 권한을 잃고 싶지 않을 테고, 진단 도우미 개발사는 그 책임을 지고 싶지 않을 테니까. 그렇게 처방전을 쓸 권한과 그에 대한 책임이 인간에게 있다는 이유로 사람들은 여전히 인간의 주권을 믿고 싶을지도 모르겠다. 언론에서는 아마 AI 진단 도우미와 다른 처방을 내려서 환자를 구한 경험 많은 인간 의사에 대한 뉴스가 주기적으로 나올 것이다. 사람들은 그런 기사를 좋아한다.

그런데 당신의 10대 딸이 우울증에 걸려서 동네 병원에 찾아가 진찰을 받았다고 가정해 보자. 그곳 의사가 'AI 진단 도우미는 이렇게 진단하고 처방하지만 내 직관은 다르다, 나는 이렇게 진단했고 이렇게 처방하겠다'라고 말한다 치자. 당신은 인간 의사와 AI 진단 도우미 중, 어느 쪽 말을 믿겠는가? 어느 쪽이 처방하는 약을 택하겠는가? 인공지능이 제시하는 정답을 부정하는 바둑 선생님의 말은 학생들이 따르지 않는다던 프로기사들의 푸념을 떠올려 보자. 당신이라고 크게 다를까?

그때 '의료 현장에서 인간과 인공지능은 공존하고 있다, 분업하고 있다'라고 말해도 될까? '인간 의사들이 의료 현장에서 인공지능을 활용해 더 수준 높은 진단과 처방을 내리고 있다'라고 말해도 될까? '인공지능이 결코 줄 수 없는 의료 현장에서의 사용자 경험을 인간 의사가 제공하고 있다'라고 말해도 될까? 그보다는 '의료 현장에서 인간이 여전히 필요하기는 하지만 보조 인력의 자리로 물러났고 권위도 추락했다'라고 말하는 게 더 정확한 진술 아닐까?

바둑에는 승부가 있어서 인간 기사와 인공지능의 실력을 비교할 수 있고, 인공지능이 바둑을 더 잘 둔다는 사실은 누구도 부정할 수 없이 확인 가능하다. 의료 진단과 처방에서는 신약 임상시험을 하듯 이중맹검법으로 인간 의사와 AI 진단 도우미의 실력을 비교할 수 있다. 환자들을 두 그룹으로 나눠서 각각 인간 의사와 AI 진단 도우미의 진단과 처방을 받게 하고 어느 그룹이 더 나아지는지를 비교·분석하는 것이다.

그런 비교에서 AI 진단 도우미의 실력이 인간 의사를 앞지를 날이 나는 멀지 않았다고 생각한다. 사실 AI 진단 도우미의 진단과 처방 실력이 인간 의사와 비슷한 수준이라고만 입증돼도 인간 의사들의 경쟁력은 엄청난 타격을 입는다. AI 진단 도우미는 아주 저렴하고 빠르게, 24시간 쉬지 않고 진단을 할 수 있을 테니 말이다. 그때 인간 의사들은 일상적인 진단 업무에서 사실상 물러나게 될 것이다.

반면 경영 같은 분야에서는 인간 경영자와 인공지능의 실력을 비교하기 어렵다. 외부 변수를 통제하기도 어려울 거고, 이중맹검 실험에 응할 기업도 없을 것이다. 애초에 인간이건 인공지능이건 경영자들의 실력이라는 것 자체를 측정하기가 어렵다. 경영은 바둑이나 임상의학과 달리 정말로 정답이 없는 분야일 수도 있다. 그럼에도 불구하고 AI 경영 도우미가 개발될 것임은 틀림없다. 한두 종류가 아니라 수백 종류가 나올 것이다. 회계나 재무 부문의 의사결정에 AI 경영 도우미가 먼저 도입되고, 그다음은 인사와 생산 관리 부문 아닐까?

AI 경영 도우미가 인간보다 더 나은 의사결정을 내린다는 근거도 없지만 인간 경영인의 의사결정이 낫다는 근거 역시 없다. 한동안 《하버드 비즈니스 리뷰》 같은 잡지에는 AI 경영 도우미의 제안을 따랐다가 망한 기업 사례와 AI 경영 도우미의 제안을 외면했다가 망한 기업 사례가 번갈아 등장하지 않을까 싶다. 주주들은 AI 경영 도우미를 구세주처럼 여기다가 유다처럼 취급하기를 반복하지 않을까. 지금도 새로운 경영 기법이 나오면 그러니까.

그런데 당신이 이사회 멤버라면, AI 경영 도우미의 제안을 따르지 않는 인간 최고경영자를 얼마나 믿고 지지하겠는가? 다른 주주들은 어떨까? 직원들은? 인간 최고경영자보다 인공지능을 신뢰하는 이해관계자들이 있다는 사실 자체가 인간 경영인의 의사결정에 영향을 미칠 것이다. 학생들을 더 정직하게 대하게 된 바둑 선생님들처럼, 인간 최고경영자는 자신의 결정이 왜 인공지능보다 나은 판단인지 근거를 대야 할 것이다. 자연스럽게 인간 최고경영자의 카리스마는 줄어든다. 그리고 시장에 언제나 '완전 AI 경영'이라는 선택지가 있는 한, 인간 최고경영자의 최고 연봉도 지금처럼 높을 수는 없을 것이다. 최고경영자라는 일자리가 사라지지 않더라도 말이다(경영에서도 의료 분야와 비슷하게, 법적 책임을 지는 존재로서의 인간이 필요하다).

좋은 판결은 좋은 경영보다도 모호한 개념이다. 경영에서의 의사결정은 그나마 이후의 기업 실적과 연관을 지을 수 있지만 판사의 의사결정에 대해서는 그럴 수도 없다. 게다가 어느 나라에서나 재판은 '제도적 잡음'이 심하기로 악명이 높다. 어느 판사를 만나느냐에 따라 형량이나 배상액이 크게 달라진다. 관련 연구는 판사의 판결이 다양한 요인에 영향을 받는다는 사실을 보여준다. 판결은 판사의 개인적 철학에 좌우되기도 하지만 그가 의사결정을 내릴 시점에 배가 고팠는지 아닌지에 따라 달라지기도 한다. 피고인의 성별이나 인종, 판사의 성별이나 인종이 모두 판결에 영향을 미치고, 피고인이 판사를 10대 시절에 괴롭혔던 일진과 외모가 닮았다는 점도 영향을 미칠 것이다.

법률과 판례를 딥러닝으로 익힌 AI 판결 도우미가 제안하는 판결이 좋은 판결인지는 아무도 모른다. 그러나 인간 판사의 의사결정이 AI 판결 도우미보다 낫다는 믿음도 없다. 적어도 AI 판결 도우미는 '튀는 판결' 없이 안정적일 것 같기는 하다. 정치적으로 민감한 사안에서 정치적으로 편향돼 있다는 평가를 받는 판사가 AI 판결 도우미의 제안과 다른 판결을 내리면 어떤 논란이 벌어질까? 그때 그의 판결문은 얼마나 권위가 있을까?

AI 판결 도우미의 판결이 무난하다는 인식이 법조인 사회 안팎에 퍼지면, 결국 새로운 기준으로서의 역할을 하게 된다. 그러면 인공지능이 자기 제안 내용을 설명하는 게 아니라, 인공지능과 의견이 다른 인간 판사들이 그 이유를 해명해야 할 처지에 몰린다. 판사들은 판결문 초안을 쓸 때 AI 판결 도우미의 제안 내용을 살피고 자기 생각과 비교하게 될 것이다. 감정평가사나 손해사정인도 마찬가지다. 그들도 인공지능의 제안 내용을 의식하게 될 것이며 그 제안을 따르지 않을 경우 결과적으로 불이익을 받게 될 수도 있다. 감사 대상이 된다든가 하는 식으로 말이다.

법원 결정은 속도가 느리고 비용이 많이 들기로도 악명이 높다. 어쩌면 소액 민사소송의 경우 AI 판결 도우미가 주재하는 법원 밖 사설 법정이 생길 수도 있다. 정부의 의도와 관계없이 사법 시스템이 민영화되는 것이다.

감내할 만한 가치가 없는 고통

기본소득이나 로봇세는 이런 문제의 해결책이 될까?

나의 직업은 소설가이며, 나는 그 직업을 사랑한다. 그런데 소설 쓰는 인공지능이 등장하면 인간 소설가의 시장 가치는 추락한다. 생계를 걱정하는 내게 정부가 해법을 제시한다. 정부는 나더러 전처럼 소설을 계속 쓰라고 한다. 그렇게 소설 한 편을 완결하면 여태까지 내가 다른 책을 발표했을 때 벌어들인 인세 평균에 해당하는 금액을, 아니 그 두 배에 해당하는 금액을 지급하겠다고 한다. 그 재원은 인공지능을 이용해 소설을 출간해서 판매하는 출판사로부터, 혹은 인공지능을 이용하는 다른 기업으로부터 로봇세를 걷어 마련하겠다고 한다.

나는 전과 같은 일을 하면서 수입은 두 배로 벌게 되는 셈이다. 그러면 소설가라는 나의 일자리는 지켜진 걸까? 이 가상의 미래 상황에 미래의 나는 만족할까? 아닐 것이다. 소설가라는 직업이 지켜졌다고 생각하지도 않을 것이다.

저런 상황이 오면 솔직히 정부의 제안을 받아들이기는 할 거 같다. 나 말고 다른 소설가들도 그럴 것이다. 그리고 우리는 아무렇게나 글을 써도 우리가 받을 돈은 똑같다는 사실을 알게 된다. 그래서 아무렇게나 쓴다. 누군가 '안녕하세요'라는 문장을 10만 번 반복한 문서를 장편소설이라고 우기고 정부의 지원금을 받는다. 나는 '어서오세요'라는 문장을 10만 번 반복한다. 그러면서 자기혐오에 빠진다. 그건 소설이 아니며, 소설가의 일도 아니다.

이러한 시나리오를 조금 변형해 보자. 내게 돈을 지급하는 곳이 정부가 아니라 인공지능을 이용해 소설을 출간하는 출판사라고 하자. 그 출판사는 내게 문학 출판에서 인간 소설가는 너무 중요한 존재라며, 자신들의 인공지능을 도와달라고 한다. 인공지능이 만든 이야기에 의견을 더한다든가, 제목 아이디어를 낸다든가, 문장을 다듬는다든가, 교정을 해준다든가 하는 업무다. 내가 그런 사소한 업무를 하면 출판사는 굉장히 고마워하며, 내 노력 덕분에 소설이 엄청나게 달라졌다고 한다. 그러면서 그 대가로 전에 내가 소설가로서 벌던 금액의 두 배를 지급한다.

이 가상의 미래 상황에 미래의 나는 만족할까? 인간 소설가로서의 내 일자리는 지켜진 걸까? 이때도 나는 만족하지는 않을 것 같다. 특히 그 출판사가 인간 전문가를 고용한 대가로 정부의 고용 지원금을 받는다거나, 모든 기업이 의무적으로 인간을 고용해야 한다는 법률이 있는 상황이라면 더 그럴 것 같다. 내가 낸 아이디어나 의견이 최종 결과물에 반영되지 않을 수 있으며, 실제로도 별로 반영되지 않는 상황이라면 더 그럴 것 같다. 물론 그렇더라도 일자리가 아예 없는 것보다야 훨씬 낫겠지만 말이다.

나는 소설을 쓸 때 무엇이 중요한지 안다. 내가 그 일을 하고 있는지 아닌지도 안다. 아무리 옆에서 누군가가 '당신은 중요한 존재'라고 말해도, 내가 소설을 쓸 때 중요한 일을 하고 있지 않다면 나는 소설을 쓸 때 중요한 존재가 아닌 거다.

인류학자 데이비드 그레이버는 2013년 '불쉿 직업(bullshit job)'이라는 말을 만들어 냈고, 몇 년 뒤에 그 개념으로 책을 썼다.[32] 그레이버는 현대 사회에는 통째로 사라져도 세상이 조금도 달라지지 않을 직업, 종사자들조차 속으로는 쓸모없는 일이라고 여기는 '불쉿 직업'이 많다고 주장한다. 그냥 많은 정도가 아니라 전체 일자리의 40퍼센트에 육박하며 현대 사회의 몇 가지 구조적 원인 때문에 점점 늘어나는 중이라고 한다.

불쉿 직업은 힘들고 보수와 처우가 형편없어서 인기 없는 일을 가리키지 않는다. 그레이버에 따르면 그것은 '쉿 직업(shit jobs)'인데, 그런 쉿 직업들은 불쉿 직업과 반대로 사회적 가치와 의미가 있으며, 종사자들이 사라지면 사회가 제대로 굴러가지 않는다. 환경미화원이나 건설 현장의 잡부가 대표적 사례다. 반대로 보수와 처우가 괜찮고 노동 강도가 높지 않은데도 의미가 없는 일이라면 불쉿 직업이다. 그레이버는 인사관리 컨설턴트, 커뮤니케이션 코디네이터, 홍보 조사원, 금융 전략가, "불필요한 위원회의 문제를 처리할 직원위원회에 참석하는 것을 일상 업무로 하는 사람들의 일자리"를 그 예로 들었다.

가상의 미래 출판사에서 인간 소설가로 일하며 괜찮은 급여를 받는다면, 나는 그 직업이 불쉿 직업이라고 여길 것이다. 그레이버는 불쉿 직업을 만드는 중요한 요소로 허위와 '목적 없음'을 꼽았는데, 가상의 미래 출판사에서 일하는 인간 소설가는 거기에 다 해당하는 것 같다. 어떤 직업이 불쉿 직업인지 아닌지를 따지는 데 있어서 종사자들의 생각은 아주 중요한데, 그 노동의 사회적 가치를 객관적으로 측정할 다른 방법이 없기 때문이다. 그레이버에 따르면 "스스로 불쉿 직업에 종사한다고 믿는 이들의 생각은 대체로 옳다".

2000년대 들어 선진국에서는 중산층이 붕괴되는 현상이 일어났고, 그 큰 원인은 세계화와 자동화로 인한 중산층 일자리 감소였다. 디트로이트의 자동차 공장에서 일하던 블루칼라 노동자가 값싸고 질 좋은 한국제 자동차 때문에, 혹은 공장에서 도입한 조립 로봇 때문에 일자리를 잃고 중산층에서 밀려났다. 이후 값싼 일자리를 전전하는 동안 그는 좌절감에 빠졌고 값싼 일자리에서 이민자들과 경쟁하면서 정치적 극단주의에 끌렸다. 이것이 민주주의의 위기로 이어졌다.

AI 시대에는 이런 현상이 훨씬 더 큰 규모로 일어날 가능성이 크다. 그런 위기를 맞닥뜨린 지금, 기본소득이나 로봇세는 시급히 논의해야 하는 아이디어라고 생각한다. 불쉿 직업도 없는 것보다는 있는 편이 낫다. 그러나 우리가 운 좋게도 원활히 작동하는 기본소득 제도를 도입하고, 로봇세를 정착시키고, 큰 사회적 가치를 만드는 것 같지는 않아도 어쨌든 사람들에게 급여를 주는 일자리를 만들었다고 해서 문제가 다 해결되는 건 아니다. 인공지능이 사람들의 일에 미칠 영향은 그보다 훨씬 거대하다. 인공지능은 우리가 가치 있다고 생각하는 일에 의문을 제기하고, 그 가치를 없애 버린다.

소설을 쓸 때 나는 내가 주체적으로 일한다는 사실이 좋다. 원고가 안 풀린다며 머리를 쥐어뜯을 때도 나는 내 일의 주인이다. 매번 매 순간 새로운 도전을 할 수 있고, 그게 만만찮은 모험이기에 꽤 흥분된다. 드물지만 상쾌한 몰입의 순간도 찾아온다. 내 개성이 듬뿍 담긴, 스스럼없이 '내 것'이라고 말할 수 있는, 손으로 만질 수 있는 결과물을 생산하며 어떤 순간에는 틀림없이 온전한 보람을 맛본다. 역량을 발전시킬 수 있고, 그걸 스스로 느끼고, 가끔은 다른 사람도 그렇게 평가해 준다. 희박한 확률이라도 대박을 꿈꿀 수 있고, 그래서 전망을 품을 수 있다. 거대한 의미의 흐름에 참여함을 느낀다. 부속품이 되는 것과 다른, 기분 좋은 감각이다. 헌신할 수 있는 직업이라는 확신이 든다.

앞 문단의 문장은 몇 년 전에 내가 소설가라는 직업을 왜 좋아하는지에 대해 쓴 글에서 발췌한 것이다.[33] 소설 쓰는 인공지능의 도입은 소설가라는 직업에 대한 내 태도를 어떻게 바꿀까? 그것은 소설 쓰는 인공지능이 소설을 쓰는 데 얼마나 중요한 역할을 하게 될지에 달려 있다. 결과물의 질이 뛰어나더라도 내가 주체가 아니라 보조 인력이라고 느낀다면 나는 '내 일의 주인'이라는 생각을 더 이상 할 수 없게 된다. 내 글쓰기가 막힐 때마다 인공지능이 기가 막힌 조언을 해준다면 나는 소설 쓰기에서 도전을 할 수 없게 되고, 더 이상 흥분도 하지 않는다. 그렇게 나온 소설을 '내 것'이라고 여기지도 못할 것이다. 거대한 의미의 흐름에 참여한다고 느끼지도 못할 것이고, 거기에 헌신할 수 있겠다는 믿음도 잃어버린다.

그레이버는 불쉿 직업에 종사하는 사람들의 절대다수가 비참함을 느낀다고 주장한다. 그들은 "모호함과 강요된 시늉" 때문에, "스스로가 원인이 되지 못하기" 때문에, "감내할 만한 가치가 없는 고통"을 받기 때문에, "자신이 해를 끼치고 있음을 알기" 때문에 비참하다.

이미 19세기에 도스토옙스키가 그레이버에 앞서 같은 관찰을 한 바 있다. 도스토옙스키의 시베리아 유형 체험을 바탕으로 한 중편소설 『죽음의 집의 기록』에서 화자는 유형수에게 완전히 무의미한 일을 시키는 게 가장 참혹한 형벌이라고 말한다. 벽돌을 만들고 땅을 파고 집을 짓는 일은 목적이 있고 의미가 있기 때문에 그런 일을 시키면 죄수는 고되더라도 거기에 열중할 수 있다. 심지어 죄수는 그 일을 잘하고 싶어 한다. 도스토옙스키는 "감옥의 모든 죄수들은 자연적인 요구와 자기 보존의 감정 때문에 자기의 일과 기능을 가지게 된다"라고, 죄수 중 많은 사람이 "훌륭한 장인이 되어 세상에 나가곤 했다"라고 썼다.[34] 그러나 흙더미를 한 곳에서 다른 곳으로 옮겨 쌓게 하고 다시 원래 장소로 옮기게 하는 것처럼 쓸모없는 일을 시키면 인간은 그 무의미함과 모욕과 수치를 견디지 못한다. 그는 그 일을 왜 해야 하는지 알 수 없으며, 잘해야겠다는 의지도 잃는다.

나는 AI 시대가 공허의 시대가 될지도 모르겠다고 상상한다. 평범한 인간들이 가치를 잃어버리고, 가치로부터 소외되는. 현대인은 종교로부터 멀어지면서 인간 외부에 객관적 가치가 있다는 믿음에서 멀어졌다. 현대 주류 경제학이 노동가치설을 폐기하면서 우리는 어떤 일에 내재적 가치가 있다는 믿음에서도 멀어졌다. 이제 무신론자와 자유시장주의자가 함께 합의할 수 있는 가치는 시장 가격인데, 그것은 도덕적 규범이나 사회적 가치와는 상관없는 개념이다. 이제 우리는 가치가 없다고 느끼는 일을 하면서도 적당한 급여를 받을 때, 그 일에 왜 가치가 없다고 느끼는지 잘 설명하지 못한다.

우리가 새로운 가치의 원천을 찾아내지 못하면 인공지능에 기반한 사회는 거대한 '죽음의 집'이 될지도 모른다. 그것은 급여와는 상관없다.

8 인간적인, 너무나 인간적인

인공지능이 바둑 시장 규모를 줄이지 않고, 프로기사들도 전과 다른 방법으로 의미와 자긍심을 다시 회복할 수 있을 거라 보는 이들도 있다.

몇몇 프로기사는 인공지능 덕분에 인간 선생님 없이도 바둑을 높은 수준까지 배울 수 있게 돼 동북아 지역이 아닌 서구에서 바둑 동호인들이 늘어날 거라고 기대한다.

"유럽이나 미국에서 바둑 고수가 안 나오는 이유가 수준 높은 선생님이 없어서였죠. 그런데 이제는 AI라는 좋은 선생님이 생겼잖아요. 저는 오히려 AI를 통해서 바둑의 저변이 확대될 수 있다고 생각하고 있습니다." 한종진 9단

"미국이나 유럽 동호인들이 바둑 AI 프로그램을 설치하고 바둑을 공부하면서 실력이 세졌어요. 한국 바둑계가 유럽이나 미국 바둑 동호인들의 실력이 어느 정도 강해졌는지 감이 없는데, 이제 미국 최강자, 유럽 최강자가 인터넷 바둑 사이트에서 9단이 됐어

요. 여전히 한중일 기사들이 미국이나 유럽 기사들보다 훨씬 강하긴 하지만 앞으로 10년 이내에 차이가 확 줄어들 겁니다. 유럽에서도 바둑 천재들이 나오고 있거든요. AI 덕분에 바둑 세계화가 생각보다 빠르게 진행되고 있는데, 바둑을 보급하는 입장에서는 굉장한 호재입니다." 조혜연 9단

정두호 4단은 아예 알파고 덕분에 바둑계에서 계속 일하기로 결심했다고 말했다.

"2012년 프로에 입단한 후 몇 년간 승부에 몰입했었는데 벽이 높다고 느꼈어요. 경쟁이 너무 치열해 어느 정도 순위권에 들더라도 노력 대비 수입을 고려하면 레드오션이라고 생각했고요. 알파고 등장 직전 즈음엔 다른 걸 뭘 할지 한참 고민하던 시기였습니다. 하지만 이세돌-알파고 대국으로 인해 바둑이 엄청난 관심을 받게 되고, 체스에서도 딥 블루가 나온 이후에 챔피언들의 국적이 다양해졌다는 등의 이야기를 들으며 바둑이 세계화될 가능성이 있다고 생각했습니다."

나는 이런 전망을 평가할 능력이 없다. 관련 조사 결과나 통계도 거의 없다. 나 역시 바둑에 관심과 애정이 있는 사람으로서 해외 바둑 시장이 넓어지기를 바라지만, 과연 인공지능이 거기에 얼마나 역할을 할지는 모르겠다. 사실 젊은 세대가 바둑에 흥미를 갖지 못하는 이유는 바둑 AI 프로그램보다는 컴퓨터게임이나 숏폼 콘텐츠 때문일 것이다.

또 다른 프로기사들은 비록 앞으로 인간이 인공지능에게 바둑을 이길 가능성은 없지만, 그럼에도 불구하고 바둑의 사회적 가치는 사라지지 않을 것이며 어쩌면 그로 인해 시장 가치도 유지할

수 있을 거라고 말한다. 한 문장으로 요약하면 '인간은 인간의 바둑을 두면 된다'라는 것이다.

그러한 낙관의 근거와 '인간의 바둑'이 무엇인가에 대한 답변은 여러 결로 갈라진다. 그중 어떤 시나리오는 상당히 설득력 있게 들리는 한편 기이한 가치의 변질도 예고한다. 더 나아가 기술 진보에 대한 우리의 커다란 기대 중 하나가 본질적으로 잘못된 것 아닐까 하는 우려도 낳는다. 인공지능을 갖춘 로봇이 힘든 일을 도맡아 해결하고, 인간은 예술과 취미 활동 같은 고상하고 즐거운 일만 하며 삶을 누릴 수 있을 거라는 기대 말이다. 낙관적 시나리오인데도 그렇다.

도구적 가치와 근원적 가치

'인간의 바둑'은 바둑으로 돈을 벌지 않아도 되는, 그저 좋아서 바둑을 두는 아마추어의 활동을 뜻하는 말일 수도 있다. 아마추어 수준에서 바둑을 즐기는 데 인공지능이 별 영향을 미치지 않거나 오히려 도움이 될 거라는 전망은 비교적 쉽게 납득할 수 있다.

7장에서 본 이다혜 5단의 변호사 제자처럼 알파고 충격을 소화하지 못해 바둑을 그만두는 아마추어 동호인도 없지는 않다. 하지만 대부분의 동호인에게는 어차피 이전에도 넘지 못할 벽이 있었고, 바둑 AI 프로그램이 그 벽의 위치를 바꾼 건 아니다. 많은 아마추어가 그 한계 안에서 여전히 이전만큼 자유롭게 바둑을 즐길 수 있다. 아마추어 골퍼나 농구 동호인이 진지하게 타이거 우즈나 마이클 조던을 뛰어넘겠다는 생각으로 티샷을 치거나 3점 슛을 던지지는 않는다. 그들은 그저 골프가 재미있어서, 농구가 즐거워서 그 일을 한다. 바둑이라고 왜 그렇게 즐길 수 없겠는가.

명지대 바둑학과의 김진환 교수의 의견이 이러하다.

"아마추어 입장에서는 아무런 느낌이 없다니까요. 이전에도 프로기사들의 대국 중계를 보다 보면 아무리 봐도 이해가 안 가는 대목인데 해설자가 거기에 대해서는 아무 얘기도 안 하곤 했어요. 프로기사들이 두는 거나 인공지능이 두는 거나 저한테는 별반 차이가 없는데 인공지능이 인간을 이겼다고 '이제는 바둑을 더 이상 둘 필요가 없어' 하고 생각하지는 않죠. 그런 논리라면 하수들은 과거에도 바둑을 둘 이유가 없었어요. 인공지능이 인간 최고수들을 다 꺾는다고 해도 바둑을 두는 동호인의 즐거움은 사라지지 않아요. 타격을 받은 건 프로기사들뿐이에요."

김진환 교수는 오히려 바둑 교육이나 보급에 활용할 수 있으니 인공지능의 등장으로 바둑계는 전보다 이익을 보게 될 거라고 주장했다. 양재호 9단도 비슷한 의견이다.

"우리의 숙제가 그거예요. 인공지능의 수법을 아마추어 5단, 10급, 18급이 이해하기 좋게 풀어주는 역할이 굉장히 중요한데 그 일을 소홀히 하고 있어요. 정답을 알려주는 인공지능이 나왔고 그건 너무 훌륭한 건데 지금 활용을 제대로 못 하고 있죠. 그런 눈높이 교육에 대한 지식도 없고 연구도 없고 그런 걸 연구하려는 기관도 없어요. 프로들에게도 인공지능의 수를 그 사람 수준에 맞게 풀어서 설명해 주면 엄청나게 빨리 실력이 향상될 거예요."

남치형 교수는 자기 제자가 바둑이 너무 좋아서 프로기사가 되겠다고 한다면 응원하겠다고 말했다.

"저만 그런 건지 모르겠지만, 누구나 어떤 일에서 당대 최고가 될 수 있는 게 아니잖아요. 제가 항상 최첨단에서 무언가를 할 수 있는 건 아니잖아요. 기계가 더 잘한다고 해서 왜 인간이 하면 안 되는 건지 모르겠어요."

남치형 교수는 바둑의 도구적 가치와 근원적 가치를 구분했고, 근원적 가치로 '재미있다'라는 것을 들었다.

"어떤 일을 남한테 권할 때는 권하는 이유를 말해줘야 하죠. 그런 때 그 일을 하면 돈을 번다든가, 건강이 좋아진다든가. 그런데 그런 말들은 진짜 이유가 못 된다고 생각해요. 그 일을 하면 어떤 유용성이 있다는 식의 설명이 아니라 '그 일을 하면 정말 재미있어, 내 시간을 거기에 낭비할 만해' 이런 말들이야말로 그 일을 해야 하는 진짜 이유라고 생각해요."

남치형 교수는 "스도쿠나 직소 퍼즐도 컴퓨터로 풀면 금방 풀 수 있지 않습니까"라고 반문했다.

"저는 직소 퍼즐을 좋아하는데, 생각해 보면 그게 참 쓸모없는 짓이죠. 다 만들고 부수고 또 만들고. 그런데 왜 하느냐 하면 그냥 재미있으니까 하는 거죠. 바둑이 궁극적으로 뭐냐는 질문과 관계없이 우리가 일상에서 놀이로서 즐기는데, 그런 놀이로서의 가치는 없어지지 않을 거라고 생각해요."

'그 자체로 재미있는 일은 인공지능이 인간보다 더 잘하게 되는 날에도 여전히 인기를 누릴 것이다'라는 논리는 얼마나 견고할까?

소설을 쓰는 것도 적어도 어떤 부분은 재미있다. 그저 소설을 쓰는 게 재미있어서 소설을 쓰는 사람도 있다. 사실 전업 소설가 중에서는 소설 쓰기를 취미로 시작한 경우가 꽤 있고, 나도 그런 사람이다.

나는 소설가 지망생들로부터 '이 시대에 소설이 무슨 역할을 할 수 있나요' 같은 질문을 받을 때도 그냥 '쓰는 게 재미있으면 계속 쓰세요'라고 대답하곤 한다. 소설의 도구적 가치에 대해 길게 답할 수도 있다. 소설을 읽으면 다른 사람의 마음을 더 깊이 이해할 수 있어서 인생을 시뮬레이션할 수 있고 더 나은 인간이 될 수 있고 등등.

하지만 소설가 지망생들이 마음 깊은 곳에서 원하는 답은 그게 아니다. 그들은 소설가가 되고 싶은데 그 길이 너무 힘들어 보여서 갈등을 느낀다. 그래서 그런 질문을 던지며, '당신은 소설을 써야만 하는 사람'이라는 답을 듣고 싶어 한다. 이때 소설의 도구적 가치를 읊어봤자 다른 사람이 아닌 바로 그가 소설을 써야 할 이유는 되지 못한다.

그에 비하면 '소설 쓰는 게 재미있다면 써라'라는 조언은 트집 잡기 훨씬 어렵다. 소설을 쓰는 게 재미있다는 것은 당사자의 주관적 효용이고, 그 효용에 대해 타인이 깎아내리기 어렵다고 우리가 믿기 때문이다. 그러나 그 주관적 효용이 외부 영향을 전혀 받지 않느냐 하면, 그렇지는 않다.

우선 재미는 맥락에 좌우된다. 근무 시간이나 수업 시간 중에 하면 재미있는 어떤 일들이 여가시간에 하면 별로 재미가 없다. 가벼운 여흥으로 하면 재미있고 진지한 승부로 하면 재미없거나, 그

반대인 일도 있다. 남들의 인정이 재미에 큰 영향을 미치기도 한다. 아마추어 농구 경기라 할지라도 관중석에서 환호하는 사람이 얼마나 있느냐에 따라 선수들이 느끼는 재미는 강도가 달라진다. 어떤 일을 인공지능이 인간보다 더 잘할 수 있다면 그 일을 둘러싼 사회적 맥락이 바뀌며, 그 일이 우리에게 주는 재미도 바뀔 것 같다. 재미가 완전히 사라지지 않더라도 말이다.

　재미는 바둑이나 소설 쓰기, 혹은 다른 활동이 제공하는 여러 가치 중 하나로서 다른 가치들과 경합하기도 하고 결합하기도 한다. 재미있지만 의미는 없는 일도 있고, 의미 있지만 재미없는 일도 많다. 많은 일에서 재미와 의미가 섞여 있는데, 어떤 일은 재미있기 때문에 더 의미 있고 어떤 일은 의미가 있어서 더 재미있다. 플로깅[쓰레기를 주우면서 하는 조깅]이 재미있다고 할 때 그 재미에는 거리를 청소하는 일이 의미 있다는 믿음이 섞여 있다. 따라서 어떤 일의 의미가 훼손되면 재미도 변할 수 있다. 나는 아마 자동차의 발명이 승마의 재미에 영향을 미쳤을 거라고 생각한다. 다른 가치들의 부족이나 결여, 감소를 지적받고 '난 재미있어'라고 논쟁을 끝내려는 사람은 자신이 재미 외의 다른 가치에는 별로 신경 쓰지 않음을, 자신이 얄팍한 인간임을 폭로할 뿐이다.

　한 분야에서 초보자 때는 재미있었던 일이 기량이 성장하면 시시하게 느껴지고, 반대로 초보자 때는 존재조차 몰랐던 재미를 숙련자가 되어서 느끼는 일도 흔하다. 바둑에서도 그렇고 소설에서도 그렇다. 양재호 9단은 "승부와 상관없이 바둑의 깊은 맛을 느낄 수 있는데, 실력이 낮은 사람도 그 맛을 느낄 수 있지만 실력이 강해지면 더 깊은 맛을 느낍니다"라고 말했다. 사람들이 어떤 일에 능숙해지면서 다른 차원의 재미를 느끼는 것은 일방향이다. 실력이 나아지면서 새로운 재미를 느끼는 것이지, 예전의 재미를 느끼기 위해 일부러 자기 실력을 퇴보시키는 사람은 없고 설사 그런 시도를 한들 예전의 재미를 느낄 수도 없다. 그런 재미에는 처음 발견하는 감각에 대한 즐거움과 성취감, 앞으로도 그렇게 계속 발전하리라는 기대가 섞여 있기 때문이다.

아마추어 농구 선수 중에서 프로선수가 되겠다는 꿈을 가진 이는 많지 않지만 취미로 소설을 쓰는 사람 중에서는 '프로 소설가'에 진지하게 도전하는 사람이 아주 많다. 아마추어 소설가 중에서는 제2의 J. K. 롤링이 되겠다는 포부를 지닌 이도, 직장을 다니며 글을 썼던 카프카와 자신을 동일시하는 이도 널렸다. 그런데 이들이 느끼는 재미에는 인공지능이 그 업계에 벽을 하나 만들었다는 사실이 영향을 미치지 않을까? 도스토옙스키가 묘사한 죄수들은 장인이 된 뒤 외부에서 일감을 받아 돈을 벌었다. 그들은 감옥에서 그 돈을 당장 쓸 수 없다 하더라도, "돈이 주머니 속에서 짤랑짤랑 소리를 내기만 해도" 큰 위안을 얻었다. 미래에 대한 보잘것없는 희망이라도 현재에 큰 기쁨을 줄 수 있다. 그런데 인공지능은 그 희망에 영향을 미친다.

나는 여러 분야에서 아마추어들이 느끼는 재미가 인공지능 때문에 사라지지는 않더라도 분명 영향은 받으리라 생각한다. 긍정적인 영향도 있고 부정적인 영향도 있을 것이다. 어느 쪽이 더 클까? 모르겠다. 기묘하게도 이 논의를 오래 할수록 우리가 인공지능만큼이나 재미에 대해서도 아는 게 없다는 데 생각이 이르게 된다. 대체 재미라는 게 뭘까? 무엇이 재미있는 것이고, 재미에 영향을 미치는 요소는 무엇일까?

놀랍게도 재미가 무엇인지에 대한 이론적 연구는 굉장히 드물다. 2016년에 『재미란 무엇인가』라는 책을 낸 사회학자 벤 핀첨은 서문에서 "사전적 정의를 제외하면, 재미를 정의하거나 다른 사회적 경험과의 차이점을 설명한 글은 없다시피 하다"라고 썼다. 그에 따르면 "우리는 때때로 재미가 있거나 재미가 없다는 것을 빼고는 재미에 대해 아는 것이 별로 없다".[1]

현대 엔터테인먼트 산업의 거대한 규모를 생각하면 괴상한 일이다. 우리는 재미가 뭔지도 모르면서 그걸 만들어 내기 위해 엄청난 노력을 한다. 재미보다 더 큰 개념인 가치에 대해서도 마찬가지다. 가치 있는 일을 하고 싶다고, 가치 있는 삶을 살고 싶다고 말하면서도 우리는 가치가 뭔지 잘 모른다. 그래서 가치의 훼손에 대해 말하면서도 정확히 무엇이 훼손되는 건지 잘 파악하지 못한다. 이것은 아주아주 중요한 문제인데 이에 대해서는 다음 장에서 더 얘기해 보자.

인간과 인간의 경쟁

'인간의 바둑'은 바둑을 두는 상대가 인간이라고 믿을 때 인간 기사가 느끼는 감정에 초점을 맞춰야 한다는 말일 수도 있다. 인간에게는 우월 욕구가 있는데, 그 욕구는 대부분 같은 인간을 상대로만 발휘된다. 반려견보다 자신의 달리기가 느리다고 해서 화를 내는 견주는 없고, 개보다 빨리 달리는 걸 진지한 목표로 삼는 사람도 없다. 개의 발목에 납덩이를 채워 핸디캡을 준다고 해도 그런 승부는 진지해질 수 없다. 마찬가지로 컴퓨터와 암산 대결을 벌이는 것 역시 무의미할뿐더러 승부욕을 불러일으키지 않는다. 컴퓨터에 이런저런 핸디캡을 주더라도 말이다.

인간은 다른 인간 앞에서 각성하고 흥분한다. 길거리를 걷다가 돌부리에 걸려 넘어지면 다른 인간이 앞에 없어도 화가 나긴 한다. 하지만 거리에서 모르는 사람으로부터 똑같은 세기로 얻어 맞을 때와 비교해 보면 분노의 정도는 현저히 덜할 것이다. 우리의 굴욕감, 질투심, 승부욕 같은 감정은 대부분 다른 사람이 있어야 성립한다. 그 사람이 적이든 친구든 관객이든 간에 말이다. 그런 격렬한 감정은 2차적인 감정 반응도 이끌어 낸다. 타인의 격렬한 감정 앞에서 당사자가 아닌 사람도 흥분하게 된다. 그런 감정들이 어떤 게임이나 스포츠를 더 재미있게 한다. 어쩌면 예술도. 그러니 바둑도 소설도 인공지능은 일으킬 수 없는 그런 감정적 반응에 초점을 맞추는 게 앞으로 나아가야 할 길 아닐까?

바둑 칼럼니스트인 손종수 시인은 「인공지능 시대의 바둑, 방향과 전망」이라는 글에서 그렇게 주장했다. 그는 "승부의 과정과 결과를 보여주는 것이 아니라 승부하는 인간의 희로애락을 보여준다고 할 때 보여줄 수 있는 바둑의 외연도 더 넓어진다"라며 "그런 의미에서 바둑판 위의 승부뿐 아니라 그 안팎에서 다양한 '인간'의 모습을 팬들에게 보여줄 수 있는 플랫폼의 구축은 절대필요 조건"이라고 주장했다.[2]

프로기사 상당수가 그 의견에 동의했다.

"'인간의 바둑이란 게 뭐냐, 인공지능이 두는 바둑이랑 뭐가 다르냐' 하면 '인간의 바둑'은 거기에 사람의 감정이 들어가 있어요. 우리는 기계가 아니잖아요. 냉정하지 못하죠. 가끔 속으로 화도 나고, 슬프기도 하고, 이기고 있으면 행복하고, 기뻐서 방심하기도 하고… 온갖 감정이 다 들어가거든요. 그런 감정들이 승부에는 악영향을 주죠. 하지만 그런 감정이 없다면 바둑이 무슨 재미가 있겠어요. 그런 인간적인 감정이 있기 때문에 아무리 바둑 AI가 나왔어도 이 가치는 남아 있어요. 저는 혼자 하는 운동은 재미가 없고 둘이서 하는 게임이 재미있거든요. 져서 화가 나는 그런 감정도 나중에 보면 재미있어요. 우리가 언제 이렇게 화를 내고 웃고 그러겠어요." 김성래 6단

"고수의 바둑이라고 다 재미있는 건 아닌 거 같아요. 인간적인 맛이라는 게 있다고 저는 생각하거든요. 지금도 사람들이 인간 기사들의 대국을 재미있게 보는데, 인공지능은 그런 면이 떨어져요. 새로운 인공지능이 나와서 기존 인공지능과 대결을 한대도 한두 번은 재미있게 볼 수는 있겠지만 계속해서 재미있지는 않을 거 같아요. 인간끼리 싸우는 그런 맛이 없어요. 인간이 싸우면서 괴로워하고 얼굴 찡그리고, 그런 게 재미있거든요. 사진이나 동영상이 없다 하더라도 '이게 사람이 두는 거구나' 하고 보는 사람이 생각하는 순간에 그 재미가 있는 거죠." 양재호 9단

"팬들이 좋아하는 바둑은 사실 사람의 바둑이거든요. 컴퓨터가 수학 문제 푸는 듯한 모습을 보여줘서 팬들이 열광하는 게 아니에요. 프로기사들이 너무 인간적인 실수를 하고, 그걸 극복하고, 그렇게 역전이 거듭되는 과정에 흥미를 느끼고 재미를 느끼는 거죠. 인공지능 때문에 바둑계의 기술적인 진보는 분명히 일어나겠지만 그렇다고 프로기사들의 가치가 사라지거나 바둑대회가 없

어지지는 않을 거예요." 홍민표 9단

"바둑이라는 건 게임이고, 상대를 이겨야 하죠. 인공지능끼리 두는 대국이 바둑 자체의 수준은 더 높을 수 있겠지만 바둑의 가치나 감동적인 면을 봤을 때는 무조건 사람이 끼어 있어야 한다고 생각해요. 사람과 사람이 두는 바둑이 더 가치가 높다고 생각해요." 송태곤 9단

'인간의 바둑'을 기계는 일으킬 수 없는 인간의 감정에 초점을 맞춘 바둑이라고 이해하고 그 길로 나아가려 한다면, 우리는 두 가지 기대를 접어야 한다.

첫 번째는 절대적 탁월함의 성취, 혹은 예술성에 대한 기대다. '인간의 바둑'이 앞에서 말한 것이라면, 그것은 완전히 스포츠다. 바둑의 예술적 가치, 바둑에 담겨 있을지 모르는 심오한 의미는, 이제 인간의 것이 아님을 받아들여야 한다. 바둑에 그런 객관적 가치나 의미가 있다면 인공지능이 우리보다 더 잘 발견할 것이다. 그런 구도의 영역을 떠나 우리끼리 싸우면서 흥분을 일으키고 거기에 휩싸이는 게 우리의 몫이다.

인간의 감정을 보여주는 게 인간의 바둑이라고 말한 프로기사 몇몇은 그에 대해 씁쓸한 감정을 드러냈다. 오정아 5단은 인간의 바둑을 이렇게 설명했다.

"승부를 할 때 대국자들만의 기라고 할까요. 그런 흐름이 있어요. 어떤 사람이 더 긴장하면 그게 바둑에 나오는데, 그런 게 매력이 되는 거죠. AI는 그런 게 없잖아요. 딱 그냥 필요한 수만 두니까요. 사람의 바둑에는 그런 감정적 요소들이 엄청 크게 영향을 미

쳐요. 그래서 사람이 두는 바둑이 볼 때도 재미있거든요. 어느 기사가 흔들리는 모습, 초조해하는 모습, 그러면서도 대담하게 승부를 거는 모습이 다 볼거리이고 매력인데 AI는 그런 게 없으니 그런 부분을 믿게 되는 거 같아요."

오정아 5단은 그런 '인간의 바둑'에 복잡한 심경이었다.

"이거라도 붙잡지 않으면 안 된다는 절박한 마음이 큰 것 같아요. 다른 예술 분야에서도 그럴 텐데, AI보다 사람이 낫다고 하려면 감정을 말할 수밖에 없잖아요. 사람이 대국에 임하는 마음, 그게 반상에 드러나는 심리전… '이런 것만이 우리의 살길이다' 약간 그런 생각이죠. 알파고가 나오지 않았으면 이런 식으로 생각하지 않았을 거예요."

김지석 9단은 2021년 제22기 맥심커피배 입신최강전 결승 1국을 마친 뒤 언론 인터뷰에서 자신이 "항상 인간적인 바둑을 둔다고 생각한다"라며 "2국도 사람 같은 인간미 나는 바둑이 될 것 같다"라고 말했다.[3] 내가 '인간적인 바둑, 인간미 나는 바둑'이 뭐냐고 묻자 그는 "실수하는 거죠"라고 대답했다.

"실수를 안 하는 게 더 좋죠. 그런데 제가 초반에 어설프게 인공지능을 따라 두다가 모양에 대한 이해가 없어서 중후반에 무너지는 것보다는 실수를 하고 승률이 떨어지는 걸 알더라도 '그냥 내가 아는 대로 둔다, 두겠다'라는 뜻이에요. 불완전하다는 거죠."

두 번째로 접어야 하는 기대는 '기술 진보가 우리 삶을 안락하게 만들 것'이라는 믿음이다. 바둑 AI 프로그램이 바둑의 수준을 높이고, 프로기사들의 실력을 상향평준화시키긴 했다. 그런데 그건 전체 프로기사의 삶의 질과는 관련이 없는 문제다. AI 포석과 AI 공부법에 잘 적응한 기사들이 유리해졌지만, 그런 기술 우위는 곧 사라진다. 인간 기사들의 노동 강도는 다른 인간 기사들과의 경쟁에 달려 있다. 바둑이 만드는 가치의 근원이 그 경쟁이라고 여긴다면, 어떤 신기술이 인간 기사들의 삶의 질을 근본적으로 낫게 만들 거라는 희망은 품지 말아야 한다.

어떤 일의 가치가 우월성을 놓고 겨루는 인간 사이의 경쟁에서 나온다면, 어떤 기술이 등장해도 경쟁의 강도를 근본적으로 바꾸지 못한다. 손에 든 무기가 돌도끼든 최신 저격소총이든 간에 상대와 내가 같은 무기를 들고 있다면, 이기기 위해선 자신을 극한의 스트레스 상태에 밀어 넣어야 한다. 상대방이 아직 받아들이지 못한 신기술을 사용하는 쪽이 잠시 느긋해질 수 있겠지만, 유용한 신기술은 곧 전파되어 흔한 기술이 된다. 그런 분야에서는 모든 참가자가 기술 개발이라는 이름의 항시적인 군비 경쟁을 벌여야 한다. 『거울 나라의 앨리스』에서 붉은 여왕의 처지처럼, 모든 사람이 최선을 다해 기술을 개발하고 거기에 적응하려 애쓰지만 그들 사이의 상대적인 거리는 변함이 없다. 이 상황에서 기술이 어떤 궁극적인 해결책이 되는가?

스포츠와 전쟁에 국한된 이야기는 아니다. 경쟁 입찰로 일감을 따내야 하는 건설사나 광고회사를 생각해 보자. 새로운 건설기법, 새로운 동영상 편집기술이 그 업계 종사자의 노동 강도를 근본적으로 바꿀 수 있을까? 시장에서 소비자의 선택을 놓고 경쟁해야 하는 다른 많은 제조업체나 서비스업체는 어떨까? 혁신적인 자동차 기술이 자동차 공장에서 일하는 일반 노동자나 자동차 세일즈맨의 삶을 안락하게 만들 수 있을까? 혁신적인 자동차 기술이 보장하는 것은 자동차 소비자의 효용 상승이지, 자동차 업계 노동자의 근로시간 단축이 아니다.

근대 들어 과학기술의 현기증 나는 발전 속도에 놀란 이들 중 몇몇은 언젠가 힘들고 성가신 일은 모두 기술이 처리해 주고, 인간은 옛 귀족처럼 고상하고 즐거운 일만 하며 살 수 있을 거라는 기대를 품었다. 진지하게 그런 생각을 했던 이들 중 가장 유명하고 권위 있는 인물은 20세기 가장 영향력 있는 경제학자로 꼽히는 존 메이나드 케인스다.

케인스는 1930년에 「우리 손자 손녀들이 누릴 경제적 가능성」이라는 짧은 에세이를 썼다. 그 글에서 케인스는 "100년 후 선진국의 생활수준이 4배에서 8배는 더 높아질 것"이라고 예측했다. 그리고 "다들 어느 정도는 일을 해야 할 것"이라면서도 "일주일에 15시간만 일해도 아주 오랫동안 경제적 문제에서 해방될 수 있을 것"이라고 했다. 그는 "맹목적으로 부를 추구하는 사람들은 앞으로도 많을 것"이지만 "나머지 사람들은 그런 이들을 칭송하고 독려할 의무를 더 이상 느끼지 않을 것"이라고 예상했다.[4]

2030년까지는 아직 몇 년 남았지만, 우리는 케인스의 예상이 빗나갔음을 안다. 생활수준은 케인스가 예측한 것보다 훨씬 더 높아졌다. 예일대의 국제개발경제학과 교수인 파브리지오 질리보티는 2030년이 되면 127개국 사람들의 생활수준이 1930년에 비해 17배 향상될 거라고 추정한다. 선진국뿐 아니라 통계를 얻을 수 있는 모든 국가의 성장률을 다 합해서 계산해 봤더니 전 세계 경제가 연평균 2.9퍼센트씩 성장하는 추세라는 것이다.[5]

그러나 노동시간은 케인스의 예측만큼 드라마틱하게 줄지는 않았다. 1930년보다 노동시간이 줄긴 줄었지만 주 15시간 근무는 여전히 꿈같은 소리로 들린다. 게다가 통계로 확인할 수 있는 노동시간 단축조차 그대로 믿을 수 있는지 의심이 간다. 누구의 노동도 아닌 노동이 늘어났기 때문이다. 발전한 기술을 적용해 노동량을 줄인 현장, 예컨대 키오스크를 도입한 식당을 생각해 보자. 식당 직원의 노동량은 줄었지만 과거에 식당 직원이 하던 일을 키오스크 도입 이후에는 손님들이 각자의 여가시간에 한다. 음식 주문 업무를 여전히 누군가가 하고 있지만, 통계상으로는 누구의 노동으로도 계산되지 않는다. 현대인들이 개인적으로 짊어진 자기계발이라는 과제도 그렇다. 내게는 그것이 수입이 없는 노동처럼 느껴진다.

1930년 이후 95년간 있었던 기술혁신이 무엇이 있었나 생각해 보자. 제트 비행기, 컴퓨터, 인공위성, 휴대전화, 인터넷, 원자력 발전, 유전공학 기술 등등 헤아릴 수 없이 많다. 이제 그중에서 생산성을 높인 발명은 무엇이고, 사람들의 여가시간을 늘린 발명은 무엇인지 생각해 보자(컬러 TV와 소셜미디어는 사람들의 여가시간을 늘린 걸까, 갉아먹은 걸까?). 전자가 많은가, 후자가 많은가? 케인스가 품었던 생각의 기본 가정이 어딘가 단단히 잘못됐다는 생각이 들지 않는가?

인공지능이 우리를 귀찮은 잡무에서 해방시켜 주고 덕분에 우리가 여가시간을 고상하게 즐길 수 있을 거라는 전망은 설득력이 없다. 지난 95년 동안 등장한 수많은 신기술은 우리 사회에 그런 식으로 적용되지 않았다. 애초에 그 방향을 의도하고 만들어지지도 않았다. 인공지능도 마찬가지다. 이에 대해서, 또 케인스에 대해서 역시 다음 장에서 더 자세히 이야기해 보도록 하자.

최소한의 탁월함, 최대한의 드라마

'인간의 바둑'은 인간 기사들이 만들어 내는 서사에 바둑계가 초점을 맞춰야 한다는 말일 수도 있다. 아무리 실력이 뛰어나더라도 인공지능은 서사의 주인공이 될 수 없다. 서사는 인물의 감정 없이 성립하지 않는다. 희극이든 비극이든 주인공은 역경을 겪으며, 그 역경을 겪는 동안 두려움, 불안, 좌절감 같은 감정들을 느낀다.

우리는 그런 감정에 빨려 들어가서, 주인공을 우리와 동일시하며 그를 응원한다. 〈월-E〉나 〈라이온 킹〉처럼 인간 아닌 로봇이나 동물을 주인공으로 내세운 픽션에서도, 주인공 로봇이나 동물은 역경을 겪으며 인간과 똑같은 감정적 반응을 보인다. 그러지 않으면 관객들은 그 서사를 참고 보지 못할 것이다.

이세돌 9단과 알파고의 대결을 다룬 2017년도 다큐멘터리 영화 〈알파고〉를 보다 보면 재미있는 발견을 하게 된다. 분명히 다큐멘터리가 다루는 주요 소재는 알파고인데, 주인공이 알파고가 아니라 이세돌 9단으로 느껴지는 것이다. 이 다큐멘터리는 미국의 영상 제작사인 막시 픽처스와 릴 애즈 더트가 만들었으며, 에미상을 수상한 다큐멘터리 전문 영화감독 그레그 코스가 연출했다. 연출자나 제작사가 이세돌 9단이나 한국 바둑계를 편들어야 할 이유는 없다.

그런데도 다큐멘터리가 시작하고 나서 13분이 넘어서야 등장하는 이세돌 9단은 이후 내내 서사의 중심이다. 이 영화의 클라이맥스는 이세돌 9단의 최종 패배가 확정되는 3국과 그가 기적적으로 역전하는 4국이다(이 다큐멘터리 속에서는 이세돌 9단이 3국에서 패배할 때 심지어 구글 딥마인드 개발자들조차 침통한 기색이다).

연출자에게는 다른 선택지가 없었을 거다. 서사 이론을 연구하고 가르치는 작가들이 하는 말들을 살펴보자. 제임스 스콧 벨은 이렇게 말한다. "주인공이 내면의 힘을 짜내어 행동으로 옮길 때에만 적수를 KO시킬 수 있는 충격을 줄 수 있다." 그는 거의 결말에 이르러 독자들이 "주인공이 싸울까 아니면 도망칠까? 적수가 주인공이 대적하기엔 너무 강한 것이 아닐까?"라고 묻게 만들어야 한다고 주장한다.[6] 낸시 크레스는 소설에서 "어떤 인물이 진짜 감정에 따라 행동하거나, 진짜 감정을 숨기거나, 또 진짜 감정 때문에 상처받는 모습"을 보여줘야 한다고 말한다. 그녀에 따르면 소설에서 가장 중요한 감정은 '좌절감'이다.[7]

제임스 스콧 벨과 낸시 크레스가 주장하는 내용에 이세돌 9단과 알파고를 각각 대입해 보자. 내면의 힘을 짜내어 행동으로 옮기는 캐릭터의 자리에 이세돌 9단이 어울리는가, 알파고가 어울리는가? 싸울지 도망칠지 고민하는 주체의 자리에는? 어떤 감독이 알파고가 진짜 감정 때문에 상처받는 모습이나 좌절감에 괴로워하는 모습을 묘사할 수 있을까?

다큐멘터리 〈알파고〉의 주인공은 이세돌 9단일 수밖에 없었다. 데미스 허사비스 구글 딥마인드 CEO를 주인공으로 내세울 수 있을지도 모른다. 허사비스가 주인공이라면 적수의 자리에 이세돌 9단이 올 수는 없다. 머신러닝은 절대로 성공할 수 없다는 다른 인공지능 연구자라든가, 구글의 관료주의(그런 게 있는지 없는지 모르겠지만) 같은 것이 그의 적수로 적합하다. 적수를 그렇게 정한다면 극의 클라이맥스를 구글 딥마인드 챌린지 매치로 잡더라도 그 앞의 이야기는 많이 바꿔야 할 것이다. 어쨌거나 이 경우에도 주인공은 인간이며, 영화 〈알파고〉는 인간의 서사이지 인공지능의 서사가 되지 않는다.

스포츠는 아주 훌륭한 서사의 재료이며, 사실 이것이 오늘날 프로스포츠 산업의 핵심이다. 오늘날 많은 스포츠 팬은 그 스포츠 활동 자체를 직접 즐기는 사람이 아니라 프로선수들이 그 스포츠를 통해 만들어 내는 서사를 즐기는 사람이다. 조기축구회에 나가서 공 차는 걸 좋아하면서 프로축구 관람도 좋아하는 사람도 있지만, 자기 몸은 도통 움직이지 않으면서 월드컵이나 프리미어리그를 TV로 시청하는 것만 좋아하는 '축구 팬'도 많다. F1(포뮬러원) 팬 중에서 경주용 자동차를 소유한 이가 몇이나 될까.

어떤 스포츠 종목은 대결 구도를 명료하게 보여주고 경기 시간이 충분히 길어서 시합이 그대로 서사가 된다. 축구, 농구, 권투 같은 종목들이다. 이들 스포츠는 참가자들이 정면 대결을 할지 회피할지 고민하고 그 결과에 따라 좌절하거나 환희에 젖는 드라마를 거의 매번 확실하게 만들어 낸다. 그에 비하면 야구나 크리켓은 경기 시간은 길지만 이 경기가 만드는 드라마를 이해하려면 다소 복잡한 경기 규칙을 알아야 한다. 바둑도 그렇다.

역도나 멀리뛰기 같은 종목은 경기 시간이 길지 않고 선수들이 같은 시공간에서 상대를 대면하지 않아 시합 자체는 극적인 요소가 부족하다. 그러나 선수가 시합을 준비하는 과정을 이야기에 포함시키면 훌륭한 서사가 된다. 따지고 보면 스포츠 영화의 서사가 다 그것 아니던가? 영화 〈록키〉에서 록키 발보아의 권투 경기 장면은 9분도 되지 않으며, 상영시간 120분은 대부분 록키가 그 경기를 어떻게 준비하느냐에 대한 것이다. 훈련 과정에서 인간 선수는 누구보다 강한 적수(자기 자신과 주변 환경)를 상대로 고군분투하며, 진짜 감정들을 여러 차례 드러낸다. 인공지능은 할 수 없는 일이다.

일부 프로기사는 이미 그런 변화가 바둑계에서 일어나는 중이라고 진단했다. 여성 기사와 시니어 기사의 바둑이 인기를 모으는 현상을 이 맥락에서 설명하는 기사들이 적지 않았다. 김만수 8단은 "한중일 세 나라에서 모두 여성 기사들의 인기가 급상승했고, 일본에서 그런 현상이 가장 두드러집니다"라고 말했다.

이런 인기 덕분에 한중일 3국에서 2010년대 후반 이후 여성 바둑대회와 리그가 많이 생겨났다. 한국에서는 한국여자바둑리그(2015년), 꽃보다 바둑 여왕전(2016년), 여자기성전(2017년), IBK기업은행배 여자바둑 마스터스(2021년), Dr.G 여자 최고 기사 결정전(2021년), 난설헌배 전국여자바둑대회(2021년)가 생겼다. 일본에서는 센코배 여류최강전(2015년), 센코컵 월드바둑여자최강전(2018년), 일본여자바둑리그(2024년)를, 중국에서는 오청원배 세계여자바둑오픈(2018년)을 창설했다.

일반 바둑대회와 리그가 여성 기사를 배제하는 건 아니다. 정상급 남성 기사와 비등한 실력을 지닌 여성 기사가 없다시피 해서 8강전 이후로 여성 기사가 잘 보이지 않는 것일 뿐. 실제로 중국 여성 기사 루이나이웨이 9단은 한국에서 활동하며 남성 기사들을 꺾고 국수전과 맥심커피배 입신최강전에서 우승한 바 있다. 문제는 루이나이웨이 이후로 그런 성적을 보여준 여성 기사가 없다는 것이다.[8] 2025년 현재 한국 여성 기사 중 최강자인 김은지 9단이나 최정 9단도 전체 한국 기사 순위에서는 30위권이다.

즉, 여성 바둑대회나 여성 리그는 최강자들의 무대가 아니다. 그런데 인기가 높다. 더 박진감 넘치는 룰을 채택해서 보기에 재미있다고도 하고, 여성 기사들이 남성 기사들보다 훨씬 더 전투적인 성향이라 그렇다고도 한다. 루이나이웨이 9단도 화끈한 전투 바둑을 뒀고, 최정 9단과 김은지 9단도 공격형 기사들이다.

이 점은 시니어 기사들도 비슷한데, 젊은 시절에는 수비형 바둑을 두던 기사들이 나이가 들어 공격형으로 바뀌는 경우가 많다. 싸움을 피하며 미세한 실리를 챙기는 수비형은 계산을 너무 많이 해야 해서 대국을 할 때 정신적 피로가 극심하다. 반면 상대에게 싸움을 거는 공격형은 큰 전투 한 번에 승부가 결정되기에 이기든 지든 힘은 덜 든다. 여성 기사들이 대개 전투형인 이유를 체력 소모를 버틸 수 없어서라고 분석하는 시각도 많다.

공교롭게 한국에서 시니어 프로기사들의 바둑대회가 인기를 끈 것도 2010년대 후반 들어서였다. 남성 기사는 50세부터, 여성 기사는 40세부터 참가할 수 있는 레전드리그는 2016년에 창설됐다. 여성 기사들과 시니어 기사들의 바둑이 인기를 끌면서 한국여자바둑리그와 레전드리그의 우승팀이 맞붙는 정규 대회인 '레전드 vs 여자 바둑리그 챔피언스컵'도 2018년 생겼다.

일부 프로기사는 이것이 인공지능의 영향 때문이라고 말한다. 인공지능 때문에 모든 인간 기사들의 실력이 평평해 보이고 최강자에 대한 팬들의 존경심이 옅어졌다. 그런 상황에서 랭킹 1~2위 기사의 바둑보다 30위권 기사들의 바둑이 더 화끈하고 재미있다면 후자에게로 눈길이 쏠리지 않겠는가? 이제 우리가 인간 기사의 바둑에 기대하는 것은 절대적 탁월함이 아닌, 그들이 시합을 통해 만들어 내는 서사 아닌가?

정수현 9단은 레전드리그의 인기 비결을 이렇게 분석했다.

"시니어 기사들은 실수가 잦아요. 정상급 기사들에 비하면 수준도 떨어지고요. 그런데 사람들은 그렇게 실수하는 모습을 좋아하거든요. 완벽하게 두는 바둑이 아니라 스토리가 있는 바둑을 좋아하는 거죠."

인간 기사들이 만들어 내는 서사가 앞으로 나아가야 할 바라면, '인간의 바둑'은 스토리텔링에 도움이 되는 요소들을 중심에 모으고 불필요한 요소는 줄이거나 빼는 방향으로 재구성된다. '인간의 문학'도 마찬가지다. 거기서 탁월함이라는 가치는 결코 중심 요소가 아니며 아주 낮은 수준으로 요구된다. 그러면 바둑이건 문학이건, 참여하는 개인이 노력해야 하는 방향이 달라진다. 탁월함이 아니라 스토리에 더 공을 들여야 한다.

2007년 영국의 오디션 프로그램인 〈브리튼스 갓 탤런트〉에 30대 후반의 휴대전화 외판원이 참가했다. 폴 포츠라는 이름의 그 외판원은 오디션 프로그램에서 보는 사람을 괴롭게 하는 괴짜 참가자로 보였다. 비만형 체구에 주눅 든 자세였으며, 눈빛은 불안해 보였고 치열도 고르지 않았다. 싸구려 양복 재킷과 타이를 매지 않은 셔츠 차림으로 무대에 오른 그가 자신 없는 말투로 오페라를 부르겠다고 하자 심사위원들은 '고역을 치러야겠구먼' 하는 표정을 감추지 못한다. 객석의 분위기도 비슷했으리라.

잠시 뒤 포츠가 오페라 〈투란도트〉의 아리아 〈아무도 잠들지 마라〉의 첫 소절을 부르자 심사위원들은 모두 충격을 받는다. 휴대전화 외판원에게 아무도 기대하지 않았던, 기대할 수 없었던 맑고 단단한 음색으로 매끄럽게 노래를 불렀기 때문이다. 객석에서는 환호성이 터진다. 휘파람을 부는 이도 있고 눈물을 훔치는 이도 있다. 심사위원들의 입가에는 미소가 번진다. 포츠가 선율의 절정에 이르러 "빈체로(승리하리라)!"라는 가사를 부르자 객석에 있는 모든 사람이 자리에서 일어나 박수를 친다.

포츠는 하루아침에 스타가 된다. 그는 〈브리튼스 갓 탤런트〉에서 최종 우승했고, 예선 당시 모습을 담은 4분 10초짜리 영상은 유튜브에서 2025년 3월 현재 누적 조회수 1억 9700만 회를 넘겼다. 우승 한 달 만에 나온 앨범 《원 챈스》는 전 세계에서 500만 장이 넘게 팔렸고, 그의 인생 역정은 영화로도 만들어졌다.

성악 전공자들은 포츠의 실력을 '아주 잘 부르는 아마추어' 정도로 평가한다. 만약 포츠가 〈브리튼스 갓 탤런트〉가 아니라 성악콩쿠르에 출전했다면 입상하지 못했을 거다. 그가 정규 성악 교육을 받은 적이 없음을 감안하면 이는 부당한 폄하가 아니다. 한편으로는 성악콩쿠르에 입상한 정도로는 음반 500만 장을 팔거나 실화 기반 영화의 모델이 되지 못한다.

포츠를 스타로 만든 건 노래 실력이 아니라 그의 스토리였다. 4분 10초에 이보다 더 드라마틱한 이야기를 담을 수 있을까? 핍박 받는 주인공, 위대한 도전, 아무도 예상하지 못했던 승리, 민중의 응원과 '악당'들의 승복…. 그렇게 보면 싸구려 양복도, 고르지 않은 치열도 그 스토리에 꼭 필요한 요소다.

이야기의 시작을 2007년이 아니라 훨씬 더 이전으로 잡아도 여전히 감동적이다. 버스 운전기사인 아버지와 슈퍼마켓 계산원인 어머니 아래서 자란 그는 어린 시절 학교에서 괴롭힘을 당했고, 종양을 앓았으며, 교통사고로 쇄골이 부러졌고, 변변찮은 일자리를 전전하며 경제적 어려움을 겪었다. 그럼에도 성악을 향한 사랑을 포기하지 않았고 아마추어 극단에서 노래를 불렀다.

폴 포츠의 이야기는 감동적이지만, 한 걸음 물러나 생각해 보면 좀 이상하게 느껴지기도 한다. 우리는 어린아이에게 폴 포츠의 이야기를 들려주며 거기에 삶의 교훈이 담겨 있다고 말할 수 있다. 아무리 어려운 처지에도 꿈을 추구하는 사람에게는 뜻하지 않은 기회가 온다든가, 다른 사람을 겉으로 보이는 바로만 평가하고 무시하면 안 된다든가. 그런데 팝페라 가수를 꿈꾸는 어린아이에게도 폴 포츠의 이야기는 교훈이 될까? 이 일화는 팝페라 가수로 성공하는 데 필요한 것은 탁월함이 아니라 스토리임을 말하는 것 아닐까? 노래 실력이 대중을 납득시킬 정도만 되면 그다음에는 전문 작가나 퍼스널 이미지 컨설팅업체와 계약해 개인 사연을 개발하는 게 더 효과적인 성공 전략인 것 아닐까?

사실 지금까지도 많은 사람이 예술가의 서사와 그들의 작품을 엄격하게 분리하지는 않는다. 빈센트 반 고흐의 비극적인 삶은 그가 그린 유화에 비장한 아름다움을 더해주고, 루트비히 판 베토벤의 청각장애와 제9번 교향곡의 장엄함도 한 덩어리다. 반대로 뛰어난 예술가가 나치에 부역했다든가, 인종차별주의자였다는 사실이 뒤늦게 밝혀지면 그의 작품도 매력을 잃는다.

이는 모두 탁월함을 전제로 하는 이야기다. 고흐와 베토벤의 생애가 드라마틱하기는 하지만, 그들의 작품은 동시에 어마어마하게 탁월하기도 하다. 헤르베르트 폰 카라얀이 탁월한 지휘자가 아니었다면 그의 나치 이력도 논란이 되지 않았을 것이다. 아예 그 이름이 클래식 음악계에서 거론될 일 자체가 없었을 테니까.

탁월함을 첫 번째 목표로 추구하지 않을 때 예술은 무엇이 될까? 권위 있는 클래식 음반사가 베를린 필하모닉 오케스트라보다 사연 많은 멤버들이 모인 직장인 아마추어 관현악단의 연주가 더 감동적이라며 추켜세운다면 클래식 음악은 무엇이 될까?

탁월함을 인공지능에게 양보할 때 소설은 무엇이 될까? 문학 출판사들이 '인생 스토리'가 있는 신인 작가들을 발탁해 그들의 원고를 AI 편집자와 함께 다듬게 될까? 원고는 고칠 수 있지만 작가의 인생 이야기를 꾸며낼 수는 없으니까 말이다. 그리고 따지고 보면 지금도 적지 않은 출판사들이 대필 작가를 고용해 그와 비슷한 일을 하고 있다.

그런 성공 공식이 출판계의 표준이 되면, 그걸 '인간의 문학'이라고 부른다면, 나는 그때도 소설을 사랑할 수 있을까?

내가 인터뷰한 프로기사 중에서 바둑의 미래와 '인간의 바둑'을 이야기하며 예능 프로그램 〈골 때리는 그녀들〉을 언급하는 이들이 적지 않았다.

한국의 방송국 SBS는 2021년부터 이 글을 쓰는 현재까지 5년째 이 프로그램을 방영하고 있다. 여성 유명인들이 축구팀을 만들어 경기하는 모습을 TV로 중계하는 내용이다. 참가자들은 축구 전문가들에게 훈련을 받고, 그들의 경기는 실제 리그처럼 운영된다. 그렇게 경기를 했더니 여성 배우, 여성 가수, 여성 개그맨, 여성 모델, 여성 아나운서, 여성 유튜버가 모두 진짜 감정들을 보여줬다. 적수를 KO시키기 위해 내면의 힘을 짜냈고, KO당한 뒤에는 좌절감에 휩싸였다. 시청자들도 그 감정을 알아봤다.

〈골 때리는 그녀들〉의 시청자 상당수는 이 프로그램을 예능 쇼가 아니라 프로스포츠 중계처럼 대한다. 그런 태도를 보여주는 대표적인 사례가 방송 초기인 2021년 불거진 방송 편집 조작 논란이다. 전현직 모델로 구성된 팀인 'FC 구척장신'과 유명인들의 팀인 'FC 원더우먼'이 시합을 했는데, 제작진은 그들의 득점 순서를 더 극적으로 보이게 바꾸었다. 최종 점수와 승부 결과 자체를 바꾸지는 않았지만, 그 점수에 이르기까지 두 팀이 엎치락뒤치락하며 점수를 올리는 것처럼 장면들의 순서를 편집했다. 일부 시청자가 화면 순서가 이상하다며 제기한 의혹은 걷잡을 수 없이 번져나갔고, 분노의 수위는 거셌다. SBS는 사과문을 무려 네 번이나 발표해야 했다. 팬들은 방송국과 제작진뿐 아니라 출연자에게도 조작에 동참했다며 비난했다.

시청자들은 '왜 스포츠를 조작하느냐'라며 항의했다. 〈골 때리는 그녀들〉 제작진은 그런 항의를 받고 나서야 자신들이 만드는 방송 프로그램이 얼마든지 편집할 수 있는 예능 쇼가 아니라 실제 경기를 충실히 전달해야 하는 스포츠 중계임을 깨달았던 것 같다. SBS는 이후 책임 프로듀서와 연출자를 교체했다.

놀랍게도 여성 유명인들의 축구 경기는 한국에서 프로축구 경기보다 훨씬 더 높은 인기를 모았다. 본업이 있는 여성 유명인들이 잠시 축구를 배워 보여주는 드라마와 유소년 시절을 전부 축구에 바친 프로선수들이 자기 커리어를 걸고 보여주는 서사를 대중은 구분하지 않았다. 2021년 파일럿 방송부터 2025년 시즌 7까지 〈골 때리는 그녀들〉의 전국 시청률은 4~10퍼센트대였다. 그런데 한국 프로축구 K리그의 시청률은 1퍼센트가 안 된다. 〈골 때리는 그녀들〉은 SBS 연예대상, 한국방송대상, 한국PD대상 등 각종 방송상을 휩쓸었지만, 한국 프로축구는 인기가 없어 한국 방송사들이 중계방송을 기피한다.

"〈골 때리는 그녀들〉 출연자들이 일반 축구 선수들에 비하면 실력은 훨씬 뒤처지잖아요. 그래도 우리가 아는 사람들이 노력하는 모습을 보면서 시청자들이 쾌감을 느끼고 힘을 얻는 거죠. 바둑도 그런 방향으로 가는 게 맞다고 봐요. 현실적으로 점점 더 그렇게 될 수밖에 없다고 보고요. 신진서, 박정환, 커제 같은 정상급 기사들이야 당연히 전통적인 방식으로 바둑을 두면 되겠지만, 다른 기사들은 페어바둑[남녀 기사 두 사람이 한 팀을 이뤄 서로 상담하지 않고 번갈아 돌을 놓는 방식으로 두는 바둑] 같은 이벤트 방식으로 활로를 찾아야 하지 않을까 생각해요. 사람들이 일반적으로 환호하는 스포츠는 기록경기가 아니라 여러 사람이 얽혀서 팀으로 대결하는 종목이거든요." 이호승 3단

국가대표팀의 대결은 역사라는 더 큰 서사와 쉽게 이어지기에 좋은 스토리텔링의 재료가 된다. 한국 바둑계가 그런 포인트를 잡아야 한다고 제안하는 기사들도 있었다.

"앞으로 바둑계가 애국심에 많이 기대지 않을까요? 바둑 팬

중에서 바둑 자체가 재미있어서 보신다기보다는 한국 기사들이 중국과 일본 기사를 꺾는 스토리를 좋아해서 보시는 분들이 굉장히 많아요." 조혜연 9단

"프로기사가 사회에 어떤 이바지를 할 수 있을까 하는 고민을 해봐야 할 것 같아요. 팬들에게 재미를 제공하는 거야 당연히 해야 하는 일이고요. 저는 국가 이미지를 높이는 데 바둑이라는 마인드스포츠가 기여하면 좋겠어요. 미국, 중국 같은 강대국들이 올림픽 종목들을 지원하는 데에는 그런 목적이 있죠. 바둑도 그런 역할을 하고 싶은 거예요. 그러면서 세상에서 가장 어려운 게임이라는 측면도 주목받을 수 있지 않을까 해요. 알파고가 등장하기 전에는 이런 생각을 하지 않았는데, 알파고 때문에 이런저런 생각을 하다 보니 제 가치관이 좀 바뀌었네요." 홍민표 9단

인플루언서, 팬덤, 비즈니스

'인간의 바둑'은 내가 닮고 싶고 응원하거나 숭배하고 싶은 존재인 다른 인간이 둔다는 점을 강조하는 바둑일 수도 있다. 다시 말해 바둑 산업이 팬덤 비즈니스로 전환해야 한다는 얘기다.

최근 20년간 우리는 인간이 다른 인간을 우상(idol)으로 섬기고, 그의 팬을 자처하는 명분에는 사실상 제한이 없음을 알게 됐다. 인플루언서는 온갖 이유로 인플루언서가 된다. 얼굴이 잘생겨서, 노래를 잘 불러서, 운동을 잘해서, 연기를 잘해서, 그림을 잘 그려서, 글을 잘 써서, 말을 잘해서, 옷을 잘 입어서, 놀라운 주장을 해서, 인플루언서의 가족이라서, 돈이 많아서, 너무 많이 먹어

서, 범죄 피해자라서, 아는 게 많아서, 아는 게 없어서, 행실이 훌륭해서, 행실이 막돼먹어서….

유명인이 되면 추종자에게 영향력(influence)을 행사할 수 있고, 여기서 수익이 발생한다. 광고를 할 수도 있고, 직접 물건을 만들어 팔 수도 있고, 유명 브랜드와 협업을 해서 자기 이름을 딴 제품을 만들 수도 있고, 방송에 출연할 수도 있고, 유튜브나 다른 플랫폼에서 돈을 받을 수도 있고, 오프라인 만남 티켓을 팔 수도 있고, 오프라인 만남 티켓을 경품으로 내걸어 물건을 팔 수도 있다. 사실 많은 스포츠 스타에게 가장 큰 수입은 대회 상금이나 연봉이 아니라 광고 혹은 스폰서십 계약에서 온다.

광적인 팬(fanatic)들은 탁월함에 연연하지 않는다. 아이돌이 형편없는 신곡을 발표하면 팬들은 '우리 아티스트에게 형편없는 곡을 줬다'라며 소속사를 비난한다. 그리고 '우리가 이 앨범을 구매해서 아티스트를 보호해야 한다'라고 나선다. 일단 어떤 계기로든 유명해져서 팬덤을 얻고 나면 그다음에는 자신이 탁월하게 해내지 못하는 일로도 지지를 얻을 수 있다. 팬들은 아이돌의 스토리를 좋아하지만, 팬덤 스스로가 굉장한 스토리텔링 능력을 지니고 있다. 팬덤을 만드는 게 어렵지, 일단 팬덤을 확보하면 그들과 함께 스토리를 생산하는 것은 그만큼 어렵지 않다. 팬덤은 사진 몇 장으로도 매력적인 스토리를 만들어 내니까. 그들이 꼭 우호적인 스토리만 만드는 건 아니지만 말이다. 언론과 파파라치도 그 스토리 작가 군단의 일원이다.

숭배의 대상이 되는 브랜드나 스포츠 팀도 있고, 사연 있는 개, 고양이, 사자, 판다, 피그미하마가 많은 팬을 거느리기도 한다.

버추얼 인플루언서 같은 존재도 등장했다. 그러나 그런 의인화된 아이돌들은 진짜 인간만큼 풍부한 '표정'이나 감정적 반응을 생산하지 못하고, 그래서 팬덤이 중요하게 여기는 교감 능력도 떨어진다. 바둑 AI 프로그램에 대해서는 그 수준의 의인화도 어려울 것이다. 인간 프로기사는 바둑 실력을 이용해 인플루언서가 될 수 있고, 팬덤 비즈니스를 일으켜 상금이 아닌 수익을 거둘 수 있지만 오로지 이기는 데 특화된 알고리듬은 그러지 못한다.

바둑으로도 인플루언서가 될 수 있을까? 왜 안 되겠는가? 사실 바둑계에서 그런 일은 이미 벌어지고 있다. 대만의 여성 프로기사인 헤이자자 7단은 대만 여자바둑최강전을 네 차례나 우승한 실력자이지만, 바둑보다 모델 일로 훨씬 많은 수익을 올리고 있다. 한국에서는 7장에도 나왔던 조연우 2단이 유튜버로 활동하면서 넷플릭스의 예능 프로그램인 〈데블스 플랜〉에 출연했다.

헤이자자 7단이나 조연우 2단이 바둑 AI 프로그램에 위기감을 느끼고 모델 활동이나 서바이벌 예능 쇼 출연을 결정한 건 아니리라. 그보다는 점점 더 커지고 있는 '인플루언서 산업'이 바둑계에서 유망한 인재를 발굴했다고 보는 게 옳은 분석일 테다. 그렇다 해도 젊은 기사들 사이에서는 '팬이 중요하다, 팬들의 사랑을 받아야 한다'라는 인식이 커지고 있다. 그런 인식 변화는 인공지능으로 인한 프로기사의 위상 하락과 별개의 현상이 아니다.

한국 바둑 국가대표팀 감독이기도 한 홍민표 9단은 그런 자세를 선수들에게 가르친다고 말했다.

"'팬들이 가장 중요하다, 팬들이 없으면 너희들은 아무것도 아니다'라고 강조하는 교육을 몇 년째 하고 있어요. 그런데 그런 교육을 하지 않아도 선수들이 이미 그런 생각이 강해서 다행이에요. 고맙기도 하고요."

팬덤 비즈니스를 강조하는 게 '인간의 바둑'이 나아가야 할 방향이라면, 앞으로 프로기사에게 필요한 덕목은 탁월함이 아니라 '스타성'이다. 많은 스포츠 스타가 탁월한 선수이며 그들의 스타성은 상당 부분 탁월함에서 오지만, 스타성이 탁월함과 반드시 일치하는 건 아니다. 스타성은 때로 엉뚱한 곳에서 온다.

2024년 파리 올림픽에서 한국의 사격 국가대표인 김예지 선수는 하루아침에 세계적인 스타가 됐다. 마른 몸에 헐렁한 운동복을 입고, 한쪽 눈을 가리는 사격용 안경을 착용하고, 독특하면서도 여유 있어 보이는 자세와 차가운 표정으로 총을 쏘는 그녀의 모습이 SF 영화에서 튀어나온 암살자 같아 보였기 때문이다. 《뉴욕타임스》는 "파리 올림픽에서 가장 쿨한 선수"라고, CNN은 "믿기지 않을 만큼 멋지다"라고 했고, 《가디언》은 영화 〈존 윅〉, 〈터미네이터〉를 언급했다.9 올림픽이 끝난 뒤 김예지 선수는 각종 TV 프로그램에 출연했고, 여러 패션 잡지의 모델이 됐고, 킬러 역으로 영화에도 나왔다.

그런데 김예지 선수가 은메달을 따면서 세계적인 스타가 된 여자 10미터 공기권총 종목에서 금메달은 누가 땄는지 아는 사람? 한국인 대부분이 김예지 선수에게 열광하느라 금메달리스트도 한국인이라는 사실은 아예 모르는 것 같았다. 금메달을 딴 오예진 선수는 심지어 이때 올림픽 신기록을 세웠으며, 한국 여자 선수가 공기권총 종목에서 금메달을 획득한 것은 이때가 처음이었다. 하지만 오예진 선수는 외모나 표정, 옷차림, 사격 포즈가 김예지 선수처럼 '쿨'해 보이지 않았고, 스타덤에 오르지 못했다. 소셜미디어에서는 오예진 선수보다 김예지 선수가 허리춤에 찬 코끼리 인형이 더 많이 언급되는 것 같았다.

바둑이 예술에서 스포츠가 될 때 프로기사들은 절대적 탁월함이라는 목표를 포기하게 된다. 바둑이 승부에서 팬덤 비즈니스로 변한다면 기사들에게 상대적 탁월함이라는 목표조차 흐릿해질 것이다. 상대적 탁월함 경쟁에서 밀려나 있는 하위권 기사들은 시간과 노력이라는 자신의 자원을 어디에 쓸지 고민하게 된다. 그 자원을 바둑 실력을 키우는 데 써야 할까, 아니면 자신의 숨은 스타성을 보여줄 기회를 잡는 데 써야 할까. 어느 쪽이 현명할까.

어쩌면 정상급 기사들도 같은 유혹을 받을지 모른다. 어느 업계든 산업적으로 성숙한 단계에 이르면 탁월함을 둘러싼 정상급 참여자들 사이의 경쟁은 너무 치열해서, 순위를 한 칸 높이는 데에도 막대한 시간과 노력이 든다. 그때 탁월함이 아니라 스타성을 추구하는 일은 좋은 전략이 될 수 있다. 1등의 영광이 아니라 수익 극대화가 목표라면 말이다. 어쩌면 바둑계 세계 1인자에게 이미 그런 일이 일어났는지 모른다. 알파고와 대결해 3 대 0으로 지면서 울먹이고, 이후에 몸져눕기까지 했던 중국의 천재 기사 커제 9단 얘기다.

커제는 여전히 정상급 기사이지만, 중국의 마이크로 블로그인 웨이보에서 2025년 3월 현재 540만 명의 팔로워를 거느린 왕훙(网红)[인플루언서를 가리키는 중국어]이기도 하다.[10] 웨이보에서 보는 커제는 다른 젊은 남성 인플루언서와 다르지 않은 모습이다.

커제의 웨이보에는 그가 머리를 깎거나 친구들과 당구를 치거나 고양이와 노는 모습을 주변 지인이 찍어준 저화질 영상과, 그가 화웨이의 최신 태블릿 PC로 자신의 대국을 검토하는 모습을 잘 편집한 고화질 영상이 함께 올라온다. 자동차에 관심이 많은 그는 포르쉐 911 차량을 보유하고 있으며, 웨이보에 F1 경기 관람 사진을 올리기도 하고 샤오미의 고성능 전기차인 SU7 울트라 구매를 인증하기도 한다. 반면 패배하면 새벽 5시까지 잠을 자지 않고 바둑 공부에 매달리는 현재 세계 1위 신진서 9단은 차량은커녕 운전면허조차 없다.[11]

커제는 스타성이 대단한 기사다. 준수한 외모에는 선량한 이웃집 청년, 장난꾸러기 소년, 여린 내면의 예술가, 대담한 승부사가 함께 보인다. 실제 성격도 외모와 비슷한 듯하다. 그는 젊고 자기 감정에 솔직하고 바둑계 밖에서 벌어지는 일에 관심이 많고 새로운 도전을 즐긴다. 지켜보기 재미있는 캐릭터다. 기본적으로는 겸손하고 가식 없는 스타일인데 가끔씩 도발적인 발언을 입에 올리고 다른 유명 인사에게 시비를 걸기 때문에 특히 그렇다. 커제는 소셜미디어에서 '중국의 패리스 힐튼'이라는 별명이 있는 재벌 2세 왕스총, 마카오 카지노 대부의 아들이자 마카오e스포츠협회장인 허요우췬, 대만의 인기 가수이자 배우인 뤄즈샹을 저격했다. 2022년 항저우 아시안게임에 참가해서는 선수촌 식당 음식이 너무 맛이 없다며 "이 양고기를 먹으면 입덧을 할 것 같다"라고 불평하는 동영상을 올리기도 했다.[12] 그의 웨이보에서는 비행기에서 지갑을 잃어버린 사실을 알렸다가 팔로워들의 도움으로 되찾는 '마이크로 스토리텔링'도 종종 빚어진다.

공교롭게도 커제가 소셜미디어 활동을 본격적으로 하기 시작한 것은 이세돌 9단과 알파고가 맞붙었을 때였다. 커제가 자신의 스타성을 깨달은 것도 그즈음인 듯하다. 이세돌이 알파고에 패배했을 때 커제는 "알파고가 이세돌을 이겼지만 나는 이길 수 없다"라고 웨이보에 적었다. 이 글은 '좋아요'를 10만여 개 받았고, 댓글이 2만여 개 달렸다. 커제는 그날 저녁 웨이보에 자신을 소개하는 글을 추가로 올렸다. 자신이 1997년생이며, 현재 세계 1위이고, 이세돌 9단에게 여덟 번 이기고 두 번 졌으며, 본래 조용한 성격이라는 등의 내용이었다. 이 글은 '좋아요'를 9만여 개 받았고, 댓글이 3만여 개 달렸다. 그의 팔로워는 금세 50만 명을 돌파했다.[13]

2020년대 들어 커제는 프로기사로서 아직 전성기일 나이인데도 실력이 예전 같지 않다는 비판을 받는다. 이에 대해 김만수 8단은 "커제는 1인자 자리를 유지하는 걸 포기"했다고 분석했다.

"커제는 이단아죠. 1등을 포기한다는 게 쉽지 않은 얘기거든요. 이 친구가 1등을 유지하는 걸 포기하고 뭘 하느냐. 상금 최대화가 아니라 자기가 버는 돈의 최대화를 추구하고 있어요. 테니스나 골프는 시장이 크니까 상금도 크고 나이키나 아디다스 같은 기업 후원도 받을 수 있죠. 그런데 바둑은 전 세계대회의 상금을 싹쓸이해도 그 정도가 되지 않아요. 그리고 1인자 자리를 유지하려면 얼마나 공부를 해야겠어요? 그래서 바둑 공부를 줄이고 방송에 출연하고, SNS 활동으로 인플루언서가 되고, 식당도 열어요. 기존 사고방식으로는 도저히 이해할 수 없죠. 저는 이 친구가 시대를 앞서간다고 생각해요. 커제가 신호탄을 올린 거예요."

"요즘엔 별걸 다 해야 돼요"

내가 만난 프로기사 중에서 바둑을 이용해서 인플루언서가 되겠다는 사람은 없었다. 그러나 프로기사들이 팬들에게 승부 이상의 재미를 보여줘야 한다는 의견에는 다들 어느 정도 동의하는 것 같았다. 몇몇 기사는 다른 예술 분야에서도 작품성 이외의 요소가 중요해질 거라고 전망했다.

"물론 이기는 게 가장 중요하죠. 그런데 보는 사람이 없어지면 저희의 존재 가치도 없어지거든요. 지금 바둑을 보고 계시는 팬들을 생각한다면, 그분들이 바둑을 더 재미있게 즐기려면, 선수마다 각자의 색깔이 있어야 할 것 같아요." 목진석 9단

"바둑계에 바둑 AI 프로그램이 보급된 지 이제 겨우 7년 정도 된 거잖아요. 그런데 얼마나 사람이 몰리는지가 이전과 비교해서 훨씬 중요해졌어요. 예술에서도 자기 PR을 잘하는 분들이 더 중요하게 여겨지지 않을까 생각해요. 작품으로만 평가를 받고 싶은 분이라 해도 그 작품뿐 아니라 그 작품을 만들게 된 경위, 과정 같은 스토리가 붙어야겠죠. 가요계만 봐도 예전에는 신비주의 콘셉트가 먹혔는데 이제는 다들 팬들에게 친근하게 다가가려 하잖아요."
정두호 4단

"바둑계에서 일어난 일이 다른 예술계에서도 일어날 수 있지 않을까요? 그러면 제 생각에는 글에만 열중하는 타입인 소설가라고 해도 대중 앞에 나서려는 노력이 필요할 것 같아요. 인공지능이 소설을 쓰는 게 불가능할 거 같지는 않거든요. 인공지능이 쓴 원고를 인간 작가가 살짝 변형만 한 건지 판단하는 것도 어렵고요. 바둑에서도 온라인 대국에서 상대가 인공지능을 썼는지, 안

썼는지 판단하기 어려워요. 그런 미래가 오면 어쩔 수 없이 '사람이 썼다, 이렇게 썼다'라는 점을 드러내야 할 거 같아요." 조한승 9단

김만수 8단은 "프로기사 개인들이 혼란스러운 시기를 겪고 있어요"라고 말했다.

"수도승처럼 승부에 전념해야 하나, 아니면 커제처럼 돈을 버는 걸 목표로 삼아야 하나, 아니면 이세돌처럼 이런 상황을 '나는 못 견디겠다, 은퇴하겠다'라며 바둑에서 손을 떼야 하나. 갈 길이 그렇게 갈라지고 있거든요."

김만수 8단은 그런 상황이 만들어진 것 자체가 인공지능 때문이라고 보지는 않았다. 그러나 그런 변화에 "인공지능이 결정타를 날렸어요"라고 했다. 그의 말을 듣는 동안 내가 최근 10년간 소설가로 살면서 경험한 문학 출판계의 변화가 떠올랐다.

2019년에 나는 「요즘엔 별걸 다 해야 돼요」라는 제목의 짧은 에세이를 한 편 써서 인터넷 서점의 웹진에 실었다. 한국의 대형 출판사인 민음사에서 소설집을 출간한 직후였는데, 책 홍보용 동영상을 촬영한 경험을 바탕으로 글을 썼다. 민음사는 막 '민음사TV'라는 유튜브 채널을 시작하려는 참이었다. 민음사는 2010년대 초반까지만 해도 유튜브는커녕 소셜미디어 계정조차 하나도 없었다.

'책을 냈다고 홍보 동영상까지 찍어야 하나' 하는 마음으로 민음사에서 예약한 스튜디오로 가서 PD의 지시에 따라 코믹한 분위기의 영상을 촬영했다. 당시에 영화사들이 영화 홍보를 하려고 만들던 영상 포맷을 흉내 냈다. 나중에 알고 보니 그게 민음사TV의 파일럿 영상이었다. 현장에는 민음사 편집자와 마케터도 와 있었는데, 자신들도 처음 해보는 일이라며 떨떠름한 표정이었다. 그

들 역시 '책을 냈다고 홍보 동영상까지 찍어야 하나' 하는 심정이었던 듯하다.

에세이에서 나는 이렇게 썼다.

> "요즘엔 별걸 다 해야 돼요." 얼마 전부터 출판계 관계자들을 만날 때 자주 듣는 소리다. 작가도, 편집자도, 마케터도, 서점 직원도 한숨을 쉬며 말한다. 요즘엔 정말, 별걸 다 해야 돼요. 나도 예외는 아니다. 데뷔하고 매년 책을 한 권 이상씩 냈는데 해마다 전에 못 해본 마케팅 행사에 참여하게 된다. (…) 그러나 '요즘엔 별걸 다 해야 돼요' 하는 푸념 아래에는 그보다 훨씬 더 근본적인 불안이 깔려 있다. 나도, 편집자도, 마케터도, 서점 관계자도 그렇다. 우리가 점점 책이 아닌 다른 무언가를 팔고 있는 것 같다는 존재론적 위기감. 애써 아닌 척해봐도 콘텐츠와 책은 다른 거고, 크리에이터와 작가도 다른 거다. 책은 글자로 돼 있고, 작가는 글자로 작업한다. 책의 본질이 굿즈나 토크에 담길 리도 없다. 우린 다 책이 좋아서 이 일을 시작했는데, 지금 뭘 하고 있는 거지?[14]

이 글은 출판계 종사자들 사이에 소소하게 화제가 됐다. 소셜미디어에 이 글을 공유하는 사람도 많았고, 내게 따로 메시지를 보내 공감을 표하는 이도 있었다. 다들 '책이 좋아서 이 일을 시작했는데, 지금 뭘 하고 있는 건지 모르겠다'라고 했다.

돌이켜 보면 이때가 유튜브와 소셜미디어가 모든 소비재 산업의 마케팅을 집어삼키던 시절이었다. 그즈음 '인플루언서-작가'들이 출판계의 기존 문법들을 무시하고 작은 출판사에서 낸 책들이 유튜브나 소셜미디어의 힘으로 베스트셀러가 됐다. 민음사와 같은 전통적인 출판사들과 서점들은 어리둥절해하면서 유튜브와 소셜미디어의 새로운 문법을 익히려 시행착오를 거듭하는 중이었다. 나 같은 기성 소설가와 편집자, 마케터 등 출판 관계자들은 거기에 끌려가면서 '요즘엔 별걸 다 해야 하네, 해마다 전에 못 해본 마케팅 행사에 참여해야 하네' 하고 푸념했다.

이 일화에는 씁쓸한 후일담이 있다. 민음사TV가 이후 대성공을 거둔 것이다. 여러 언론은 민음사TV가 책 얘기를 줄였기 때문에 성공했다고 분석했다. 민음사TV는 "출판사 유튜브이지만 '책 광고는 만들지 않겠다'라고 선언하며 시작한 채널"이며 그래서인지 저자보다 "마케팅부·편집부 등 직원들의 일상이 담긴 영상이 더 인기"라는 것이다. 실제로 마케팅부 직원이 사무실용 간식과 슬리퍼, 안마기 등을 추천하는 영상의 조회수가 가장 높다.[15] 민음사TV의 '주 무기'는 "으레 기대할 법한 저자 인터뷰나 책 추천보다는 '출판사 직원들의 가방 속 물건' '신입사원 시절 실수담' '오늘 뭐 먹지, 직장인 점심 3일' 등 민음사 직원들의 일상"이다.[16]

채널의 분위기를 그렇게 잡는 데에는 나의 영향도 있었다고 한다. 나도 이 글을 쓰면서 기사를 검색하다가 알았다. 장강명 작가를 섭외해 찍은 파일럿 영상은 조회수가 높지 않은데, 비슷한 시기에 올린 민음사 직원들의 영상이 훨씬 인기인 걸 보고 사람들이 어떤 콘텐츠를 원하는지 감을 잡기 시작했다고.[17] 쩝.

민음사는 여전히 내가 가장 좋아하는 출판사이고, 나는 앞으로도 계속 민음사에서 소설을 출간할 예정이다. 민음사TV가 언론 기사대로 "골수 독자가 아니더라도 책에 관심 있는 이들을 느슨

하게 연결해 주는 일종의 커뮤니티 구실"[18]을 한다면 좋은 일이라 생각한다. 그러나 출판업을 하던 민음사가 민음사TV로 인해 자신도 모르는 새 영상 제작사가 되었고, 민음사TV가 책이 아닌 콘텐츠를 일종의 낚시 상품으로 유튜브에 올려놨음도 엄연한 사실이다. 어떤 변질이 일어났다.

민음사TV가 유튜브에서 무료로 제공하는 낚시 상품은 무엇일까? 직원들의 사적인 얘기다. 살아 있는 사람의 사적인 얘기는 유튜브와 소셜미디어에서 가장 인기 있는 콘텐츠이기도 하다.

유튜브와 소셜미디어는 이전의 TV, 신문과는 완전히 성격이 다른 매체다. 이용자들에게 훨씬 더 개인적으로 다가간다. 출판계를 포함한 콘텐츠 업계 종사자들이 2010년대 후반 몇 년에 걸쳐 깨달은 유튜브와 소셜미디어 문법은 '개인적으로 다가가라'라는 것이었다. 이용자들의 친구라는 느낌을 줘라. 그러면 그들은 친구인 당신을 위해 지갑을 열 것이다. 유사(類似) 친구가 되는 가장 빠른 방법은 무엇일까? 사적인 얘기를 털어놓는 것이다. 가방 속 물건이 뭔지, 신입사원 시절에 어떤 실수를 했는지, 오늘 점심은 뭘 먹을 건지 등등. 실제로 민음사TV가 성공을 거둔 뒤에 그 채널에 자주 나오는 민음사의 편집자와 마케터는 한국 출판계의 인플루언서가 됐다.

나도 굴복했다. 2019년까지 나는 소셜미디어 활동을 거의 하지 않았다. '이제는 꼭 해야 한다'라고 권하는 편집자들이 많아서 페이스북 계정을 만들기는 했지만, 아마 그해에 올린 포스팅 수는 10건이 되지 않았을 거다. 신간이 나오면 소식을 알리는 정도였다.

저자가 직접 출간 소식을 전해야(개인적으로 다가가야) 독자들이 주문한다고 했다. 아직도 인스타그램이나 X, 스레드 계정은 만들지 않았지만 페이스북에 이제는 한 해에 포스팅을 100여 건은 올리는 것 같다. 공적인 활동을 홍보하는 용도로 쓰고 있다. 어제는 페이스북에 일본에서 다섯 번째로 내 소설이 출간되었다는 소식을 올렸고, 친한 소설가가 진행하는 문학 답사에서 참가자를 모집하는 글을 공유했다.

지난해 내가 사생활에 해당하는 포스팅을 페이스북에 올린 적은 딱 두 번이다. 지난해 9월 카이스트에서 강연을 마치고 서울로 올라가는 길에 성심당에서 산 소보로빵과 캔맥주를 기차 좌석 선반에 놓고 사진을 찍은 뒤, "인생 뭐 있나"라는 내용과 함께 올렸다. 지치고 울적한 기분이 들어서 불쑥 그런 행동을 했다. 한 달 뒤에는 내가 만든 문학 동인인 '월급사실주의' 활동을 같이하는 소설가 두 사람과 맥주를 마시고 알딸딸하게 취해서는 기념사진을 찍어 페이스북에 올렸다.

그 두 건의 포스팅은 평소 내가 올린 홍보 게시물보다 훨씬 많은 '좋아요'를 얻었고 댓글도 많이 달렸다. 다른 이용자들에게 개인적으로 다가갔던 것이다. 내가 어디에 있는지, 무엇을 먹는지, 누구와 먹는지 등을 시시콜콜하게, 재치 있는 문장과 함께 올리면 나도 팔로워가 늘 거라고 생각한다. 하지만 나는 그런 이야기를 올리고 싶지 않다. 내가 모르는 사람들에게 내 사생활을 공개하고 친구인 양 굴기 싫다. 그래야 팔로워가 늘고, 내가 SNS를 하는 근본적인 이유인 책 홍보에 도움이 될 거라는 생각을 하면 거부감이 오히려 더 커진다. 나 자신을 파는 기분이 든다.

소셜미디어 활동을 둘러싼 내 마음속의 갈등은 2025년 3월 현재까지는 인공지능과는 관련이 없다. 하지만 앞으로는 상황이 달라질지도 모른다. 4장에서 사고실험을 해본 알파-히스토리언과 알파-논픽션라이터 사례를 떠올려 보자. 인공지능이 문학 출판계에서 본격적으로 활동하면 인간 소설가의 영역은 인공지능이 잘하지 못하는 일로 축소된다. 그런 때 인공지능이 팔 수 없는 걸 내가 팔 수 있다면 든든하리라. 그리고 내 머리에는 나만이 팔 수 있는 상품으로 '내 사생활'이라는 답이 떠오른다.

'인간의 문학'이란 고작 그런 의미에 불과한 걸까? 적어도 앞으로 엘레나 페란테처럼 모습을 드러내지 않고 작품만 발표하는 작가는 인공지능을 이용한다는 혐의를 피할 수 없게 될 듯하다. 조한승 9단이 말한 대로다. AI 시대에 예술가들은 자신이 작품을 만드는 과정으로 이야기를 잘 만드는 기술과 그 자신을 교묘하게 상품화하여 판매하는 방법을 배워야 할지도 모르겠다. 스포츠카를 사서 인증하거나, 다른 유명 인사를 저격하는 요령도 함께. 내 생각에는 피카소와 앤디 워홀이 그런 일을 잘했으며, 오늘날 대중음악계에서 종사하는 사람들에게는 거의 기본 소양이다.

모차르트가 시장에 내놨던 것보다 더 많은 것을 마이클 잭슨은 시장에 내놔야 했고, 테일러 스위프트는 더 그러하다. 우리는 테일러 스위프트의 남자친구들에 대해 속속들이 알고 있으며, 그런 가십은 '스위프트노믹스'의 일부다. 거기에는 그사이에 발전한 미디어 기술이 큰 영향을 미쳤다. 그렇다고 테일러 스위프트가 그 미디어 기술로 인해 마이클 잭슨이나 모차르트보다 더 적게 일하고 더 높은 삶의 질을 누리는 것도 아니다.

스위프트는 노래 〈안티 히어로〉에서 자신을 언덕 위에 있는 괴물로 묘사한다. 너무 거대해서 평범한 친구들과 어울리지 못하고, 밤에 잠을 이루지 못하며, 우울함에 시달리고, 사람들의 공격에 심장이 꿰뚫리지만 죽지도 못하는. 나는 그런 상황에 미디어 기술의 책임이 상당 부분 있다고 생각한다. AI 기술이 미디어 기술과 확연히 다르게, 인류의 삶의 질을 높이는 방향으로 발전할 거라고 믿어야 할 이유는 없다. 미디어 기술을 현재의 방향으로 추동했던 힘이 AI 기술에도 똑같이 적용될 것이다.

일본에서 내 소설이 출간됐다는 소식과 친한 소설가의 문학 답사 소식을 올리려 어제 페이스북에 접속했을 때, 내 피드는 온통 스튜디오 지브리풍의 이미지로 가득 차 있었다. 페이스북 이용자들은 너나없이 오픈AI가 막 발표한 챗GPT의 새로운 이미지 생성 기능에 푹 빠진 듯했다. 이 기능이 너무 인기가 많아서 샘 올트먼 오픈AI 최고경영자가 X에 "우리 그래픽처리장치(GPU)가 녹아내리고 있다"라고 적었을 정도였다.[19]

오픈AI의 이미지 생성 기능을 이용하면 이제 누구나 자신이나 가족의 사진을 스튜디오 지브리에서 만든 애니메이션의 한 장면처럼 바꿀 수 있다. 들이는 노력은 거의 없고 시간도 얼마 걸리지 않는다. 전문 애니메이터나 애니메이션 비평가가 아닌 나 같은 사람의 눈에 이미지 결과물은 매우 자연스럽게, 그리고 아름답게 보인다. 올트먼 본인도 자신의 X 계정 프로필 사진을 지브리 화풍 이미지로 바꾸었다.

이 기능에 불쾌감을 드러내는 사람도 적지 않았다. 오픈AI를 비판하는 글에는 '모욕, 착취, 황폐화' 같은 단어들이 나온다. 스튜디오 지브리는 아직까지 공식 입장을 내지 않았지만 여러 언론과 법조 관계자가 저작권 문제를 제기했다. 기실 저작권 이슈는 꽤 애매한데, 현재 세계 각국의 저작권 관련법이 어떤 그림체를 보호하지는 않기 때문이다. 저작권법의 보호 대상은 "인간의 사상 또는 감정을 표현한 창작물"이지, 그 창작물을 만드는 데 발휘되는 스타일이 아니다. 그래서 어떤 이들은 오픈AI가 인공지능을 훈련시킬 때 스튜디오 지브리의 작품들을 허락 없이 무단으로 이용했으므로 그 점이 잘못됐다는 식의 논리를 펼친다.

내게는 그 논리가 허약한 것처럼, 또 빗나간 것처럼 보였다. 모욕, 착취, 황폐화 같은 표현 아래에는 '오픈AI가 뭔가 중요한 것을 망가뜨렸다'라는 분노가 있다. 그 '중요한 것'은 스튜디오 지브리의 저작권이 아니다. 설령 오픈AI가 스튜디오 지브리에 작품 이용료를 제공한다 하더라도 나의 불쾌감은 사라지지 않을 것 같다. 오픈AI는 저작권 이상의 것을 망가뜨렸고, 망가진 그것은 작품 이용료로 회복되지 않는다. 프로기사들의 자부심과 마찬가지로, 아마도 앞으로 영영 복구할 수 없을 무언가다.

1장에서 나는 위대한 작품이 하루에 288편 쏟아져 나올 때 우리가 느낄 당혹감에 대해 썼다. 그와 비슷한 일이 지금 작은 규모로 일어난 게 아닌가 한다. 지브리 애니메이션의 한 장면을 소중하게 여기는 마음은 그 이미지가 쉽게 생산되지 않는다는 사실, 그 이미지 한 장을 위해 많은 애니메이터가 거기에 공을 들였다는 사실, 그 화풍이 미야자키 하야오라는 위대한 예술가가 한평생에 걸쳐 이룩한 성취라는 사실과 관련이 있다. 역사 유물을 볼 때도 우리는 그런 자세가 된다.

　이제 오픈AI가 이용료를 지급하건 말건, 그 사실들은 더 이상 유효하지 않다. 나는 여전히 스튜디오 지브리의 애니메이션들을 사랑하며, 앞으로도 그럴 것이다. 그들의 작품과 활동이 소중하다고 생각한다. 그런데 그 이유를 말하기 위해서는 새로운 내러티브를 만들어 내야 한다. 내러티브를 재구성하는 과정에서 화풍은 주변적인 것으로 밀려난다. 인공지능이 쉽게 흉내 낼 수 있는 대상이 중요한 무언가가 될 수는 없으니까.

　스튜디오 지브리는 아무것도 하지 않았지만, 스튜디오 지브리의 애니메이션들을 둘러싼 내러티브가 바뀌고 스튜디오 지브리의 본질과 정체성도 바뀐다. 나는 이것이 훼손이라고 생각한다. 그에 대한 깊은 불만을 담을 수 있는 개념 도구가 지금 저작권 정도밖에 없는 것이다. 내게는 일본의 애니메이션 감독 이시타니 메구미가 X에 올린 반응이 가장 정확한 방향의 지적으로 들렸다. "지브리를 더럽히다니… 용서하지 않겠다. 지브리가 이렇게 싸구려 취급을 당하는 것을 참을 수 없다."[20]

　앞으로 스튜디오 지브리가 해야 할 일도 바뀐다. 그들은 여전히 쉽게 복제할 수 없는 스타성과 그들의 전통이라는 스토리, 화풍 외에도 영상 제작사로서 그들이 가진 여러 가지 능력, 미야자키 하야오를 비롯한 스태프의 철학과 개성, 단단한 팬덤이 있으니까, 거기에 더 힘을 쏟는 게 맞는 전략일 것 같다.

　그런데 나는 다른 질문을 던져보려 한다. 지금 중요한 질문은 'AI 시대에 애니메이션 회사는 어떻게 행동해야 하는가' 혹은 'AI 시대에 소설가는 어떻게 살아야 하는가'가 아닌 것 같다.

애니메이션 회사가 앞으로 어떻게 행동해야 하는가를 왜 AI 회사가 좌지우지하는가?

프로기사가 추구해야 하는 삶의 방식을 AI 회사가 함부로 규정해도 되나?

문학작품을 읽고 쓰는 방식을 인공지능이 멋대로 바꿔도 되나?

9 가치가 이끄는 기술

조치훈 9단은 일본 바둑계에서 활동한 한국 출신의 전설적인 프로기사다. 사상 처음으로 일본의 7대 기전에서 모두 우승했으며, 지금까지도 일본기원 소속 기사 중 최다 개인 우승 기록과 최다승 기록을 보유하고 있다.

이창호 9단에게 편지를 보내 '감동을 주는 바둑'을 강조한 후지사와 슈코 9단을 2장에서 소개했다. 일본 바둑계의 1인자로서 일본에서 가장 권위 있는 바둑대회인(세계에서 가장 상금 액수가 높은 바둑대회이기도 하다) 기성전(棋聖戰) 챔피언 자리를 오래 지키고 있던 후지사와 슈코 9단으로부터 타이틀을 뺏은 사람이 조치훈 9단이다. 두 기사 모두 굉장히 자존심이 세고 트래시 토크를 잘했다. 1983년 대결을 앞두고 챔피언인 후지사와는 도전자 조치훈에게 "딱 네 판만 가르쳐 주겠다"라고 했다. 네 판을 이기면 우승이 확정되는 챔피언 결정전에서 자신이 4 대 0으로 이기겠다는 얘기였다. 조치훈은 "딱 세 판만 배우겠습니다"라고 맞받았다. 세 판까지만 지고 자신이 4 대 3으로 이기겠다는 호언장담이었다. 이후 조치훈이 말한 대로 되었다. 조치훈은 기성전 챔피언이 된 뒤 "후지사와 선배님의 기성 타이틀이 이번으로 마지막일 것을 생각하면 정말 가슴이 찢어집니다"라고 약을 올렸다.

생방송에서 음담패설을 일삼은 후지사와 수준은 아니지만 조치훈 역시 호방한 성격의 기인이다. 후지사와처럼 저질스러운 농담을 하는 게 아니라, 언제 어디서나 솔직하게 정곡을 찌르는 발언을 잘해서 인기가 높다. 남에 대해서나 자신에 대해서나 가식이 없고 주저함도 없다. '저 사람의 말과 행동은 늘 진심이구나' 하는 생각이 든다. 조치훈을 가장 잘 설명하는 표현은 "목숨을 걸고 둔다"라는 말이다. 조치훈 스스로 자신의 바둑을 그렇게 설명하며('목숨을 걸고 둔다'는 그의 자서전 제목이기도 하다), 다른 이들 역시 그의 바둑을 그렇게 평가한다. 바둑에 임하는 태도도, 바둑의 내용도 치열하다 못해 처절하다고. 1986년 기성전을 열흘 앞두고 전치 3개월의 큰 교통사고를 당했는데도 "기권하느니 차라리 바둑판 앞에서 죽겠다"라며 휠체어를 타고 나와 대국에 임한 일화는 유명하다.

조치훈은 2015년 3월, 그러니까 이세돌과 알파고의 대결이 열리기 꼭 1년 전에 바둑 AI 프로그램 두 종과 대국을 벌였다. 일본 전기통신대학은 매년 세계 각국에서 개발한 바둑 AI 프로그램들의 실력을 겨루는 대회를 벌였는데, 인공지능들끼리의 대결이 끝나면 1, 2위를 차지한 인공지능과 프로기사가 대국하는 이벤트를 마련했다. 2015년 대회에는 일본, 한국, 대만, 프랑스, 캐나다에서 22개 팀이 참가했고, 프랑스의 크레이지스톤이 우승을, 한국의 돌바람이 준우승을 차지했다. 조치훈은 돌바람에게는 넉 점을 접어주고 바둑을 둬서 졌고, 크레이지스톤에게는 석 점을 접어주고 이겼다. 대국을 마친 뒤 조치훈은 크레이지스톤은 초중반을 잘 짰고, 돌바람은 중후반에 강점이 있다고 평가했다.[1]

그로부터 한 달 뒤 조치훈은 예능 프로그램에 출연했다가 '인공지능에 대해 어떻게 생각하느냐'라는 질문을 받았다. 이때 조치훈은 인공지능에 대해 깊은 고민이 없었던 것 같다. 그는 돌바람과 둘 때는 대충 뒀다고 고백했다. 그랬다가 지는 바람에 크레이지스톤과 둘 때는 제대로 뒀더니 이겼다고 했다. 조치훈은 장기와 체스는 이미 인공지능이 사람보다 강하지만, 바둑은 체스나 장기처럼 '왕을 잡아야 한다' 같은 구체적인 목표가 있는 게임이 아니라서 아직 인공지능이 약하다고 분석했다. 조치훈은 인공지능 이야기를 이렇게 마무리했다.

"그런 바둑을 컴퓨터에게 지게 될 때, 그때가 인류가 끝나는 날입니다. 로봇에게 인간이 지배당하는 날입니다. 그런 때가 옵니다. 로봇을 위해 일하게 되는 거죠. 그러니까 지금뿐입니다. 맛있는 거 먹고, 즐겁게 놀고, 오늘도 즐겁게 즐기고, 팝콘은 안 먹는 게 좋습니다. 팝콘 외의 것을 먹고, 컴퓨터에게 지배당하기 전에 즐겁게 살고 싶다고 생각합니다."

갑자기 팝콘 이야기를 꺼낸 이유는 그 예능 쇼에서 팝콘 간접광고를 했기 때문이다. 간식으로 제공된 팝콘을 먹은 조치훈은 사회자가 자유롭게 말해도 된다고 하자 "딱히 맛있긴 않네요"라고 말해버렸다. 조치훈은 인공지능이 프로기사만큼 바둑을 둘 정도로 발전하면 인간은 도리가 없다고 생각했으나, 그런 날이 오려면 아직 멀었다고 믿었다.

바둑에 한평생을 바친, 오직 바둑만 알고 살아온 이 꾸밈없고 직선적인 남자는 알파고 이후 생각이 어떻게 바뀌었을까. 2018년 인터뷰에서 그는 알파고가 앞에 있다면 어떻게 하겠느냐는 질문을 받자 "그런 매너가 어디 있냐, 소리치며 바둑돌을 한 주먹 던질 것"이라며 포즈를 취했다. 그는 알파고에게 화를 냈다. 최강자들을 꺾은 뒤 바로 바둑계를 떠나는 것은 "경우가 아니다"라고 했다. 자신이 공부를 더 하면 알파고처럼 둘 수 있다고, 50년 전으로 돌아간다면 더 열심히 공부해서 알파고를 이길 거라고 했다.[2]

이런 마음을 어떻게 받아들여야 할까? 침략자 백인의 총을 향해 칼이나 도끼를 들고 돌진하는 제3세계 원주민들의 처절한 투지처럼 봐야 할까?

인공지능을 개발하는 것이 옳은 일인가

내가 만난 한국 프로기사 30명 중에서 조치훈 9단처럼 격렬한 반응을 보인 사람은 없었다. 일단 인간 기사가 공부하면 인공지능을 앞설 수 있다고 생각하는 사람이 없었다. 현재 명실상부한 최강자이며, 바둑계의 여러 기록을 다시 쓰는 중인 신진서 9단조차 "제 실력은 AI를 따라갈 수 없"다고, "저는 AI에 비하면 정말 약한 존재"라고 말했다.

"제가 계속 발전해도 AI를 이기지는 못하겠지만, AI를 통해서 공부하면 계속해서 성장할 수 있다는 확신이 있고, 그게 제가 공부를 열심히 하는 원동력입니다. 계속 말씀드렸다시피, 제가 하등

하고 미천해서 못 이기는 게 아니라 AI가 이제 너무 높은 곳에 있어서 그렇습니다."

목진석 9단도 "인간 기사가 아무리 공부해도 인공지능보다 실력이 앞서는 날은 올 수 없다고 생각해요"라고 말했다.

"한 사람이 평생 할 수 있는 훈련량과 인공지능이 할 수 있는 훈련량은 몇천 배, 몇만 배 차이가 날 테니까요. 그리고 사람은 감정이 있기 때문에 승부에서 감정에 휘말려 실수를 범하죠. 그래서 인간끼리의 승부가 재미있는 거기도 하지만, 인간이 인공지능과 승부를 가릴 때는 감정에서 약점이 드러나기 때문에 절대로 이길 수 없다고 생각해요."

내가 만난 프로기사 중에서 자신에게 익숙한 구시대의 무기를 들고 신기술로 무장한 침략자를 향해 돌진하겠다는 이는 없었다. 그렇다고 '바둑에서 인간이 최고수 자리를 영영 잃게 됐다니, 아주 기뻐요'라고 말하는 사람도 없었다. 많은 기사가 '어쩔 수 없죠'라고 말했다. 3장에서 "AI에 대해서는 그 엄청난 경지를 봤기 때문에 그냥 받아들였"다며 "AI가 나오고 나서는 슬픈 일이 많은 것 같네요"라고 했던 오정아 5단을 기억하시는지. 그와 비슷한 반응들이었다. 서글픈 목소리들이었다. 인간 기사들은 초라해졌다. 소설 쓰는 인공지능이 보급되면 인간 소설가도 초라해질 것이다. 많은 영역에서 인공지능으로 인해 초라해지는 인간 전문가들이 쏟아져 나올 것이다.

몇몇 프로기사는 인공지능이 바둑을 정복한 것이 시대의 흐름이라고 인정하면서도, 구글이라는 회사에 대해서는 분개심을 드러냈다.

이다혜 5단은 "솔직히 구글에서 너무했다고 생각해요"라고 말했다.

"일단 상금 액수가 너무 적었어요. 세돌 오빠 개인에게 상금을 주는 건 전혀 불만이 없는데, 상금 외에도 바둑 인프라나 바둑 보급을 위해 투자나 기부를 더 했어야 하지 않나 하는 생각이 들어요. 그들은 자신들의 성과를 확인하고 싶었던 거지, 그로 인해 바둑계가 받을 충격 같은 건 안중에 없었어요. 너무 비판적인가요? 구글은 자신들이 이길 걸 알았고, 그게 바둑계에 큰 영향을 미칠 것도 알았어요."

이다혜 5단은 "구글에서 왜 인공지능을 훈련할 방법으로 바둑을 선택했는지, 바둑이 어떤 게임인지 설명하고 바둑을 보급하는 '알파고 재단'을 만들 수도 있지 않았을까요"라고 덧붙였다.

"물론 바둑계를 신경 써줄 법적 책임 같은 건 없죠. (알파고가 은퇴하는 걸 보고) '진짜 기업은 기업이구나' 하는 생각이 들었어요. 이세돌 9단과 알파고의 대결이 세계적인 이슈가 돼서 해외에서 기자들이 엄청나게 많이 왔어요. 구글 입장에서는 정말 가성비 높은 행사였죠. 알파고가 이세돌 9단과 대국을 치르는 동안 구글 주식도 엄청 올랐죠."

구글은 '구글 딥마인드 챌린지 매치'를 치르면서 호텔 임대료를 포함해 행사비로 20억 원가량을 쓴 것으로 알려졌다.[3] 상금 100만 달러는 알파고가 이기면서 자신들이 가져갔고, 구글은 이 돈을 유니세프와 이공계 교육 단체, 바둑 관련 단체 등에 기부했다. 그러나 홍보 효과는 1000억 원이 넘었을 것으로 추정되며, 구글의 모회사 알파벳의 시가총액은 구글 딥마인드 챌린지 매치 기

간 58조 원이 증가했다.[4]

김효정 3단은 "알파고에게 화가 났던 건 딱 하나"라고 말했다. "테니스나 축구는 규칙을 잘 모르는 사람도 보고 즐길 수 있죠. 그런데 바둑은 그렇지 않아요. 아는 사람에게는 너무 재미있는 게임인데, 모르는 사람은 그 재미를 전혀 몰라요. 그래서 진입 장벽이 되게 높아요. 저는 AI를 통해 바둑을 배우려는 사람들의 실력을 파격적으로 늘게 해줄 방법이 나올 거라고 기대했어요. 그러면 프로기사가 이제 최고수가 아니고 AI 아래에 있는 2인자, 3인자가 돼도 상관없다고 생각했어요. 그렇게 해서 바둑의 장점을 더 많은 사람이 알게 되고, 바둑이 대중화되고 저변이 넓어질 수 있다면 좋다고 생각했어요. 그런데 그런 건 없었어요. 그러면 도대체 AI가 (바둑계에) 뭘 해준 거죠?"

바둑계 종사자들은 구글이 알파고를 은퇴시키고 다음 과제로 단백질 구조 예측을 택한 이유를 단순하게 본다. 바둑은 돈이 안 되니까. 반면 인공지능으로 단백질 구조를 예측하면 신약 개발에 걸리는 시간과 비용을 극적으로 줄여 바둑대회 상금과는 비교도 안 되는 엄청난 이익을 거둘 수 있다.

알파고는 떠났지만 인간 기사들이 바둑계에서 예전의 위상을 회복한 것은 아니었다. 8장에서 '인간의 바둑'에 대한 인간 기사들의 이야기를 들었다. 예전의 위상을 되찾지 못한다는 사실을 확실하게 인식한 이들이 지금의 자리에서 더 밀려나지 않기 위해 모색하는 길들에 대한 논의였다. 개중에는 인공지능을 바둑 교육에 활용하자는 이야기도 당연히 있었다. 그러나 구글이나 구글 같은 빅테크 기업이 그런 일에 관심을 보이지는 않는다.

9 가치가 이끄는 기술

정수현 9단은 냉소적으로 말했다.

"바둑 해설도 AI가 인간 해설자보다 훨씬 더 잘할 거예요. 방대한 데이터가 있을 테니 과거의 대국들을 이야기하면서 사람보다 더 정밀하게 설명할 수 있겠죠. 돈이 될 것 같으면 AI 해설자 개발에 들어가겠죠."

하지만 바둑 해설이라는 분야가 큰 수익이 날 것 같지 않으니 구글 같은 기업의 관심사는 아닐 거라는 얘기였다. 정수현 9단은 "돈이 되는 분야는 AI한테 무너진다는 이야기가, 이제 그렇게 틀린 말은 아니에요"라고 말했다.

하호정 4단은 역시 프로기사인 남편 이상훈 9단(이세돌 9단의 형인 이상훈 9단과는 동명이인이다)과 알파고 이전으로 돌아가고 싶은지에 대해 이야기를 나눴다고 했다.

"알파고 때문에 바둑 산업이 파괴되고, 프로기사의 권위가 낮아졌죠. '내가 사랑했던 바둑이 이제 왜 숫자로 평가받는 건가' 하고 슬펐죠. 그런데 모든 일에 장단점이 있잖아요. 알파고가 준 충격 자체는 슬프지만 알파고가 보여준 수를 모르고 죽었다면 너무 슬플 것 같아요. 그만큼 창의적이고 아름다운 수가 많았으니까요. 우리가 '알 사범님'이라고 하잖아요. 그 수를 몰랐던 무지의 세계로 돌아가고 싶지는 않아요."

이 이야기를 해준 다음 날 하호정 4단은 내게 메시지를 보내 생각이 바뀌었다고 전했다.

"저는 AI가 없던 시절이 훨씬 좋은 걸로 의견을 바꿀게요. 낭만의 바둑을 두던 예전이 그리워요. 전에는 어떤 새로운 수를 연구할 때 거기에 사람들의 노력과 열정이 배어 있었거든요. 그렇게 찾은 새로운 수에 환호하고 연구를 거듭하며 성장해 갔죠. 우리 인간이 비록 불완전하지만 그 속에서 성장해 가는 낭만이 있었는데, 알파고 이 자식 이후에는 뭔가 서늘해져 버렸네요. 기술이 발전하면서 많은 사람이 몸은 편해지는데 영혼은 시드는 것 같고, 지금의 바둑도 별반 다르지 않은 듯해서 의견을 번복합니다."

'사악해지지 말라(Don't be evil).'

2000년대 초반 구글이 내세웠던 비공식 슬로건이다. 구글 개발자들이 회의에서 제안한 문구라고 한다. 2015년 구글은 지주회사 체제로 전환하면서 모회사인 알파벳을 설립했다. 이때 공식 슬로건도 함께 선보였다. '옳은 일을 하라(Do the right thing).' 이듬해 구글은 알파고로 인간 기사들을 모두 초라한 존재로 만들었고, 바둑계를 근본부터 뒤흔든 뒤, 떠났다. 성능이 입증된 알고리듬으로 단백질 구조를 예측하러, 막대한 주가 상승효과를 누리며.

이것은 옳은 일인가? 인간 기사들과 바둑계에게 구글은 사악했던 것 아닌가?

어떤 이들은 단백질 구조를 싸고 빠르게 예측해서 신약을 개발할 수 있다면 인류가 얻을 수 있는 편익이 엄청날 거라고 말할지도 모르겠다. 인공신경망 방식의 인공지능은 단백질 구조 예측 외에도 더 많은 일을 할 수 있고, 인류에게 더 큰 편익을 가져다줄 수 있다. 그에 비하면 프로기사들의 희생은 사소한 것 아닌가?

이 문제를 옳고 그름의 영역으로 먼저 끌고 들어온 것은 구글이니, 한번 옳고 그름을 제대로 따져보기로 하자. 다수의 더 큰 이익을 위해 소수를 희생시키는 것이 옳은가? 테러리스트들의 논리

아닌가? 당신이 평생 추구해 온 가치를 뭉개버리고 당신 가족의 수입을 제한하는 게 나머지 인류에 더 큰 이익을 가져다준다면 당신은 흔쾌히 동의할 텐가?

게다가 단백질 구조를 싸고 빠르게 예측하는 일이 꼭 인류의 편익을 약속하는지도 의문이다. 단백질 구조를 예측하는 기술이 생기면 분명 신약을 싸고 빠르게 만들 수 있지만, 생화학무기를 싸고 빠르게 개발하는 길도 함께 열린다.

2022년 컬래버레이션스 제약이라는 미국 제약회사의 신약 개발 연구팀은 약물 탐색용 인공지능을 이용해 생화학무기 후보 물질을 찾은 사례를 국제학술지《네이처 기계지능》에 발표했다.[5] 연구팀이 4만 종의 생화학무기 후보 물질을 찾아내는 데에는 겨우 6시간밖에 걸리지 않았다.[6] 대부분 처음 보는 분자들이었고, 현재 무기로 쓰이는 치명적인 신경작용제 VX보다 더 독성이 강할 것으로 예측됐다.[7] 연구팀은 "인류 역사상 가장 독성이 높은 분자라고 해도 될 만한 것들"이라고 설명했다.[8] 이들이 한 일이라고는 자신들이 만든 신약 개발용 인공지능의 코드에서 숫자 하나를 '0'에서 '1'로 고친 것뿐이었다. 머신러닝 기법으로 작동하는 이 인공지능의 알고리듬은 어떤 물질의 독성이 예측되면 '0'점을 줬는데, 연구팀은 그 '0'을 '1'로 바꾸고 높은 점수를 받은 분자 구조를 찾게 했다.

신약용 고분자를 찾는 인공지능과 생화학무기 후보 물질을 찾는 인공지능은 실제로 동일하다. '신약 개발에 도움을 줄 혁신적인 인공지능'이라는 말은 '생화학무기 개발에 도움을 줄 혁신적인 인공지능'이라는 뜻도 된다. 앞에서 던진 질문을 반복해 보자. 바둑계를 테스트 베드 삼아, 프로기사들을 실험 대상으로 삼아, 신약 개발에 도움을 줄 혁신적인 인공지능을 만드는 일은 옳은가?

어떤 기술에 빛과 어둠이 있다면, 그 기술을 개발하는 일 자체가 옳을 수는 없다. 단백질 구조를 예측하는 인공지능을 개발하는 일이 '옳은 일'이 되려면, 그 기술이 생화학무기 제조에 쓰이지 않으리라는 보장이 있어야 한다. 그런데 구글이, 혹은 다른 AI 기업이 그런 보장을 해줄 수 있는가?

컬래버레이션스 제약의 논문이 알려지면서 연구자들이 경각심을 품게 됐고, 전 세계 생물학자와 인공지능 개발자 등 과학자 90여 명이 '생화학무기 개발에 인공지능을 사용하지 않겠다'라는 성명서를 냈다.[9] 2024년에 데미스 허사비스 구글 딥마인드 최고경영자와 함께 노벨화학상을 받은 데이비드 베이커 워싱턴대 교수도 그 성명에 참여했다.[10] 그 성명서를 읽으며 나는 이런 생각을 했다. '그래서 뭐? 과학자들의 그런 다짐에 무슨 힘이 있다고?' 오펜하이머를 비롯해 로스앨러모스에서 원자폭탄을 개발한 과학자들은, 일단 개발을 하고 난 뒤에는 정치인과 군인의 결정에 큰 영향을 미치지 못했다. 단백질 구조 예측 기술도 다르지 않을 것이다.

애초에 신약을 더 싸고 빠르게 개발하는 일이 '얼마나 옳은' 일일까? 신약 개발이 인류를 구할 거라는 신화는 과연 얼마나 사실에 부합할까? 현시점에서 신약 개발에 우리가 가진 자원을 집중하는 것이 가장 시급한 인류의 건강 문제를 해결하는 최선의 방법일까? 그런데 왜 제약회사들은 샤가스병, 수면병, 흑열병처럼 매년 수만 명이 사망하는 열대성 질병 치료제에 별 관심이 없고 살 빼는 약과 탈모 치료제 개발에 힘을 쏟는 걸까? 말라리아 치료제가 여러 종류 나와 있고 백신도 개발됐음에도 불구하고, 심지어 그 가격이 그리 비싸지 않음에도 불구하고 말라리아로 사망하는 사람이 매년 수십만 명씩 발생하는 이유는 뭘까?

누군가가 이런 질문들에 제대로 답하지 못하면서 '인공지능을 개발하는 것은 옳은 일(the right thing)이다. 왜냐하면 인공지능을 이용해 신약을 더 싸고 빠르게 개발할 수 있기 때문이다'라고 말한다면, 나는 그가 바보거나, 아니면 사기를 치는 중이라고 생각한다.

현대의 신들

'사악해지지 말라, 옳은 일을 하라.'

나는 구글의 슬로건이 농담 같다는 생각을 자주 한다. 그들은 자신들이 사악한 행위가 뭔지, 옳은 일이 뭔지 모른다는 사실조차 모른다. 혹은 알면서 무시하거나. 시가총액이 2조 달러에 육박하는 거대 IT 제국이 진심으로 옳은 일을 하고 싶다면, 옳은 일이 뭔지부터 먼저 연구해야 한다. 그러나 물론 현재 그들이 도덕철학 연구에 투자하거나 기부하는 돈은 인공지능 연구에 투자하는 금액의 100분의 1도 되지 않는다.

나는 이 사실 자체가 옳지 않다고 생각한다. 구글은 그냥 기업이 아니다. 뉴욕대 스턴경영대학원 스콧 갤러웨이 교수의 표현을 빌리자면 구글은 한마디로 '현대인의 신'이다. 구글은 "우리의 가장 은밀한 비밀을 모두 알고 우리가 지금 어디에 있는지, 어디로 가야 하는지 알려주며 사소한 것에서 심오한 것까지 온갖 질문에 대답해 준다". "그 어떤 기관도 사람들이 구글에게 보이는 믿음과 신뢰를 따라가지 못한다."[11] 그 신은 자신은 사악해지지 않을 거라며, 옳은 일을 할 거라며 사람들을 안심시킨다. 그러나 실제로 옳은 일을 하지는 않으며, 옳은 일이 뭔지 고민하지도 않는다. 그 변덕스러운 신에게 바둑계 정도 규모의 공동체를 뒤흔들고 바둑계 종사자들의 가치의 근원을 박살 내는 일은 어렵지 않다. 신은 그 일을 할 수 있으며, 주저 없이 그렇게 행동한다.

애플도 현대의 신이다. 이번에도 스콧 갤러웨이 교수의 표현을 빌리자면 애플은 "독자적인 믿음 체계, 존경 대상, 광신적인 추종 그리고 그리스도 상을 동원해 종교를 흉내 낸다". 애플은 "부와 교육과 서구적 가치관의 전 세계적인 상징"이며, "이성에게 더 매력적이고 싶어 하는 욕구를 근본적인 차원에서 충족시켜 준다".[12] 메타는 어떤가. 자신들은 인정하려 들지 않지만 세계에서 가장 큰 미디어 기업이다. 페이스북과 인스타그램은 지구상에 존재했던 어떤 거대 미디어(예컨대 《뉴욕타임스》)보다 영향력이 크다. 100배, 1000배 이상 크다. 아마존은? 구글이 바둑의 목표를 '이기는 것'으로 정의한 것처럼, 아마존은 소비의 목표를 '고객 만족 극대화'로 정의했다. 알파고가 바둑계를 완전히 바꾼 것처럼, 아마존도 소매유통업계를 완전히 바꿨다. 프로기사들이 바둑계에서 추구하던 여러 가치가 증발한 것처럼, 소매유통업이 지역 경제에서, 지역 공동체에서, 노동시장에서 창출하던 여러 가치도 사라졌다. 아마존은 그 가치들에 대해 나 몰라라 한다. 고객 만족을 극대화했으니 된 거 아니냐고 한다.

구글과 같은 빅테크 기업은 21세기 이전의 어떤 기업과도 다르다. "영리를 얻기 위해 재화나 용역을 생산하고 판매하는 조직체"라는 사전적 정의는 그들을 제대로 설명하지 못한다. 단순히 이들 기업의 규모가 커서 하는 소리가 아니다. 물론 이들의 규모는 거대하다. 어지간한 국가 수준으로 거대하다. 이 글을 쓰고 있는 2025년 4월 기준으로 애플(2조 9017억 달러), 구글(1조 8119억 달러), 아마존(1조 7757억 달러), 메타(1조 2235억 달러), 테슬라(7129억 달러)의 시가총액은 각각 이탈리아(2조 4595억 달러), 멕시코(1조 8178억 달러), 네덜란드(1조 729억 달러), 벨기에(6893억 달러)의 국내총생산(GDP)과 비슷한 수준이다(빅테크 기업의 시가총액과 이 국가들의 GDP를 비교하는 것이 무의미한 일은 아니다. 어떤 나라의 주식시장이 고평가되어 있는지 아닌지 가늠할 때 흔히 그 주식시장의 시가총액과 해당 국가의 GDP와 비교하기 때문이다).

이들 빅테크 기업은 코카콜라나 홈디포, 토요타 같은 전통적인 기업보다 시가총액이나 매출도 크지만, 야심도 비교할 수 없이 거대하다. 빅테크 기업들은 단순히 음료 시장이나 유통 시장, 혹은 휴대전화 시장 점유율을 높이겠다는 목표로 행동하지 않는다. 무언가를 마신다는 행위, 물건을 구매한다는 행위, 다른 사람과 연결된다는 행위 자체를 바꾸겠다는 식으로 움직인다. 빅테크 기업들은 우리가 알던 개념을 바꾸고 있으며, 그들 스스로가 하나의 개념이 된다. 그들은 우리가 아는 세계를 이루고 유지하는 근본 개념을 파괴하면서 새로운 수익 모델을 만들어 낸다. 이것은 국가가 하지 못하는 일이다. 나는 실제로 캐나다나 프랑스보다 빅테크 기업들이 내 삶에 더 큰 영향을 미친다고 생각한다. 캐나다나 프랑스가 바꾸지 못하는 나의 정신세계의 개념들을 빅테크 기업들은 바꿔왔고, 바꾸고 있다.

지금 어느 누가 그 현대의 신들을 견제하고 있나? 시장 영역에서 구글을 견제하는 주체는 없는 것 같다. 구글과 같은 분야에서 경쟁할 만한, 그래서 소비자의 선택을 둘러싼 기업 간 경쟁이 결과적으로 공공선 쪽을 향하게 할, 그런 라이벌이 언뜻 떠오르지 않는다. 소비자들이 합심해서 제품을 사지 않거나 서비스를 거부하는 방식으로 구글을 굴복시킬 수 있을까? 바둑계를 뒤흔들고 떠난 데 대한 항의 표시로 구글의 검색 서비스 대신 마이크로소프트의 빙을 이용하자고 제안하면 한국의 수백만 바둑 동호인 중 몇 명이나 거기에 호응할까? 소설 쓰는 인공지능이 문학계를 위협할 수 있으니 유튜브를 보지 않는 것으로 구글에 항의 의사를 표시하자고 내가 제안하면 문학 독자 중 몇 사람이나 거기에 응할까? 구글에 대한 불매 운동이, 나는 성공할 거 같다는 생각이 잘 안 든다.

시장이 아닌 공공 영역에서 우리는 보통 시민이 권리를 위탁한 국가나 지방자치단체가 기업을 감시하거나 활동을 제한해 주기를 기대한다. 그런데 구글을 감시하거나 구글의 활동을 제한할, 그런 힘을 지닌 국가나 주 정부가 지금 어디에 있나? 2024년 러시아는 구글에 2간(澗·undecillion) 루블의 벌금을 매겼다. '간'은 10의 36제곱이며, 2간 루블을 미화로 환산하면 20,000,000,000,000,000,000,000,000,000,000,000달러(2 뒤에 0이 34개 붙었다)가 된다.[13] 다들 이 조치를 농담이라고 여기고 있으며, 러시아가 구글로부터 이 벌금을 징수할 방법도 없다. 미국을 침공해서 점령하지 않는 한.

　미국 정부는 구글을 얼마나 감시하거나 제한할 수 있을까? 미국 정부는 구글이 미국 법을 어겼거나 미국의 국익을 해친다는 의심이 들 때 구글의 자료를 압수하거나 기업 활동을 막거나 벌금을 물리거나 경영자를 청문회에 부르거나 구금할 수 있다. 그런데 미국 정부의 이러한 활동 역시 언론과 시민사회의 견제를 받으며, 타당한 법적 근거를 제출해야 한다.

　대체로 공론장에서 인정받는 사유는 시장독점이나 환경오염, 이용자의 사생활 보호, 혹은 아동의 정신건강 문제 등이다. 현대 사회 공론장은 대체로 정부와 기업의 충돌을 자본주의 시장에서 벌어지는 일로 해석하고 논의하는 경향이 있다. 그렇게 해석하고 논의하는 이론의 틀을 경제학자들이 정교하게 짰고, 그 틀 위에서 법학자들이 관련 법과 규제를 만들었기 때문인 것 같다.

　철학자나 다른 인문학자는 공동체와 기업이 충돌하는 문제를 논의하는 이론을 그렇게까지 촘촘하게 짜지 못했다. 철학이나 다른 인문학이 이 문제를 외면한 것은 아니지만 규제 장치는커녕 엉성한 측정 도구조차 만들지 못했다. 그렇다 보니 이 문제를 다루는 인문학의 모든 논의가 '현대 사회 비판'의 수준에서 맴돈다. 사실 오늘날 인문학의 무력함은 상당 부분 여기에서 비롯됐다.

　빅테크 기업은 정부의 지시를 대놓고 무시하기도 한다. 특히 공론장에서 자신들에 대한 지지 여론이 있다면 더 그렇게 행동할 수 있다. 2015년 미국 FBI(연방수사국)는 애플에 아이폰의 잠금장치를 풀 전용 OS를 개발해 달라고 요청했다. 캘리포니아주 샌버너디노시에서 발생한 총기 테러 사건의 배후를 조사하기 위해서였다. 그러나 애플은 FBI의 요청에 대해 '모든 아이폰의 잠금장치를 풀 수 있는 백도어를 만들어 달라는 얘기'라며 거부했다. 애플이 끝까지 협조하지 않은 탓에 FBI는 수사에 난항을 겪었고, 이 사건 자체가 애플 전자제품의 높은 보안성을 홍보하는 계기가 됐다.

2020년 미국 캘리포니아 북부 연방지방법원은 애플에 '개발사들이 앱스토어에서 외부 결제 링크를 올릴 수 있게 하라'라고 판결했다. 애플은 항소했지만 2024년 미국 대법원은 원심을 확정했다. 그러자 애플은 앱스토어 외부 결제 링크를 허용하면서 여기에 높은 수수료를 책정해 별 의미가 없게 만들었다. 이용자들이 그 링크를 클릭하면 '개인정보 보호가 이뤄지지 않을 수 있다'라는 부정적인 메시지도 뜨게 했다.

국가 권력과 갈등을 빚을 때 빅테크 기업은 최후의 수단으로 그 나라를 떠날 수 있다. 중국이 검색 서비스를 검열하자 구글은 2010년 중국 시장에서 철수해 버렸다. 이후 중국은 자국민이 구글과 유튜브에 접속하지 못하게 갖은 애를 썼지만 그리 성공적이지 않았다. 구글이나 애플이 미국을 떠날 가능성은 낮지만, 한편으로는 이미 아일랜드나 버뮤다 등에 있는 법인을 활용해 자신들이 미국에 내야 할 세금을 회피하고 있다. 어떠한 과장도 없이, 이들 기업은 문자 그대로 초국가적인 존재다.

실리콘밸리 안팎의 몇몇 인사는 오늘날 거대 기업이 국가보다 더 큰 영향력을 행사할 수 있다는 사실에 깊은 감명을 받고, 거기에 도취된 것 같다. 그래서 진지하게, 동시에 우스꽝스럽게, 세상의 문제를 해결하겠다고 나선다. 기업의 영향력을 세상의 문제를 해결하는 데 쓰겠다는 이들도 있고, 세상의 문제를 기술로 해결하겠다는 이들도 있다. 비교적 온건한 전자 그룹의 대표 주자는 빌 게이츠이고, 정신 나간 듯한 후자 그룹의 대표 주자는 일론 머스크다. 이들은 스스로를 신이라고 주장하지는 않지만 사상가, 적어도 남과 다른 거대한 비전이 있는 사람으로 여긴다. 전자건 후자건 마찬가지다. 겸손하게 '혁신가'라는 용어를 쓸 때도 있기는 하다.

정작 이들의 말과 행동을 살펴보면 사상이나 비전이라는 말을 쓰기 민망해진다. 규모가 큰 프로젝트를 생각한다고 그게 사상이나 비전이 되는 것은 아니다. 만약 그렇다면 공상에 잠긴 어린아이들을 사상가나 비저너리라고 불러야 하며, 실리콘밸리의 자칭 사상가들은 내 눈에 바로 그런 어린아이들로 보인다. 그들은 자신이 세상의 문제를 해결할 거라고 믿지만, 세상의 문제가 뭔지 정의하는 첫 단계에서부터 실패한다. 물론 그다음 단계인 전략과 방법론도 틀려먹었기에 그 프로젝트를 실제로 추진하면 세상에는 이전까지 없었던 문제가 무수히 발생할 것이다.

일론 머스크는 화성에 식민지를 만들겠다고 한다. 지구라는 행성 전체가 인류가 살 수 없는 곳이 될 경우를 대비해 다행성 문명을 건설하고 인류가 다행성 종족이 되어야 한다고 한다. 이것은 세상의 문제를 제대로 정의한 것일까? 현재 많은 이들이 걱정하는 기후위기 수준이 아니라, 지구 바깥의 장소에 우주 식민지를 건설해야 할 정도의 인류 절멸 가능성이 뭐가 있나? 그런 지구적 재앙이 올 때 지구를 버리고 다른 행성으로 거주지를 옮기는 것은 현명하고 바람직한 전략일까? 인류란 무엇이고, 인류의 위기란 또 무엇일까? 먼 미래에 지구적 재앙을 앞둔 인류보다 지금 이 순간 살아 숨 쉬고, 이름을 가진, 아프리카의 열대성 질병 환자와 가족을 돕는 게 더 옳은 일 아닐까? 지구적 재앙을 앞둔 먼 미래의 인류는 우리가 모르는, 머스크도 상상 못 하는 발전한 기술로 그 재앙을 해결할 수도 있는 것 아닐까?

그나저나 일론 머스크가 화성에 식민지를 건설하거나 화성을 테라포밍하면, 나머지 사람들은 그걸 그냥 보고만 있어야 하는 걸까? 화성은 먼저 간 사람이 마음대로 들쑤시고 산을 깎아 내리고 저지대를 메워도 되는 곳일까? 그러면 다른 부자들이 각각 금성에 지옥을 주제로 한 테마파크를 짓거나, 목성의 위성인 유로파의 바다에 유전자조작 물고기를 풀어놓거나, 토성의 고리에 자기 얼굴 모양으로 거대한 구멍을 만들어도 되는 걸까? 부자들에게는 그럴 자유 혹은 권리가 있고 나머지 인간에게는 그런 게 없는 걸까? 화성 식민지 사람들 사이에 분쟁이 생기면 어떻게 해결할까? 미국 법이 적용되나? 아니면 최고 재판관 역할을 일론 머스크가 하게 되는 걸까? 혹시 머스크는 화성 식민지의 물리력과 중요 자원을 독점해 사실상 그곳의 황제가 되는 걸까?

머스크는 이런 질문들에 답하지 않는다. 어쨌거나 그는 화성 식민지 계획을 추진하고, 놀라운 집중력과 추진력으로 우주탐사 기업인 스페이스X를 이끈다. 스페이스X는 상용 우주선을 세계 최초로 발사하고, 궤도 발사체를 재활용하는 등 눈부신 기술적 혁신을 이뤄냈으며, 로켓 발사 대행과 위성통신 서비스로 막대한 수익도 올리고 있다. 이런 활동을 통해 머스크는 하나의 개념이 된다. 스티브 잡스가 예술과 기술의 결합을 상징하는 존재가 된 것처럼, 머스크는 불가능에 도전하는 기술혁신의 상징이 된다. 잡스라는 아이콘이 애플의 그저 그런 기기들에까지 아우라를 부여한 것처럼, 머스크라는 아이콘은 테슬라의 전기차를 더 섹시하고 미래지향적으로 보이게 만든다. 그렇게 해서 애플과 테슬라는 팬을 보유한 기업이 된다. 애플 팬들은 최신 아이폰을 쓰면서 자신이 잡스와 가까워졌고 어느 정도 잡스와 닮게 됐다고 믿는다. 그런 만족감을 위해 기꺼이 추가 비용을 지불한다. 테슬라 팬들도 마찬가지다. 애플이나 테슬라가 예언자나 신이라면, 그 예언 내용이나 신학은 참으로 얄팍하고 조잡하다. 하지만 신이 아니라 신앙이 힘을 발휘한다.

이것은 옳은가?

오이디푸스와 나노봇

머스크보다는 좀 더 정교하고 웅장한 '비전'을 말하는 실리콘밸리 인사를 이야기해 보자. 구글의 엔지니어링 이사이자 미래학자인 레이 커즈와일은 어떨까. 나는 그의 책『특이점이 온다』를 인상 깊게 읽었으며, 한국의 한 대형 인터넷 서점으로부터 21세기 첫 25년에 나온 최고의 책 10권을 꼽아달라는 요청을 받았을 때 이 책을 리스트에 올렸다. 이 책에서 커즈와일은 우주 식민지보다 훨씬 더 파격적이고 흥미로운 여러 기술적 가능성을 쏟아 낸다. 어떤 면에서 그는 기술이 인간적 가치들에 미칠 잠재력을 가장 날카롭게 간파하는 사람이다. 즉, 나는 저자의 의도와 달리『특이점이 온다』를 경고이자 악몽으로서 대단히 훌륭한 책이라고 여긴다. 물론 내가 보기에 커즈와일의 상상은 세상의 문제에 대한 해결책이 아니다. 그 역시 세상의 문제를 제대로 정의하지 못했고, 제대로 된 대응 전략과 방법론도 제시하지 못했다는 점에서는 머스크와 다를 바 없다.

커즈와일은 유전학, 나노기술, 그리고 강력한 인공지능을 포함한 로봇공학의 혁명이 "꼬리를 물고 중첩되어 발생"[14]할 거라고 예상한다. 이들 세 혁명의 중첩은 우리가 아는 인간과 사회의 모든 것을 근본적으로 뒤흔든다. 기술과 인간 지능이 융합하면서 우리의 지능은 몇십 배, 몇백 배 더 높아질 것이며, 우리 인격은 현실 세계와 가상 세계 여러 곳에 동시에 존재할 것이다. 아니, 그쯤 되면 현실과 가상의 구분이 없어질 것이다. 인간이 무엇인지 알 수 없는 세상에서 예술이 어떤 의미일지, 공동체가 무엇인지 알 수 없는 세상에서 민주주의라는 게 무엇일지 상상이 가지 않는다.

커즈와일의 상상이 실현된다면 그 과정에서 우리가 알고 있는 개념들(모든 가치는 개념의 부분 집합이니 이후로는 따로 언급하지 않겠다)은 엄청나게 많이 파괴될 것이다. 그에 대한 커즈와일의 답변은 어이없을 정도로 단순한데, 우리가 초지능을 갖춘 초인간이 될 것이기에 현재의 개념들은 의미가 없어진다는 것이다. '인공지능 때문에 일자리가 사라질 거라고? 괜찮아. 초인간에게 지금의 일자리는 필요 없어!' 그는 이 지점에서 꼭 짚고 넘어가야 할 문제들을 '특이점 이후'라는 식으로 얼버무린다('초인간들이 사는 초사회의 초경제는 우리 상상 밖이라고!'). 아마 그러기 위해서 물리학자들이 쓰는 특이점이라는 개념을 빌려 온 듯하다.

미리 말해두는데, 나는 과학 연구와 기술 개발에 반대하는 사람이 아니다. 그러나 기술이 초래할 뭔지 모를 문제를, 뭔지 모를 기술이, 왠지 모르게 해결해 줄 거라는 말장난에는 반대한다. 유독성 공해 물질을 만들어 내는 화학 공장이 대책이랍시고 '우리가 신약을 개발해서 환자들을 치료할 테니 걱정하지 마시오'라고 말한다면 당신은 어떻게 반응하겠는가. 설령 그 화학 공장을 믿는다 치더라도, 신약이 개발되면 환자에게 주기 전에 철저한 검사를 거쳐야 하지 않겠는가. 세포 실험, 동물 실험 뒤에 점점 더 많은 사람을 상대로 조심스럽게 여러 차례의 임상시험을 거치고 나서 관련 기관들이 승인해야 겨우 알약 하나를 판매할 수 있는 것 아닌가. 그렇게 판매한 약조차 뒤늦게 부작용이 발견돼 회수하는 사례가 간혹 나오지 않는가.

하지만 『특이점이 온다』는 미지의 기술을 도입하는 일에 따라야 할 검증과 확인 절차에 대해서는 별 얘기가 없는 책이다. 대신 무지막지한 낙관론을 펼쳐 보이는데, 커즈와일에 따르면 우리가 "생물학적 몸과 뇌의 한계를 극복하고, 인간의 사고를 완전히 이해하고, 죽음도 제어할 수 있게 되어 원하는 만큼 살게 될 것"이라고 한다. 우리가 "운명을 지배할 수 있는 힘"을 얻게 될 거라고 한다. 그런데 나는 그런 서술을 읽으며 커즈와일이 운명이라는 개념을 제대로 이해하지 못하는 것 같다는 생각이 들었다.

우리는 인간이 지배할 수 있는 것을 운명이라고 부르지 않는다. 그리고 인간에게는, 어떤 기술을 지녀도 지배할 수 없는 것이 있다. 너무나 기초적인 차원에서, 수학적·물리학적 한계가 있다. 눈금 없는 자와 컴퍼스로 어떤 원과 같은 넓이의 정사각형을 작도할 수 없고, 어떤 관측 도구를 동원해도 입자의 위치와 운동량을 정확히 측정할 수 없다. 그리고 도형이나 입자와 달리, 지배하겠다는 욕망 자체가 우리를 잘못된 길로 이끄는 그런 대상도 있다.

(커즈와일은 영성에 대해서도 잘 이해하지 못하는 것 같다. 『특이점이 온다』 말미에 커즈와일은 자신의 주장에 대한 비판들을 반박하는 반론을 모아 한 챕터를 썼다. 거기에는 「유신론 입장의 비판」이라는 글이 있는데, 그 글을 보면 커즈와일은 영성을 복잡한 감정 상태 정도로 이해한다는 사실을 알 수 있다. 복잡한 감정 상태라 해도 뇌 안에서 벌어지는 물질적인 현상이므로 거기에 신비주의적 요소가 개입할 필요는 없으며, 기계 지능도 충분히 복잡한 패턴을 지니게 되면 인간과 비슷한 영성이 창발하리라는 게 커즈와일의 '반론'이다.

기계 지능도 충분히 복잡한 패턴을 지니게 되면 자신이 무엇인지, 무엇을 해야 하는지 같은 질문들을 품게 될 거라고 나 역시 생각한다. 거기에 신비주의적 요소는 필요 없다. 그런데 기계 지능도 그 질문들을 풀다가 인간 지능과 똑같이 거대한 부조리를 맞닥뜨릴 것이며, 그 답 없는 상황이 괴로울 것이다. 그 질문들이 존재하지 않거나 중요하지 않은 것처럼 행세하는 일도 괴로울 것이다. 나는 그런 상황에 대한 커즈와일의 답이 궁금하다. 커즈와일의 이해와 달리, 영성은 기계 지능의 성능에 한계선을 긋는 초자연적 힘이 아니다. 자아를 지닌 기계 지능이 출현하건 말건 영성을 둘러싼 문제가 별개로 남아 있을 뿐이다.)

좋다. 운명 얘기가 나왔으니까 아마도 세상에서 가장 유명한 운명비극일 작품 얘기를 해보자. 소포클레스의 『오이디푸스 왕』 말이다. 기술이 발전하면 오이디푸스를 그의 운명으로부터 구할 수 있을까?

오이디푸스는 왜 아내이자 어머니인 이오카스테의 브로치로 자기 눈을 찌르는가? 기실 그 비극을 막는 데에는 첨단 기술이 전혀 필요하지 않다. 오이디푸스가 적당히 자기 자신을 합리화하면 된다. 그가 대체 뭘 잘못했단 말인가? 자기가 죽인 사람이 아버지였음을, 자신의 아내가 어머니임을 그가 어떻게 알 수 있단 말인가? 끔찍한 존속살해와 근친상간이 일어났지만, 현대 형법 이론에 따르면 오이디푸스는 기껏해야 과실범일 따름이다. 어쩌면 무죄가 될 수도 있다. 진짜 범인은 바로 간접정범(間接正犯)인 '운명'이며, 그 운명이 오이디푸스를 도구처럼 이용해서 존속살해와 근친상간이라는 죄를 저지른 것이다. 실력 있는 변호사라면 그렇게 오이디푸스를 변호할 것이다.

그러나 오이디푸스는 자신을 변호하지 않는다. 대신 그는 자신을 무겁게 벌하고 싶다는 생각에 압도되는데, 이 생각은 고대 그리스부터 21세기 현대 사회에 이르기까지 수많은 인간을 괴롭혔다. 인간 지능과 기계 지능의 결합으로 탄생한 트랜스휴먼이라면 어떨까? 그도 죄책감에 시달릴까? 자신을 벌하고자 하는 충동을 느낄까? 혹시 트랜스휴먼은 잘못을 저지르지 않고 세상 모든 것을 알까? 물론 그도 계획을 세울 것이다. 그도 미래를 지배하고 싶을 것이다.

그런데 만약 트랜스휴먼이 미래를 지배한다면(그가 입자의 위치와 운동량을 동시에 정확히 측정하는 방법을 포함해 모든 것을 안다면 그럴 수도 있겠다), 그래서 그의 계획이 언제나 계획대로 실현된다면, 그도 그 사실을 안다면, 그에게 그 미래는 무슨 의미가 있을까? 모든 일이 마음먹은 대로 이루어질 테고, 그 일이 그렇게 실현됐을 때 자신이 어떤 기분일지도 이미 정확히 알고 있다면, 트랜스휴먼에게는 일어난 일과 일어나지 않은 일의 차이가 없다. 그렇다면 왜 계속 살아가야 할까? 미래가 아무런 새로운 의미를 주지 않는데 왜 살아서 미래를 맞아야 할까?

만약 트랜스휴먼이 미래를 지배하지 못한다면(입자의 위치와 운동량을 동시에 정확히 측정하는 것은 불가능하니까 당연히 그럴 테지만), 그래서 그의 계획이 간혹 계획대로 실현되지 않고 실패한다면, 그도 미래를 정확히 예상할 수 없다면, 그는 자신의 실패에 어떻게 대처할까? 최대한 준비했음에도 그의 계획을 무너뜨리는 뜻하지 않은 미래, 즉 '운명' 때문에 몸부림칠 때 트랜스휴먼은 무슨 생각을 할까? 오이디푸스처럼 자신의 계획이 오히려 일을 망친 것으로 드러날 때, 자신의 오만(hubris)을 깨달을 때, 트랜스휴먼은 죄책감에 시달리지 않을까? 자신을 벌하고 싶지 않을까?

이때 미래의 과학기술은 어떤 해결책을 줄 수 있을까? 나노봇이 뇌혈관 안을 돌아다니며 인격이라는 구조물 이곳저곳을 수선해 자기합리화를 일으키고 옥시토신이나 세로토닌과 비슷한 작용을 하는 화학물질을 소화기마냥 뇌 곳곳에 뿌리는 것? 그래서 그 뇌의 주인이 손바닥을 툭툭 털고 일어나 긍정적인 태도를 갖게 하는 것? '어휴, 내 아내가 사실 어머니였네. 하지만 그게 딱히 내 잘못은 아니지. 일단 아이들에게 유전병이 없는지 검사해서 있다면 크리스퍼 기술로 치료해야겠어. 그리고 어머니와의 혼인은 무효로 하고 나는 새 신부를 맞아야겠군' 같은? 대부분의 멀쩡한 사람에게 그런 해법은 그로테스크하게 들릴 것이다. 내게는 인류의 미래에 대한 커즈와일의 낙관이 그렇게 다가온다. 그는 세상의 문제가 뭔지 제대로 정의하지 못했고, 인간성 자체를 기술로 바꾼다는 기괴한 시나리오를 해결책이라고 제시한다.

우리는 오이디푸스의 잘못이 뭔지 설명하지 못하면서, 오이디푸스가 괴로워하는 것에 슬퍼하면서, 그러면서도 오이디푸스가 괴로워해야 한다고 느낀다. 즉, 오이디푸스의 고통은 우리가 없애 버리는 방식으로 해결해야 할 문제가 아니다. 자기 자신이 괴로움의 원인인 사람에게, 내게는 미래 기술보다 차라리 중세 수도사인 토마스 아 켐피스의 조언이 더 적절하게 들린다. "그러므로 십자가는 항상 준비되어 있어서 어디에서도 당신을 기다리고 있다. 당신은 어디로 도망치더라도 그것으로부터는 도망칠 수 없다. 당신이 어디에 가더라도 자기 자신과 함께 있으며, 어디에서도 당신 자신을 발견하기 때문이다. (…) 당신이 기꺼이 십자가를 진다면 십자가가 당신을 지고 희망의 땅, 모든 고통이 끝나는 땅까지 당신을 안내해 준다."[15]

어떤 고통은 삶에서 제거해야 하는 얼룩이 아니다. 그 고통은 삶의 일부이며, 우리 삶은 순백이 아니다. 순백이어서도 안 된다. 이 점을 커즈와일은 이해하지 못하는 것 같다.

기술은 그저 도구일 뿐이라는 거짓말

현대인의 문제점은 좋은 삶을 살지 못한다는 것이다. 커즈와일, 머스크, 혹은 구글이나 애플은 우리가 더 뛰어난 기술을 보유하게 되면 좋은 삶을 살 수 있을 거라고 주장한다. 하지만 그렇지 않다. 저 '기술 사상가'들이 내놓는 기술적 해법, 통신 기술이 발전하면 외로움을 없앨 수 있다는 말과 비슷하다.

과거에 우리는 사랑하는 사람들과 함께 있지 못해서, 그들의 얼굴을 보지 못하고 목소리를 듣지 못해서 외로웠다. 그러나 하루 24시간 내내 수백 명과 화상통화를 할 수 있는 이동통신 기술과 개인용 단말기를 보유한 뒤에도 우리는 여전히 외롭다. 혹시 수백 명이 아니라 수만 명과 동시에 화상통화를 할 수 있다면 이 외로움이 사라질까? 6세대 이동통신 기술이 보급되면 5세대 이동통신 기술이 풀지 못한 외로움의 문제를 비로소 해결할 수 있을까? 물론 그렇지 않다.

여기서도 토마스 아 켐피스 식의 조언이 더 적절하게 들린다. 어디에서나 외로움을 맞닥뜨리는 이에게, 어디로 도망치더라도 외로움으로부터 도망칠 수 없는 이에게 필요한 것은 더 빠르고 서비스 범위가 더 넓은 차세대 이동통신 기술이 아니다. 그에게, 우리에게 필요한 것은 외로움을 견디는 힘이다. 외로움을 견디는 힘을 가진 사람은 외로움을 통해 성장하고 건강해진다. 외로움을 견디는 힘을 지닌 사람은 보다 좋은 삶을 살 수 있고, 외로움을 견디는 힘을 모르는 사람은 좋은 삶을 살지 못한다. 사실 좋은 삶을 살려면 어느 정도의 외로움이 꼭 필요하다. 하루 24시간 내내 수백 명과 화상통화를 하는 사람은 좋은 삶으로부터 한참 떨어진 곳에 있다. 외로움을 견디는 힘이 있는 사람만이 외로움을 달래기 위해 다른 사람이나 사물에 의존하는 태도를 버릴 수 있다. 우리는 그 힘을 배워야 하고, 아이들에게 가르쳐야 한다. 그런데 우리는 지금 그런 공부를 하지 않고 있다.

다시 한번 강조하는데, 나는 기술에 반대하는 사람이 아니다.

통신 기술이 발전한 덕분에 우리는 위급한 환자가 발생했다는 사실을 의료기관에 빨리 알릴 수 있게 됐고, 원격 진료를 받을 수도 있게 됐다. 이전까지 거리나 비용 때문에 교육을 받지 못했던 사람들이 배울 수 있게 됐고, 소수 특권층만 접근할 수 있던 정보를 많은 사람이 이용할 수 있게 됐다. 그래서 전보다 더 많은 사람이 사업 기회를 얻고 수준 높은 문화를 즐길 수 있게 됐다. 다양한 장애와 성 정체성을 지닌 사람들이 고립되지 않고 자신과 비슷한 사람들을 쉽게 찾을 수 있게 됐다.

우리는 외로움을 견디는 힘, 다른 사람과 건강하게 연결되는 법을 배우고 가르친 뒤에 앞서 말한 통신 기술의 이점을 누릴 수도 있었다. 그러나 현대인은 그러지 않았다. 현대인들은 자신들의 문제가 통신 기술이 느리거나 서비스 범위가 충분치 않아 발생한 것처럼 굴었다. 통신 기술이 자신들의 삶과 사회에 있었던 다양한 가치를 공격할 때에도 그러려니 했다. '모든 기술에는 명과 암이 있으니 통신 기술에도 밝은 면과 어두운 면이 있겠지. 그래도 대차대조표를 작성해 보면 이점이 더 클 거야. 안 그러면 이 기술을 개발한 이유가 없잖아.' 상당수 현대인은 그렇게 생각하는 것 같다. 최근 1년간 만난 적 없고 앞으로 1년 동안도 만날 일 없을 수백 명의 지인이 적어 보낸 무성의한 문자메시지나 댓글에 무성의하게 대답하면서, 고양이가 웃긴 행동을 하는 영상을 초고화질로 보면서, 정보의 홍수 속에서 무엇이 진실이고 무엇이 거짓인지 헷갈려 하면서.

그러는 사이 통신 기술은 외로움을 견디는 바로 그 힘과 다른 사람과 건강하게 연결되는 그 방식 자체를 훼손하고 왜곡한다. 통신 기술은 외로움이라는 개념을 변질시켰다. 외로움은 이제 다른 사람들과 함께 있다고 해서 풀리는 문제가 아니다. 외로움은 이제 탁하고 막연하게 편재(遍在)하는 문제다. 그리고 우리는 그윽하고 감미로운 고독을 잃어버렸다.

좋은 삶을 가로막는 다른 정신건강 상태들을 생각해 보자. 토마스 아 켐피스가 살았던 15세기 중세인들과 우리의 정신건강 상태를 비교해 보자. 중세인들의 심리를 짐작하기 어렵다면 그냥 어린 시절을 떠올려 보면 될 것 같다. 요한 하위징아의 『중세의 가을』을 보면 중세인들은 어린아이 같은 심리 상태로 세상을 살았던 것 같다. 자주 울고, 자주 감동받고, 무절제하고, 활기차게.

예를 들어 불안함에 대해 생각해 보자. 켐피스가 1471년 세상을 떠난 이후로 얼마나 많은 안전 관련 기술이 등장했는가? 그런데 항생제와 안전벨트와 내진설계와 노령연금과 CCTV와 방화벽과 미사일 방어 체계를 갖춘 우리는 중세인보다, 어릴 때보다 불안함에 덜 시달리는가? 우울함에 대해 생각해 보자. 우리는 중세인보다, 어릴 때보다 덜 우울한가? 공허함에 대해 생각해 보자. 우리는 중세인보다, 어릴 때보다 충만한 삶을 살고 있는가? 현대인이 누리는 기술들은 좋은 삶에 얼마나 기여하는가?

아무래도 우리는 좋은 삶이 뭔지 모르는 것 같다. 가치 없는 삶보다 가치 있는 삶이 분명 좋은 삶일 것이다. 그리고 아마 재미없는 삶보다는 재미있는 삶이 좋은 삶에 가까울 것이다. 하지만 우리가 아는 바는 그 정도까지다. 8장에서 얘기했듯이 우리는 가치가 뭔지, 재미라는 게 뭔지 잘 모른다. 당연히 좋은 삶에 대해서도 모른다.

간단한 질문을 하나 던져본다. 아마 이 책을 읽는 독자 중에서 내일 당장 실연을 당하고 싶은 사람은 아무도 없을 것이다. 그렇다면 살면서 단 한 번도 실연을 당하지 않는 삶이 좋은 삶일까? 나는 아니라고 생각한다. 이루지 못하는 사랑에 빠지는 경험 역시 삶에서 제거해야 하는 얼룩이 아니다. 고통스럽겠지만, 그런 고통이 있는 삶이 더 좋은 삶이다. 이 점을 이해하지 못하고 기술을 개발하면 과격하고 유아적인 해결책을 추구하게 된다. 실패할 확률이 없도록 파트너와 연결해 주는 매칭 기술이라든가, 구매자를 향한 사랑을 절대로 버리지 않는 안드로이드 연인이라든가.

나는 가치가 기술을 이끌기를 바란다. 가치 있는 기술은 그런 맥락에서만 나온다. 지금 우리는 정반대의 현상을 겪고 있다. 기술이 가치를 왜곡하고 훼손하고 변질시키는 것이다. 우리는 놀라울 정도로 길을 잃었다. 신기술이 우리를 귀찮은 잡무에서 벗어나게 해주고, 여가시간을 늘려줄 거라는 작은 기대조차 품기 어려울 정도로.

부분적으로는 기술 개발이 이윤 창출 혹은 군사력 강화 차원에서 이뤄지기 때문이다. 기업연구소 혹은 국방연구소에서는 '우리가 좋은 삶을 살려면 어떤 기술이 필요한가'라는 토의를 거쳐 연구 과제를 선정하지 않는다. 그보다는 '큰돈을 벌려면 어떤 기술을 개발해야 하는가' 혹은 '적국보다 군사적으로 우위에 서려면 어떤 기술을 개발해야 하는가'라는 질문을 두고 토론한다. 그렇게 만드는 기술을 외부에 발표할 때나 '더 나은 세상을 위해' 따위의 명분을 붙이는 것이다.

부분적으로는 우리의 철학이나 인문학이 계몽주의 사상에 갇혀 있기 때문이다. 문명이 세속화의 길을 걸으면서 우리는 '좋은 삶'이라는 문제를 개인들에게 맡겼다. 자본주의는 합리적 개인들이 자기 삶에 가장 유용한 재화나 서비스를 각자 알아서 찾을 거라고 가정한다. 케인스도 그렇게 생각하는 사람이었다. 그는 귀족적인 사람이었고 인정 투쟁을 할 필요가 없을 정도로 세상의 인정을 받고 있었다. 그는 어릴 때부터 여러 경시대회를 휩쓴 수학 천재였고, 케임브리지의 최우수 학생이었고, 자신의 이론이 세계적 반향을 일으키며 한 학문의 모습을 바꾸고 정책 효과가 입증되는 모습을 보았다. 그냥 귀족적인 사람이 아니라 실제로 남작이었고, 주식 투자로 막대한 돈을 벌었으며, 발레리나와 결혼해 행복한 결혼생활을 누렸고, 버지니아 울프, E. M. 포스터와 어울리며 예술과 철학을 논했다. 평범한 사람들의 삶은 몰랐던 케인스는 다른 사람들도 당면한 고민거리를 해결하면 자신처럼, 귀족처럼 여가를 즐기리라 생각했다. 천만의 말씀. 우리네 보통 사람들은 당면한 문제가 해결되면 여가를 즐기는 게 아니라 미래의 위험을 해결하는 데 시간을 쏟는다. 혹은 승진을 하거나 업계의 인정을 받기 위해 애쓴다. 식기세척기가 설거지 시간을 줄여주면 그 시간만큼 초과근무를 하거나 외국어 학원에 다닌다.

마찬가지로 민주주의 사회에서는 어떤 사람이나 단체에 가장 유용한 일은 그들이 스스로 결정하는 게 최선이라고 가정한다. 민주주의와 자본주의 이데올로기를 근간으로 삼는 세속주의 사회의 윤리는 타인을 좋은 삶의 길로 이끄는 것보다는, 자기 길을 걷는 타인을 방해하지 않는 데 초점을 맞춘다. 현대인은 그 정도를 최선의 윤리로 여기며, 공론장에서 이전 시대만큼 좋은 삶에 대해 말하지 않는다. 현대인은 넘지 말아야 할 선 안에서는 자신들이 자유롭다는, 자유로워야 한다는 생각에 젖어 있다. 어디를 바라봐야 하는지, 어디를 향해 가야 하는지에 대해서는 평소 별 고민 없이 지내다가 중요한 질문을 맞닥뜨리면 순진무구하게 계몽주의 운동의 관성을 따른다.

가치가 기술을 이끌지 못하고 기술이 가치를 훼손하는 현상은, 기술이 개념에 영향을 미친다는 사실에 우리가 아직 익숙하지 않기 때문이기도 하다. 과학자들은 과학이 중립적이라고 말하며 과학의 사회적 영향력에 대한 논의를 피한다. 기술자들은 기술은 도구일 뿐이며, 쓰는 사람이 그 용도를 정한다고 주장한다. 그런 주장들은 틀렸다. 기술은 하나의 사상이다. 흔히 칼이 요리사의 손에 들어가면 조리 도구가 되고, 강도의 손에 들어가면 무기가 된다고 말한다. 하지만 칼은 오히려 매우 예외적인 기술이다. 총으로 할 수 있는 일은 크게 두 가지뿐이다. 사람을 쏘거나, 사람을 쏘겠다며 위협하는 것. 총에 장식적 가치가 있다 해도 그것은 사람을 죽일 수 있는 물건이라는 상징성에서 나온다. 그리고 칼 중에서도 일본도 같은 칼로 요리를 할 수는 없다. 과연 쓰는 사람이 기술의 용도를 정할 수 있는 것일까? 일본도의 용도는 일본도를 만든 장인이 거의 정한 것 아닐까? 우리는 과학기술이 가치중립적이라는 헛소리를 경계해야 한다. 과학기술은 물질세계뿐 아니라 정신세계 깊은 곳까지 힘을 미치는 강력한 권력이다. 만약 어떤 사람이나 정당, 제도가 그런 권력을 행사하려 들면 반드시 견제 장치가 마련될 것이다.

기술이 정신세계의 개념들을 바꾸고 사회의 주요한 정신적 가치들을 훼손하거나 변질시키는 일은 결코 21세기 빅테크 기업과 함께 발생한 것이 아니다. 예컨대 자동차를 보자. 자동차는 19세기에 발명되었다(증기자동차였다). 이후 카를 벤츠가 1879년에 내연기관을 만들었고, 그의 아내 베르타 벤츠는 자동차로 장거리 운전을 했다. 카를 벤츠는 자동차 전용도로의 아이디어를 내기도 했다. 헨리 포드는 컨베이어 벨트 생산 방식을 도입해 자동차를 대량 생산했고, 르 코르뷔지에는 자동차가 중심 교통수단이 되는 도시계획을 구상했다. 업무 지구와 주거 지구가 분리된 오늘날의 도시 형태는 이렇게 나왔다.

누군가는 주유소를, 누군가는 도로교통법을, 누군가는 자동차보험을, 누군가는 카스테레오와 자동차 데이트를 만들었다. 그들 모두가 거대한 테크 기업 한 곳에 소속된 것은 아니었지만, 어쨌든 자동차는 우리가 생각하고 행동하는 방식을 바꾸었고, 자동차 문명이라는 것을 만들었다. 우리는 거기에 너무 익숙해진 나머지 우리가 살고 있는 문명이 자동차 문명이라는 사실조차 잊었다. 그래서 현재 자동차가 일으키는 폐해를 기껏해야 탄소배출 정도라고 파악한다. 부모와 자식이 낮 동안에 떨어져 지내는 것, 부모가 어떻게 일하는지 자식이 모르는 상황이 자동차 때문임을 인식하지 못하는 것이다. 그렇다 보니 전기자동차가 현재 자동차의 '문제점'을 해결해 줄 기술이라고 오해한다.

개인적으로 나는 다음 시대의 탈것이 전기차가 아니라 자전거가 돼야 한다고 믿고 있다. 자전거 전용도로를 지금의 자동차 전용도로처럼 넓게 깔고, 자전거 수리점을 현재의 주유소처럼 곳곳에에 설치하고, 자전거 데이트를 섹시한 일로 만들고, 도시 규모를 축소하는 것이 우리가 해야 할 일이라고 생각한다. '좋은 삶'을 가능하게 하는 데 그런 기술이 더 적합하다고 여기기 때문이다. 아직까지는 그냥 개인적인 추정일 따름이다. 내 믿음이 옳다면 해야 할 과제도 어마어마할 것이다. 그러나 그 정도 상상은 하고 싶다. 그 상상을 믿고, 그 상상에 힘을 싣고, 그 상상에서 힘을 얻고 싶다. 그것이 가치가 기술을 이끈다는 말이 뜻하는 바다.

10 인공지능이 아직 하지 못하는 일

1936년 1월 영국의 진보 단체이자 독서 모임이기도 했던 '좌파 북클럽'이 한 젊은 작가에게 글을 청탁한다. 대공황이 진행 중이었던 그 시기에 영국 북부의 노동자들은 어떻게 지내고 있는지 취재해서 써달라는 제안이었다. 그 젊은 작가는 파리와 런던의 빈민층이 어떻게 살고 있는지를 생생하고도 유머러스하게 묘사한, 소설 같기도 하고 체험기 같기도 한 책을 3년 전에 써서 이름을 알리던 참이었다. 날카로운 시선과 담백한 문장으로 주목받은 그 작가의 이름은 에릭 아서 블레어였고, 조지 오웰이라는 필명을 사용했다.

오웰은 랭커셔와 요크셔의 탄광 일대에서 두 달 동안 치열하게 취재했다. 광부와 전직 광부, 그리고 탄광에서 일하는 다양한 노동자를 그냥 인터뷰하는 데에서 그치지 않고, 막장에 들어가고, 그들의 집을 찾아가고, 그들이 묵는 하숙집에서 묵었다(프로기사들을 그냥 인터뷰하기만 한 나는 이 대목에서 좀 찔린다). 그 덕분에 오웰은 탄광 지역의 저소득층 노동자와 실업자, 연금생활자 들이 하는 말을 옮기는 데 그치지 않고 그들이 왜 그렇게 사는지를 분석할 수 있었다.

오웰이 좌파 북클럽에 넘긴 원고는 『위건 부두로 가는 길』이라는 제목의 책이 된다. 『카탈로니아 찬가』와 함께 오웰이 남긴 걸작 르포르타주로 꼽히는 작품이다. 사실 방금 전의 문장은 조금 어폐가 있다. 『위건 부두로 가는 길』은 두 부분으로 나뉘는데, 르포르타주에 해당하는 부분은 1부뿐이다. 생생한 현장 묘사와 유머가 넘치는 이 책 1부를 재밌게 읽은 독자들은 갑자기 분위기가 달라지는 2부에서 꽤 당황하곤 한다.

2부는 르포르타주가 아닌 사회평론인데, 혈기 넘치는 33세 작가였던 오웰은 할 말이 많았다. 영국 사회를 넘어 문명 전체에 대해, 사회주의라는 길에 대해 자신이 의미 있는 통찰을 갖고 있다고 믿었다. 그런가 하면 "상류 중산층 가운데 하급에 속한다고 할 수 있는"[1] 자신의 출신 계급이나 인도제국 경찰로 일한 경력에 대해 털어놓고 싶은 마음도 있었던 것 같다. 오웰은 자신의 어린 시절과 버마 시절에 대해 썼고, 사회주의자들조차 계급 차이를 넘기 힘든 이유가 뭔지, 사회주의가 지지받지 못하는 이유가 뭔지, 사회주의가 어떻게 파시즘을 키웠는지, 그리고 사회주의자들이 해야 할 일이 뭔지에 대해서도 썼다.

흔히 『위건 부두로 가는 길』을 쓰고 스페인 내전에 참전한 1936년을 계기로 오웰이 정치적 작가가 되었다고 평가한다. 그런데 오웰은 1936년 이전에나 이후에나 늘 인간을 억압하는 체제에 관심이 컸고, 늘 관찰력이 뛰어났으며, 늘 정직했고, 늘 쉽고 명료하게 썼다. 관찰력이 뛰어난 사람이 정직하게 쓴 글은 늘 읽는 사람들을 불편하게 만든다. 오웰은 그런 식으로 다른 사람들의 선입견을 부수는 글을 설득력 있게 잘 썼다. 1933년에 발표한 『파리와 런던의 밑바닥 생활』이나 1934년 작인 『버마 시절』에서 그는 빈곤층이나 식민지 민중을 숭고하거나 호감 가게 묘사하지 않았다. 자선을 받는 사람이 자선을 베푸는 사람을 얼마나 미워하는지, 식민지 백인들의 내면이 어떻게 뒤틀리게 되는지를 오웰만큼 예리하게 포착한 작가는 없다.

『위건 부두로 가는 길』 2부에도 의미 있는 통찰들이 많이 담겨 있다. 특히 중산층 사회주의자들의 위선과 속물의식에 대한 비판은 참으로 뼈저린 대목으로, 21세기에도 여전히 유효하다. 물론 좌파 북클럽 회원들이 읽기에는 불편한 내용이었다. 좌파 북클럽의 창립자이자 영향력 있는 사회개혁가이고 출판인이었던 빅터 골란츠는 오웰의 원고를 받아 보고 적잖이 당황했다. 골란츠는 1부로만 책을 내자고 오웰을 설득했지만 성공하지 못했다. 그러자 골란츠는 오웰이 스페인 내전에 참전하러 영국을 떠난 틈에 2부 내용에 이의를 제기하는 서문을 덧붙여 책을 출간한다. 그리고 나중에 오웰의 동의 없이 1부 내용으로만 구성된 얇은 책도 따로 낸다.

골란츠를 옹호하자면, 사실 단행본의 완성도라는 면만 놓고 볼 때 『위건 부두로 가는 길』 1부로만 책을 구성하는 것도 나쁘지 않은 선택이다. 2부의 에세이들은 한 편, 한 편 떼어놓고 보면 훌륭하지만, 전체적으로는 너무 넓은 영역을 다루며, 각 주제가 부드럽게 연결되지 않는 느낌이다. 내가 편집자라면 독특한 시각과 글에서 느껴지는 열기에 주목해서, 오웰에게 각 주제에 좀 더 시간을 들여 독립된 책을 쓰라고 권했을 것 같다. 실제로 2부에서 오웰이 언급하는 몇몇 주제는 이후의 저작에서 다시 좀 더 깊게 다뤄진다. 기술에 대한 고찰도 그중 하나다. 오웰은 기술 문명의 미래에 대해 6년 전 케인스가 쓴 것과는 완전히 다른 견해를 지니고 있었다.

우리는 '우리의 새로운 노예인 기계가 인류를 자유롭게 해줄 것'이니 어쩌니 하는 끈적끈적하고 현혹적인 소리를 얼마나 많이 들어왔던가.

우리가 인간의 자질로 찬미하는 것 가운데 상당수는 사실 재앙이나 고통이나 어려움에 맞서는 과정에서만 발휘될 수 있다. 그런데 기계적 진보의 경향은 재앙이나 고통이나 어려움을 제거하는 것이다.

더 고려해볼 문제는 기계가 압도함에 따라 손상되지 않을 인간 활동이 '과연' 있겠느냐는 점이다.

이 세상을 기계화할 수 있는 한껏 기계화해보라. 그러면 사방 어디에도 당신이 일할 기회, 곧 살 기회를 박탈할 모종의 기계가 있을 것이다.

이쯤에서 독자들은 내가 9장까지 근거를 깔아놨고 10장에서 펼치려는 주장이 89년 전 오웰의 주장과 거의 같은 내용임을 짐작할 거다.

2020년대 현대인에게도 다음과 같은 문구는 낯설거나 과격하게 들린다. "기계가 온전히 인간적인 삶을 불가능하게 하는 경향", "더없이 조잡하고 무지하고 미숙한 형태의 기계 숭배", "대개 진보라 불리는 것이 대개 퇴보라 불리는 것도 수반한다"…. 원자폭탄과 소셜미디어, 기후위기를 경험하지 못한 1930년대 독자들에게는 더 그러했으리라. 오웰은 사람들이 그런 주장을 불편해하는 이유에 대해서도 썼다. 다음과 같은 오웰의 진단에 나도 동의한다.

우리는 기계와 과학의 시대에 살고 있기에 무슨 일이 있어도 '진보'는 지속되어야 하고 지식은 절대로 억제되어선 안 된다는 관념에 감염되어 있다. 우리는 말로는 기계가 사람을 위해 만들어졌지 사람이 기계를 위해 만들어진 건 아니라고 한다. 하지만 실제로는 기계의 발달을 제어하려는 시도는 지식에 대한 공격이며 곧 일종의 불경으로 간주되는 것 같다.

1984년이라는 미래

『위건 부두로 가는 길』에서 기계가 인간성을 어떻게 훼손하는지에 대해 논하면서 오웰은 여러 SF를 예로 들었다. 올더스 헉슬리의 『멋진 신세계』, 카렐 차페크의 『R. U. R.』, H. G. 웰스의 『신 같은 인간』, 『꿈』, 『잠에서 깨어보니』, 『우주와 시간 이야기』, 새뮤얼 버틀러의 『에레혼』(인공지능의 개념을 제시한 소설이다), 그리고 하늘을 나는 섬 라퓨터가 나오는 『걸리버 여행기』의 3부까지. 13년 뒤에는 오웰 자신도 기념비적인 SF를 한 편 발표했다. 『1984』다.

1936년에 오웰이 기술 발전과 관련해 걱정한 것은 크게 두 가지였다. 하나는 앞서 적은 것처럼 기술이 "결함 없는 세상"을 추구할 때, 그래서 "기계적 진보의 경향"이 "재앙이나 고통이나 어려움을 제거"하고, 그로 인해 인간이 "자신을 용감하고 강인하게 만들려고 애쓰는" 활동을 포기해 "걸어다니는 위(胃)"가 될 가능성이었다.[2] 이는 4년 전 올더스 헉슬리가 발표한 『멋진 신세계』가 그린 디스토피아의 모습이기도 했다.

오웰이 두 번째로 걱정한 가능성은 기술이 거대한 전체주의 사회를 만드는 것이었다. 오웰은 "기계와 기술의 발전은 결국 모종의 집단생산주의로 이어질 수밖에 없"다고 봤다. 그 결과 한 국가 차원이 아닌, "전체주의 세계라는 비전"이 현실화될 가능성이 있었다. 그 비전이 실현된 사회는 "정치, 군사, 교육에 관한 모든 권력이 소수의 지배 계급과 그 하수인들의 손에 넘어간 사회"일 것이고, "파시즘이 목표로 삼는 사회"이며, "노예 국가 또는 노예 세계"이자 "아마도 외양간 같은 사회"일 테지만, 동시에 "과학적으로 개발한다면 어마어마할 세계의 부를 고려할 때 노예들이 잘 먹고 만족하며 지내는 사회"일지도 모르겠다고 그는 예상했다.

1949년에 출간된 『1984』에는 이 두 가지 우려가 모두 담겨 있다. 많은 사람이 간과하는데, 『1984』의 배경이 되는 가상 국가 오세아니아에서 국민의 절대다수는 상당한 자유를 누리고 있으며, 그다지 감시를 받지도 않고, 맥주와 포르노 소설도 보급받는다. 프롤이라고 하는 이들 노동자 계급은 『멋진 신세계』의 알파와 베타 계급만큼은 아니지만, 적어도 말초적인 욕구들은 잘 해결하고 있다. 그 욕구들을 너무 잘 해결하기 때문에 사회에 대한 문제의식도 품지 않는다. 프롤은 잘 먹고 만족하며 지내는 노예들이며, '걸어다니는 위'들이다.

그러나 다들 알다시피 『1984』는 프롤이 아닌 당원들, 즉 "정치, 군사, 교육에 관한 모든 권력을 지배하는 소수 계급과 그 하수인들"의 삶을 주로 다룬다. 주인공 윈스턴 스미스, 그리고 그와 대화를 나누는 주요 등장인물들은 사상경찰의 감시를 받으며 신어(新語) 사용과 이중사고를 강요당한다. 그들의 세상은 "파시즘이 목표로 삼는 사회"로, 개인성이 말살된 곳이다. 거기에는 사생활이 없고 대신 고문과 처형, 선전선동이 있다.

1936년부터 1949년 사이에 오웰의 관심사는 '걸어다니는 위'의 비극성보다는 '전체주의 세계라는 비전' 쪽으로 기울었다. 그 기간에 그가 목격했을 역사적 사건들을 살펴보면 그럴 수밖에 없었겠다는 생각이 자연스럽게 든다.

『위건 부두로 가는 길』을 집필한 1936년에는 스페인 내전이 발발했다. 1936년은 BBC가 세계 최초로 정규 텔레비전 방송을 시작한 해이기도 했다. 오웰은 그해 연말에 부인 에일린 블레어와 함께 바르셀로나로 가서 공화파 의용군에 자원입대했다. 정작 전쟁터에서는 공화파의 무능함과 내부 분열상에 충격을 받았으며, 다른 정파를 숙청하는 스탈린주의자들의 모습에 기겁하고 분노했다. 이듬해인 1937년에는 소련에서 스탈린이 직접 대숙청을 벌였다. 스페인에서 스탈린주의자가 벌인 숙청과는 비교도 되지 않는 큰 규모로.

1939년에는 2차 세계대전이 터졌다. 히틀러의 독일과 스탈린의 소련이 벌인 학살, 처형, 고문, 감시, 선전선동은 이전까지 인류가 본 적이 없는 수준으로 거대하고 집요하고 꼼꼼했다. 과학기술이 중립적이라고 말하는 이들은 여기서 '과학기술은 그 거대한 비극의 원인이 아니었다'라고 말하고 싶을지도 모르겠다. 나는 '과학기술의 뒷받침 없이는 불가능한 비극이었다'라고 말해두련다. 국민을 통제하기 위해 그런 과학기술을 이용하는 데 주저함이 없는 건 전시체제의 영국도 마찬가지였다.

전쟁이 한창이던 1942년에는 최초의 CCTV(폐쇄회로 텔레비전) 시스템이 나왔다. CCTV는 독일에서 먼저 나왔고, 곧 세계로 퍼졌다. CCTV는 전쟁이 끝난 뒤에도 널리널리 퍼져 우리 일상생활의 일부가 되었다.

오웰은 '텔레스크린'이라는 양방향 감시 장치를 상상했는데, 이 장치는 『1984』 세계의 핵심 기술이다. 『1984』의 억압 체제는 텔레스크린 덕분에 작동하고 유지된다. 이 장치는 현대 기술로 완벽하게 구현 가능하지만, 북한 같은 예외를 제외하면 현대인 대부분은 오웰의 악몽 속에서 살고 있지는 않다. 오늘날 우리가 사는 세상은 분명 좋은 삶과는 거리가 있지만, 『1984』의 세계보다는 『멋진 신세계』의 세계를 닮아서 그런 것처럼 보인다.

어떤 이들은 이를 두고 '오웰의 예상은 빗나갔고, 헉슬리의 예상이 옳았다'라고 말하기도 한다. 특히 오세아니아의 현실판이었던 소련이 몰락하면서부터 그런 말을 하는 이들이 부쩍 늘었다. 미국의 사회평론가이자 커뮤니케이션 이론가인 닐 포스트먼이 대표적이다. 포스트먼은 1985년에 발간한 미디어 비평서 『죽도록 즐기기』에서 시작부터 끝까지 오웰과 헉슬리를 비교하고 헉슬리 편을 든다. 이런 식이다.

> 『1984년』에서는 사람들에게 고통을 가해 통제한다. 『멋진 신세계』에서는 즐길거리를 쏟아부어 사람들을 통제한다. 한마디로, 오웰은 우리가 증오하는 것이 우리를 파멸시킬까봐 두려워했다. 헉슬리는 우리가 좋아서 집착하는 것이 우리를 파멸시킬까봐 두려워했다.
> 이 책은 오웰이 아니라 헉슬리가 옳았을 가능성에 대한 내용이다.[3]

이러한 추론이 일리가 있다면, 오웰은 여기서도 다시 한번 오류를 범했다. 적어도 서구 민주사회에서는 그렇다. 오웰은 역사의 몰락을 마음속에 그렸지만, 국가가 이를 주도하리라 믿었다. 즉, 진실부 장관급 관료들이 조직적으로 꺼림칙한 사실을 없애고 과거기록을 파기하리라 생각했다. 확실히 이는 20세기의 오세아니아에 해당하는 소비에트 연방이 취하던 방식이다. 그러나 그렇게 거친 방법을 동원할 필요가 없었다. 헉슬리가 보다 정확하게 사태를 예언했기 때문이다. 대중에게 이미지 정치와 즉각적인 심리요법을 제공하도록 지원하는 친절한 테크놀로지 덕택에, 역사는 아무 저항 없이 아주 효과적으로, 아마도 영구히 사라져버릴 듯하다.

조지 오웰의 오랜 팬인 나로서는 화가 치미는 서술이다. 글쎄요? 딱히 우리가 CCTV나 기계적 진보를 그토록 증오하지는 않는 것 같고, 그건 오웰 시대의 사람들도 마찬가지였다. 그리고 『1984』

는 예언서나 기술예측서가 아니다. 오웰이 예언자라면 구약성서에 나오는 의미의 예언자였다. 구약성서의 예언자는 미래를 예측하는 사람이 아니었다. 잘못된 행동을 바꾸지 않으면 끔찍한 재앙이 올 거라고 동시대인들에게 경고하는 사람이었다.

애초에 오웰 혹은 헉슬리가 옳았는지, 틀렸는지 말하는 게 무슨 의미가 있는지 모르겠다. 『1984』는 '1984년에는 틀림없이 이런 미래가 올 거다'라고 말하는 책이 아니고, 『멋진 신세계』도 '2540년에는 반드시 이런 미래가 온다'라고 주장하는 책이 아니다. 어떤 가능성을 경계하지 않으면 책에서 그리는 끔찍한 미래가 올 수도 있다고 경고하는 픽션들이다. 『1984』가 그리는 미래는 정말이지 끔찍하고 무섭다. 그래서 사람들은 행동을 바꿨고 우리는 그런 미래를 맞지 않았다. 『멋진 신세계』가 그리는 미래는 그 정도로 끔찍하고 무섭지는 않다. 그래서 사람들은 행동을 바꾸지 않았고 우리는 『멋진 신세계』가 그린 것과 비슷한 미래를 맞았다.

『1984』는 사람들의 행동을 바꾼 위대한 작품이고, 『멋진 신세계』는 훌륭한 작품이지만 사람들의 행동을 바꾸는 데에는 아쉽게도 실패했다. 이를 두고 오웰이 틀렸다고 말하는 건 지진 이후에 멀쩡히 서 있는 건물을 보고 '지진이 이렇게 약한데, 건축가에게 속아 비싼 내진 설계를 적용했잖아' 하고 투덜대는 것과 마찬가지다. 혹은 화재 피해가 심하지 않다는 통계를 보고 '소방서를 지을 필요가 없었잖아' 하고 분통을 터뜨리는 것과 마찬가지다. 오웰이 틀린 게 아니라, 우리가 오웰 덕분에 『1984』를 피한 것이다.

1984년 1월 1일 비디오 아티스트 백남준은 위성으로 미국, 프랑스, 독일에서 동시에 생중계되는 TV 쇼를 기획하고 진행했다.

〈굿모닝 미스터 오웰〉이라는 이 프로그램은 '텔레비전 미디어 기술이 이만큼 발전했고, 1984년이 왔지만 오웰의 불길한 예상은 실현되지 않았다'라는 주제를 담았고, 전 세계에서 2500만 명이 시청했다. 백남준은 "오웰에게 한 수 가르칠 수 있는 결정적인 날"이라고 말하며 방송 관계자들을 설득했다고 한다.[4]

백남준은 뭔가 단단히 착각하고 있었다. 1984년 1월 1일은 후대인들이 오웰에게 한 수 가르쳐야 하는 날이 아니라 오웰에게 깊이 감사해야 하는 날이었다. 그리고 2500만 명이 1984년 1월 1일에 '거봐, 『1984』는 오지 않았다니까, 소련 빼고 말이야' 하고 웃었던 것은 『1984』가 출간 35년이 지난 그때까지도 여전히 무섭고 현실적이었기 때문이다. 『1984』는 2025년 현재까지도 소름 끼치고 생생하다. 많은 사람이 일상에서 겪는 일은 아니지만, 그래도 좀비 영화보다는 비행기 추락 사고 뉴스에 더 가깝다.

오웰이 『1984』에서 온 정성을 기울여 강력하게 경고한 것은 권력과 감시 기술의 결합이었다. 미셸 푸코까지 들먹이지 않아도 감시하는 자는 권력을 쥐고, 감시당하는 자는 억압당한다는 사실을 우리 모두 잘 알고 있다. 그리고 오웰이 『1984』에서 통찰력 있게 간파했듯이, "권력의 목적은 권력 그 자체"다.[5] 권력은 더 큰 권력을 탐한다. 민주주의 국가건 독재국가건 마찬가지다. 민주주의 국가의 정부건 독재국가의 정부건 국민을 감시하고 싶어 한다. '현대 민주주의 국가는 다르다'라고 부정하고 싶으신 분은 에드워드 스노든에 대해 한번 검색해 보시길.

과학기술은 감시하는 자의 시간과 노력을 절감시켜 줄 수 있다. CCTV 시스템은 크기와 구조의 제약이 없는 파놉티콘을 가능하게 해준다. CCTV 시스템은 총과 마찬가지로 용도가 제한되어 있는 기술이다. 인간관계를 풍성하게 가꾸거나 맛있는 요리를 만드는 데 쓸 수 있는 물건이 아니다. 사람이나 사물을 감시하는 것 외에는 다른 쓸모가 없음에도 불구하고 이 기술은 지난 80여 년간 꾸준히 발전했으며 사용 범위도 계속해서 넓어졌다. 그 과정에서 권력이 자발적으로 CCTV 시스템을 거부한 적은 없었다. 절대다수의 경우는 그 반대였다.

공교롭게도 오웰이 살았던 런던과 내가 사는 서울은 중국 도시들을 제외하고 세계에서 공공 CCTV가 가장 많이 설치된 10대 대도시로 꼽히는 곳들이다. 2023년 기준으로 인구 1000명당 공공 CCTV가 서울에는 14.47대, 런던에는 13.21대가 있는 것으로 추정된다(참고로 이 통계 수치를 발표한 영국의 사이버보안 정보업체 컴패리텍에 따르면 공공 CCTV의 수와 그 도시의 치안 수준은 별 관련이 없는 것으로 나타났다).[6] 이는 개인이나 기업이 설치한 CCTV나 자동차 블랙박스를 제외한 수치로, 민간 영역의 CCTV 수는 어림짐작조차 할 수 없는 상황이다.[7] 누구나 아무 제한 없이 몇만 원이면 인터넷 쇼핑으로 보급형 CCTV를 쉽게 구매할 수 있으니까.

그럼에도 불구하고 CCTV로부터 사생활을 지키는 법령들 역시 마련되어 있다. 서울에서는 CCTV를 설치하려면 CCTV를 설치한 목적과 촬영 시간, 관리책임자를 적은 안내판을 알아보기 쉬운 장소에 붙여야 한다. 녹음을 해서는 안 되고, 영상 정보를 공개해서도 안 되며, CCTV 운영 방침을 세워서 홈페이지 등에 게시해야 한다. 화장실, 목욕탕, 탈의실 같은 장소에는 CCTV를 설치할 수 없다. 이런 개인정보 보호 규정은 저절로 생긴 것이 아니라 공론장에서 긴 토론을 거쳐 만들어졌는데, 거기에는 예외 없이 '빅브라더 논쟁'이라는 이름이 붙었다.

거리에 설치된 CCTV로 차량번호를 촬영해도 될까? 학생들이 공부하는 모습을 CCTV로 촬영해서 부모에게 전해줘도 될까? 의사들이 환자를 진료하는 과정을 CCTV로 찍어도 될까? 병원이나 호텔은 로비에 CCTV를 설치해도 될까? 관광지에 설치한 CCTV 영상은 당국에서 얼마나 오래 보관해야 할까? 노동자의 동의를 받으면 기업에서 CCTV를 제한 없이 설치해도 될까? 산업 현장에서 안전 목적으로 CCTV를 설치할 때도 노동자의 동의를 받아야 할까? 마트에서 손님의 구매 영상을 CCTV로 촬영하고 매출을 높이기 위한 분석 자료로 활용해도 될까? CCTV 영상을 유출한 사람이나 기업은 어떻게 처벌해야 할까? 과속단속용 CCTV의 위치를 알려주는 프로그램은 금지해야 할까? 찜질방 내부나 동성애자들이 자주 가는 술집의 주차장 같은 장소도 목욕탕이나 탈의실처럼 간주하고 CCTV 설치를 막아야 할까? CCTV 종합관제센터에서 일하는 요원의 자격은 어떻게 정할 것이고, 그들에게는 어떤 교육을 실시해야 할까?

민주 사회에서 CCTV 기술은 질적으로, 또 양적으로 발전할 때마다 저런 논쟁을 맞닥뜨렸고, 많은 사람이 이를 심각하게 받아들였다. 그 덕분에 CCTV 기술은 어느 정도 민주적 통제 아래에 들어왔다. CCTV 확대를 반대하는 이들에게 빅브라더라는 개념과 『1984』는 가장 큰 무기였다. 수사기관이 용의자의 이메일과 메신저를 어디까지 감청할 수 있을지, 전과자의 위치를 어느 정도나 추적할 수 있는지 정할 때도 마찬가지였다. 보건 당국에서 채취한 혈액을, 금융 당국에서 확보한 금융거래 내역을, 교통 당국에서 수집한 통행 내역을 수사기관에 넘겨도 좋은지 등을 정할 때도 마찬가지였다.

범죄자가 아닌 사람이라면 누구나 자신이 사는 사회의 치안과 방범 수준이 양호하기를 바랄 것이다. 방역도 잘되기를 바랄 것이다. 그런데 권력은 늘 권력을 욕망하며, 많은 수사기관이 자신도 모르는 새 비밀경찰을 지향한다(그리고 많은 정권이 수사기관에서 비밀리에 수집한 정보의 유혹 앞에 버티지 못한다). 노벨평화상을 수상한 흑인 대통령이 집권 중이라도 마찬가지다. 미국 NSA(국가안보국)는 버락 오바마 대통령 아래서 신나게 미국인과 미국인이 아닌 사람들의 사생활 정보를 감시하고 수집했다. 그것은 모든 수사기관의 본성이며, 『1984』는 그런 본성을 비판하는 강력한 개념을 창조했다. 에드워드 스노든에게 NSA 기밀자료를 폭로해야 한다는 생각을 불러일으킨 것도 『1984』였다. 스노든의 폭로에 많은 언론인이 경악한 것도 『1984』가 떠올라서였다. NSA의 불법 도감청이 정국 이슈가 되고 오바마의 지지자들이 이 문제를 심각하게 여긴 데에도, 그래서 권력자가 이 문제를 정권의 위기로 받아들인 데에도 『1984』는 큰 역할을 했다.

『멋진 신세계』는 아쉽게도 현실에서 이런 힘을 발휘하지는 못했다. 그래서 우리는 『1984』가 아니라 『멋진 신세계』에 가까운 세상을 살고 있다.

| 과학기술과 사회, 그리고 문학

증강현실 기술은 앞으로 한 세대 사이에 우리 삶에 깊숙이 들어올 것이다. 이 기술은 우리 삶과 사회에 어떤 영향을 미칠까?

모르는 장소를 찾아갈 때 내가 가야 할 길이 환하게 빛나며, 음식점에서 메뉴판을 펼치면 접시에 담긴 요리 모양 3D 이미지가 식탁 위에 떠오르고, 의류 매장에서는 탈의실에서 번거롭게 옷을 갈아입지 않아도 그 옷을 입은 내가 화사하게 미소 지으며 옷맵시를 보여준다. 교실에서는 아이들이 티라노사우루스가 달리는 모습을 보는데, 선생님이 입체 영상에 손가락을 갖다 대자 그 큰 공룡의 골격이 움직이는 모습과 심장이 바삐 뛰며 혈관으로 피를 보내는 모습이 차례로 나타난다…. 우리가 흔히 미디어에서 접하는 이미지는 이런 것들이다. 개중에는 증강현실 기술을 개발하는 테크 기업에서 만든 영상도 있다.

물론 우리 기분을 불편하게 하거나 우리를 깊은 고민에 빠뜨리는 이야기는 그런 홍보 영상에 담기지 않는다. 나는 이런 상상을 해봤다. TV나 신문, 유튜브에 나오는 대통령의 얼굴과 목소리를 내가 지지하는 정치인의 모습과 음성으로 바꿀 수 있지 않을까? 안면인식 기술과 딥페이크 기술, 거기에 눈과 귀에 착용할 수 있는 증강현실 기기를 합하면 되는 것 아닌가. 미국이나 한국이나 정치 양극화가 날로 심해지는데, 대통령선거가 끝날 때마다 패배한 후보의 지지자들은 증강현실 기술을 이용해 자신들의 진영이 이긴 것 같은 환상을 잠시나마 누려보고 싶다는 유혹에 빠지지 않을까? 그런 유혹에 굴복하는 사람들이 많아지는 것은 현실 정치에 어떤 영향을 미칠까?

이 기술이 싸게 보급될 때 배우자의 얼굴을 영화배우의 그것으로 바꿔서 보고 싶다는 생각을 하지 않는 사람은 몇이나 될까? 모든 사람의 눈에 자기 파트너가 이상형의 외모를 지닌 것으로 보이는 세상은 좋은 세상일까? 모든 사람의 집 전망이 끝내주는 오션 뷰 혹은 리버 뷰로 보이게 되면 고급 부동산을 둘러싼 치열한 경쟁도 덜하게 될까? 아니면 경쟁의 치열함은 그대로이고, 경쟁의 방향만 바뀌게 될까? 예상하기 어렵다. 분명한 것은 현실감이라는 가치가 훼손되리라는 점이다. 우리는 현실감을 잃어버린 뒤에야, 기술로 인해 객관적 현실이라는 개념이 무색해지고 증강현실 기기 이용자들이 모두 주관적 현실 속에서 사는 때가 되어서야 현실감이 어떤 가치였는지 이해하게 된다. 2020년대는 '공통 현실'이라는 게 존재한 마지막 시대가 될지도 모른다.

데이터 예측분석 기술은 이미 우리 삶에 깊숙이 들어와 있다. 이 기술은 앞으로 한 세대 사이에, 우리 대부분이 의식하지 못하는 사이에, 우리 삶의 많은 상황에 더 깊이 들어올 것이다. 소비자의 행동을 잘 예측할수록 기업이 돈을 벌기 때문이다. 마트에서 기저귀를 사는 남자는 맥주도 함께 살 확률이 높고, 애플 제품 이용자는 비싼 호텔을 예약할 가능성이 높다. 임신한 여성은 다양한 상품을 구매해야 하므로 온라인 쇼핑몰은 여성 고객의 임신 상태를 정확하게 파악하려 애쓰고, 그 여성의 가족보다 더 빨리 알아차리는 경우도 드물지 않다. 어떤 경우에는 소비자보다 더 그의 행동을 잘 예측하는 것이 기업 이익의 핵심이다. 보험회사는 고객이 교통사고를 일으킬 가능성을 고객보다 정확히 알아야 한다.

물론 데이터 예측분석 기술은 개인 고객들에게도 널리 보급될 예정이다. 고등학교에 입학하는 자녀가 일진이 되거나 왕따를 당할 가능성이 궁금하지 않은 부모가 있을까? 불확실성은 커다란 스트레스다. 때로는 확실한 불행이 차라리 낫다는 생각마저 든다. 사람들은 불확실성을 줄이기 위해 기꺼이 지갑을 열고, 그렇기 때문에 데이터 예측분석 기술은 계속해서 투자를 받아 점점 정교해질 것이다. 많은 사람이 데이터 예측분석 기술의 고객이 되리라는 사실 자체가 데이터 예측분석에서 하나의 변수가 될 것이다.

우리는 절박하게 미래를 예측하고 싶어 하면서도 놀라울 정도로 자기 자신이 만들어 내는 데이터를 분석할 줄 모르는 존재이기도 하다. 첫 차로 스포츠카를 산 뒤 자동차보험에 가입하려는 20대 남성만 얘기하는 게 아니다. 대부분의 사람이 자신이 어느 정도나 행복한지 말하기 어려워한다. 전날 같은 시간보다 얼마나 더 행복한지를 물으면 말문이 막힌다. 그런데 히타치 중앙연구소의 야노 가즈오 소장에 따르면 행복은 가속도 센서로 측정 가능하다. 물론 사람마다, 직무마다 몸을 움직이는 정도는 다르다. 하지만 같은 사람은 행복한 날 몸을 더 활발히 움직인다.

『데이터의 보이지 않는 손』에서 야노 소장은 휴먼 빅데이터를 활용해 파악할 수 있는 기묘한 정보들을 소개한다.[8] 직원들이 스마트워치를 차게 하면 기업은 어느 팀이 분위기가 좋은지, 어떤 팀장이 팀원들의 사기를 높이는 리더인지, 어떤 팀원이 분위기 메이커인지 정확히 파악할 수 있다. 다양한 웨어러블 기기가 보급되면 우리는 우리 자신의 현재와 미래에 대해 더 정확히 알게 될 것이다. 내가 누구와 함께 있을 때 행복하다고 느끼는지, 누구를 사랑하는지 부정할 수 없게 될 것이다. 로맨틱코미디 영화에서 주인공들이 잘 모르는 바로 그 정보 말이다. 나를 행복하게 만드는 상대가 자기 파트너와는 얼마나 행복하고 충만한 관계에 있는지도 알아낼 수 있을 것이다. 공공 CCTV를 통해서, 혹은 상대의 웨어러블 기기를 해킹해서.

많은 사람이 그런 정보를 알고 싶어 할 것이고, 그런 정보 혹은 그런 정보를 알려주는 기기를 기꺼이 구매할 것이다. 나는 사람이 기술을 통해서 자기 자신의 현재와 미래를 파악하는 게 좋은 일인지 아닌지 모르겠다. 나는 불확실성 역시 소중한 가치임을 우리가 너무 뒤늦게 깨닫게 되는 게 아닐까 우려한다. 사람은 불확실한 상태에서만 결단할 수 있다. 그리고 결단을 통해서만 성장하고 운명에 맞설 수 있다. 모든 정보를 아는 상태에서 최적의 해답을 고르는 것은 결단이 아니라 인지능력 테스트다.

이런 사례는 끝도 없이 들 수 있다. 우리가 눈여겨보지 않지만 실은 우리의 좋은 삶을 지탱하는 숨은 가치들이 많다. 그리고 지금 여러 기업에서 열심히 연구 개발 중인 기술들이 그 가치들을 훼손할 우려가 있다. 최근 한 세대 사이에 기술에 의해 사라진 좋은 가치들도 많다. 정보통신 기술은 '좋은 동네'라는 소중한 가치를 확실하게 망가뜨렸다.

널리 보급되어 정착되면 괜찮을 것 같지만 보급 과정에서 단기적 충격이 어마어마해 도입에 섣불리 찬성하기 어려운 기술도 있다. 서울에는 이미 자율주행 버스가 도로를 다니고 있고 자율주행 택시도 머지않은 미래에 나올 것 같다. 자율주행차는 운전으로 밥벌이를 하는 수많은 운수업 종사자의 생계를 위협한다. 철도 기관사나 선박 운항사, 항공기 조종사의 운명도 크게 다르지 않으리라. 그런 사람들이 몇 명이나 될까? 전 세계 택시 기사, 대리운전 기사, 버스 기사, 화물차 기사, 특수차량 기사의 수가 과연 얼마나 될까? 수백만 명? 수천만 명? 자율주행차가 보급되면 운수업 종사자들이 크리스퍼 전문가나 오보에 연주자로 전업할 수 있을까? 이들과 그 가족들의 운명이 테슬라나 구글 같은 몇몇 테크 기업의 손에 달려 있다는 사실이 나는 믿어지지 않는다. 어떤 권력자나 정부가 그런 일을 벌인다면, 아니 그런 일을 벌일 기미라도 보인다면, 수많은 사람이 들고일어나 항의할 것이다. 그런데 우리는 지금 테크 기업에 대해 그렇게 하지 않는다.

2021년 나는 증강현실이 현실감을 훼손하는 근미래 풍경을 배경으로 단편소설을 한 편 썼다. 「당신이 보고 싶어하는 세상」이라는 이 소설 속 사람들은 크루즈선을 빌려 공해(公海)로 나간다. 정부 규제를 벗어나 증강현실 기기를 원하는 만큼 마음껏 사용하기 위해서다. 나는 그들을 약물중독자처럼 그렸다. 그들은 "인간은 원래 주관적 현실에서 살기 마련"이라며[9] 증강현실 기기 사용을 합리화하고, 자신들의 현실 인식 능력이 예전 그대로라고 주장한다. 이 소설은 그해 심훈문학대상을 받았는데 나로서는 조금 뜻밖이었다. 심훈은 당대 사회현실에 비판의식을 지녔던 리얼리즘 소설가였고, 심훈문학대상도 일반적으로 SF에 수여하는 문학상이 아니었기 때문이다.

그에 앞서 2019년에 나는 휴먼 빅데이터 예측분석 기술이 일상화된 근미래를 배경으로 하는 단편소설도 한 편 썼다. 「데이터 시대의 사랑」이라는 제목의 이 작품에서 막 사귀기 시작한 주인공 남녀는 남자 쪽이 바람을 피울 가능성이 높아 5년 이상 교제하지 못할 거라는 분석 결과를 접한다. 두 사람은 그 사실에 당황하고, 화를 내고, 더 연애 감정이 뜨거워지기도 하고, 좌절하기도 한다. 이 작품은 발표한 지 얼마 안 돼 장편 상업영화 판권이 팔렸다. 영상화 권리를 사 간 영화 프로듀서가 이 이야기를 SF가 아닌 현실적인 드라마의 재료로 여기고 있다는 점이 흥미로웠다.

2023년에 이 두 단편을 포함한 SF 단편소설들을 단행본으로 묶어 내면서 거기에 'STS SF 소설집'이라는 이름을 붙였다. 역사가 오래되지 않은 학문 분야인 STS는 연구자들 사이에서도 성격이 명확히 합의되지 않았다. STS를 '과학기술과 사회(Science, Technology, and Society)'로 보는 학자들은 과학기술이 일으키는 사회적 문제와 과학의 책임을 탐구한다. STS를 '과학기술학(Science and Technology Studies)'이라고 보는 학자들은 과학 지식과 과학이라는 활동 자체를 연구 대상으로 삼는다. 내가 STS SF라는 용어를 만들어 냈을 때 의도한 것은 전자의 의미였다.

원래 SF가 그런 일을 해왔다고 말하는 이도 있겠다. 그런데 구체적인 개념 용어를 만드는 것은 목표를 분명히 하는 데에 도움이 된다. 따지고 보면 SF라는 용어 자체도 그렇다. SF라는 단어가 만들어지기 전에도 SF를 쓰는 작가들은 있었지만, 그 단어가 나오고 나서 지향점과 정체성이 더 단단해졌다.

나는 내가 살아 있는 동안에 타임머신이나 초광속 우주선이 등장할 거라고 생각하지 않으며, 그런 기술이 가능해졌을 때 어떤 일이 일어날지도 솔직히 잘 상상하지 못하겠다. 외계 문명을 묘사하는 것도 내 상상력을 넘어서는 일이다. 그들이 인류의 중세에 광선검을 더한 모습으로 살지는 않을 거라는 점 정도만 짐작할 수 있을 뿐. 현실의 소수자들을 미래 경찰국가에서 살아가는 돌연변이나 초능력자의 상황에 빗대 이야기를 만드는 방식도 나는 개인적으로 좋아하지 않는다. 그런 픽션은 복잡한 현실과 다층적인 갈등을 터무니없이 단순한 선악 구도로 찌부러뜨리곤 한다. 리얼리즘 소설가로서 당대 사회현실에 비판의식을 품고 뭔가를 쓰고자 할 때 나는 발품을 팔아 직접 현장을 취재하거나 당사자를 만나 이야기를 듣고 현실의 복잡함과 다면성을 내 작품에 생생하게 담으려 한다. 일종의 직업윤리라 해도 좋다.

근미래 기술이 우리 삶과 사회의 소중한 가치들을 훼손하는 것은 내게 당대 현실의 문제로 다가왔다. 공기처럼 소중하지만 눈에는 잘 보이지 않는 그 가치들의 존재감을 SF의 방법론을 활용해 보여줄 수 있을 것 같았다. 거기에 리얼리즘의 방법론도 동원해서, 그 가치들이 그저 훼손된 모습을 그릴 게 아니라, 어떤 이유로 어떤 과정을 거쳐 훼손될 수 있는지를 설득력 있게 그릴 수 있을 것 같았다.

첫 STS SF 소설집에서 나는 인간의 육체에 엽록소를 넣는 기술을 만난 비건이나 초지능을 처음 얻게 된 개인이 주변 사람들을 지배하는 이야기 등을 썼다. 현재 출간을 기다리고 있는 두 번째 STS SF 소설집에서는 사이보그 기술과 반려동물, 부상을 차단하는 기술과 스포츠, 뉴로마케팅이 정치와 결합할 가능성, AI 판사 등을 소재로 글을 썼다. 반려견이 치매에 걸렸을 때 평소 행동을 학습시킨 인공지능으로 그 개의 뇌를 대체할 수 있다는 말을 들으면 얼마나 많은 견주가 수술에 응할까? 부상은 프로스포츠의 일부일까, 아닐까?

내가 STS SF 소설집에 쓴 글들은 결말이 씁쓸하거나 오싹하다. 생태주의 철학자 한스 요나스가 1979년 저작 『책임의 원칙』에서 '공포의 발견술'이라고 이름 붙인 방법론에 나도 동의하기 때문이다. 요나스는 "미리 예견된 인간의 왜곡이 비로소 우리로 하여금 이러한 왜곡으로부터 보전해야 할 인간의 개념을 찾아낼 수 있도록 도와주는 것이다"라고 썼다.[10] 내 생각에는 SF 소설이야말로 그런 작업을 잘 할 수 있는 도구다. 그런 면에서 『1984』와 『멋진 신세계』는 아주 성공적인 STS SF다.

STS SF 첫 소설집과 두 번째 소설집 작업 사이에 자율주행차를 소재로 한 중편소설도 썼는데 썩 마음에 들지 않아 개작하는 중이다. 어느 날 갑자기 인간 운전자가 사라지고 자율주행차가 운전을 전적으로 도맡는 식으로 기술이 도입되지는 않을 것이다. 인간 운전자들이 도로에서 자율주행차와 경쟁하는 기간이 있을 테고, 그때 자율주행차를 개발한 기업은 공론장에서 인간 운전자의 한계를 공격할 것이다. 젊은 여성은 도심이 아니라면 중년 남성 기사가 운전하는 택시를 밤에 혼자 탑승하기를 꺼리는데, 자율주행차 개발 기업은 그런 틈새를 놓치지 않으리라. 운전이 직업인 사람들은 생계 걱정에 내몰리면서 사회적으로 고립되고 알게 모르게 잠재적 가해자 취급을 당해 자존감에도 상처를 입을 텐데 그런 풍경을 잘 묘사하고 싶다.

아시아 SF 작가들과 함께 STS SF 앤솔러지 작업도 준비 중이다. 휴고상을 받은 중국의 류츠신, 일본SF작가클럽 회장을 지낸 일본의 후지이 다이요 등이 참여하기로 했고, 출간은 한국의 출판사인 문학동네에서 한다. 문학동네와 나는 2년 반을 주기로 STS SF 앤솔러지를 내면서 참여 작가들의 폭을 넓힌다는 구상을 하고 있다.

우리가 해야 할 일

STS SF는 기술이 가치를 훼손할 가능성에 대한 소설가들의 문학적 대응이다. 인공지능에 대한 이야기만 하는 게 아니라, 기술 전체에 대한 이야기를 하려 한다. 우리도 오웰처럼 어떤 악몽들을 막고 싶다. 가치가 기술을 이끌지 못하고 기술이 가치를 앞설 때 실현될 악몽들. 우리는 기술에 대한 가치의 통제를 주장한다.

다행인지 불행인지, 알파고와 챗GPT의 충격 이후 이런 이야기를 하는 사람들이 많아졌다. 딥마인드의 설립자 중 한 사람인 무스타파 술레이만은 2023년에 낸 책 『더 커밍 웨이브』에서 "기술은 이미 일종의 현대 제국을 탄생시켰"으며, "다가오는 물결은 이같은 추세를 더욱 가속화해 이를 창조하고 통제하는 막대한 권력과 부를 안겨줄 것"이고, "정부의 공백을 새로운 사적 이익이 메울 것"이라고 전망한다.[11] 그는 "동인도 회사와 마찬가지로 정부에 버금가는 규모, 영향력, 권력을 가진 민간 기업이 탄생할" 텐데, 이 거대 기업들이 "단순히 시장에 참여하는 것이 아니라 시장 자체를 구현하는 방향으로 전환하고 있다"라고 진단한다. 술레이만은 "그 종착점이 무엇이든 간에 우리는 영향력 있는 주체들이 전례 없는 능력과 힘을 손에 쥐고 이를 활용해 그들만의 의제를 추구하는 영역으로 나아가고 있다"라고 지적한다. 그 자신도 거기에 기여한 인물이라는 사실이 아이러니하지만.

술레이만은 "여전히 기술이 우리의 세상과 삶의 질을 향상시키는 주요 원동력이라고 확신한다"라면서도, "모두를 위해 억제가 가능해야 한다"라고 결론 내린다. 그는 여러 기술 중에서도 특히 인공지능에 대해, 안전을 담보하는 기술적 제약 기능, 기업이나 연구소에 대한 공적 부문의 감사 장치, 기술 개발과 배포 속도를 합리적으로 제한하는 제도, 실무 감각이 있는 기술 비평가 양성, 국제 조약 등을 제안한다.

노벨경제학상 수상자인 대런 아세모글루와 MIT 슬론 경영대학원 교수인 사이먼 존슨도 『더 커밍 웨이브』와 같은 해에 나온 책 『권력과 진보』에서 "테크놀로지의 방향을 바꿔야 한다"라고 단언한다.[12] 이들은 그 작업을 "우리 시대의 맹목적인 테크노-낙관주의에 도전하고 과학과 기술의 혁신을 사용하는 새로운 방법을 개발하는 데서 시작해야 한다"라고 주장한다. 아세모글루와 존슨은 술레이만이 동인도 회사 혹은 현대 제국이라고 비판한 기업의 경영자들을 "비전 과두 귀족"이라 부른다. 자신들의 성공 사례를 근거 삼아 언론과 지식인 계층을 잘 홀리는 이들 현대판 귀족들은 "동일한 배경과 비슷한 세계관, 비슷한 야망", 그리고 "비슷한 사각지대"를 지닌 테크놀로지 리더들로, "사회적 권력을 독점하고서 그 권력이 목소리를 내지 못하는 사람들에게 미치는 파괴적인 영향은 무시하고 있다".

아세모글루와 존슨은 "테크놀로지를 통한 진보에 대해 말하자면, 그 '진보'에 저절로 되는 것이란 없다"라고 지적한다. 적어도 초창기에는 산업혁명으로 많은 사람의 삶이 나아지는 게 아니라 비참해졌고, 1만 년 전 농업혁명도 그러했다. 1장에서 한국의 SF 소설가 듀나가 "우리가 더 나은 지적 존재를 만들 수 있다면 우린 그들의 요람이 된 것으로 만족하고 자리를 양보해 주는 것이 도리"라고 X에 쓴 문장을 소개했다. '도리(道理)'는 동아시아 문화권에서 사용하는 개념으로, 인간과 사회 운동의 특정한 방향성, 불가피성을 강조한다. 동아시아 정치사상은 그 개념을 중심에 둔 강력한 비전과 내러티브를 갖추고 있다. 하지만 아세모글루와 존슨은 "테크놀로지는 예정된 방향성을 가지고 있지 않으며 테크놀로지에 관한 어느 것도 '불가피'하지 않다"라고 주장한다. 나도 같은 의견이다. 아세모글루와 존슨은 기술을 둘러싼 새로운 비전, 새로운 내러티브를 만들어 내야 한다고 제안하는데, 나는 여기에도 동의한다.

아세모글루와 존슨은 말한다. "우리가 진보의 수혜를 입은 것은 맞지만, 그것이 가능했던 주요 이유는 우리 앞의 세대들이 그 진보가 폭넓은 사람들을 위해 작동하게끔 만들었기 때문이다." 우리도 같은 일을 해야 한다. 아세모글루와 존슨은 이를 위해 정부 보조금 등 시장 인센티브의 재조정, 거대 테크 기업의 분할, 조세 개혁, 노동자에 대한 투자, 사생활권과 데이터 소유권 강화, 디지털 광고세 및 부유세 도입 등을 제안한다.

'과학기술을 통제한다'라는 짧은 문장을 현실에서 실천하는 방법에 대해서는 솔직히 나는 잘 모르고, 전문가도 아니다. 내가 알기로는 이 거대한 과제에는 현재 전문가가 없다. 여러 나라에서 여러 분야의 학자들이 모여서 깊이 논의해야 한다.

한 가지 분명한 사실은 과학기술에 대한 순진한 낙관주의만큼이나 낭만적인 자연주의도 위험하다는 것이다. 당장 나부터 페니실린과 항암제, 상하수도, 에어컨디셔너, 자전거, 비데, 전자도서관을 버리고 전근대 시대로 돌아갈 마음이 전혀 없다. 내가 특별히 이기적인 사람이라서가 아니라, 나 역시 20세기와 21세기 기술-환경의 산물이라서 그렇다. 20세기 후반의 기술-환경은 문자 그대로 나의 고향이다. 다른 많은 사람에게도 그럴 것이다. 사람들을 함부로 고향에서 쫓아내면 안 된다(20세기 후반의 기술-환경이 최선이라는 얘기는 결코 아니다).

다만 나는 현재 과학기술의 발전 속도가 지나치게 빠르며, 우리의 사회 시스템이 그 속도를 더 가속시키고 있다고 느낀다. 오늘날 과학기술 발전 속도에 박차를 가하는 커다란 주체는 기업과 국가이며, 그들의 주된 동기는 이윤과 군사력 강화다. 순수한 지적 호기심과 더 나은 세상을 만들겠다는 선한 의도로 연구개발에 매달리는 과학기술인도 있다. 그러나 그들조차 투자 심사를 받는 자리에서는 자신들의 연구 주제가 얼마나 이익을 낳을지를, 혹은 국방에 도움이 될지를 역설해야 한다.

현재의 지식재산권 제도가 기술 개발에 기대할 수 있는 이익을 과도하게 높이는 것 아닐까? 그 보호 범위나 기간, 혹은 지식재산이라는 인위적 개념 자체에 대해 조정을 해야 하지 않을까? 상용화를 앞둔 기술에 필요한 자금을 조달하는 수준을 넘어서서, 아이디어 하나만으로도 엄청난 투자를 받을 수 있는 현재의 금융시장은 과연 정상일까? 어느 정도나 빠른 혁신이 '정상적'인 걸까?

9장에서 신약 개발 사례를 잠깐 언급한 적이 있다. 제약회사가 그들의 신제품을 시장에 내놓으려면 여러 차례 동물 실험과 임상시험을 거쳐 안전성을 입증해야 하며, 최종 판매 전에 정부기관의 승인도 얻어야 한다. 그 과정에서 시간이 10년 이상 걸리는 게 이 분야의 정상적인 속도다. 백화점이나 공항 같은 대규모 시설물은 건설 전에 환경영향평가를 받는다. 그 시설이 지어졌을 때 자연환경과 지역사회에 어떤 변화가 일어날지 관련 정부기관과 전문가들이 미리 분석하고, 부정적인 영향을 줄이기 위한 방안을 마련하는 절차다. 공청회를 열어 주민 의견을 듣거나 이해관계자에게 사업 내용을 설명하는 단계가 들어가기도 한다. 이들 시설 역시 정부기관의 승인을 얻은 뒤에 건설을 시작하며, 그 과정에 상당한 시간이 걸린다.

　신약 개발과 마찬가지로 이런 대형 건설사업도 안전성과 부작용을 예측하고 평가하는 다양한 모델들이 개발되어 있다. 신약이 시장에 나왔을 때와 마찬가지로 이런 대형 건설사업도 지어진 뒤에도 실제로 사람들에게 어떤 영향을 미치는지 일정 기간 정부기관의 모니터링을 받는다. 즉, 제약업계와 건설업계에서는 기업들의 이익에 반해 어느 정도 공적 관리 체제가 마련되어 있고, 많은 사람이 이를 당연하게 여긴다. 이게 '정상' 아닐까? 청소년 수백만 명이 매일 몇 시간씩 사용하는 인터넷 사이트에 대해서도 이런 일을 해야 하지 않을까?

　이런 공적 관리 체제의 주체는 한 나라 이상이어야 한다. 글로벌 공적 관리 체제를 만들자는 제안이다. 과학기술이 국력을 좌지우지하는 시대이고, 현대의 국민국가들은 경쟁국보다 기술적으로 우위에 있어야 한다는 강박에 시달린다. 이 때문에 인류 전체의 관점에서 보면 시급하지 않은 기술 개발에 과도하게 자원이 투입된다. 2025년 현재 미국과 중국이 범용 인공지능 개발을 국가적 차원에서 지원하는 것은 바로 그런 이유에서이며, 업계에서도 그 사실을 알고 자국 정부의 그런 관심을 이용하려 애쓴다. 이런 상황은 국민국가라는 정치적 단위가 유지되는 한 근본적으로 해결될 수 없다. 국민국가는 대단히 성공적인 발명품이었으나 이제 그 다음 단계를 이야기해야 할 때가 됐다. 루소와 칸트가 논의했던 그 주제다. 세계정부와 국제의회 형태가 더 직관적인 만큼 더 바람직할까? 촘촘히 얽힌 강한 조약들의 네트워크가 세계 규모의 공적 관리에 더 적절할까?

국경을 초월하는 문제라 국민국가가 해결할 수 없다는 점에서 기술에 대한 공적 통제라는 과제는 기후위기 대응과 닮았다. 가치는 생물종에 비유할 수도 있다. 어떤 가치는 죽으며, 한번 죽고 나면 되살리지 못한다. 바둑 AI를 전부 금지해서 없애버린다 해도 프로기사들의 자존감은 되살아나지 않을 것이다. 서식지를 과거처럼 복원한다 해도 멸종한 생물종이 돌아오지 않는 것과 마찬가지다. 감동적인 소설을 써내는 인공지능이 출현하면 문학에 대한 나의 애정과 믿음은 박살이 날 것이고, 아마 회복되지 못할 것이다. 그 이후 인공지능이 소설을 계속 쓰건 말건.

기술 통제와 기후위기 대응은 그 필요성을 우리가 너무 늦게 알아차렸다는 점도 같다. 기술 통제와 기후위기 대응은 모두 경제성장을 방해하기 때문에 사람들의 지지를 쉽게 얻지 못한다. 경제성장은 좋은 삶의 열쇠라기보다는 효과가 엉망인 마약성 진통제에 가까운데도 불구하고, 현대인은 깊은 관성 속에서 거기에 매달린다. 그래서 기술 통제와 기후위기 대응은 모두 거대 기업과 시장 논리를 상대해야 한다. 기술 통제와 기후위기 대응은 이해관계가 너무 복잡하게 얽혀 있고, 정책 우선순위라는 차원에서 경제나 안보, 불평등 문제와 충돌하고, 누가 얼마나 책임을 져야 할지 명확히 판단하기 어렵고, 선한 의도로 취한 행동의 결과를 예측하기 어렵다는 점도 같다.

그러나 우리가 아주 경험이 없지는 않다. 우리는 DDT, 석면, 프레온 가스를 규제했으며, 원자력을 그럭저럭 관리하고 있다. DDT와 석면은 각 국민국가에서 규제했고, 프레온 가스는 국제조약인 몬트리올 의정서로 사용을 막았고, 원자력을 통제하는 데에는 UN의 관계기관인 IAEA(국제원자력기구)와 불평등조약이기는 하지만 어쨌든 NPT(핵확산금지조약)가 역할을 한다. 우리는 정보기술에 대항해 사생활권이라는 개념을 발전시켰고, 최근에는 '잊힐 권리'라는 개념을 다듬고 있다. 기후위기 대응에서도 분명히 배울 점들이 많을 것이다.

여기서 더 나아가, 가치의 근원을 설명하고 우리가 그걸 다룰 수 있게 해주는 인문학이 필요하다. 인간성이 무엇인지, 가치가 무엇인지 설명하지 않으면서 가치를 훼손하지 않는 기술을 만들어 달라고 기술자에게 주문할 수는 없다. 인간적인 과학기술을 만드는 것이 과학기술인의 임무라고 말하는 순간, 인간적인 과학기술을 규정할 권리를 과학기술인에게 넘기게 된다. 지금 많은 사람이 바로 그런 실수를 저지르고 있다. 다시 한번 강조하지만 기술이 가치를 이끄는 게 아니라 가치가 기술을 이끌어야 한다. 그런데 가치란 대체 뭘까? 우리는 놀라울 정도로 모른다.

바둑은 왜 가치가 있는 걸까? 바둑의 가치는 바둑이라는 활동에 내재된 걸까, 아니면 바둑을 즐기는 사람들이 부여하는 걸까? 바둑이 심오하기 때문에 이창호 9단이 끝없이 먼 길을 가는 것일까, 이창호 9단이 끝없이 먼 길을 가는 자세로 바둑을 대하기 때문에 바둑이 심오해지는 것일까? 바둑의 심오함이 내재된 것이라면 그것은 측정 가능할까? 그렇다면 심오함을 기준으로 마인드스포츠를 줄 세울 수도 있을까? 가장 심오한 마인드스포츠는 바둑이고, 체스는 그에 못 미치고, 장기는 인생을 바칠 일은 되지 못한다고 결론 내릴 수 있게 될까? 그렇다면 장기 프로기사는 다들 길을 잘못 든 걸까? 100미터 달리기는 멋진 스포츠이지만, 경보는 우스꽝스러운 일인 걸까? 반대로 인간의 활동이 바둑에 심오함을 부여하는 것이라면, 세상 모든 일이 누군가 부여하기만 하면 다 심오해질 수 있다는 말인 걸까? 어떤 사람이 영구기관 발명이나 가위바위보에, 혹은 연쇄살인에 온 인생을 걸고 치열하게 임하면 그 활동에 심오한 의미가 생기는 걸까?

앞의 문단에서 '바둑' 대신 '문학'이나 '삶'을 적으면 내가 말하려는 바가 바둑계 밖에 있는 분들께 더 잘 다가갈지도 모르겠다. 삶의 가치는 어디에서 오는가? 삶 밖에서 오는가, 아니면 바로 그 삶을 사는 내가 삶에 부여하는 것인가? 가치 기준이 삶 밖에 객관적으로 존재한다면 우리는 어떤 사람들은 가치 없는 삶을 살고 있음을 받아들여야 한다. 가치 기준이 각 개인의 삶 안에 있다면 악행을 규제할 도덕적 근거가 사라진다. 그러면 도스토옙스키가 두려워한 대로 '모든 것이 허용된다'.

우리의 철학은 아직 이 문제를 제대로 해결하지 못하고 있다. 현대 철학이 이 문제를 짐짓 외면하는 것 같다고 느끼는 사람들은 고대 철학으로 눈을 돌린다. 특히 유일신교가 편협하거나 모순이 많다고 여기는 서구 지식인들 사이에서는 불교 사상이나 스토아철학이 인기를 얻는 듯하다. 내게는 불교나 스토아철학도 현대의 기술-환경에 썩 어울리는 가치론, 윤리론을 제공하지 못하는 것 같다. 두 철학 모두 물질세계가 존재하지 않는 것처럼, 혹은 인간의 정신으로 극복할 수 있는 문제인 것처럼 말하는데 나는 거기에 동의하지 못하겠다. 간혹 고문을 버티는 투사는 있기는 하지만 사람들은 대부분 고통스러운 병 앞에서 정신이 무너지고, 마약 중독을 자력으로 이겨내는 사람도 거의 없다.

9장에서 이야기했듯이 물질세계를 통제해 모든 고통을 제거하겠다는 해법은 가능하지도 바람직하지도 않다. 세상에는 감내할 가치가 있는 고통, 없애버리는 방식으로 해결해서는 안 되는 고통, 삶의 일부로 통합해야 하는 고통이 있다. 하지만 우리가 좋은 삶에 대해 숙고한 뒤에 과학기술을 이용해 주변 물질세계를 통제하고, 무의미한 고통을 줄여 더 좋은 삶을 살 수 있을 거라고 나는 믿는다. 내 눈에는 불교나 스토아철학이 그런 희망을 부정하는 것처럼 보인다. 고대인들은 과학기술에 대해 그 정도 기대밖에 할 수 없었으니까 그런 철학에 기댔던 것 아닐까.

문명이 발생한 뒤로 수천 년 넘게 수많은 정치철학자가 최고 권력자의 권력 남용을 막는 방법을 궁리했다. 플라톤은 철학자가 권력자가 되는 게 이상적이라고 봤고, 조선왕조에서는 어릴 때부터 군주를 혹독하게 가르쳐야 한다고 봤다. 두 가지 방법 모두 현실에서 별 효과는 없었다. 동양에서는 맹자가, 서양에서는 존 로크가 권력자가 타락하면 피지배계급이 거기에 저항해도 좋다고 생각했다. 이런 생각이 실제로 혁명을 꿈꾸는 이들에게 자신감을 주고 권력자에게 경각심을 일으켰을지도 모르겠다. 그러나 혁명은 일상적으로 쓸 수 있는 방법은 아니다.

1748년 몽테스키외가 『법의 정신』에서 이 문제에 대한 근사한 해결책을 내놨다. 법을 만드는 권한, 집행하는 권한, 어떤 일이 법에 맞는지 아닌지 판결하는 권한을 분리하자는 것이다. 이전에 로크가 이권분립을 주장했고, 더 이전에는 고대 로마나 영국처럼 권력자와 의회가 서로를 견제하는 제도를 갖춘 국가도 있었다. 그러나 삼권분립은 몽테스키외의 독창적인 아이디어다. 몽테스키외도 자기 생각들이 독창적이라는 사실을 알고 자부심을 꽤 느꼈는지, 『법의 정신』 속표지에 "어미 없이 태어난 아이(Prolem sine matrem creatam)"라고 썼다.

비록 몽테스키외는 자신의 제안이 현실에 적용되는 것을 보지는 못했지만, 이 아이디어는 어마어마하게 성공했다. 삼권분립은 몽테스키외가 세상을 떠난 지 얼마 안 돼 미국이 세워질 때 처음으로 적용되었으며, 21세기 민주주의 국가에서는 매우 중요하게 지켜져야 할 원칙이다. 수천 년 동안 수많은 정치철학자가 골몰한 중요한 문제에 한 사람의 아이디어가 돌파구를 열었고, 그 아이디어가 세상에 나온 지 300년도 안 돼 사람들의 상식이자 세상의 질서가 되었다.

가치의 근원에 대한 문제, 기술을 통제하는 방법에 대해서도 누군가가 근사한 아이디어를 낼 수 있지 않을까? 나는 현대의 사상가를 기다린다. 똑똑한 사람들이 실리콘밸리로 몰려가지 말고, 이 문제에 도전했으면 좋겠다. 그런 활동을 사회가 지원했으면 좋겠다. 우리는 인문학판 맨해튼 프로젝트를 벌여야 한다.

내가 몇 년 전 발표한 장편소설 『재수사』에서는 '주관적이지만 공적인 가치체계의 발명'을 주장하는 캐릭터가 나온다. 그런 가치체계에서는 윤리의 근거가 인간의 의식 밖에 있지는 않으나, 개인의 한계는 넘어선다. '모든 것이 허용되지는' 않는 것이다.

『재수사』의 그 캐릭터는 공리주의에 대해서도 개선을 제안한다. '도덕적 원근법'을 도입하자는 것이다. 그 캐릭터의 주장에 따르면 시간적·공간적으로 멀리 떨어진 곳에 있는 사람의 이익이 가까이에 있는 사람의 이익과 동등하게 취급되어서는 안 된다. 우리는 시간적·공간적으로 먼 곳의 상황을 정확하게 알지 못한다. 트롤리가 달려올 때 내가 옆에 있는 뚱뚱한 남자를 선로에 밀어서 그를 살해하고 다섯 명의 작업자를 구해야 하는가? 안 된다. 내 오해와 달리 다섯 명의 작업자에게는 트롤리를 피할 방법이 있을지도 모른다. 멀쩡한 사람을 죽여서 장기 기증을 기다리는 다섯 명의 시한부 환자를 살려도 되는가? 안 된다. 장기 이식이 제대로 될지 안 될지 우리는 알 수 없다. 먼 곳에 있는 사람들의 이익은 흐릿하다. 곁에 있는 사람들의 불이익만큼 확실하지 않다.

과학 연구와 기술 개발이 도덕적으로 옳은 일, 좋은 일이라는 주장 아래에는 공리주의가 깔려 있다. 공리주의는 매우 설득력 있는 논리이고 현대 경제학의 밑바닥에 깔린 사고방식이기도 하다. 그렇지만 다른 윤리 이론과는 잘 연결되지 않으며, 많은 경우 우리의 도덕적 직관과 충돌한다. 공리주의를 개인적 도덕 원칙으로 삼는 사람은 종종 소시오패스처럼 보인다. 공리주의자들도 어떤 고통은 삶에서 제거해야 하는 얼룩이 아니며, 그 고통은 삶의 일부라는 사실을 잘 이해하지 못하는 것 같다.

나는 공리주의가 대단히 유용하기는 하지만 좀 더 개선해야 하는 사고 도구라는 생각이 든다. 기술을 통제하는 방법을 발명할 때 공리주의를 개선하는 작업이 필요할 것 같다는 막연한 예감도 함께 든다. 도덕적 원근법이라는 개념이 거기에서 역할을 할 수 있을까? 기술 개발로 혜택을 볼 사람들은 보통 시간적으로 멀리 떨어져 있고, 피해를 입을 사람들은 가까이 있을 테니 말이다. 어쩌면 그런 작업을 할 때 인공지능을 이용할 수도 있겠다. 나는 인공지능이 인문 개념을 창의적으로 잘 다룰 거라고 예상한다. 인문학자들이 발끈하든 말든, 'AI 활용 인문학 연구 시스템'이 등장해 학습하고 진화할 것이다. AI 활용 음원 생산 시스템이 엄청난 수의 곡을 만들어 낸 것처럼, AI 활용 인문학 연구 시스템도 엄청난 양의 논문을 펴내지 않을까?

내 생각에는 인공지능이 아직 할 수 없고 인간만이 할 수 있는 일은 따로 있다. 좋은 상상을 하는 것, 우리가 미래를 바꿀 수 있다고 믿는 것, 그렇게 미래를 바꾸는 것이다. 윌리엄 어니스트 헨리의 시 「인빅투스」 마지막 구절을 조금 변형해 책을 마무리하도록 하자.

우리는 우리 운명의 주인이다.

우리는 우리 영혼의 선장이다.

아직까지는.

작가의 말

 아내가 흰 복도를 걸어갑니다. 그 복도에는 눈에 보이지 않는 선이 그어져 있는데, 저는 그 선을 넘어갈 수 없습니다. "보호자분은 이 이상 들어오시면 안 됩니다" 하고 의료진이 말해서 생긴 선이지요. 어떤 특수한 기술을 다루는 사람과 그 기술의 직접적인 혜택을 입는 사람만이 그 선을 넘을 수 있습니다. 저는 간접적인 수혜자입니다.
 기술의 이름은 토모치료(tomotherapy)라고 합니다. 종양의 위치를 실시간으로 확인하고 영상유도 방사선치료를 시행하는 기술이라고 하는데, 그 말이 무슨 뜻인지 저는 잘 알지 못합니다. 돋보기가 햇빛을 모아 종이를 태우듯 엑스선을 360도 방향으로 쏘아서 종양을 없애는 기술이라는 식으로 이해하고 있습니다. 최신기술, 첨단기술이라는 말에 조금 안심하면서요. 방사선을 연구해 암치료에 적용하고 토모치료기를 만든 과학자들과 기술자들께 깊은 감사 말씀을 드립니다. 그리고 차세대 방사선치료기를 개발 중인 연구자들을 진심으로 응원합니다.

아내가 앓고 있는 병은 악성 뇌종양의 하나인 교모세포종입니다. 알려진 수단을 모두 동원해도 평균 생존기간이 길지 않다고 하는, 아주 두려운 암입니다. 유전학, 분자생물학, 면역치료, 암 대사 등 다양한 분야에서 여러 과학자가 치료법을 연구 중입니다. 저는 인공지능이 그 연구에 획기적인 돌파구를 마련해 주기를 간절히 바라고 있습니다.

과학기술자가 아닌 저는 선 밖에서 기도를 하며 아내를 기다립니다.

이 책을 쓰면서 많은 분의 도움을 받았습니다.

취재에 착수하고 얼마 동안은 '알파고 이후 바둑계의 변화로 책 한 권을 쓸 만한 이야깃거리가 나올까' 자신이 없었습니다. 그런 고민을 강양구 기자 겸 지식큐레이터님, 박재영《청년의사》주간님께 털어놓았고 두 분 말씀 덕분에 용기를 낼 수 있었습니다.

동아일보에 계시는 동안 여러 후배의 존경과 흠모를 받았던 윤양섭 선배는 예전 모습 그대로셨습니다. 윤 선배 덕분에 바둑계를 어떻게 취재하면 되는지 알게 되었고, 취재 방향을 잡을 수 있었습니다.

한국기원의 도움 덕분에 여러 사범님께 취지를 설명드리고 만나서 인터뷰를 할 수 있었습니다. 얼굴 한 번 찌푸리지 않고 성가신 작업을 해주신 차영구 팀장님, 정말 감사합니다.

많은 전현직 프로기사분들, 또 바둑 전문가분들이 기꺼이 시간을 내주셨습니다. 바둑을 잘 모르는 제 질문에도 짜증 내지 않고 따뜻하게 설명해 주셨습니다. 이번 취재를 하며 바둑인들의 진지한 자세와 열정에 감동을 받았습니다. 제 책이 바둑의 매력을 알리는 데에도 도움이 되기를 바랍니다.

인터뷰에 응해주신 전현직 프로기사, 바둑 전문가의 이름을 가나다순으로 적습니다. 진심으로 감사드립니다.

곽민호 세계사이버기원 대표님, 김만수 사범님, 김성래 사범님, 김지석 사범님, 김진환 명지대 바둑학과 교수님, 김찬우 사범님, 김효정 사범님, 남치형 명지대 바둑학과 교수님, 목진석 사범님, 박병규 사범님, 박승철 사범님, 박정상 사범님, 송태곤 사범님, 신진서 사범님, 안성문 바둑전문기자님, 양재호 한국기원 사무총장님, 오정아 사범님, 유창혁 사범님, 이다혜 사범님, 이하진 사범님, 이호승 사범님, 이희성 사범님, 정두호 사범님, 정수현 사범님, 정용진 세계사이버기원 전무님, 조한승 사범님, 조혜연 사범님, 조훈현 사범님, 최광호 사범님, 최명훈 사범님, 하호정 사범님, 한종진 사범님, 한철균 사범님, 홍민표 사범님.

원고 뒷부분을 쓸 때 아내가 악성 뇌종양 판정을 받았고, 저는 9장과 10장을 병실에서 썼습니다. 자꾸 마감을 미루는 말썽 저자를 이해해 주시고 지원해 주신 동아시아 한성봉 대표님, 오주형 도서본부장님께 죄송하고 감사할 따름입니다. 유능하고 사려 깊은 오시경 편집자님은 최고의 편집자였습니다.

무엇보다 제 곁에서 저보다 더 의연하게 버티고, 저를 지켜준 제 아내 김새섬 그믐 대표에게 감사의 말을 전하고 싶습니다.

고마워요. 사랑해요.

미안해요. 힘내세요.

여러 책에서 아이디어를 얻었고, 문장을 인용한 책은 본문에 표시했습니다. 문장을 인용하지는 않았지만 참고가 된 책들도 여기에 제목과 저자를 적습니다. 한국 출간 제목 가나다순입니다.

『4차 산업혁명이 노동의 미래를 바꿀까』(김하영, 노동자연대, 2021)

『거대한 가속』(스콧 갤러웨이 지음, 박선령 옮김, 리더스북, 2021)

『과학에 도전하는 과학』(브뤼노 라투르, 쉴라 재서노프, 위비 바이커, 도널드 맥켄지, 스티브 울가, 해리 콜린스, 브라이언 윈, 아델 클라크, 홍성욱 지음, 홍성욱, 구재령 엮고 옮김, 이음, 2024)

『구글 신은 모든 것을 알고 있다』(정하웅, 김동섭, 이해웅, 사이언스북스, 2013)

『구글 이후의 세계』(제프리 스티벨 지음, 이영기 옮김, 웅진지식하우스, 2011)

『그가 우리에게 말하는 것』(한동일, 인티앤, 2024)

『김대식의 인간 vs 기계』(김대식, 동아시아, 2016)

『누구를 구할 것인가?』(토머스 캐스카트 지음, 노승영 옮김, 문학동네, 2014)

『더 나은 세상』(피터 싱어 지음, 박세연 옮김, 예문아카이브, 2017)

『도쿄대 바둑 강의』(이시쿠라 노보루, 요시하라 유카리, 구로타키 마사노리, 효도 도시오 지음, 이정환 옮김, 월북, 2016)

『로봇의 부상』(마틴 포드 지음, 이창희 옮김, 세종서적, 2016)

『로봇 시대 일자리의 미래』(제이슨 솅커 지음, 유수진 옮김, 미디어숲, 2021)

『로봇 시대, 인간의 일』(구본권, 어크로스, 2020)

『미래의 역습, 낯선 세상이 온다』(매튜 버로스 지음, 이미숙 옮김, 비즈니스북스, 2015)

『바둑으로 읽는 인공지능』(감동근, 동아시아, 2016)

『반상 위의 전쟁』(김영상, 깊은나무, 2016)

『보통 사람들의 전쟁』(앤드루 양 지음, 장용원 옮김, 흐름출판, 2019)

『불교란 무엇이 아닌가』(베르나르 포르 지음, 김수정 옮김, 그린비, 2011)

『브뤼노 라투르의 과학인문학 편지』(브뤼노 라투르 지음, 이세진 옮김, 사월의책, 2023)

『빅데이터 전쟁』(박형준, 세종서적, 2015)

『빅데이터로 세상을 지배하는 사람들』(스티븐 베이커 지음, 이창희 옮김, 세종서적, 2014)

『삶이란 무엇인가』(수전 울프 지음, 박세연 옮김, 엘도라도, 2014)

『스토아 수업』(라이언 홀리데이, 스티븐 핸슬먼 지음, 조율리 옮김, 다산초당, 2021)

『예술과 인공지능』(이재박, MID, 2021)

『이세돌의 일주일』(정아람, 동아시아, 2016)

『인공지능 시대가 두려운 사람들에게』(리처드 왓슨 지음, 방진이 옮김, 원더박스, 2017)

『인생의 모든 의미』(존 메설리 지음, 전대호 옮김, 필로소픽, 2023)

『저 뚱뚱한 남자를 죽이겠습니까』(데이비드 에드먼즈 지음, 석기용 옮김, 이마, 2015)

『젊은 과학의 전선』(브뤼노 라투르 지음, 황희숙 옮김, 아카넷, 2016)

『통제 불능』(케빈 켈리 지음, 이충호, 임지원 옮김, 김영사, 2015)

『파이널 인벤션』(제임스 배럿 지음, 정지훈 옮김, 동아시아, 2016)

『판도라의 희망』(브뤼노 라투르 지음, 장하원, 홍성욱 옮김, 휴머니스트, 2018)

『플랫폼 레볼루션』(마셜 밴 앨스타인, 상지트 폴 초더리, 제프리 파커 지음, 이현경 옮김, 부키, 2017)

『효율적 이타주의자』(피터 싱어 지음, 이재경 옮김, 21세기북스, 2016)

과학기술의 힘을 믿는 것만큼이나 저는 기도의 힘도 믿습니다. 이 책을 좋게 읽으셨다면, 그리고 종교가 있고 여유도 있으시다면, 기도할 때 '김새섬 그믐 대표가 건강하게 오래 살게 해주십시오'라고 빌어주십시오. 염치없이 부탁드립니다.

감사합니다.

2025년 여름, 장강명

주

1. 4568278, 〈니코니코 초회의 2015 4 25 전설의 만남 조치훈 vs 가토 히후미〉, 유튜브 동영상, 2016. 3. 16. https://www.youtube.com/watch?v=mdGh6m_QHUk 13분 44초부터.
2. 조지 오웰 지음, 이한중 옮김, 『위건 부두로 가는 길』, 한겨레출판, 2010.

1 먼저 온 미래

1. 인터넷 서점 알라딘이 이세돌 9단과 알파고 대국 직전인 2016년 3월 8일 네티즌들을 상대로 벌인 설문조사 결과, 응답자 약 5500명 중 55퍼센트는 이세돌 9단이 5 대 0으로 이길 거라고 예상했다. (김영상, 「네티즌 예상은 '5:0 이세돌勝'」, 헤럴드경제, 2016. 3. 9. https://news.heraldcorp.com/view.php?ud=20160309000538)
2. 차정승, 「"한판이라도 이기면 알파고의 승리"」, TV조선, 2016. 3. 7. https://news.tvchosun.com/site/data/html_dir/2016/03/07/2016030790183.html
3. 조훈현 9단도 그중 한 사람이었다. 조 9단은 2023년 펴낸 자신의 책 『고수의 생각법 (10만 부 기념 스페셜 에디션): 한국 최고의 승부사 조훈현의 삶의 철학』(인플루엔셜, 2023) 서문에서 이세돌 9단과 알파고의 1국 대국 TV 중계를 기다리며 소파에 앉아 아내에게 이렇게 말했다고 밝혔다. "이런 거저먹는 대국에 상금 10억이라니, 이세돌 구단이 용돈을 거하게 받네."
4. 당시 한국 SF 작가들이 소셜미디어에 올린 글들을 한국의 문학 전문 매체

《뉴스페이퍼》가 「알파고의 1승, SF 소설가들의 반응은?」이라는 제목으로
기사화했다.

5   김명희, 「배명훈 SF작가 "왜 위대한 작품을 꼭 인간이 써야하는가"」, 《전자신문》,
    2016. 9. 20. https://www.etnews.com/20160907000058

6   인터넷 서점 예스24가 운영하는 웹진 《채널예스》가 당시 행사를 기사화했다.
    구병모 작가는 "만약 AI가 그것에 필적하는 수준을 썼다 해도, '동료작가 중의
    하나이겠거니' 그렇게 생각하고 싶습니다"라고 말한 뒤에 "그런데 말은 이렇게
    했지만, 실제로는 어떻게 그럴 수가…"라고 덧붙였다. (김서영, 「구병모 "로봇이
    주인공이지만 인간에 관한 이야기"」, 《채널예스》, 2016. 10. 10. https://ch.yes24.com/
    Article/View/31849)

7   데미스 허사비스 CEO가 당시 트위터로 발표했다. (목정민, 「세계 최정상 꺾은
    익명 스타 '마스터' '매지스터', 알파고로 밝혀져」, 《경향신문》, 2017. 1. 5. https://
    www.khan.co.kr/article/201701051017001

8   경기 중간에도 대국실에서 나가 10분 정도 있다 돌아왔다. 커제 9단의 아버지는
    "아들이 화장실에 가서 울었던 것 같다"라고 말했다. (구자룡, 「눈물 보인 커제
    "알파고와 대국, 고통이었다"」, 《동아일보》, 2017. 5. 29. https://www.donga.com/news/
    article/all/20170529/84605820/1)

9   사실 고수들끼리 회의를 한다고 해서 실력이 높아진다고 장담할 수는 없다.
    서로 성향이 다른 기사들이 의견이 갈리고 합의를 하지 못하면 오히려 혼자
    둘 때보다도 안 좋은 결과가 나올 수도 있다. 당시 중국 기사들이 치열하게
    두는 것처럼 보이지 않았다고 하는데, 의견 충돌을 우려했던 것인지도 모른다.
    (「최고기사 모인 단체전도 알파고에 역부족…인간팀 불계패」, 《연합뉴스》, 2017. 5. 26.
    https://www.yna.co.kr/view/AKR20170526130651089?input=1195m)

10 박홍순, 「바둑 은퇴 알파고…'인류 난제' 도전한다」, 《머니S》, 2017. 5. 29.
    https://www.moneys.co.kr/article/2017052909378082414

11 이서희, 「딥마인드, '알파고vs알파고' 기보 50건 깜짝 공개」, 《한국일보》, 2017.
    5. 27. https://www.hankookilbo.com/News/Read/201705271841511716

12 Satinder Singh, Andy Okun, Andrew Jackson, "Learning to play Go from
    scratch", *Nature*, 550, 2017, pp. 336-337 doi: https://doi.org/10.1038/550336a

13 「이세돌 "AI, 시대 흐름…그럼에도 도전하는 게 큰 의미"」, JTBC news, 2019. 12.
    12. https://news.jtbc.co.kr/article/NB11923110

14 SBS 옛날 예능 – 빽능, 〈알파고를 이긴 그날의 이야기..그리고 썩소!〉, 유튜브
    동영상, 2024. 10. 10. https://www.youtube.com/watch?v=QoUiTJij-TU 2분

54초부터.

15 「챗GPT 인기 시들해졌나…3개월 연속 이용자 수 감소」,《연합뉴스》, 2023. 9. 23. https://www.yna.co.kr/view/AKR20230909002600091

16 마이크 엘건,「"무섭게 뛰어나다" 드디어 대화할 만한 AI 챗봇의 등장」,《CIO KOREA》, 2022. 12. 12. https://www.ciokorea.com/news/268953

17 원제는 WHAT MAKES US HUMAN: An Artificial Intelligence Answers Life's Biggest Questions다. 한국 출판사인 현대지성은 GPT-3와 챗GPT의 기능이 큰 차이가 없고 챗GPT라는 모델명이 독자에게 더 친숙하기 때문에 제목을 그렇게 정했다고 설명했다. (챗GPT·재스민 왕·이안 토머스 지음, 이경식 옮김,『챗GPT 인생의 질문에 답하다: 6천 년 인류 전체의 지혜에서 AI가 찾아낸 통찰』, 현대지성, 2023.)

18 임대준,「"인공지능으로 글 쓰고 그림 그려 이틀 만에 동화책 완성"」,《AI타임스》, 2022. 12. 14. https://www.aitimes.com/news/articleView.html?idxno=148443

19 이상덕,「소설 '대필' 진짜였네…출판업계 골머리 앓게 한 주범」,《매일경제》, 2023. 2. 27. https://www.mk.co.kr/news/it/10660440

20 이채완,「美 출판사이트, AI 소설 몰려 접수 중단」,《동아일보》, 2023. 2. 23. https://www.donga.com/news/Inter/article/all/20230223/118031063/1

21 챗GPT 지음, 셔터스톡 그림, 파파고 옮김, 서진 기획,『삶의 목적을 찾는 45가지 방법: 인간 출판 기획자의 기획안으로 챗GPT AI가 쓴 최초의 책!』, 스노우폭스북스, 2023.

22 김달영, 나플갱어, 신조하, 오소영, 윤여경, 전윤호, 채강D 작가의 소설집 『매니페스토』(네오픽션). 전자책은 2023년 3월에, 종이책은 2023년 4월에 출간됐다.

23 홍지유,「"챗GPT, 소설 도입부 쓰는 데 3초…주문 안 한 복선까지 뚝딱"」, 《중앙일보》, 2023. 3. 28. https://www.joongang.co.kr/article/25150716

24 박근아,「노벨상 中작가 충격 고백 "챗GPT로 글 썼다"」,《한국경제》, 2023. 5. 19. https://www.hankyung.com/article/2023051971655

25 서다은,「아쿠타가와상 수상자 구단 리에 "챗GPT가 만든 문장 그대로 사용"」, 《세계일보》, 2024. 1. 24. https://www.segye.com/newsView/20240122512855

2 오만과 편견, 그리고 창의성

1 1985년 대만의 기업가이자 바둑 애호가였던 잉창치는 2000년까지 인간과 대국을 벌여 이기는 바둑 프로그램 개발자에게 주겠다며 150만 달러의 상금을

내걸었다. 그러나 2000년까지 가장 뛰어난 바둑 프로그램도 아마추어 하수 수준이었다. (최창현,「이세돌과 대국하는 '알파고', 출생의 비밀」,《동아사이언스》, 2016. 3. 8. https://m.dongascience.com/news.php?idx=10741)

2 이제는 인간 프로기사들이 인공지능을 상대로 두세 점 접바둑을 둬야 한다.

3 딥 블루가 가리 카스파로프에게 첫 승을 올린 것은 1996년 1차 대결 때였다. 필라델피아에서 열린 1차 대결에서는 가리 카스파로프가 3승 2무 1패로 이겼다. 1997년 뉴욕에서 열린 2차 대결에서 딥 블루가 2승 3무 1패로 승리를 거뒀다.

4 이성구,「컴퓨터, 체스 정복 초읽기」,《월간바둑》1996년 4월 호, 202쪽.

5 게임의 복잡성을 측정하는 방법에는 여러 가지가 있다. 하지만 어떤 기준을 적용해도 바둑이 체스보다 훨씬 더 복잡한 게임이다. https://en.wikipedia.org/wiki/Game_complexity

6 바둑판에서 펼쳐질 수 있는 모양을 10의 170제곱 정도로 추정한 것이다. 같은 자리에 또 돌을 둘 수 있기 때문에 바둑을 둘 수 있는 경우의 수는 이보다 훨씬 더 많아진다. 체스는 경우의 수가 10의 40제곱에서 10의 45제곱 정도로 추정된다. 우주의 원자 수는 10의 82제곱 정도로 추정된다. (이관수,「이세돌 겪었어도…정복할 수 없는 '반상 위의 우주'」,《한겨레》, 2023. 9. 16. https://www.hani.co.kr/arti/science/technology/1108785.html)

7 박치문,「'컴퓨터 바둑' 사람 이길 수 있나」,《중앙일보》, 2006. 6. 30. https://www.joongang.co.kr/article/2318049#home

8 정용진,「바둑예찬-배우면 똑똑해지는 동양의 지혜」,《월간중앙》2014년 7월 호, 168쪽. https://jmagazine.joins.com/monthly/view/302209

9 조훈현 9단의 정식 스승은 일본 바둑계의 원로였던 세고에 겐사쿠 9단이지만, 조 9단은 "피와 살이 튀는 실전바둑은 후지사와 선생님에게 배웠"다고 말했다. (한기홍,「"스승 세고에의 고독한 죽음에 통한의 눈물 흘렸다"」,《월간중앙》, 2014년 7월 호. https://www.m-joongang.com/news/articleView.html?idxno=302309)

10 이창호,『이창호의 부득탐승: 아직 끝나지 않은 승부』, 라이프맵, 2011.

11 『신의 한 수 인간의 한 수 78』(양형모, 처음사, 2016) 이창호 9단의 추천사 중에서.

12 조훈현,『고수의 생각법 (10만 부 기념 스페셜 에디션): 한국 최고의 승부사 조훈현의 삶의 철학』, 인플루엔셜, 2023.

13 정용진,「'영원한 반상의 로맨티스트' 다케미야 마사키 九단 '우주류'…나밖에 둘 수 없는 바둑을 두고 싶었다!」,《월간바둑》2017년 11월 호, 104쪽.

14 「이세돌 "인공지능, 인간의 판단력 못 따라가"」,《뉴시스》, 2016. 3. 8. https://www.newsis.com/ar_detail/view.html?ar_id=NISX20160308_0013943541cI

D=10401pID=10400

15 David Silver, Aja Huang, Chris J. Maddison, Arthur Guez, Laurent Sifre, George van den Driessche, Julian Schrittwieser, Ioannis Antonoglou, Veda Panneershelvam, Marc Lanctot, Sander Dieleman, Dominik Grewe, John Nham, Nal Kalchbrenner, Ilya Sutskever, Timothy Lillicrap, Madeleine Leach, Koray Kavukcuoglu, Thore Graepel & Demis Hassabis, "Mastering the game of Go with deep neural networks and tree search", Nature, 529, 2016, pp. 484-489. doi: https://doi.org/10.1038/nature16961

16 다큐멘터리 영화 〈알파고〉(그레그 코스, 2017)에 당시 상황이 자세히 나온다.

17 정아람, 「이세돌 "알파고, 아마 최강 실력…이길 자신 있다"」, 《중앙일보》, 2016. 2. 4. https://www.joongang.co.kr/article/19526990#home

18 데미스 허사비스 구글 딥마인드 CEO의 평가였다. 그는 어린 시절 영국의 여러 체스 대회에서 우승한 체스 신동 출신이고, 바둑도 상당히 잘 두는 편이다. (염재윤, 「인공지능에 바둑을 심다」, 《동아사이언스》, 2016. 1. 31. https://www.dongascience.com/news.php?idx=10071)

19 판후이 대 알파고의 대국 기보를 정밀 분석한 박승철 8단(당시 7단)의 평가였다. 박 8단은 판후이에 대해서는 "판후이가 유럽 챔피언이기는 하지만 기보를 보면 국내 연구생 지망생보다 실력이 부족한 수준"이라며 "굳이 랭킹으로 따지면 1,000위권 수준이라고 볼 수 있다"라고 평가했다. (노승욱, 「알파고가 이세돌을 '절대로' 못 이기는 5가지 이유-약한 포석·좁은 시야…아직 한 수 아래」, 《매경이코노미》, 1846호, 2016. https://news.mk.co.kr/newsReadPrint.php?year=2016&no=140725)

20 김용영, 「바둑 프로 6단 출신 AI 전문가, 알파고의 약점을 밝히다」, 《매일경제》, 2016. 2. 28. https://www.mk.co.kr/news/sports/7241624

21 「이세돌 "5대 0으로 이기지 않으면 의미 없다고 생각해"」, JTBC news, 2016. 2. 22. https://news.jtbc.co.kr/article/NB11178144

22 김유성, 「알파고 90수째 실수..이세돌 유리」, 《이데일리》, 2016. 3. 9. https://www.edaily.co.kr/News/Read?newsId=03047126612581680&mediaCodeNo=257&OutLnkChk=Y

23 김봉구, 「알파고 실수 연발…"이세돌 우위 점했다"」, 《한국경제》, 2016. 3. 9. https://www.hankyung.com/article/201603090707g

24 바둑TV BADUK TV, 〈[이세돌vs알파고] 제1국 EP3〉, 유튜브 동영상, 2016. 3. 10. https://www.youtube.com/watch?v=TsXQX-C9YWs 1시간 30초부터.

25 바둑TV BADUK TV, 〈[이세돌vs알파고] 제1국 EP4〉, 유튜브 동영상, 2016. 3. 10.

https://www.youtube.com/watch?v=TsXQX-C9YWs 42분 43초부터.

26 박태훈, 「이세돌 186수만에 불계패…알파고, 의도된 실수로 이세돌 방심 이끌어내」, 《세계일보》, 2016. 3. 9. https://n.news.naver.com/mnews/article/022/0003029480?sid=105

27 김영록, 「알파고 또 신수, 송태곤 9단 "상상할 수 없는 착점, 아자황 실수 아니냐"」, 《스포츠조선》, 2016. 3. 10. https://m.sports.naver.com/general/article/076/0002902522

28 이하늘, 「"사람이 이렇게 바둑뒀다면 혼나" 전문가도 당황」, 《머니투데이》, 2016. 3. 10. https://news.mt.co.kr/mtview.php?no=2016031017352217818outlink=1ref=https%3A%2F%2Fn.news.naver.com

29 한창규, 「알파고가 바둑 패러다임 바꾼다」, 한게임 바둑, 2016. 3. 10. https://baduk.hangame.com/news.nhn?gseq=35881m=viewpage=1searchfield=leagueseq=0&searchtext

30 정용창, 「조혜연 9단 "실수한 알파고가 완벽한 이세돌을 이겼다"」, 《조선비즈》, 2016. 3. 10. https://biz.chosun.com/site/data/html_dir/2016/03/10/2016031003104.html

31 강구열, 「"이상한 수… 알파고 바둑 이해할 수 없어"」, 《세계일보》, 2016. 3. 10. https://www.segye.com/newsView/20160310004585?OutUrl=naver

32 이호정, 「"알파고 실수는 계산된 정수?"…이세돌 '완패'에 바둑계 '멘붕'」, 《서울파이낸스》, 2016. 3. 10. https://www.seoulfn.com/news/articleView.html?idxno=247692

33 이재우, 「이세돌 "인간의 창의력·바둑 격언에 의문"」, 《뉴시스》, 2016. 3. 15. https://n.news.naver.com/mnews/article/003/0007099483?sid=105

34 한창규, 「이세돌-알파고 대결의 막전막후」, 한게임 바둑, 2016. 3. 11. https://baduk.hangame.com/news.nhn?gseq=36143m=viewpage=searchfield=leagueseq=&searchtext

35 「이세돌 알파고 3국, 바둑tv 중계… 이희성 홍민표 이소용 해설」, 《동아닷컴》, 2016. 3. 12. https://www.donga.com/news/article/all/20160312/76955934/1

36 최인영, 「"알파고, 흑 잡았을 때 더 창의적"」, 《연합뉴스》, 2016. 3. 13. https://n.news.naver.com/mnews/article/001/0008249972?sid=105

37 하워드 가드너 지음, 문용린, 유경재 옮김, 『다중지능』, 웅진지식하우스, 2007.

38 고규대, 「"알파고, 알'사범' 넘어 '갓파고'" 프로 바둑계 충격」, 《이데일리》, 2016. 3. 10. https://www.edaily.co.kr/News/Read?newsId=02246806612582008&

mediaCodeNo=258

3 가장 중요한 문제

1 조훈현, 『고수의 생각법 (10만 부 기념 스페셜 에디션): 한국 최고의 승부사 조훈현의 삶의 철학』, 인플루엔셜, 2023.
2 노승일, 「공동연구의 기회」, 《서울경제》, 2004. 10. 5. https://www.sedaily.com/NewsView/1HSHF9YL93
3 윤양섭, 「한국바둑의 힘? 공동연구의 힘!」, 《동아일보》, 2011. 3. 9. https://www.donga.com/news/Culture/article/all/20110309/35417308/2
4 조훈현, 앞의 책.
5 이홍렬, 「알파고 쇼크 3년… 바둑계 평정한 인공지능」, 《조선일보》, 2019. 2. 26. https://www.chosun.com/site/data/html_dir/2019/02/26/2019022600096.html?utm_source=naverutm_medium=originalutm_campaign=news
6 김용석, 「중국 AI 프로그램 빌려 쓰는 한국 대표팀, 바둑의 미래는?」, 《뉴스핌》, 2022. 6. 22. https://www.newspim.com/news/view/20220622000034
7 천병혁, 「'영원한 승부사' 서봉수 "요즘엔 AI한테 매일 바둑 배워요"」, 《연합뉴스》, 2019. 6. 30. https://www.yna.co.kr/view/AKR20190612093300007
8 테드 창 지음, 김상훈 옮김, 『당신 인생의 이야기』, 엘리, 2016.
9 세계대회인 응씨배에서 우승, 일본 대회인 기성전에서 6회 우승, 일본 속기 대회인 NHK배에서 5회 우승한 경력이 있는 거장이다.
10 엄민용, 「이세돌 "알파고 패배 정말 아팠다…은퇴 결심 이유"」, 《경향신문》, 2019. 11. 27. https://m.khan.co.kr/national/national-general/article/201911270600035
11 Google Korea, 〈이세돌과의 TALK: 이세돌이 전하는 알파고와의 대결 그 순간, 그리고 AI〉, 유튜브 동영상, 2024. 3. 19. https://www.youtube.com/watch?v=arCR-CuHLM0 7분 3초부터.
12 고진경, 「'쎈돌' '천재기사' '바둑계의 이단아'…24년간의 프로 활동을 마치며!」, TBS뉴스, 2019. 11. 27. https://tbs.seoul.kr/news/bunya.do?method=daum_html2typ_800=8seq_800=10367445
13 Google Korea, 〈이세돌과의 TALK: 이세돌이 전하는 알파고와의 대결 그 순간, 그리고 AI〉, 유튜브 동영상, 2024. 3. 19. https://www.youtube.com/watch?v=arCR-CuHLM0 13분 58초부터.

14 엄민용,「이세돌 "알파고 패배 정말 아팠다…은퇴 결심 이유"」,《경향신문》, 2019. 11. 27. https://m.khan.co.kr/national/national-general/article/201911270600035

15 정용진,「'인간 알파고'는 과연 누구?」, 오로바둑, 2017. 5. 19. https://www.cyberoro.com/news/news_view.oro?num=523042

16 박치문,「"슬퍼하지 말라" 격랑의 시대에 평화 기원한 승부사」,《중앙일보》, 2021. 4. 28. https://www.joongang.co.kr/article/24045342

17 김왕근,「AI로 바둑 가르치는 조혜연 국수」,《주간조선》, 2799호, 2024. 3. 17. https://weekly.chosun.com/news/articleView.html?idxno=32953

18 김재형,「반상에 우뚝 선 인공지능…인간의 바둑은 어디로?」, YTN, 2017. 1. 6. https://www.ytn.co.kr/_ln/0107_201701061811055728

19 이홍렬,「삼삼 行進曲」,《조선일보》, 2023. 11. 17. https://www.chosun.com/sports/sports_general/2020/12/01/7MEADJULQBFTDM6WVQ2AGRNHEI/?utm_source=naverutm_medium=referralutm_campaign=naver-news

20 김수광,「'알파고-묻지마 3·三' 강력추천! 고민마라」, 오로바둑, 2017. 9. 17. https://www.cyberoro.com/news/news_view.oro?num=523356&div_no=31

21 박치문,「AI 시대 각광받는 '삼삼' 바둑」,《중앙일보》, 2023. 11. 8. https://www.joongang.co.kr/article/25205524

22 한창규,「파격! 이창호 9단이 3·三에 들어갔다」, 한게임 바둑, 2022. 2. 15. https://baduk.hangame.com/news.nhn?gseq=101052m=viewpage=1searchfield=leagueseq=0&searchtext=

23 정아람,「신진서 9단 "세계대회 우승, 더는 늦어지면 안 된다"」,《중앙일보》, 2018. 9. 14. https://www.joongang.co.kr/article/22970351

24 채성오,「한돌에 패한 신진서 9단 "우리 세대, AI 못 이긴다"」,《머니S》, 2019. 1. 24. https://www.moneys.co.kr/article/2019012408288051672

25 손민호,「나보다 더 노력한 기사는 있어도 더 힘들게 공부한 기사는 없을 것」, 《중앙일보》, 2022. 3. 3. https://www.joongang.co.kr/article/25052705

26 이홍렬,「인공지능 일치율 1위는 48.9% 신진서」,《조선일보》, 2020. 11. 24. https://www.chosun.com/sports/sports_general/2020/11/24/I4NDHY4VUZFMLA5QFHPC6WGLMA/?utm_source=naverutm_medium=referralutm_campaign=naver-news

27 인간 프로기사를 상대로 알파고의 전적은 총 74전 73승 1패다(공식 전적만 따지면 13전 12승 1패). 판후이 2단과의 공식·비공식 대국을 합해 10국, 이세돌 9단과의

공식 대국 5국, 커제 9단과의 공식 대국 3국, 한중일 기사들과의 인터넷 대국 60국, 그리고 중국 기사 5명과의 상담기 형식으로 1국을 뒀다.

4 평평함과 공평함

1. 이홍렬, 「1위 잡은 110위 "인공지능이 오늘의 나를 키웠다"」, 《조선일보》, 2019. 3. 12. https://www.chosun.com/site/data/html_dir/2019/03/12/2019031200198.html?utm_source=naverutm_medium=originalutm_campaign=news
2. 조훈현, 『고수의 생각법 (10만 부 기념 스페셜 에디션): 한국 최고의 승부사 조훈현의 삶의 철학』, 인플루엔셜, 2023.
3. 이세돌, 『판을 엎어라: 드라마틱한 역전의 승부사 이세돌의 반상 이야기』, 살림, 2012.
4. 정현권, 연기홍, 「이세돌 9단 "휴직은 인생 복기해본 귀한 시간"」, 《매일경제》, 2010. 1. 28. https://www.mk.co.kr/news/sports/4679347
5. 2009년 인터넷 바둑 사이트 타이젬에서 '외톨이'라는 ID를 쓰는 익명의 인터넷 바둑 플레이어가 이세돌 9단이라는 소문이 돌았다. 타이젬에 갑자기 나타난 외톨이는 중국의 9단 기사들에게 싸움을 걸어 무려 55승 무패를 기록했다. 기풍이 굉장히 흡사했고 이세돌 9단이 한국기원과 갈등으로 휴직했던 시기라 바둑 팬들은 외톨이가 이세돌 9단이라고 확신하는 분위기였다. 그러나 4년 뒤 외톨이는 박정환 9단이었음이 드러났다.
6. 이홍렬, 「1위 잡은 110위 "인공지능이 오늘의 나를 키웠다"」, 《조선일보》, 2019. 3. 12. https://www.chosun.com/site/data/html_dir/2019/03/12/2019031200198.html?utm_source=naverutm_medium=originalutm_campaign=news
7. 이세돌, 앞의 책.
8. 박성수, 「이창호, "正道는 실리와 균형"」, 《경향신문》, 2004. 7. 8. https://www.khan.co.kr/article/200407081906061
9. 손현덕, 오태식, 「바둑에서 배운거요? 기다림의 철학이죠」, 《매일경제》, 2004. 12. 14. https://www.mk.co.kr/news/all/3437133
10. SBS 옛날 예능 - 빽능, 〈알파고를 이긴 그날의 이야기..그리고 썩소!〉, 유튜브 동영상, 2024. 10. 10. https://www.youtube.com/watch?v=QoUiTJij-TU 0분 12초부터.
11. 한창규, 「커제는 타고난 천재인가」, 한게임 바둑, 2015. 11. 4. https://baduk.hangame.com/news.nhn?gseq=34793m=viewpage=1searchfield=leagueseq=0&searchtext=

12   손민호, 「나보다 더 노력한 기사는 있어도 더 힘들게 공부한 기사는 없을 것」, 《중앙일보》, 2022. 3. 3. https://www.joongang.co.kr/article/25052705

13   다음의 칼럼 내용이 아마 알파고 이전 바둑계의 대체적인 생각을 드러낸 것일 듯하다. 대다수 바둑계 인사들은 타고난 천재성이 중요하다고 믿었고, 노력이 중요하다고 주장하는 사람들조차 바둑을 빨리 배운 사람이 유리하다고 봤다. 「"누가 어린 나이에 빨리 바둑돌을 잡느냐가 관건이다." 바둑도장을 10년째 경영하고 있는 모 기사가 입버릇처럼 말한다. 그만큼 노력이 중요하다는 점을 들이민다. 요즘 바둑은 워낙 정보공개가 많이 되어있어서 공부하려고 맘만 먹으면 할 수 있다는 얘기이다.
그런 주장이 있음에도 아직도 대다수는 대성할 수 있는 프로가 되려면 역시 기재는 타고나야 한다고 믿는다. 그럼 비범하지 못한 기재들은 정상급 기사가 되기를 포기해야 하는가?」(진재호, 「노력형 천재형」, 《부산일보》, 2006. 8. 12. https://www.busan.com/view/busan/view.php?code=20060812000076)

14   김화성, 「바둑황제 조훈현 국수의 북한산 형제봉」, 《동아일보》, 2014. 2. 22. https://www.donga.com/news/article/all/20140221/61099193/1

15   유경춘, 「한종진 9단이 풀어놓은 고수들의 알려지지 않은 공부법」, 《일요신문》, 1236호, 2016. 1. 18. https://ilyo.co.kr/?ac=article_view&entry_id=160540

16   문용직, 「기사론은 쓰지 않으리」, 《국민일보》, 2004. 9. 2. https://n.news.naver.com/mnews/article/005/0000175698?sid=103

17   강문철, 「커제 "모두 똑같은 AI 포석, 시각적으로 매우 피곤해"」, 타이젬바둑, 2021. 3. 9. https://news.tygem.com/news/tnews/viewpage.asp?seq=34769

18   최병준, 박주성, 「최명훈 "이창호, 나만의 라이벌"」, 오로바둑, https://cyberoro.com/news/news_view.oro?num=517943

19   대부분의 바둑 관련 매체는 이 수를 진신두로 부르고 있지만, 문용직 5단은 이 수가 진신두가 아닌 일자해이정(一子解二征)의 묘수라고 주장했다. 어느 쪽이건 대단히 드문 묘수인 것은 틀림없다. (문용직, 「일자해이정(一子解二征)의 묘수」, 《국민일보》, 2001. 10. 25. https://n.news.naver.com/mnews/article/005/0000075201?sid=103

20   최명훈, 「LG배 최명훈 8단 "진신두의 묘수에 내가 당하다니…"」, 《동아일보》, 2009. 9. 19. https://www.donga.com/news/article/all/20011007/7745038/9?comm

21   고레이팅 웹사이트. https://www.goratings.org/en/

22   이흥렬, 「무풍가도 신진서, '알파고 리' 점수 넘어섰다」, 《조선일보》, 2023.

11. 17. https://www.chosun.com/sports/sports_general/2020/09/22/
U7N2RTLDPZAWHABKCQYSXH3RNE/?utm_source=naverutm_
medium=referralutm_campaign=naver-news

23 채새롬, 「NHN엔터 바둑 AI '한돌' 3연승…김지석 9단 꺾어」, 《연합뉴스》, 2019. 1. 10. https://www.yna.co.kr/view/AKR20190110107800017

24 남녀의 뇌가 선천적으로 공간지각력에서 차이를 보인다는 주장도 있고, 단순히 체력 차이 때문이라는 분석도 있다. 일반인들의 생각과 달리 바둑에는 체력이 굉장히 중요한 요소다. 이세돌 9단은 알파고와 다섯 번 대국하는 동안 몸무게가 7킬로그램이나 줄었다. 나이가 들고 체력이 떨어지면서 스타일을 전투형으로 바꾸는 프로기사도 많다. 싸움을 걸어 빨리 승부를 정해버리는 게 덜 피로하기 때문이다. 반면 공동연구를 할 때 남성 기사들 사이에서 여성 기사가 자기 의견을 강하게 말하기 어렵다거나, '바둑을 두는 여성'이 매력적으로 여겨지지 않았다거나, 스승이 제자를 자기 집에서 키우는 내제자(內弟子) 관습에서 여성이 배제됐다는 등의 사회적 원인을 말하는 이도 있다. (서정보, 「이세돌 "몸무게 7kg 빠져… 알파고 다음엔 넘을 수 있어"」, 《동아일보》, 2016. 6. 15. https://www.donga.com/news/Society/article/all/20160317/77041882/1)

25 SBS 뉴스, 〈'귀욤 뿜뿜! 세계 최강 바둑 여제' 최정이 떴다! 배거슨 라이브 ㅅㅅㅅ 제22화〉, 유튜브 동영상, 2019. 9. 26. https://www.youtube.com/watch?v=BLGo8SjfqMg 1시간 39분 39초부터.

26 노성열, 「"AI, 수천년된 포석 뒤흔들고 기사들에 새 묘수 선보여"」, 《문화일보》, 2019. 3. 5. https://www.munhwa.com/news/view.html?no=2019030501032003009001

27 이홍렬, 「프로 기사의 '가정교사'로 들어앉은 AI」, 《조선일보》, 2023. 11. 17. https://www.chosun.com/sports/sports_general/2021/03/02/YE6U44VEQFDQVMIPZJL6X2JKEA/?utm_source=naverutm_medium=referralutm_campaign=naver-news

28 조너선 하이트 지음, 권오열 옮김, 문용린 감수, 『행복의 가설: 고대의 지혜에 긍정심리학이 답하다』, 물푸레, 2010.

29 이한수, 「흥부는 평민 출신 부잣집 데릴사위… 훗날 武科 급제해」, 《조선일보》, 2017. 6. 27. https://www.chosun.com/site/data/html_dir/2017/06/27/2017062700145.html

30 윤희일, 「요즘 도시지역 '제비'는 도대체 어디서 어떻게 살아갈까」, 《경향신문》, 2023. 8. 14. https://www.khan.co.kr/article/202308140846001

31 최유진, 「비둘기 "도시의 삶, 우리가 선택한 것은 아니었어요"」, 《경향신문》, 2021. 5. 14. https://www.khan.co.kr/national/national-general/article/202105141754001
32 원호섭, 「신약개발 속도 확 올릴 '알파폴드' 탄생」, 《매일경제》, 2018. 12. 10. https://www.mk.co.kr/news/it/8592021
33 무스타파 술레이만 지음, 마이클 바스카 정리, 이정미 옮김, 『더 커밍 웨이브』, 한스미디어, 2024.

5 언어라는 도구 너머에서

1 조훈현, 『고수의 생각법 (10만 부 기념 스페셜 에디션): 한국 최고의 승부사 조훈현의 삶의 철학』, 인플루엔셜, 2023.
2 박치문, 「바둑의 신이 된 인공지능…'기풍'은 어디에」, 《중앙일보》, 2020. 9. 9. https://www.joongang.co.kr/article/23867521
3 이홍렬, 「"승부의 설렘 사라지는 날… 기사 생활 접을 각오"」, 《조선일보》, 2023. 11. 20. https://www.chosun.com/sports/sports_general/2021/04/13/F3TCRL6Y7NDSBKPROHJZJP77OQ/?utm_source=naverutm_medium=referralutm_campaign=naver-news
4 김수광, 「인공지능에도 기풍은 있나 (上)」, 오로바둑, 2017. 5. 2. https://m.cyberoro.com/news/news_view.oro?num=522912
5 김경동, 「커제의 사부는 AI, '쥐이'와 '골락시' AI가 점령한 중국 바둑세상」, 《뉴스핌》, 2019. 5. 29. https://www.newspim.com/news/view/20190529000164
6 조너선 컬러 지음, 조규형 옮김, 『문학이론』, 교유서가, 2023.
7 샤를 단치 지음, 임명주 옮김, 『걸작에 관하여: 숭고하고 위대한 문학작품에 대한 단상들』, 미디어윌, 2015.
8 이창호 9단의 자서전 제목이기도 하다.
9 위기십결의 나머지 아홉 가지 격언은 다음과 같다.
입계의완(入界宜緩): 경계를 넘어설 때는 느긋하게 하라.
공피고아(攻彼顧我): 공격할 때는 먼저 자신을 돌아보라.
기자쟁선(棄子爭先): 돌을 버리더라도 선수를 잡아라.
사소취대(捨小就大): 작은 것을 버리고 큰 것을 취하라.
봉위수기(逢危須棄): 위험에 처했을 때는 버릴 것은 버려라.
신물경속(愼勿輕速): 경솔하게 서두르지 말고 신중하게 생각하라.

동수상응(動須相應): 상대가 움직일 때는 같이 움직여라.
피강자보(彼强自保): 상대가 강하면 나의 안전을 도모하라.
세고취화(勢孤取和): 형세가 고립되었을 때는 화평을 도모하라.

10   조현석, 「바둑도, 인생도 9단 '토종 승부사' 서봉수」, 《서울신문》, 2016. 6. 15. https://www.seoul.co.kr/news/newsView.php?id=20160616029006
11   스티븐 킹 지음, 김진준 옮김, 『유혹하는 글쓰기: 스티븐 킹의 창작론』, 김영사, 2002.
12   어슐러 K. 르 귄 지음, 김지현 옮김, 『글쓰기의 항해술: SF 환상 문학의 거장이 들려주는 스토리텔링과 글쓰기 지침서』, 황금가지, 2010.
13   무라카미 하루키 지음, 양윤옥 옮김, 『직업으로서의 소설가』, 현대문학, 2016.
14   정윤아, 최명현, 「AI, 음악 산업계 신흥 강자로 떠오르다」, 《AI 타임스》, 2021. 3. 17. https://www.aitimes.com/news/articleView.html?idxno=137114
15   최다래, 「10분이면 한 곡 뚝딱… AI 작곡 스타트업 '포자랩스' 창업 스토리」, 《지디넷코리아》, 2021. 9. 7. https://zdnet.co.kr/view/?no=20210907153117
16   정소희, 「하연, 'Eyes on you'」, 《조이뉴스》, 2020. 10. 24. https://www.joynews24.com/view/1310142
17   김은혜, 「태연 동생' 하연, Eyes on you 하루만에 글로벌 음원 차트 100위권 진입」, 《헤럴드 POP》, 2020. 10. 8. https://www.heraldpop.com/article/2446046
18   전미준, 「AI 작곡가 버츄얼 휴먼 '에이미문', 싱어송라이터 데뷔… 앨범 발매, NFT와 메타버스로 만난다」, 《AI 타임스》, 2022. 6. 6. https://www.aitimes.kr/news/articleView.html?idxno=25219
19   차준호, 「"AI 접목한 콘텐츠가 K엔터 미래 이끌 것"」, 《한경닷컴》, 2024. 9. 10. https://www.hankyung.com/article/2024091005571
20   Chris Stokel-Walker, "Spotify is full of AI music, and some say it's ruining the platform", *Fast Company*, 2024. 8. 9. https://www.fastcompany.com/91170296/spotify-ai-music
21   Daniel Tencer, "AI music app Boomy has created 14.4m tracks to date. Spotify just deleted a bunch of its uploads after detecting 'stream manipulation'.", *MBW*, 2023. 5. 3. https://www.musicbusinessworldwide.com/ai-music-app-boomy-spotify-stream-manipulation
22   권혜미, 「음원 시장 '생성형 AI' 10년 뒤 11배 볼륨 키운다」, 《전자신문》, 2023. 8.

23 7. https://www.etnews.com/20230807000234
    성혜미, 「롯데마트, AI로 제작한 음원매장에 틀어…비용·시간 90% 절감」, 《연합뉴스》, 2024. 8. 20. https://www.yna.co.kr/view/AKR20240819130200030?input=1195m
24 조윤주, 「포자랩스, 롯데월드 어드벤처 '매직 인 더 나이트' 음원 AI로 제작」, 《파이낸셜뉴스》, 2024. 9. 10. https://www.fnnews.com/news/202409101014379383
25 신미진, 「"새우버거가 음악으로" 롯데리아, AI가 만든 음원 공개」, 《서울신문》, 2023. 8. 18. https://www.sedaily.com/NewsView/29TGDZIT11

6 불변의 법칙과 변질되는 개념들

1   이진섭, 「바둑으로 가는 길: 중국 진조덕 스토리」, 《월간바둑》 1988년 2월 호, 166쪽.
2   정동식, 「조훈현 시대의 개막 국수전 어제와 오늘」, 《동아일보》, 1976. 10. 7.
3   「한국기원 지도감독 문공부 문화과서」, 《조선일보》, 1981. 2. 25.
4   유광렬, 「바둑은 영원한 예술」, 《월간바둑》 1967년 10월 호, 34쪽.
5   홍진기, 「바둑은 19로 반상에 그리는 예술」, 《월간바둑》 1967년 12월 호, 36쪽.
6   민병산, 「바둑은 예술」, 《월간바둑》 1978년 8월 호, 172쪽.
7   김미주, 「바둑, 예술로 인정」, 《월간바둑》 1995년 2월 호, 116~117쪽.
8   이홍렬, 「바둑은 예술인가」, 《월간바둑》 2014년 5월 호, 50쪽.
9   황정욱, 「바둑은 예술인가, 스포츠인가」, 《연합뉴스》, 1994. 5. 14. https://n.news.naver.com/mnews/article/001/0003851047?sid=102
10 구기호, 「역대 최고의 기사는 '이창호'」, 오로바둑, 2017. 7. 28. https://cyberoro.com/news/news_view.oro?num=523237
11 허재경, 「시진핑 중국 주석의 못 말리는 바둑 사랑」, 《한국일보》, 2019. 4. 13. https://www.hankookilbo.com/News/Read/201904121299054303
12 「소년기사 이창호 올 4부문 석권」, 《동아일보》, 1988. 12. 1.
13 김충식, 「"나는 '외계인' 아닌 평범한 소년" 이창호」, 《동아일보》 1992. 2. 1.
14 「이창호7단 병역특례, 정치권서 발벗고 나섰다」, 《한국경제》, 1994. 7. 13. https://www.hankyung.com/article/1994071300801
15 황정욱, 「바둑은 예술인가, 스포츠인가」, 《연합뉴스》, 1994. 5. 14. https://n.news.naver.com/mnews/article/001/0003851047?sid=102
16 박광범, 「8년째 결론 못낸 '바둑 기보' 저작권 인정, 결론은 언제쯤?」,

《머니투데이》, 2015. 8. 3. https://news.mt.co.kr/mtview.php?no=2015080315287677795outlink=1ref=https%3A%2F%2Fn.news.naver.com

17 안병욱, 「바둑 기보 저작권 강화한 국수 조훈현표 법안」, 《매일경제》, 2016. 8. 5. https://www.mk.co.kr/news/politics/7455639

18 박영철, 「바둑, 드디어 정식 스포츠 됐다」, 《한국일보》, 2009. 2. 6. https://www.hankookilbo.com/News/Read/200902060072110228?did=kk

19 이홍렬, 「바둑은 예술인가」, 《월간바둑》 2014년 5월 호, 50쪽.

20 바둑의 스포츠화가 진행되면서 예전처럼 공식 대국에 참여하기만 하면 이기든 지든 기사에게 대국료를 주던 관행은 점차 사라졌다. 바둑이 여전히 예술로 간주됐다면 대국도 일종의 공연이니 패배한 기사도 공연료에 해당하는 돈을 받아야 한다는 논리를 펼칠 수 있었을지도 모른다. (박치문, 「스포츠가 된 바둑, 그 명과 암」, 《중앙일보》, 2020. 6. 17. https://www.joongang.co.kr/article/23803287)

21 2003년 다른 프로스포츠와 비슷한 형태로 지역 클럽들이 경쟁하는 한국바둑리그가 생겼고, 2012년에는 2부 리그인 한국바둑퓨처스리그도 창설됐다(2024년에 프로기사와 아마추어 기사가 모두 참여할 수 있는 챌린지바둑리그로 개편됐다). 다른 프로스포츠들과 마찬가지로 TV 중계가 중요해지면서 대국장은 스튜디오가 됐고, 밝은 조명이 설치됐다. 대국 시간은 점점 짧아졌다. 삼성화재배는 2005년부터 기사당 제한시간 3시간을 2시간으로, 국수전은 2006년부터 대국 시간을 4시간에서 3시간으로 줄였다. 전국체전, 아시안게임 등의 스포츠 행사에 프로기사들이 출전하기 시작하면서 '기사' 대신 '선수'라는 호칭이 점차 자연스럽게 쓰이게 됐다. 강화위원회라든가 코칭스태프 같은 용어도 바둑계에 들어왔다. (김창금, 「'바둑의 스포츠화' 날쌘 행마」, 《한겨레》, 2010. 7. 27. https://www.hani.co.kr/arti/sports/baduk/432373.html)

22 안형준, 「알파고, 어떻게 받아들여야 하나」, 《월간바둑》 2018년 2월 호, 123쪽.

23 빈센트 반 고흐 지음, 신성림 옮김, 『반 고흐, 영혼의 편지 (출간 25주년 기념 개정판): 고흐의 불꽃같은 열망과 고독한 내면의 기록』, 예담, 2024.

24 "It's unbelievable how much you don't know about the game you've been playing all your life." (영화 〈머니볼〉(베넷 밀러, 2011) 도입부에도 이 말이 나온다.)

25 모건 하우절 지음, 이수경 옮김, 『불변의 법칙: 절대 변하지 않는 것들에 대한 23가지 이야기』, 서삼독, 2024.

7 새로운 일자리, 혹은 '죽음의 집'

1 프로연우, 〈바둑프로 입단대회 AI부정행위 적발 했습니다 상세한 과정 알려드릴게요〉, 유튜브 동영상, 2020. 1. 16. https://www.youtube.com/watch?v=lV6MlxAof_k

2 한창규, 「프로 입단대회에서 '전자기기 부정행위'」, 한게임 바둑, 2020. 1. 15. https://baduk.hangame.com/news.nhn?gseq=77766m=viewpage=1searchfield=leagueseq=0&searchtext=

3 장우리, 「프로 입단대회서 AI '몰래 훈수' 받은 바둑기사 징역 1년」, 《연합뉴스》, 2020. 7. 15. https://m.sports.naver.com/general/article/001/0011748322

4 한창규, 「바둑대회장에 초유의 '금속탐지기' 등장」, 한게임 바둑, 2020. 1. 16. https://baduk.hangame.com/news.nhn?gseq=77769m=viewpage=searchfield=leagueseq=&searchtext=

5 박현주, 「AI 컨닝해서 국내 7위 꺾었다…13살 천재 바둑소녀의 반전」, 《중앙일보》, 2020. 11. 20. https://www.joongang.co.kr/article/23925482

6 최인영, 「바둑 '천재 소녀' 김은지, AI 부정행위로 1년 자격정지」, 《연합뉴스》, 2020. 11. 20. https://www.yna.co.kr/view/AKR20201120154500007?input=1195m

7 천병혁, 「프로기사 도은교, AI 부정행위로 자격정지 1년」, 《연합뉴스》, 2021. 7. 30. https://www.yna.co.kr/view/AKR20210730161700007?input=1195m

8 박치문, 「치팅 의혹이라는 유령」, 《중앙일보》, 2023. 1. 4. https://www.joongang.co.kr/article/25131031

9 김수광, 「리쉬안하오 치팅 의혹 제기한 양딩신 "20번기 해서 지면 은퇴하겠다"」, 오로바둑, 2022. 12. 23. https://www.cyberoro.com/news/news_view.oro?num=529398

10 한창규, 「'치팅 의혹' 제기한 양딩신에게 6개월 시합정지」, 한게임 바둑, 2022. 12. 30. https://baduk.hangame.com/news.nhn?gseq=101851m=viewpage=1searchfield=leagueseq=0&searchtext

11 김경동, 「리쉬안하오, "AI는 사람의 생각을 깨운다"」, 타이젬바둑, 2023. 2. 13. https://news.tygem.com/news/tnews/viewpage.asp?seq=36822

12 김경동, 「중국갑조리그 대회장 화장실에도 무선차단장비 설치」, 타이젬바둑, 2023. 2. 14. https://board.tygem.com/news/news/viewpage.asp?seq=36827&gubun=1

13 김수광, 「리쉬안하오, 1년 4개월 만에 다시 중국 1위로」, 오로바둑, 2024. 7. 6.

https://www.cyberoro.com/news/news_view.oro?num=530871

14 김영주, 「AI 화가의 우승…시대의 흐름인가, 예술의 사망인가」, 《중앙일보》, 2022. 9. 5. https://www.joongang.co.kr/article/25099483

15 Kevin Roose, "An A.I.-Generated Picture Won an Art Prize. Artists Aren't Happy.", *The New York Times*, 2022. 9. 3. https://www.nytimes.com/2022/09/02/technology/ai-artificial-intelligence-artists.html

16 김동호, 「'AI 귀걸이 소녀' 네덜란드 미술계 후끈…"모욕적" vs "창조적"」, 《연합뉴스》, 2023. 3. 11. https://www.yna.co.kr/view/AKR20230311023100009?input=1195m

17 배한님, 「"마블 너마저?"…'시크릿 인베이전' 오프닝 AI 제작 논란」, 《머니투데이》, 2023. 6. 22. https://news.mt.co.kr/mtview.php?no=2023062215285792558

18 임미나, 「죽은 배우가 어떻게 출연?…'에이리언7' AI 생성 캐릭터 논란」, 《연합뉴스》, 2024. 8. 22. https://www.yna.co.kr/view/AKR20240822005700075

19 Hollie Geraghty, "Tears For Fears defend use of AI in new album cover art", *NME*, 2024. 9. 23. https://www.nme.com/news/music/tears-for-fears-defend-use-of-ai-in-new-album-cover-art-3796039

20 김경윤, 「우후죽순 늘어난 인공지능 신기술…독자는 왜 AI웹툰 거부할까」, 《연합뉴스》, 2024. 2. 18. https://www.yna.co.kr/view/AKR20240217040300005

21 헨리 A. 키신저, 에릭 슈밋, 대니얼 허튼로커 지음, 김고명 옮김, 『AI 이후의 세계: 챗GPT는 시작일 뿐이다, 세계질서 대전환에 대비하라』, 월북, 2023.

22 문용직, 「형세판단의 모호함 그 인간적 한계」, 《국민일보》, 2002. 11. 5. https://n.news.naver.com/mnews/article/005/0000125039?sid=103

23 김승준, 「49기 국수전… 난해한 싸움」, 《동아일보》, 2009. 10. 8. https://www.donga.com/news/article/all/20050803/8215683/1

24 이영재, 「실시간 관전기 3보: 안국현 승리 확률 5%로 추락」, 바둑TV, 2018. 11. 6. https://m.sports.naver.com/general/article/604/0000000169

25 정수현, 「알파고 60전 전승 비결은 딥러닝과 창의성」, 《이코노미스트》, 2017. 1. 21. https://economist.co.kr/article/view/ecn201701210029

26 마쓰오 유타카 지음, 박기원 옮김, 엄태웅 감수, 『인공지능과 딥러닝: 인공지능이

불러올 산업 구조의 변화와 혁신』, 동아엠앤비, 2015.
27 서영아, 「"인공지능, 실업 사태 초래하기보다 새 일거리 창출"」, 《동아일보》, 2016. 3. 16. https://www.donga.com/news/It/article/all/20160316/77035234/1
28 파리 리뷰 지음, 권승혁, 김진아 옮김, 『작가란 무엇인가 1 (헤밍웨이 탄생 123주년 기념 리커버): 소설가들의 소설가를 인터뷰하다』, 다른, 2022.
29 앞의 책.
30 Hajin Lee, "Impact of Go AI on the professional Go world", Medium, 2020. 8. 23. https://hajinlee.medium.com/impact-of-go-ai-on-the-professional-go-world-f14cf201c7c2
31 애니타 엘버스 지음, 이종인 옮김, 『블록버스터 법칙: 슈퍼스타 탄생과 엔터테인먼트 산업의 성공 비결』, 세종서적, 2014.
32 그레이버는 자신의 책에서 불쉿 직업을 이렇게 정의한다. "불쉿 직업이란 유급 고용직으로 그 업무가 너무나 철저하게 무의미하고 불필요하고 해로워서, 그 직업의 종사자조차도 그것이 존재해야 할 정당한 이유를 찾지 못하는 직업 형태다. 그가 고용되려면 그 직업의 존재가 전제 조건인데도 말이다. 종사자는 그런 직업이 아닌 척해야 한다는 의무를 느낀다." (데이비드 그레이버 지음, 김병화 옮김, 『불쉿 잡: 왜 무의미한 일자리가 계속 유지되는가?』, 민음사, 2021.)
33 장강명, 『소설가라는 이상한 직업』, 유유히, 2023.
34 표도르 미하일로비치 도스또예프스끼 지음, 이덕형 옮김, 『죽음의 집의 기록』, 열린책들, 2010.

8 인간적인, 너무나 인간적인

1 벤 핀첨 지음, 김기홍, 심선향 옮김, 『재미란 무엇인가?: 일상에서의 일탈, 짜릿함, 즐거움, 흥분을 주는 재미의 사회학』, 팬덤북스, 2020.
2 손종수, 「인공지능(AI) 시대의 바둑, 방향과 전망」, 《월간바둑》 2021년 1월 호, 35쪽.
3 한창규, 「김지석, 대마사활로 결승1국 제압」, 한게임 바둑, 2021. 3. 29. https://baduk.hangame.com/news.nhn?gseq=100213m=viewpage=1searchfield=leagueseq=0&searchtext
4 존 메이나드 케인스, 조지프 E. 스티글리츠, 구스타보 피가, 로렌조 페치, 에드먼드 펠프스, 로버트 솔로, 게리 베커, 윌리엄 J. 보몰, 파브리지오 질리보티, 벤저민 프리드먼, 리처드 프리먼, 리 오헤니언, 악셀 레이욘후부드, 미켈레

볼드린, 데이비드 레빈, 루이스 라요, 레오나르도 베체티, 장 폴 피투시, 로버트 프랭크 지음, 김성아 옮김, 『다시, 케인스: 다음 세대가 누릴 경제적 가능성』, 포레스트북스, 2023.

5 앞의 책.

6 제임스 스콧 벨 지음, 김진아 옮김, 『소설쓰기의 모든 것 1: 플롯과 구조』, 다른, 2018.

7 낸시 크레스 지음, 박미낭 옮김, 『소설쓰기의 모든 것 3: 인물, 감정, 시점』, 다른, 2018.

8 최정 9단은 2022년 세계대회인 삼성화재배 월드바둑마스터스, 2023년 한국 대회인 GS칼텍스배 프로기전에서 각각 준우승을 차지했지만, 2025년 현재까지 남녀 기사가 모두 출전하는 종합기전에서의 우승 기록은 없다.

9 김가연, 「NYT "미래에서 온 킬러 같다"… 김예지 스타일에 빠진 외신들」, 《조선일보》, 2024. 8. 2. https://www.chosun.com/international/international_general/2024/08/01/FEM53IU77FA25JP6Y7CCPDER6U/

10 커제 9단 웨이보. https://weibo.com/u/2865101843

11 송의달, 「"중국 선수 만나면 더 독해진다"…세계 바둑 1위 신진서의 생각법」, 《조선일보》, 2025. 3. 18. https://www.chosun.com/culture-life/2025/03/16/FJBTHVXWMNCTVHLH3EPUF7QP7U/

12 권란, 「"토 나와" 중국 간판 선수마저 정색…영상 죄다 삭제됐다」, SBS 뉴스, 2023. 9. 19. https://news.sbs.co.kr/news/endPage.do?news_id=N1007353633

13 김경동, 「중국 온라인 바둑교육 산업 어디로 가나」, 《월간바둑》 2020년 7월 호, 102쪽.

14 장강명, 「요즘엔 별걸 다해야 돼요」, 《채널예스》, 2019. 9. 2. https://ch.yes24.com/Article/Details/39713 (이후 단행본 『소설가라는 이상한 직업』에 같은 제목으로 실었다.)

15 전훈잎, 「출판사 서버 마비시킨 입담…민음사 15년 차 '조아란 부장'을 아시나요?」, 《한국일보》, 2024. 4. 22. https://www.hankookilbo.com/News/Read/A2024042212550004950?did=NA

16 유지연, 「북캣팅」 서버 터졌다…30만 구독 출판사 유튜브의 성공 비결」, 《중앙일보》, 2025. 2. 23. https://www.joongang.co.kr/article/25315836

17 「책보다 재미있다고? 유튜브 '민음사TV' 10만 구독자 비결」, 《중앙일보》, 2022. 6. 4. https://www.joongang.co.kr/article/25076710

18 박다해, 「민음사TV 보면, 어쩐지 책이 사고 싶어진다」, 《한겨레21》, 1408호,

2022. 4. 18. https://h21.hani.co.kr/arti/culture/culture/51829.html

19 샘 올트먼 X. https://x.com/sama/status/1905296867145154688

20 송경화, 「'원피스' 감독 "지브리를 더럽히다니, 챗GPT 용서하지 않겠다"」, 《한겨레》, 2025. 4. 3. https://www.hani.co.kr/arti/international/international_general/1190497.html

9 가치가 이끄는 기술

1 윤양섭, 「"프로에 3점놓고 버티는 SW, 2015년내 만들겠다"」, 《동아일보》, 2015. 4. 8. https://www.donga.com/news/Culture/article/all/20150408/70577912/1

2 박돈규, 「"알파고 은퇴하다니… 바둑돌 한 주먹 던지고 싶다"」, 《조선일보》, 2018. 6. 2. https://www.chosun.com/site/data/html_dir/2018/06/01/2018060101734.html

3 김현아, 「알파고 100만불 vs 이세돌 1억 6500만원..구글 홍보효과 '언카운터블'」, 《이데일리》, 2016. 3. 13. https://www.edaily.co.kr/News/Read?newsId=01131606612582992&mediaCodeNo=257

4 임채연, 「알파고의 힘? 구글 시가총액 '세기의 대국' 기간 58조원 늘어」, 《중앙일보》, 2016. 3. 16. https://www.khan.co.kr/article/201603161003071

5 Fabio Urbina, Filippa Lentzos, Cédric Invernizzi, Sean Ekins, "Dual use of artificial-intelligence-powered drug discovery", *Nature Machine Intelligence*, 4, pp. 189-191, 2022. https://doi.org/10.1038/s42256-022-00465-9

6 곽노필, 「신약개발 AI, 단 6시간에 '독약 4만종'…연구진도 발표 망설였다」, 《한겨레》, 2022. 4. 5. https://www.hani.co.kr/arti/science/science_general/1037549.html

7 다큐멘터리 영화 〈언노운: 킬러 로봇〉(제시 스위트, 2023) 25분 48초부터.

8 앞의 영화 25분 4초부터.

9 이채린, 「AI 설계 단백질이 생물학 무기?…과학자들 첫 '오용 방지 협약'」, 《동아사이언스》, 2024. 3. 11. https://www.dongascience.com/news.php?idx=64192

10 문세영, 「'AI 생화학 무기' 나올까…화학상 수상 베이커 교수의 우려」, 《동아사이언스》, 2024. 10. 9. https://www.dongascience.com/news.php?idx=67839

11 스콧 갤러웨이 지음, 이경식 옮김, 『플랫폼 제국의 미래: 구글, 아마존, 페이스북, 애플 그리고 새로운 승자』, 비즈니스북스, 2018.
12 앞의 책.
13 Graham Fraser, "Russia fines Google more money than there is in entire world", BBC, 2024. 10. 31. https://www.bbc.com/news/articles/cdxvnwkl5kgo
14 레이 커즈와일 지음, 김명남, 장시형 옮김, 『특이점이 온다: 기술이 인간을 초월하는 순간』(2판), 김영사, 2025.
15 토마스 아 켐피스 지음, 이영복 옮김, 『그리스도를 본받아: 충실한 영혼에게 말하는 그리스도의 다정한 대화』, 이담북스, 2013.

10 인공지능이 아직 하지 못하는 일

1 조지 오웰 지음, 이한중 옮김, 『위건 부두로 가는 길』, 한겨레출판, 2010.
2 앞의 책.
3 닐 포스트먼 지음, 홍윤선 옮김, 『죽도록 즐기기』 굿인포메이션, 2020.
4 이용우, 「백남준 그 치열한 삶과 예술(22) 굿모닝 미스터 오웰」, 《동아일보》, 1999. 11. 25.
5 조지 오웰 지음, 정회성 옮김, 『1984』, 민음사, 2003.
6 Paul Bischoff, "Surveillance camera statistics: which are the most surveilled cities?", Camperitech, 2023. 5. 23. https://www.comparitech.com/vpn-privacy/the-worlds-most-surveilled-cities/
7 임춘한, 「출퇴근길 100번은 찍혔다…안전과 사생활 사이」, 《아시아경제》, 2024. 4. 18. https://www.asiae.co.kr/article/2024041715383456732
8 야노 가즈오 지음, 홍주영 옮김, 황래국 감수, 『데이터의 보이지 않는 손: 휴먼 빅데이터로 밝혀낸 인간 조직 사회의 법칙』, 타커스, 2015.
9 장강명, 『당신이 보고 싶어하는 세상』, 문학동네, 2023.
10 H. 요나스 지음, 이진우 옮김, 『책임의 원칙: 기술 시대의 생태학적 윤리』, 서광사, 1994.
11 무스타파 술레이만 지음, 마이클 바스카 정리, 이정미 옮김, 『더 커밍 웨이브』, 한스미디어, 2024.
12 대런 아세모글루, 사이먼 존슨 지음, 김승진 옮김, 『권력과 진보: 기술과 번영을 둘러싼 천년의 쟁투』, 생각의힘, 2023.

먼저 온 미래

AI 이후의 세계를 경험한 사람들

ⓒ장강명, 2025. Printed in Seoul, Korea

초판 1쇄 펴낸날	2025년 6월 26일
초판 12쇄 펴낸날	2025년 12월 31일
지은이	장강명
펴낸이	한성봉
편집	최창문·이종석·오시경·김선형
콘텐츠제작	안상준
디자인	최세정
마케팅	오주형·박민지·이예지·정효인
경영지원	국지연·송인경
펴낸곳	도서출판 동아시아
등록	1998년 3월 5일 제1998-000243호
주소	서울시 중구 필동로8길 73 [예장동 1-42] 동아시아빌딩
페이스북	www.facebook.com/dongasiabooks
전자우편	dongasiabook@naver.com
블로그	blog.naver.com/dongasiabook
인스타그램	www.instargram.com/dongasiabook
전화	02) 757-9724, 5
팩스	02) 757-9726
ISBN	978-89-6262-660-5 03300

※ 잘못된 책은 구입하신 서점에서 바꿔드립니다.

만든 사람들

책임편집	오시경
디자인	박연미
크로스교열	안상준